"十四五"时期国家重点出版物出版专项规划项目（重大出版工程）

中国工程院重大咨询项目

中国农业发展战略研究（2050）丛书

第 二 卷

至 2050 年
中国养殖业发展战略研究

中国工程院"至2050年中国养殖业发展战略研究"课题组

李德发 向仲怀 麦康森 主编

科学出版社

北 京

内 容 简 介

本书是中国工程院重大咨询项目"中国农业发展战略研究（2050）"的课题"至2050年中国养殖业发展战略研究"的成果。本书分为综合报告与专题研究两部分。综合报告分析了中国养殖业发展宏观战略环境、中国动物产品需求、中国养殖业历史演变及发展经验；阐述了发达国家养殖业发展最新趋势与经验，中国养殖业发展资源环境要素、机遇与挑战，中国养殖业战略定位、发展目标及区域布局；点明了中国养殖业重大科技需求及战略性工程，中国养殖业发展战略及措施。专题研究共分三个专题，就至2050年中国特种养殖业、水产养殖业、畜禽养殖业的发展战略进行了较为系统、深入地分析与研究。

本书适合从事农业发展战略研究、农业生产的相关人员阅读，可供从事农林研究的科研院所、高校科技工作者参考，也适合关心国家农业发展的其他读者收藏和阅读。

图书在版编目（CIP）数据

至2050年中国养殖业发展战略研究 / 李德发，向仲怀，麦康森主编.
北京：科学出版社，2025.6. -- （中国农业发展战略研究（2050）丛书）. -- ISBN 978-7-03-082615-2

Ⅰ. F326.3
中国国家版本馆 CIP 数据核字第 2025UL9703 号

责任编辑：马　俊　付　聪　李　迪　闫小敏 / 责任校对：郑金红
责任印制：肖　兴 / 封面设计：无极书装

科学出版社 出版
北京东黄城根北街 16 号
邮政编码：100717
http://www.sciencep.com

北京建宏印刷有限公司印刷
科学出版社发行　各地新华书店经销
*

2025 年 6 月第 一 版　　开本：787×1092 1/16
2025 年 6 月第一次印刷　　印张：17 1/2
字数：409 000

定价：198.00 元
（如有印装质量问题，我社负责调换）

"中国农业发展战略研究（2050）"
项目组成员名单

顾　问

宋　健　徐匡迪　周　济　李晓红　潘云鹤　沈国舫

组　长

刘　旭　邓秀新

副组长

罗锡文　唐华俊　李德发

成　员

孙宝国　王　浩　陈君石　尹伟伦　盖钧镒　陈温福
李　玉　李　坚　康绍忠　戴景瑞　汪懋华　武维华
傅廷栋　颜龙安　官春云　桂建芳　陈焕春　陈剑平
山　仑　李佩成　南志标　陈学庚　荣廷昭　向仲怀
朱有勇　麦康森　黄季焜　青　平　王济民　王金霞
盛　誉　高中琪　左家和　王晓兵　侯玲玲　解　伟
黄海涛　鞠光伟　杨　波　王　波　王　庆　梁真真
缴　旭　宝明涛　吕　彤　侯晓云

中国工程院"至 2050 年中国养殖业发展战略研究"课题组成员名单

组　长	李德发	中国农业大学，院士
	向仲怀	西南大学，院士
	麦康森	中国海洋大学，院士
副组长	包振民	中国海洋大学，院士
	侯水生	中国农业科学院，院士
	鲁　成	西南大学，教授
	谯仕彦	中国农业大学，院士
	吴　杰	中国农业科学院蜜蜂研究所，研究员
	薛长湖	中国海洋大学，院士
	杨福合	中国农业科学院特产研究所，研究员
成　员	白　伦	苏州大学，教授
	陈代文	四川农业大学，教授
	陈国强	苏州大学，教授
	陈瑶生	中山大学，教授
	代方银	西南大学，教授
	顾国达	浙江大学，教授
	何　艮	中国海洋大学，教授
	何建国	中山大学，教授
	蒋宗勇	广东省农业科学院，研究员
	解绶启	中国科学院水生生物研究所，研究员
	赖长华	中国农业大学，研究员

李　标　广西壮族自治区蚕业技术推广总站，正高级农艺师

李　龙　中国农业科学院蚕业研究所，研究员

李春义　长春科技学院，研究员

李道亮　中国农业大学，教授

李光玉　青岛农业大学，研究员

李建琴　浙江大学，教授

李胜利　中国农业大学，教授

李喜升　辽宁省蚕业科学研究所，研究员

李兆杰　中国海洋大学，教授

李钟杰　中国科学院水生生物研究所，研究员

刘灵芝　华中农业大学，教授

刘英杰　中国水产科学研究院，研究员

刘永新　中国水产科学研究院，研究员

潘志娟　苏州大学，教授

秦启伟　华南农业大学，教授

秦应和　中国农业大学，教授

施安国　中国农业科学院特产研究所，副研究员

谭北平　广东海洋大学，教授

童晓玲　西南大学，教授

王国和　苏州大学，教授

王明利　中国农业科学院，研究员

王清印　中国水产科学研究院黄海水产研究所，研究员

文　杰　中国农业科学院，研究员

辛翔飞　中国农业科学院，研究员

徐　皓　中国水产科学研究院渔业机械研究所，研究员

杨　宁　中国农业大学，教授

杨光伟　西南大学，研究员

游金明　江西农业大学，教授

张文兵　中国海洋大学，教授

张越杰　吉林农业大学，教授

周光宏　南京农业大学，教授

朱洪顺　四川省蚕业管理总站，正高级农艺师

唐海英　中国工程院一局，副局长

焦　栋　中国工程院战略咨询中心，副主任（主持工作）

宝明涛　中国工程院战略咨询中心，副研究员

丛　书　序

2017年，党的十九大报告首次提出，实施乡村振兴战略，要求坚持农业农村优先发展，加快推进农业农村现代化。过去四十年，中国农业GDP年均增长4.5%，农业支持保护政策体系不断完善，强农惠农富农政策力度不断加大，成功解决了近14亿人口的吃饭问题，创造了世界农业发展的奇迹。科技进步、制度创新、市场改革和农业投入是过去四十年农业增长的主要驱动力。但农业发展也面临主要农产品比较优势与竞争力下降、农业科技创新体制不顺、农业转型升级缺乏关键技术与政策支撑、农业资源与生态环境恶化等多重挑战。

为更好地落实乡村振兴发展战略，为实现四化同步和两阶段奋斗目标提供决策依据，有必要在全球背景下，展望2035年和2050年中国农业发展前景和方向，明确2035年和2050年的分阶段发展目标，并围绕种植业现代化、养殖业现代化、生产方式与产业体系、资源环境与可持续发展等重点领域开展前瞻性和战略性研究，提出加速实现农业现代化的总体思路、战略重点、关键措施和政策保障。

2018年1月至2020年6月，中国工程院开展了"中国农业发展战略研究（2050）"重大战略研究与咨询项目。项目共有30位院士、200余位相关领域内的专家学者、近40家科研院所和大学参加。

项目研究认为，未来几年口粮需求将继续缓慢下降，饲料和畜产品需求将持续增长，2035年食物总量需求达峰后进入结构微调阶段，绿色安全的高值农产品需求显著增长；现在至2035年是中国农业向可持续和现代化发展的关键转型时期，2035年至2050年是中国农业可持续发展和现代化的稳步提升时期。

项目提出至2025年、2035年和2050年分阶段的发展思路、发展目标、战略重点和保障措施与政策的路线图。

总体发展思路：以创新、绿色、高效和可持续发展为理念，在保障国家口粮绝对安全和粮食总供给自主可控的前提下，分阶段推进高值与永续农业发展，最终全面实现农业现代化。2025年前，重点通过体制机制、科技和投入等创新，加快农业供给侧结构性改革进程，大幅提升农业全要素生产率。2025年至2035年，重点发展现代智慧农业，加速农业现代化进程；并基于各地比较优势和水土资源承载力，优化各区域农业发展路径和发展模式。2035年至2050年，重点巩固和提升农业可持续发展和农业现代化水平。

总体战略目标：各阶段都确保口粮绝对安全。在2025年、2035年和2050年，谷物自给率分别达95%、88%和85%以上，猪肉自给率分别达98%、96%和95%，牛羊肉自给率分别达80%、70%和60%以上。并分别于2025年、2035年和2050年全面实施、基本实现和全面实现高质与可持续发展的现代化农业。

为实现以上分阶段的总体战略目标，建议分阶段实施"口粮绝对安全与食物供给自主可控的底线保障战略""全面提升农业全要素生产率的创新发展战略""对外开放与保障国家食物供给能力的国际发展战略""基于比较优势与资源承载力的区域农业可持续发展战略""绿色高效多功能的高值农业的转型发展战略""现代智慧生态化农业的跨越发展战略""制度、政策与投资创新引领的现代农业创新战略"等七大重点战略。建议分阶段实施"现代生物育种与种业创新""农地地力提升""种养结合循环农业""科技创新与人才培养"等重点工程。建议加快农业优先发展的体制机制保障建设、实施国家农业科技创新与农民教育培训人才计划、构建高值农业与可持续发展的政策支持体系、积极推进全球贸易治理体系建设等。

"中国农业发展战略研究（2050）丛书"是众多院士和多部门多学科专家教授、企业工程技术人员及政府管理者辛勤劳动和共同努力的结果，在此向他们表示衷心的感谢，特别感谢项目顾问组的指导。

希望本丛书的出版，对深刻认识中国农业发展面临的新挑战和新机遇，强化各区域食物安全保障能力，确保国家食物安全起到积极的作用。

"中国农业发展战略研究（2050）"项目组

2024 年 6 月 30 日

前　言

　　养殖业作为农业乃至国民经济的重要组成部分，是保障国家食物安全的重要抓手，是推进区域经济社会发展、提高农牧民增产增收能力的重要保障，是实现人民群众对美好生活向往目标的重要基础。长期以来，养殖业一直是中国农业农村发展的主要短板，面临诸多问题与挑战，导致生产者和消费者福利降低，资源环境成本增加，不利于养殖业持续稳定健康发展。因此，对中国养殖业发展战略进行系统研究具有重要的理论和现实意义。基于此，本书在阐述中国养殖业发展宏观战略环境、展望动物产品未来需求趋势的基础上，系统梳理了改革开放以来中国养殖业发展的历史阶段及主要特征，并总结了成就与经验；剖析了发达国家养殖业发展的新趋势，并归纳了成功经验；挖掘了中国养殖业发展的资源环境要素，并阐明了现存机遇与挑战；明确了中国养殖业的战略定位、发展目标与区域布局；提出了中国养殖业持续发展的重大科技需求及战略性工程，以及面向 2050 年的战略措施。

　　总体来看，中国动物产品生产总体呈现增长态势，消费需求强劲，但部分产品对外依存度持续上升；同时，动物产品价格波动剧烈，部分产品价格目前高位盘整。未来主要动物产品需求呈增长态势，预计到 2035 年中国猪、牛、羊、鸡肉总需求分别达到 6411.4 万 t、974.9 万 t、667.7 万 t 和 2163.6 万 t，鸡蛋 3150.3 万 t，奶产品 7003.2 万 t，水产品 7441.6 万 t，水禽（肉鸭）725.0 万 t；到 2050 年，猪、牛、羊、鸡肉总需求分别达到 7120.3 万 t、1125.4 万 t、810.6 万 t 和 2998.4 万 t，鸡蛋 2731.8 万 t，奶产品 9551.0 万 t，水产品 8120.0 万 t，水禽（肉鸭）739.8 万 t。

　　回顾历史，可将改革开放以来中国养殖业发展划分为四个阶段，即改革发展时期（1978～1984 年）、全面快速增长时期（1985～1996 年）、提质增效发展时期（1997～2014 年）和以环保为重点的全面转型升级时期（2015 年至今）。经过长期发展，中国养殖业取得显著成效，主要动物产品生产保障了国内需求、供给结构逐步趋于合理，规模化程度稳步提升、生产效率不断提高，优质饲草的重要性得到认可，种养结合和农牧循环养殖模式开始推广，助推了农业农村经济发展，提升了农民收入。养殖业发展经验主要有因地制宜实施适度规模养殖，推动猪牛羊禽多元化发展，注重优质饲草料利用，依靠健康养殖保障产品生产优质、安全、高效，依托产业化实现提质增效，完善政策助推产业发展。

　　放眼国际，发达国家养殖业发展呈现诸多新特点新趋势，产品结构不断优化，科技支撑持续加强，质量安全备受重视，环境保护与动物福利备受关注；植物农业向动物农业转变，产业化、一体化、标准化规模养殖，低碳养殖，生态绿色畜产品市场需求增长等趋势不可逆转。从发达国家养殖业的经验看，须坚持因地制宜、分类指导，重视产业化组织模式，注重疫病防控与生物安全，在结构调整中统筹生产效率和消费习惯，完善养殖业政策支持和法律法规体系，同时依靠科技创新、健全社会化服务体系和行业协会推进养殖业稳健发展。

当前，虽然中国养殖业发展面临诸多挑战，如资源环境约束趋紧、环保压力持续加大、疫病防控形势严峻、核心科技对外依存度高、国际竞争力不强等，但也迎来不少机遇，如"四化同步"新要求为养殖业现代化发展提供了舞台，社会需求总体增长为养殖业稳步发展创造了空间，产业持续改革发展为养殖业提质增效奠定了基础。未来，中国养殖业应按照"高产、优质、高效、生态、安全"的总体要求，以推进发展方式转变为核心，以科技创新、制度创新、体制机制创新为动力，稳步增加数量，加速提高质量，持续优化结构，加快建立健全现代产业体系、生产体系和经营体系，提升综合生产能力，实现持续健康发展，保障优质安全动物蛋白供应主要靠国内解决，使养殖业成为农业生产良性循环的战略性产业，成为促进农民增收和致富的重点产业，成为绿色、环保、高效、安全的示范产业，成为实现乡村振兴战略、建设美丽乡村的重要抓手。

为推动中国养殖业持续健康发展，须面向品种选育、精准营养、产品安全与品质提升、饲料饲草生产、设施设备、疫病防控、养殖业标准及智能化、信息化传播与预警等重大科技需求，实施良种选育、健康养殖、精准营养、饲料饲草资源开发、标准化养殖推进、粪污资源化高效利用、金融保险服务、品牌培育与文化创建等战略性工程。同时，须重构养殖业发展支持保护体系，利用两个市场两种资源发展养殖业，推广种养结合生态循环发展模式，推进重要动物良种培育与机械研发，转变理念，全面推广健康养殖，加大金融保险支持养殖业发展力度，推动养殖业标准化生产体系建设，完善养殖业监测预警与调控体系。

本研究持续时间为 2016 年 1 月至 2019 年 3 月，书中所涉及的数据等内容截至 2020年，但在编辑出版过程中有部分更新。综合报告部分的数据均以当时国家统计局公布的数据为基础，后续预测、目标数据均以综合报告数据为准。

目　录

综 合 报 告

专 题 研 究

综合报告

第一章　中国养殖业发展的宏观战略环境

第一节　"两步走"战略目标的实现
要满足人们生活改善所需

党的十九大报告提出，到 2035 年，要在全面建成小康社会的基础上，基本实现社会主义现代化，要人民生活更为宽裕，全体人民共同富裕迈出坚实步伐；到 2050 年，在基本实现现代化的基础上，建成富强民主文明和谐美丽的社会主义现代化强国，物质文明、政治文明、精神文明、社会文明和生态文明得到全面提升。而想要实现"两步走"的战略目标，满足生活对动物营养的需求不可或缺。养殖业作为我国农业乃至国民经济的重要组成部分，是提升区域经济社会发展水平的重要路径，是提高农牧民增产增收能力的重要保障，更是确保国家食物安全的重要抓手。推进养殖业持续健康发展，对于保障国家食物供应安全、调整农业生产结构、改善人民生活水平、促进牧民生产增收都具有重要意义。在今后一个较长时期内，我国养殖业的发展地位将伴随社会经济的发展而提高，国家经济的发展和人民膳食结构的调整将对养殖业与畜牧产品提出新的更高要求，因此，在实现"两步走"战略目标的重要发展阶段，养殖业发展将会迎来新的历史机遇。

养殖业发展在迎来重要历史机遇的同时，也面临诸多挑战与机遇。长期以来，养殖业一直是我国农业发展中的主要短板，难以有效满足人们对动物营养的需求，因此全面推进养殖业现代化发展任重而道远。当前，我国养殖业发展仍然面临基础设施薄弱、生产方式落后、科技投入水平较低、防疫体系不健全、环境资源约束等一系列问题，严重制约其产业化和现代化发展水平的提高，使其难以满足新时期的社会发展和人民生活需要。只有切实破解养殖业发展中存在的问题和挑战，才能营造一个健康、可持续的发展环境，进而推进传统养殖业向现代养殖业转型升级。只有确保养殖业实现全面转型升级，才能满足人们为改善生活而日益增长的动物营养需求，才能为社会主义现代化的基本实现提供坚实的物质和经济基础，才能为建成富强民主文明和谐美丽的社会主义现代化强国提供现实可能。

第二节　人民生活水平提高对养殖业发展的要求

人民生活水平的提高要求养殖业发展必须实现绿色、优质、健康的动物产品供给。近年来,国家高度重视农业绿色发展和农产品质量安全。2018 年中央一号文件明确提出,要坚持质量兴农、绿色兴农,推进农业绿色化、优质化、特色化和品牌化,推动农业由增产导向转向提质导向。同时,随着城乡居民收入水平的不断提高及消费观念的逐步转变,畜产品消费结构持续改善,城乡居民对绿色、优质、健康动物产品的需求日益增长。畜产品在城乡居民食品消费中的比例是衡量居民生活水平的重要指标,畜产品消费比例增加是居民生活水平提高的重要体现，也是居民生活水平提高的一个要求。从国家政策导向和居民消费需求两方面看，调整畜产品生产结构，发展提高绿色、优质、健康畜产品的有效供给已然成为大势所趋、民心所向。推进养殖业结构化改革和提升畜产品质量符合国家农业的提质导向，符合居民消费观念转变的战略选择，符合养殖业发展和社会经济发展的一般规律。

但长期以来，我国养殖业发展方式相对滞后，绿色、优质、健康动物产品供给不足，产品质量安全事件频现、安全隐患突出，难以满足城乡居民日益增长的优质产品消费需求，难以提升城乡居民对国内动物产品尤其是优质动物产品的消费信心，进而成为近年来部分动物产品进口持续增长的重要推动因素。总体来看，我国养殖业虽然在生产能力、生产规模、生产效益等方面取得很大成就，但在发展方式、产品质量等方面仍存在严峻问题，尤其是优质产品供给不足与人民群众日益增长的优质产品需求之间的矛盾愈加明显。我国养殖业面临的问题与矛盾，决定了其今后的发展重点是转变发展方式和提升产品质量。可见，无论是国家的政策导向，还是产品的市场导向，都要求绿色、优质、健康动物产品的充足供给必须成为未来我国养殖业发展的战略方向。

第三节　资源约束条件下养殖业发展须资源节约和环境友好

党的十九大报告强调，要树立和践行绿水青山就是金山银山的理念，形成坚持绿色发展，坚定走生产发展、生活富裕、生态良好的文明发展道路；2018 年李克强总理在政府工作报告中指出，统筹推进"五位一体"总体布局和协调推进"四个全面"战略布局，坚持以供给侧结构性改革为主线，推动质量变革、效率变革、动力变革。此外，近年来国家出台的系列政策规定，如《水污染防治行动计划》《土壤污染防治行动计划》《农业部关于促进南方水网地区生猪养殖布局调整优化的指导意见》《中华人民共和国环境保护税法实施条例》等，对养殖业发展提出诸多新要求新约束。这些要求和约束是基于生态发展理念以及我国环境污染、资源浪费等现实问题而提出的，是规范养殖业发展方式、推动环境保护与养殖业协调发展的重要保障。

新形势下的多重约束和要求使我国养殖业发展面临更为严峻的外部形势。同时当前养殖业发展仍存在如发展方式滞后、资源环境利用效率不高、粪污处理难度加大等突出问题，降低了生产者和消费者福利，增加了资源环境成本，不利于养殖业持续稳定健康发展。在当前资源环境约束不断趋紧及国家对农业发展提出新理念新要求的宏观背景下，养殖业亟待走资源节约与环境友好的绿色发展路子，并且这条发展路径是有效破解当前畜牧发展难题、提升畜牧发展质量、缓解资源环境压力、解决环境污染问题的必然选择，更是发展现代养殖业的现实要求。因此，在国家政策要求和环境资源约束的现实情况下，我国养殖业发展需要加快科技创新、突破技术瓶颈、转变发展方式、提升发展质量、降低资源消耗，从而实现绿色发展、持续发展，探索一条文明发展之路。

第四节 "四个面向"要求下推进养殖业发展的关键

"四个面向"要求下,技术创新与科技进步成为推进养殖业发展的关键。"四个面向"是 2020 年 9 月习近平总书记在京主持召开的科学家座谈会上指出:"希望广大科学家和科技工作者肩负起历史责任,坚持面向世界科技前沿、面向经济主战场、面向国家重大需求、面向人民生命健康,不断向科学技术广度和深度进军。"纵观当今世界发展大势,科技的地位日益突出,世界各国都把技术创新和科技进步作为推动社会经济发展的首要动力。习近平总书记对科技创新的重要指示以及当今世界发展大势无疑都充分印证了我国各领域加快科技创新、掌握核心技术的紧迫性和必要性。养殖业作为我国国民经济的重要生产部门,同样要肩负起加快技术创新与科技进步的历史担当,要积极面向世界畜牧科技前沿、面向养殖业经济主战场、面向国家对畜牧产品的需求、面向畜产品质量安全。

然而,我国养殖业发展仍然存在显著的技术短板,核心科技对外依存度高,国际竞争力不强,如畜禽及牧草种质资源对外依赖大,且许多畜牧生产设备高度依赖进口。同时,我国养殖业生产的国际竞争力十分匮乏,生产效率较低、生产成本过高都使得国内畜禽产品难以在国际上具有竞争力。面对这样的发展形势,只有抓好技术创新和科技进步这个关键,才能逐步破解我国养殖业发展难题,才能继续推进养殖业长足发展。在科学技术日益重要、经济全球化迅速发展的当代背景下,我国养殖业发展将会面临更大的国际竞争压力,因此突破技术瓶颈、实现创新引领的跨越式发展将会成为必然选择。

第二章　中国动物产品的需求

第一节　动物产品总体需求

党的十九大报告提出了我国社会经济发展的三个重要节点：到 2020 年将全面建成小康社会；到 2035 年将基本实现社会主义现代化；到 21 世纪中叶即 2050 年，将建成富强民主文明和谐美丽的社会主义现代化强国。目前我国社会主要矛盾已经转化为"人民日益增长的美好生活需要和不平衡不充分的发展之间的矛盾"，结合我国社会发展重要时间节点的发展特征，本研究分析了 2035 年和 2050 年我国居民的动物产品需求情况。

一、2035 年中国居民的动物产品数量和质量需求分析

（一）未来人口先增后减的格局将同步影响动物产品需求

《国家人口发展规划（2016—2030 年）》指出，我国人口总规模增长惯性减弱，2030 年前后达到峰值。实施全面两孩政策后，"十三五"时期出生人口有所增多，"十四五"以后受育龄妇女数量减少及人口老龄化带来的死亡率上升影响，我国人口增长势能减弱，总人口将在 2030 年前后达到峰值，此后有所下降。所以，随着两孩政策的放开，我国人口数量先是快速增长，但增长到一定阶段后开始步入缓慢增长阶段，今后十年我国总人口的增长速度将会进一步放缓。根据联合国的预测，我国人口将于 2029 年达到最高点 14 亿 4000 万，之后会呈现下降的趋势，到 2035 年下降至 14 亿 3000 万（图 2-1）。

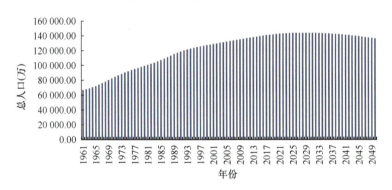

图 2-1　我国总人口预测变化趋势

数据来源：联合国经济和社会事务部

对于养殖业，人口数量增长导致动物性食品数量和质量消费提升，在需求的拉动下，动物产品生产不断提高，产业转型升级，规模化程度提高，但受到资本、劳动力、土地等生产要素短缺的制约不会出现持续高速增长；而人口数量下降将对动物产品需求产生一定影响，但受城镇化进程推进、人均消费增加制约，降幅会有所收窄。

（二）城镇化发展对城乡动物产品需求的影响越来越小

2017 年我国常住人口城镇化率为 58.52%，比上年末提高 1.17 个百分点（图 2-2）。国务院发展研究中心发展战略和区域经济研究部发表的《中国城镇化速度预测分析》表明，2016～2050 年我国城镇化率增速趋缓，年均提高 0.793 个百分点，到 2035 年约达到 72.8%；而世界银行预测，我国城镇化率 2030 年左右会达到 70%，2050 年左右会达到 80%。城镇化是影响我国畜牧产品消费的一个主要因素，但是随着农村居民生活水平的不断提高，加上农村地区在畜牧养殖方面的便利，近十年我国农村居民的人均畜牧产品消费在逐步提高，与城镇居民的差异在迅速缩小，2015 年缩小到 1kg 左右。未来虽然我国城镇化水平会平稳提升，但其变化对城乡畜牧产品消费的影响会越来越小。

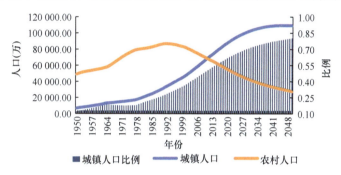

图 2-2 我国城镇/农村人口以及城镇化率

数据来源：联合国经济和社会事务部

（三）到 2035 年动物产品需求稳定增长

据中国农业科学院农业经济与发展研究所开发的中国农业产业模型（China agricultural sector model，CASM）预测（见附件一），2035 年我国肉类总需求为 10 217.6 万 t，较 2017 年的 8027.3 万 t 增长 2190.3 万 t，年均增长率为 1.52%；鸡蛋总需求为 3150.3 万 t，较 2017 年的 2631.8 万 t 增长 518.5 万 t，年均增长率为 1.09%；奶类总需求为 7003.2 万 t，较 2017 年的 5084.2 万 t 增长 1919 万 t，年均增长率为 2.10%；水产品总需求为 7441.6 万 t，较 2017 年的 6501.1 万 t 增长 940.5 万 t，年均增长率为 0.80%。另外，在特种养殖业占主导地位的蚕、蜂、鹿、毛皮方面，到 2035 年的国内外总需求分别为蚕丝 12 万 t、蜂蜜 55 万 t、鹿茸 14 800t、毛皮 15 000 万张，比 2017 年分别增长 2 万 t、5 万 t、12 590t、7000 万张。由此可见，2017～2035 年我国动物产品需求稳定增长，其中特种动物产品年均增长率最高，市场潜力巨大。

从动物产品总需求的结构来看，我国动物产品以满足国民食用需求为主，2035 年肉类用于食用的占比为 77.55%，较 2017 年的 76.00% 提高 1.55 个百分点；水产品食用需求占比由 2017 年的 36.57% 提高为 44.67%，提高 8.1 个百分点，提高最多，说明水产品未来食用需求较大。另外，到 2035 年水产品浪费减少 276 万 t，而浪费增加最多的是猪肉，为 188.4 万 t；动物产品浪费所占比例较大，2035 年羊肉浪费占总需求的比例最大，为 26.30%，但较 2017 年的 29.32% 有所减少。同时，鸡蛋产量满足国内需求，自给率高达 100%，而牛奶自给率较低，2017 年和 2035 年均为 72%。综合来看，我国动物产品的人均食用需求上升,其中牛奶增长最快,由 2017 年的 19.4kg 增长为 2035 年的 29.1kg,增长 9.7kg,水产品增长 6.9kg,由此可见,未来国民经济水平提高、生活质量上升,促进了畜牧业快速成为我国农村经济发展、农民收入提高的支柱性产业。

(四)绿色生态有机动物产品需求将明显增加

人民日益增长的美好生活需要加速了动物性食品数量和质量方面需求的增长。在我国大健康产业日益壮大发展的背景下,消费者对畜牧产品的需求逐渐从追求数量型转至数量型和质量型并重。以营养为目标的食物安全,由传统的数量安全转变为数量安全、质量安全和可持续安全三者兼顾。在"绿色、健康"消费观念的指导下,未来我国的绿色生态有机畜牧产品需求将保持稳定增长。

二、2050 年中国居民的动物产品数量和质量需求分析

通过类比与我国 2050 年发展状态类似的发达国家的阶段性特点来推算 2050 年我国居民的食品消费是一种可行的方法。考虑到我国居民饮食结构与西方大部分发达国家存在较大差异,因此直接类比不具有合理性。即便是亚洲的发达国家如日本,在畜产品食用上也与我国有较大差异,故无法类比和参考。由于时间过长,加上考虑所有重要因素并加以预测是非常困难的,即便预测出数据,结果也不准确,因此我们只作出趋势性判断。

(一)未来我国作为发达经济体国家对动物产品需求产生的影响

从经济增长看,由于我国经济从高速增长走向高质量发展不可避免,到 2050 年前后,经济增速大致在略高于 4%的区间。专家指出,2050 年的发展目标意味着我国到 2050 年迈入世界 500 万人口以上的最富裕国家的十强。2035～2050 年,我国 GDP 的全球占比处于 25%～40%的常态区间,2050 年的 GDP 可能比 2035 年翻一番,大约在 60 万亿美元。从人口规模看,《国家人口发展规划(2016—2030 年)》指出,根据联合国《世界人口展望:2015 年修订版》的预测,今后的较长时期内世界人口将保持上升趋势,2050 年接近 100 亿,发展中国家人口占比继续上升,但我国持续下降,且老龄化水平及增长速度将明显高于世界平均水平。我国人口总规模增长惯性减弱,2030 年前后达到峰值,到 2050 年预计下降至 13 亿 6000 万。从城镇化看,根据国际经验,城镇化率在 50%～70%是城镇化减速时期,所以 2035 年后我国城镇化发展将由加速向减速转变,到 2050年城镇化率预计达到 81.63%,增速变缓将使得城镇化对经济增长的拉动作用减弱。综上所述,2035～2050 年,我国居民的畜牧产品需求趋稳略增,2050 年肉类、蛋类、奶类、水产品需求分别为 12 054.71 万 t、2731.81 万 t、9551 万 t、8120 万 t。

(二)到 2050 年我国动物产品需求基本稳定并全面实现质量型转变

随着经济发展,消费结构升级,我国居民对动物产品的需求日益增加并逐渐从追求数量型和质量型向主要追求质量型转变。长期以来,我国养殖业将关注重点主要放在数量增长方面,即追求动物产品产量的持续快速增长,忽视了动物产品质量安全,在满足

人们对动物产品数量层面的需求时，也产生了严重的食品安全隐患。在人们收入和生活水平逐步提高的背景下，绿色、有机的健康消费方式成为一个必然趋势。当前，我国居民在蔬菜、水果等方面的消费正逐渐向绿色化靠拢，也就预示着居民对动物产品的消费在达到一定数量水平后将会对质量提出更高的要求。从国外发展经验来看，欧盟在 2005 年拨款 120 亿欧元用于支持肉类等食品追溯项目，美国国会 2001 年提出规定，要求所有食品厂家在 2006 年 12 月前实现所有食品必须能够通过批次号、代码或者任何其他信息记录办法来追溯所有原料的来源和去向，发达经济体的食品追溯行为都充分体现了经济发展水平提高后动物食品需求逐步向追求质量型转变。

第二节　猪肉需求分析

一、中国猪肉消费现状

（一）人均猪肉消费保持增长，但幅度显现下降趋势

近年来，随着经济飞速发展，人均收入不断提高，我国居民的猪肉消费总体保持增长，值得注意的是增长幅度处于逐渐下降趋势。1980～2008 年，人均猪肉消费由 11.4kg 增长至 16.0kg，增加了 2.6 倍；2013～2017 年，人均猪肉消费由 19.8kg 波动增加到 20.1kg。从我国居民家庭猪肉消费来看，城镇居民处于平稳增长的态势，农村居民处于快速增长的态势，城镇与农村居民在猪肉消费上的差异逐渐缩小。城镇居民人均猪肉消费由 1981 年的 16.90kg 增加到 2017 年的 20.60kg，农村居民由 1979 年的 6.10kg 增加到 2017 年的 19.49kg（图 2-3）。由于农村居民猪肉消费的强劲增长态势会带动我国整体猪肉消费的增长，未来随着收入水平的逐步提高，我国居民的猪肉消费需求仍然有很大的增长空间。

图 2-3　我国城乡居民人均猪肉消费

数据来源：历年《中国统计年鉴》

（二）生猪价格波动比较明显

在市场经济条件下，生产和价格在一定幅度范围内波动符合市场经济运行的规律，也有助于产业调整。但改革开放以来，我国生猪生产一直处于增长型波动状态，生猪价格大起大落。除 1985 年因放开市场价格导致猪肉价格上涨，我国生猪生产和价格大体经历了 7 次大波动，分别是 1988 年、1994 年、1997 年、2004 年、2007 年、

2011 年和 2016 年,波动周期最短 3 年,最长 7 年,特别是 2007 年以来出现高峰、低谷,波动非常剧烈。

(三)优质安全动物蛋白供应主要靠国内解决

我国地方种猪资源是宝贵的优质安全的动物蛋白供应源。我国具有得天独厚的种猪资源优势,良好的生猪品种是提高养殖效率、提升生猪产品质量、增强我国生猪产品国际竞争力的基础。目前,我国有很多优秀的地方特种猪品种,与普通生猪品种相比,大都有着鲜明的优点。例如,山东胶州的里岔黑猪与普通生猪相比,块头比较大,瘦肉率比较高,并且具有优良的繁育能力及生存适应能力,最主要的是其肉质比较鲜嫩多汁,胆固醇含量较低,钙质、胶原蛋白等含量较高,还富含微量元素、各种氨基酸等,深得消费者的青睐,曾经卖到 240 元/kg 的高价,目前市场上还是供不应求。虽然近几年像里岔黑猪这样的地方特种猪品种得到较好发展,但是仍有很大的进步空间。大多数地方特种猪所提供的产品属于中高端产品,所以在市场上比较受欢迎。所以,为了提升我国生猪产业的国际竞争力,应当继续发展地方特种猪品种,在国际市场上形成品牌效应;并为特种猪养殖场(户)提供相应补贴,对大型养殖场进行重点扶持,帮助其建立自己的品牌。

二、未来中国猪肉需求

(一)2035 年猪肉产品数量和质量需求分析

1)人口减少、城镇化速度放缓等使猪肉需求增速放缓。由于人口减少、城镇化速度放缓以及人口老龄化不断加速,预计未来我国猪肉需求的增长速度会逐渐放缓,并于 2034 年呈现出减少的趋势。2017 年我国猪肉总需求为 5568.9 万 t,预计 2023 年城镇化速度会有所下降,加上人口老龄化程度增加,猪肉需求的增长幅度会下降至 1%左右。

2)人口老龄化使猪肉需求显著降低,但仍会缓慢增长。我国人口老龄化严重,老人(65 岁以上人口)的比例由 1982 年的 5%上升到 2017 年的 11%,预计 2035 年将达到 25%,进入深度老龄化社会(表 2-1)。相关研究指出,60~70 岁年龄段消费者的猪

表 2-1 我国人口构成

类别	1982 年	1990 年	2000 年	2016 年	2017 年	2027 年	2035 年	2050 年
年末总人口(万人)	101 654	114 333	126 743	138 271	139 008	144 111	143 351	136 446
0~14 岁(万人)	34 146	31 659	29 012	23 091	23 353	17 293	11 468	8 187
15~64 岁(万人)	62 517	76 306	88 910	100 246	99 808	97 995	96 045	80 503
65 岁以上(万人)	4 991	6 368	8 821	14 933	15 847	28 822	35 838	47 756
0~14 岁比例(%)	34	28	23	17	17	12	8	6
15~64 岁比例(%)	61	67	70	72	72	68	67	59
65 岁以上比例(%)	5	6	7	11	11	20	25	35

数据来源:国家统计局与本研究团队的估算。因修约,部分总人口数据与各年龄段人口数据加和有微小出入,书稿中此类状况余同

肉需求显著降低，但对羊肉和鸡肉的需求显著增加。虽然人口老龄化会对我国猪肉需求产生负面影响，但是 2035 年前我国人口处于缓慢增长阶段，会对猪肉需求产生正面影响，而且人口增长产生的正面影响会略大于人口老龄化产生的负面影响（老人对猪肉的偏好降低，但是不等于不吃猪肉），所以 2035 年前我国猪肉需求仍会缓慢增长。

3）猪肉总需求在 2035 年达到 6411.4 万 t，人均食用需求为 33kg。根据本研究预测，2020 年我国猪肉总需求为 5508.7 万 t，比 2017 年基期减少 60.2 万 t，短期来看猪肉需求总体略呈下降趋势，但长期来看猪肉需求总体呈现稳定上升态势。如图 2-4 所示，2035 年猪肉需求将达到 6411.4 万 t，较 2017 年的 5568.9 万 t 增加 842.5 万 t，年均增长 0.84%，自给率为 94%。其中，食用需求、加工需求、浪费均呈现出上升趋势，2035 年较 2017 年分别增加 598.85 万 t、55.32 万 t、188.34 万 t，年均增长率分别为 0.84%、1.13%、0.79%，可见我国生猪加工业发展前景良好。长期来看，人均食用需求由 2017 年的 28.6kg 增长为 2035 年的 31.87kg，由此可见随着经济水平的提高，我国猪肉人均食用需求保持增长。

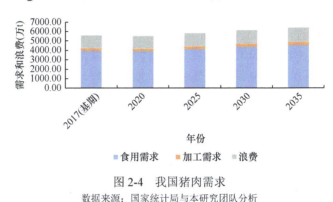

图 2-4　我国猪肉需求
数据来源：国家统计局与本研究团队分析

（二）2050 年猪肉产品数量和质量需求分析

1）高质量品牌猪肉需求增大。随着双汇、金锣等品牌冷鲜肉的兴起，有部分学者认为冷鲜肉是我国未来猪肉的发展趋势，但是从"壹号土猪"崛起可以看出我国猪肉行业另一个可能的升级拐点：猪肉品牌化升级。所谓品牌化，是以品牌作为不同层次、不同质量产品的标识和保障，也是不同产品价格划分的依据。而消费者有需求是猪肉品牌化升级的最重要原因。虽然消费者对食品品质的关注度提升，但产品品质难以衡量，此时品牌就成为产品品质的保障。"壹号土猪"的崛起引导了生态猪肉消费潮流，一方面让消费者接受猪肉品质的差异化，进而促进猪肉做成品牌获得溢价，另一方面证明高端肉类消费市场非常广阔。2050 年我国发展将达到中等发达国家水平，消费者将按照差异化来确认、选择猪肉产品。差异化是指产品应分"安全、好吃、保健"3 个质量层次，"安全"用于满足大众需求，指无残留、无污染、无疫病；"好吃"用于满足"富豪"式需求，是在安全的基础上进一步迎合感官需求，包括好看、好闻、好口感（鲜、香、嫩、滑、糯等）等；"保健"用于满足"贵族"式需求，是在安全、好吃的基础上进一步保障健康，或者无害于健康，如诱发心脑血管疾病等。

2）猪肉深加工行业进一步分化。欧洲猪肉消费结构中 2/3 是加工产品，1/3 是鲜肉。欧洲的火腿、香肠是非常有特色的，全世界都在销售和消费。而我国猪肉消费结构中超过 2/3 是热鲜肉，只有 1/3 左右为加工产品。至 2050 年我国猪肉加工产业将不断成熟完善并细分而形成独特的产业链。首要的任务是猪肉加工行业的规模化、人工智能化。规模化和人工智能化使涉及火腿、香肠等猪肉加工产品的加工设备制造行业快速发展成熟，同时针对火腿、香肠等猪肉加工产品加工工序、质量标准的监管系统将逐渐完善成熟，使猪肉加工产品的进出口贸易增加，我国会从国外大量进口猪肉，同时大量出口火腿等猪肉加工产品。

3）猪肉以及猪肉加工产品销售渠道变革。2050 年猪肉以及猪肉加工产品的销售渠道将进入互联网和人工智能时代。随着互联网行业的飞速发展，大数据、云计算、人工智能、电子商务等技术快速崛起，2050 年我国养猪业、猪肉加工业、猪肉销售行业会以与现在完全不同的方式存在。首先在互联网和人工智能的帮助下，可对饲料原材料实现从源头检测做起，即对原材料种植、生长、管理、收割、处理等每一环节跟踪管理，对常见农药残留分析检测，从源头上保证生猪、猪肉及其制品的健康。同时利用大数据对饲料配方进行分析，找出最适合生猪生长且更加节约的饲料配方，做到用最小的成本实现效益的最大化。目前人们线上购买肉类还较少，且随着人们对肉制品安全问题的重视日益加深，将对线上购买保持观望态度。但智能化的养猪业保障了猪肉的健康安全，如采用智能配送，可保证肉制品到达客户手中依然新鲜，逐步打开了线上销售市场。随着养殖业逐步实现智能化，养猪产业在互联网技术的支持下也将拥有更好的发展前景，"互联网+"背景赋予了养猪产业新的生命力，我国养猪产业将会由传统的全人工养殖完成转向智能化管理的现代化养殖。综合分析，预计 2050 年我国猪肉需求将达到 7120.32 万 t。

第三节　奶业需求分析

一、中国奶业消费现状

（一）品牌创建成效显著，乳品消费将持续平稳刚性增长

2018 年我国规模牛场荷斯坦奶牛存栏约 500 万头，还有相当部分非规模饲养的奶牛，包括西北、内蒙古、西南牧区放牧的兼用牛、荷斯坦高代杂交牛、奶水牛等；奶类产量 3176.8 万 t，乳品净进口折合原奶 1702 万 t，总供给 4879 万 t，人均原奶占有量 35.0kg。2017 年 D20（中国奶业 20 强）企业自建牧场荷斯坦奶牛存栏 150 万头，占全国的 22%；生鲜乳收购量 1545 万 t，占全国的 60%；销售额 2000 亿元，占全国的 55%，品牌创建成效显著。另外，2018 年全国人均乳品消费折合生鲜乳只有 35kg（是 1978 年 1.02kg 的 34.3 倍），是亚洲平均水平的 1/2，是世界平均水平的 1/3，是发达国家平均水平的 1/10，比发展中国家平均水平还低约 40kg。未来随着人口增长、城镇化推进，我国人均乳品消费每年增幅将超过 1 个百分点，由农村到城镇，人均口粮消费减少 33%，人均肉类消费增加 51%，人均动物蛋白消费增加 50%，可见随着居民收入增加和消费理念改变，乳品消费将持续平稳刚性增长。

（二）城镇居民人均消费波动增长，农村居民人均消费稳定增加

从城乡结构来看，城镇居民人均奶类消费由 2010 年的 14kg 波动增加到 2017 年的 16.5kg，农村居民由 2010 年的 3.6kg 波动增加到 2017 年的 6.9kg。可见，城乡居民消费差距略有缩小，2017 年城镇居民人均奶类消费为农村居民的 2.4 倍，2010 年为 3.9 倍，农村居民奶类消费增速高于城镇（图 2-5）。

图 2-5 我国城乡居民人均奶类消费

数据来源：历年《中国统计年鉴》

（三）乳品结构不合理，消费市场不完善

据统计，美国只有 24% 的生鲜乳加工成液态奶，出口大国荷兰只有 10% 左右的生鲜乳加工成液态奶，其余的加工成奶酪、黄油等固体乳制品。由于饮食习惯存在差异，我国的乳品消费仍以液态奶为主，90% 的生鲜乳加工成液态奶销售，产品结构缺乏弹性，生鲜乳生产和收购存在季节性过剩与紧缺。我国消费固体乳制品如奶酪、黄油等干乳制品的习惯远未形成，而国外乳品消费主要是干乳制品。一般消费 0.5kg 干乳制品相当于消费 4～4.5kg 鲜奶，由于我国干乳制品消费尚处于萌芽阶段，人均奶酪消费仅有 0.1kg，远低于日本和韩国的 2.3～2.5kg。鲜奶与原料奶的价格比美国是 2.14，英国是 2.23，而我国达到 3.25，大部分利润被销售环节拿走，不合理的利润分配机制导致终端价格虚高。国外乳品定位为日常消费品，而我国高端、高价乳品成为乳企营收和利润增长的主要动力，加上乳品企业投入巨额广告费推高乳品成本，一定程度上限制了乳品消费发展，导致奶农没有获得合理收益。

（四）产业链利益联结机制缺失，尚未摆脱"卖奶难"困境

从世界主要产奶大国的经营方式看，乳品加工企业往往由奶农通过合作社等方式联合创办或持股，奶农与加工企业利益联系紧密。新西兰 96% 以上的奶牛养殖企业与乳品加工企业之间是股份制的经济联合体，独立的乳品加工企业原料奶收购量只占总量的 3% 左右；澳大利亚最大的乳品企业 MG 公司由 2695 个牧场股东控股。这种合作经营模式，可协调奶农和乳品企业合作参与市场竞争，避免无序竞争的产生，通过建立相对统一的运营规则，有力提高了奶业生产效率，实现了奶农和乳企利益的最大化，促进了产业的持续健康发展和竞争力提升。我国奶业走的是"先加工、后奶源"的发展模式，奶

牛养殖、乳品加工"两张皮"，利益联结机制不完善，现阶段双方完成原奶收购基于收购合同等方式，并且合同对双方的制约都不强，乳企处于强势地位。同时，乳品企业的自有奶源仅占 20%，大部分奶源不固定，遇到风险往往转嫁给奶农。2015～2017 年我国奶牛养殖始终未摆脱"卖奶难"的困境，限收、拒收成为常态，上半年主产省份限收、拒收比例达到 10%。

二、未来中国奶业需求

（一）2035 年奶类产品数量和质量需求分析

1）随着人口增长及城镇化步伐加快，奶类消费将呈现大幅增加的趋势。2035 年我国常住人口城镇化率将达到 70%左右，城镇、农村人口分别为 10.6 亿和 3.74 亿，随着人口增长及城镇化步伐加快，加上收入增长和消费习惯改变，奶类消费将呈现大幅增加的趋势。2035 年我国人均原奶占有量将达到 50kg，原奶总需求将达到 7168 万 t；规模饲养的奶牛原奶质量普遍达到欧盟标准。

2）2035 年奶类总需求达到 7003.2 万 t，人均食用需求为 28.1kg。根据本研究预测，2020 年我国奶类总需求为 5411.9 万 t，比 2017 年基期增加 327.7 万 t，短期来看奶类需求年均增长率为 2.15%，长期来看奶类需求总体呈现稳定上升趋势。如表 2-2 所示，2035 年我国奶类总需求将达到 7003.2 万 t，较 2017 年的 5084.2 万 t 增长 1919 万 t，年均增长 2.10%。其中，食用需求、加工需求、浪费均呈现出上升趋势，2035 年较 2017 年分别增长 1340 万 t、406.3 万 t、44.5 万 t，年均增长率分别为 2.77%、1.22%、1.19%，可见奶类食用需求增长迅速。长期来看，我国奶类人均食用需求由 2017 年的 19.4kg 增长为 2030 年的 29.1kg，年均增长 2.78%，可见 2017～2035 年居民生活水平得到很大改善。

表 2-2 我国奶类供需预测

指标	2017 年（基期）	2020 年	2025 年	2030 年	2035 年
总供给（万 t）	5084.2	5411.9	6000.2	6541.8	7003.2
产量（万 t）	3655.2	3794.3	4199.2	4630.0	5027.3
净进口（万 t）	1429.0	1617.6	1801.0	1911.7	1975.9
总需求（万 t）	5084.2	5411.9	6000.2	6541.8	7003.2
食用需求（万 t）	2691.7	2938.7	3360.3	3731.0	4031.7
加工需求（万 t）	1843.5	1913.7	2032.6	2146.1	2249.8
浪费（万 t）	207.5	205.1	215.0	232.1	252.0
自给率	0.7	0.7	0.7	0.7	0.7
人均食用需求（kg）	19.4	21.0	23.8	26.6	29.1

数据来源：国家统计局以及本研究团队的估算

（二）2050 年奶类产品数量和质量需求分析

1）奶类消费保持增长。2050 年我国将成为发达国家经济体，由于饮食结构相似，奶类最终消费水平应与同样是发达国家的日本和韩国接近，多年维持在 60～70kg（折合原奶）。随着居民消费水平提升，2050 年我国奶类总需求将达到 9551 万 t，自给率为 68.9%。

2）奶产品需求逐步向质量升级和多功能利用转变。随着生活水平提高，居民对奶产品的质量要求愈加严格。长期以来，我国奶业监管乏力，奶产品质量安全问题尤为突出，低劣质奶产品较为泛滥，呈现出国内奶产品供给与需求严重不符的局面。在国内奶产品质量安全问题突出、居民过度依赖国外优质奶产品的背景下，我国奶产品亟待向高质量发展，以满足居民对大量优质奶产品的需求。国外奶产品发展已经从数量增长转向质量升级、多功能利用的新阶段，部分发达国家的乳业研究已经达到分子水平，开发了集营养、保健、医疗于一体的新型绿色乳品，以满足较高经济发展水平下居民对奶产品的多功能需求。结合我国奶产品的发展现状及发达国家的发展经验，可以预见未来我国奶产品需求将逐步向质量升级和多功能利用转变。

第四节　鸡肉需求分析

一、中国鸡肉消费现状

（一）消费增长几近停滞

改革开放后特别是 1984~1985 年的畜牧业流通体制改革，使得我国畜牧业快速发展，畜产品供给迅速增加，加之居民收入水平提高，城乡居民的肉类消费明显增加，其中家禽产品尤其是鸡肉消费增长最为明显，成为仅次于猪肉的第二大肉类消费品。2013 年我国人均鸡肉消费达到最高点 9.48kg，之后受 H7N9 禽流感疫情、食品安全事件、国民经济下行等因素影响，鸡肉消费持续低迷，增长几近停滞，甚至为负增长，2017 年人均消费为 8.69kg，较上年下降 6.86%，接近"十二五"初期 2011 年的水平（图 2-6）。

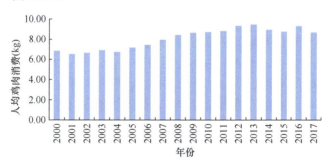

图 2-6　我国人均鸡肉消费
资料来源：历年《中国统计年鉴》以及本研究整理

（二）城乡消费差距显著

改革开放以来，我国城乡居民人均鸡肉消费差距呈现出先增后减的趋势。2011 年以前，由于城镇居民人均鸡肉消费增长快于农村居民，城乡居民人均消费差距总体呈扩大趋势，之后消费差距明显缩小，从 2011 年的 8.16kg 缩小到 2017 年的 2.53kg。差距缩小的主要原因是，H7N9 禽流感疫情、食品安全事件以及宏观经济增速换挡等外界因素对城镇居民鸡肉消费的影响尤为显著，2012～2013 年城镇居民人均鸡肉消费水平呈近乎断崖式下降，且后期恢复非常缓慢，而农村居民受影响相对较小，人均鸡肉消费水平总体保持小幅上升趋势（图 2-7）。

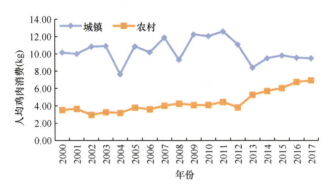

图 2-7　我国城乡居民人均鸡肉消费

资料来源：历年《中国统计年鉴》

（三）消费价格大起大落

近几年，受 H7N9 禽流感疫情、食品安全事件等因素影响，肉鸡价格大起大落的情况尤为突出。2017 年初受 H7N9 禽流感疫情影响，我国活鸡和白条鸡价格未延续 2016 年整体高位运行的较好态势，上半年市场行情直线下跌，下半年随着疫情影响逐渐消退，价格逐渐回升。根据农业部（现农业农村部）集贸市场监测数据，2017 年我国活鸡和白条鸡价格变动趋势保持高度一致，全年走势呈"U"形，年末基本回升到年初水平的 19 元/kg；白条鸡和活鸡年度最高与最低价格差分别达到 2.47 元/kg 和 3.45 元/kg，年中较年初最大降幅分别达到 12.95% 和 18.06%。2017 年的白条鸡和活鸡价格居近三年最低位，但需要注意的是，在受 H7N9 禽流感疫情严重影响的 2017 年，这一价格水平是靠养殖户大量退出、总体养殖规模大幅缩减支撑起来的。此外，白羽肉鸡和黄羽肉鸡价格的波动趋势存在差异。根据交易市场固定跟踪监测数据，白羽肉鸡 2017 年生产者价格（成鸡出栏价格，下同）总体上明显低于前 5 年（2012～2016 年）；而黄羽肉鸡 2017 年生产者价格波动幅度非常大，年度最低价格出现在 3 月，接近 2012 年以来的历史最低点，年度最高价格出现在年末，接近 2012 年以来的历史最高点。出栏价格反映的是养殖户面对的销售价格，集贸市场价格反映的是消费者面对的购买价格，上文数据反映出肉鸡价格波动趋势在产业链的生产和消费两端存在差异，也就意味着产业链的加工和销售获利在进一步加大，这一特点从 2015 年开始较为明显地显现，并一直持续到 2017 年。

二、未来中国鸡肉需求

（一）2035 年鸡肉数量和质量需求分析

1）2035 年鸡肉总需求达到 2163.6 万 t，鸡肉消费仍有较大提升空间。与国际肉类及鸡肉消费水平相比,我国还有较大差距,未来随着城乡居民收入持续增长,以及城镇化进一步推进,我国鸡肉消费仍有较大提升空间,在消费增长的带动下,2017~2035年虽然鸡肉消费会有较大幅度的增长,但由于肉鸡生产会及时跟进,肉鸡供需仍将保持相对平衡的状态。2017~2035年,我国肉鸡产量将以3.81%的年均增长率稳定增加,而消费增长速度与生产基本保持同步,到2035年鸡肉总需求达到2163.6万t,较2017年的1261.3万t增长902.3万t,年均增长率为3.97%。同时,人均食用需求由2017年的8.4kg增长为2035年的14.5kg,年均增长率为4.03%(表2-3)。可见,未来我国肉鸡产业仍有较大发展潜力。

表2-3　我国鸡肉供需预测

指标	2017年(基期)	2020年	2025年	2030年	2035年
总供给(万t)	1261.3	1482.9	1788.2	2013.0	2163.6
产量(万t)	1259.9	1424.1	1710.5	1943.0	2124.8
净进口(万t)	1.4	58.8	77.7	70.0	38.9
总需求(万t)	1261.3	1482.9	1788.2	2013.0	2163.6
食用需求(万t)	1165.7	1374.8	1658.4	1865.6	2002.4
浪费(万t)	95.6	108.0	129.8	147.4	161.2
自给率	1.0	1.0	1.0	1.0	1.0
人均食用需求(kg)	8.4	9.8	11.7	13.3	14.5

2)鸡肉需求向质量导向转变。随着社会经济的发展和人民生活水平的提高,预计到2035年我国肉鸡需求将由产量导向完全转向质量导向,人们对绿色、优质、生态肉鸡的需求将会大幅提升,也就预示着我国肉鸡产业结构将逐步调整。当前,我国肉鸡生产在质量方面仍然存在药残超标、微生物含量超标等各种问题,安全监控水平过低,生产可追溯系统尚未建立推广。预计到2035年,我国肉鸡发展将会更加注重质量安全和品质提高,以适应人民对健康膳食的新需求。

(二)2050年鸡肉数量和质量需求分析

到2050年,我国将建成社会主义现代化强国,人民的生活水平进一步提高,对肉鸡的需求将会在质量导向的基础上更加关注营养、保健等多方面。预计到2050年,我国肉鸡需求与生产将会呈现出以下特点:一是肉鸡安全监管体系完全建立,疫情防控系统和肉鸡生产可追溯系统更加完善;二是肉鸡营养需求达到新的高度,更加关注生态养殖肉鸡营养需要;三是肉鸡消费在深加工的基础上朝更加精细的市场方向划分,肉鸡利用更加注重多元功能。2050年,我国鸡肉总需求将达到2998.41万t。

第五节　鸡蛋需求分析

一、中国鸡蛋消费现状

1)城镇居民人均鸡蛋购买量趋于稳定,农村居民人均蛋类消费仍持续增加。从全国来看，人均蛋类消费持续增长，由 1978 年的 1.97kg 增长至 2017 年的 10kg，增长 4 倍以上（图 2-8）。1981～2017 年，我国城镇居民人均蛋类购买量由 5.2kg 增至 10.9kg，增长 1 倍多，年均增幅 2.1%；但自 20 世纪 90 年代末开始，城镇居民人均蛋类购买量由明显的上升态势转变为震荡波动，基本维持在 10～11kg。1981～2017 年，我国农村居民人均蛋类消费由 1.4kg 增至 7.57kg，增长 4 倍多，年均增幅 5.4%；同时，20 世纪 80 年代以来农村居民人均蛋类消费呈持续上升之势，虽然 21 世纪前十年增速有所减缓，但 2010 年后又进入快速增长期，2010～2016 年年均增幅达 8.9%。由此看出，城乡居民人均蛋类消费差距明显缩小，消费比由 1981 年的 4.0：1 降至 2016 年的 1.3：1。尽管如此，农村居民人均蛋类消费仍比城镇居民低 20.6%，还有很大的提升空间。

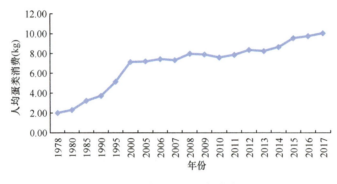

图 2-8　我国人均蛋类消费
数据来源：历年《中国统计年鉴》

2）受城镇居民蛋类消费几近饱和以及户外消费减少等因素影响，鸡蛋总消费增速放缓。"十二五"以来，我国鸡蛋总消费延续了前期的增长态势，但增速有所放缓，其中 2011～2017 年增长 9.2%，年均增幅 1.5%，低于"十一五"时期 3.2% 的年均增幅。2017 年，由于产量下降和出口增加，我国鸡蛋总消费下降 0.8%（同 2016 年比），为 2631.8 万 t，是近十年来鸡蛋总消费首次出现回调。

3）鸡蛋仍以家庭消费为主，2013 年以来户外消费与家庭消费此消彼长，加工消费则持续上升。在我国鸡蛋总消费中占比最大的是家庭消费，但与总消费的变动趋势不同，家庭消费在波动中持续上升，且"十二五"以来增速加快。2011～2017 年，鸡蛋家庭消费由 894.2 万 t 升至 1180.65 万 t，增长 32%，年均增幅 4.7%，明显高于"十一五"期间 1.0% 的年均增幅，但家庭消费在总消费中的占比呈现先降后升的态势。受加工消费和户外消费大幅增长的挤压，鸡蛋家庭消费占比由 21 世纪初的 41.5% 降至"十一五"末 36.8% 的低位；"十二五"尤其是 2013 年后，户外消费和家庭消费此消彼长，使得鸡蛋家庭消费占比随之回升，至 2017 年底反弹至 45.4%，已高于 21 世纪初的水平。此外，鸡蛋加工消费持续上升，且增长最快，而户外消费于 2013 年后明显下降，二者在总消费中的占比一升一降。与 21 世纪初相比，鸡蛋加工消费占比由 10.1% 升至 2017 年的 29.4%，而户外消费占比则由 24.5% 降至 2017 年的 22.9%。

此外，随着生活水平的不断提高，人们更加注重蛋类的营养与安全问题；而随着检测技术的不断进步和普及，蛋类质量安全和药物残留问题时有显现，成为各界关注的焦

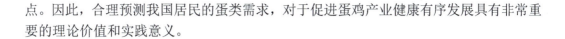

点。因此，合理预测我国居民的蛋类需求，对于促进蛋鸡产业健康有序发展具有非常重要的理论价值和实践意义。

二、未来中国鸡蛋需求

（一）2035 年鸡蛋数量和质量需求分析

1）鸡蛋总需求持续增长，预计 2017～2035 年年均增幅 1.09%。随着人口增长以及消费水平提升，我国鸡蛋总需求将持续增长，短期来看 2020 年将达到 2789.2 万 t，比 2017 年增长 5.98%，长期来看 2035 年将达到 3150.3 万 t。如表 2-4 所示，鸡蛋食用需求、加工需求、浪费均呈现出上升趋势，2035 年较 2017 年分别增加 372.1 万 t、133.8 万 t、12.7 万 t；净出口波动较大，2020 年达到最高点 80.5 万 t，随后下降至 2035 年的 11.1 万 t。随着人们对合理膳食搭配与营养均衡的要求提高，我国人均鸡蛋消费上升空间逐渐变小，总消费增速将逐年放缓，由 2020 年 1.03% 的最高增速降至 2035 年的 0.79%，总消费逐渐趋于稳定。

表 2-4　我国鸡蛋供需预测

指标	2017 年（基期）	2020 年	2025 年	2030 年	2035 年
总供给（万 t）	2631.8	2789.2	2967.7	3089.1	3150.3
产量（万 t）	2631.8	2789.2	2967.7	3089.1	3150.3
总需求（万 t）	2631.8	2789.2	2967.7	3089.1	3150.3
食用需求（万 t）	1788.2	1861.0	1997.1	2097.7	2160.3
加工需求（万 t）	767.9	779.4	822.2	863.9	901.7
浪费（万 t）	64.5	68.4	72.7	75.7	77.2
净出口（万 t）	11.3	80.5	75.7	51.8	11.1
自给率	>1.0	>1.0	>1.0	>1.0	>1.0
人均食用需求（kg）	12.9	13.3	14.1	14.9	15.6

数据来源：国家统计局以及本研究团队的估算

2）鸡蛋户外消费增幅最大、占比上升，加工消费增幅最小、占比下降，而家庭消费占比稳中略降。2018～2035 年，我国鸡蛋家庭消费年均增幅 1.16%，至 2035 年将达到 2160.3 万 t，在总消费中占 68.57%，比 2018 年减少 0.5 个百分点；鸡蛋加工消费年均增幅 0.8%，至 2035 年将达到 901.7 万 t，在总消费中占 28.62%，比 2018 年减少 1.6 个百分点；鸡蛋户外消费年均增幅 1.6%，至 2035 年将达到 788.8 万 t，在各类消费中增长最为显著，故其在总消费中的占比呈上升之势，2035 年将达到 24.8%，比 2018 年上升 1.7 个百分点。

3）城乡居民人均鸡蛋消费持续增长，农村增幅高于城镇，城乡消费比持续下降。2018～2035 年，我国农村居民人均鸡蛋消费年均增幅 1.6%，城镇居民年均增幅 0.7%；城乡居民人均鸡蛋消费比由 2018 年的 1.23∶1 降至 2035 年的 1.07∶1，二者的消费水平越来越接近。

（二）2050 年鸡蛋数量和质量需求分析

1）鸡蛋总需求小幅减少。党的十九大报告提出，到 21 世纪中叶将我国建成富强民主文明和谐美丽的社会主义现代化强国。就食物消费而言，人们将更加注重食物本身的健康安全及膳食结构的营养均衡，人均鸡蛋消费不再呈现持续上升的态势，而是维持在一定水平。同时，由于 2050 年全体人民共同富裕基本实现，城乡差别基本消除，故城乡居民人均鸡蛋消费也将处于同一水平。从发达国家的经验以及《中国居民膳食指南2016》推荐的蛋类食用量（每人每周蛋类摄入量为 280～350g，按照最高的每周 350g 推荐食用量来计算，即每人每天的蛋类摄入量为 50g）来看，2050 年我国居民人均蛋类消费将维持在"每人每天一枚蛋"的水平，而鸡蛋食品总需求将达到 2731.81 万 t，仅比2017 年增长 3.8%，与 2035 年相比则呈下降之势。

2）品牌蛋消费比例逐步上升。从目前的蛋类消费趋势来看，我国居民鸡蛋消费中品牌蛋的比例不断上升。2018 年北京居民鸡蛋消费的专题调研表明：消费升级下消费者对品牌鸡蛋的消费意愿增强，现在北京居民已从依靠经验、价格提升至依靠品牌来判断鸡蛋品质；鸡蛋消费越来越向品牌化发展，且产品呈现出功能化、特色化和礼品化的特点。据调研，2018 年北京品牌鸡蛋消费占比为 37%，比 2016 年增加 5%。以此速度估算，预计至 2050 年我国居民品牌鸡蛋消费占比在 50% 以上。而随着乡村振兴战略的全面实施以及质量兴农、绿色兴农、品牌强农的不断推进，市场上的品牌蛋份额也将大幅提升，以满足居民的消费需要。

第六节　牛肉需求分析

一、中国牛肉消费现状

1）城镇居民人均牛肉消费保持增长，牛肉为人均肉类消费中增长幅度最大、增长速度最快的产品。我国城镇居民的人均牛肉消费从 20 世纪 90 年代初逐年提高，与人们的收入水平不断提高有很大关系。2017 年，城镇居民人均牛肉消费为 2.60kg，与其他肉类相比，仅高于人均羊肉消费，明显低于人均猪肉、禽肉消费，因此牛肉占肉类总消费的比例较小，仅为 8.90%。自 1990 年以来，城镇居民人均牛肉消费在所有肉类中增长幅度最大、增长速度最快，而同期人均猪肉消费虽然较高，占比较大，但增长较缓慢，人均禽肉消费居于二者之间。对 1990～2017 年城镇居民的人均牛肉消费分析显示，1990年仅为 0.90kg，占肉类总消费的 5.4%，而人均猪肉、禽肉消费分别为 17.7kg、2.5kg，占比分别为 80.5%、11.3%；1995 年人均牛肉消费显著提高，为 1.30kg，比 1990 年增长44.44%，同期人均猪肉、禽肉消费分别下降 7.03% 和增长 35.78%；2017 年人均牛肉消费为 2.60kg，比 1990 年增长 1.89 倍，表明 1990～2017 年牛肉是城镇居民人均肉类消费中增长幅度最大、增长速度最快的产品（表 2-5），牛肉消费的增长使得牛肉在肉类消费中的地位有所上升。

2）相比于城镇居民，农村居民人均肉类消费增长较慢。1990～2017 年我国城镇居民人均牛肉消费占肉类总消费的比例由 5.40% 增长为 8.90%，而农村居民人均肉类消费

表 2-5　我国牛肉消费状况

年份	城镇居民人均消费			农村居民人均消费		
	肉类（kg）	牛肉（kg）	比例（%）	肉类（kg）	牛肉（kg）	比例（%）
1990	25.70	0.90	5.40	12.59	0.40	3.20
1995	23.65	1.30	5.50	13.42	0.36	2.70
2000	25.50	1.98	7.80	18.30	0.52	2.80
2001	24.42	1.92	7.90	18.21	0.55	3.00
2002	32.52	1.92	5.90	18.60	0.52	2.80
2003	32.94	1.98	6.00	19.68	0.50	2.50
2004	29.22	2.27	7.80	19.24	0.48	2.50
2005	32.83	2.28	6.90	22.42	0.64	2.90
2006	32.12	2.41	7.50	22.31	0.67	3.00
2007	31.80	2.59	8.10	20.54	0.68	3.30
2008	30.70	2.22	7.20	20.15	0.56	2.30
2009	34.67	2.38	6.86	21.53	0.56	2.60
2010	34.72	2.53	7.29	22.50	0.63	2.83
2011	35.17	2.77	7.88	23.30	0.98	4.20
2012	35.71	2.54	7.11	23.45	1.02	4.35
2013	28.50	2.20	7.72	22.40	0.80	3.57
2014	28.40	2.20	7.75	22.50	0.80	3.56
2015	28.90	2.40	8.30	23.10	0.80	3.46
2016	29.00	2.50	8.62	22.70	0.90	3.96
2017	29.20	2.60	8.90	23.60	0.90	3.81

数据来源：根据历年《中国统计年鉴》计算整理得出

增长较慢，1990 年为 12.59kg，其中人均牛肉消费为 0.40kg，进入 21 世纪后人均肉类消费呈增长趋势，2016 年达到 22.70kg，其中人均牛肉消费为 0.90kg。从肉类消费结构的变动趋势来看，牛肉占农村居民人均肉类消费的比例呈波动变化并略有下降，1990 年为 3.20%，2000 年降为 2.80%，2016 年增至 3.96%，说明尽管近些年来农民收入有所提高，但与城镇居民相比仍有差距。

二、未来中国牛肉需求

（一）2035 年牛肉数量和质量需求分析

2035 年我国牛肉总需求将达到 974.9 万 t，其中食用需求为 859.9 万 t。根据本研究预测，2020 年我国牛肉总需求为 799.6 万 t，比 2017 年基期增加 95.62 万 t，年均增长率为 4.53%，长期来看牛肉需求总体呈现稳定上升态势。如表 2-6 所示，2035 年为 974.9 万 t，较 2017 年基期增加 270.9 万 t，其中食用需求增长 243.9，年均增长率为 2.2%。同时，人均食用需求由 2017 年的 4.4kg 增长为 2035 年的 6.2kg。

表 2-6　我国牛肉供需预测

指标	2017 年（基期）	2020 年	2025 年	2030 年	2035 年
总供给（万 t）	704.0	799.6	870.7	928.8	974.9
产量（万 t）	634.6	662.0	727.8	781.7	828.1
净进口（万 t）	69.4	137.6	142.9	147.1	146.8
总需求（万 t）	704.0	799.6	870.7	928.8	974.9
食用需求（万 t）	615.8	707.6	769.6	820.2	859.9
浪费（万 t）	88.2	92.0	101.1	108.6	115.0
自给率	0.9	0.8	0.8	0.8	0.8
人均食用需求（kg）	4.4	5.1	5.5	5.8	6.2

数据来源：国家统计局以及本研究团队的估算

（二）2050 年牛肉数量和质量需求分析

基于消费升级下我国肉类消费结构的调整，国内市场对牛肉的需求将会逐年增加，如果以 2016 年牛羊肉生产总量计算，每年至少要增产 30% 才能赶上世界平均水平。预计 2050 年，我国牛肉总需求为 1125.41 万 t。

第七节　羊肉需求分析

一、中国羊肉消费现状

（一）羊肉总消费呈上升趋势

1980～2016 年，我国城镇羊肉总消费增长 13.7 倍，农村增长 1.52 倍，全国增长 4.86 倍，三者均呈现增长趋势。2016 年我国羊肉总消费达到约 207.61 万 t 的峰值，但 2017 年降为 187.82 万 t，下降 9.53%（图 2-9）。综合来看，总羊肉消费呈上升态势。

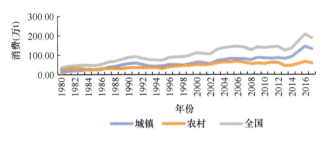

图 2-9　我国羊肉消费

数据来源：历年《中国统计年鉴》，包括城乡居民人均户内羊肉消费及人口总数；计算方法：城镇户内羊肉消费=城镇人均户内羊肉消费×城镇人口；农村户内羊肉消费=农村人均户内羊肉消费×农村人口；全国户内羊肉消费=城镇羊肉户内消费+农村羊肉户内消费；图 2-10 同

（二）人均羊肉消费波动上升

1980～1992 年我国城镇居民人均羊肉消费增加明显，增长 1.23 倍，1992 年达到峰值 1.56kg，1992～2014 年虽有波动，但整体保持平稳，2014～2016 年增长 50%，但 2017 年受羊肉价格上升影响，人均羊肉消费迅速下降 11.11%。农村居民人均羊肉消费整体呈上升趋势，1980～2012 年增长 2.13 倍，2013 年短暂下降后，2016 年快速上升至 1.1kg，虽然 2017 年下降幅度小于城镇下降幅度，但也下降 9.09%。全国人均羊肉消费波动上升，1980～2016 年增加 1.04 倍，但 2017 年下降 13.42%（图 2-10）。尽管近年来我国城乡居民人均羊肉消费在增加，但仍低于人均猪肉、牛肉和禽肉等消费，可见羊肉消费市场还有很大的发展空间。

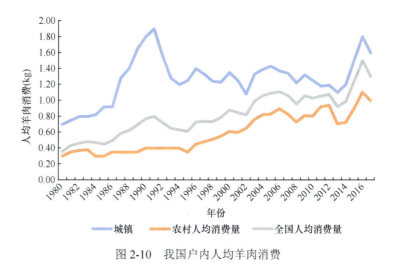

图 2-10 我国户内人均羊肉消费

二、未来中国羊肉需求

（一）2035 年羊肉数量和质量需求分析

1）收入水平保持较快的速度增长，导致居民羊肉消费增加。根据消费需求理论，消费者需求受消费者收入、商品价格等因素影响，故对于羊肉消费增长的原因，可以从收入水平、价格、消费的"示范效应"等方面进行分析。首先，收入水平是影响羊肉消费的最主要因素，羊肉具有正向收入弹性。作为发展中国家，未来较长一段时期内，我国居民收入水平将保持较快的速度增长，导致居民羊肉消费增加。其次，近年来羊肉价格保持稳定，但随着未来规模化程度的提高，羊肉价格会适当下降，势必刺激居民的羊肉消费。再次，我国城镇居民的羊肉需求仍有较大潜力，而农村居民更是具有成倍增长的潜力。由于未来我国人口总量将进一步增加，城镇化率将不断提高，加之城乡居民羊肉消费存在一定差距，城镇居民在肉类消费上可能会对农村居民起到"示范效应"而进一步促进其羊肉消费增速。最后，在电子商务快速发展的今天，新的消费模式和销售渠道打破了传统线下消费的地域、时间限制，可以实现产销有效对接，减少流通环节，满足消费者对羊肉产品安全、营养、便捷和多样化的要求，羊肉需求有所上升。综上分析，我国对羊肉的数量需求将不断增加,对羊肉的品质需求也逐步提升。

农业农村部市场预警专家委员会发布的《中国农业展望报告(2018—2027)》显示,未来随着居民收入水平的提高和城镇化步伐的加快,加上人口增长和城乡居民肉类消费结构及偏好改变,我国羊肉需求将持续增长,年均增速约 2.0%。2027 年以后,随着人民收入水平和人口结构变动趋于稳定,我国羊肉需求不再继续保持很高的增长速度,到 2030 年达到约 631.38 万 t。由于目前没有 2035 年我国羊肉消费以及进出口的预测报道,因此假定羊肉消费的增长速度在"十六五"期间保持稳定,年均增长速度保持在 1.5%左右,则 2035 年全国羊肉总需求大致可以达到 667.7 万 t。

2)消费者对羊肉产品的需求逐渐从追求数量型转至数量型和质量型并重。在我国大健康产业日益壮大的背景下,消费者对羊肉产品的需求逐渐从追求数量型转至数量型和质量型并重。以营养为目标的食物安全,由传统的数量安全转变为数量安全、质量安全和可持续安全三者兼顾。在"消费引导生产"理念的指导下,肉羊产业以市场需求为导向,以加工需求为主体,为育种和养殖提出方向,在保证和提升肉类品质的同时,满足不同地区市场的差异化需求。未来我国肉羊产业主要向集约化、规模化、现代化和全产业链深度融合发展。

从消费理念看,消费者的消费理念不断升级,对绿色有机无污染可溯源羊肉的需求极大增长。由于产品市场进一步细分,高端羊肉市场迅速发展,消费者对高品质羊肉产品的需求得到满足。从消费结构看,居民的羊肉消费结构不断升级,借鉴《中国居民膳食指南 2016》中肉类的摄入标准,预计未来居民动物蛋白消费将快速提升,肉类消费结构将有所优化,禽肉消费比例相对稳定,而羊肉和牛肉消费比例会有所增加。从消费模式看,城乡居民的人均消费差距不断减小,居民在外消费增加。此外,在电子商务不断创新和发展的条件下,羊肉产品的线上消费更加便捷,消费模式不断多样化。

3)2035 年羊肉总需求达到 667.7 万 t,人均食用需求为 3.6kg。根据本研究预测,2020 年我国羊肉总需求为 528.4 万 t,比 2017 年基期增加 35.2 万 t,年均增长率为 2.38%,长期来看羊肉总需求总体呈现稳定上升态势。如表 2-7 所示,2035 年羊肉总需求将达到 667.7 万 t,较 2017 年的 493.2 万 t 增长 174.5 万 t,年均增长 1.97%,其中食用需求、浪

表 2-7　我国羊肉供需预测

指标	2017 年(基期)	2020 年	2025 年	2030 年	2035 年
总供给(万 t)	493.2	528.4	583.6	631.4	667.7
产量(万 t)	471.1	497.5	550.6	591.4	626.4
净进口(万 t)	22.1	30.9	33.0	40.0	41.3
总需求(万 t)	493.2	528.4	583.6	631.4	667.7
食用需求(万 t)	348.6	378.0	421.3	461.4	492.0
浪费(万 t)	144.6	150.4	162.3	170.0	175.7
自给率	95.52%	94.15%	94.34%	93.66%	93.81%
人均食用需求(kg)	2.5	2.7	3.0	3.3	3.6

数据来源:国家统计局以及本研究团队的估算

费均呈现出上升趋势，2035 年较 2017 年分别增加 143.4 万 t、31.1 万 t，年均增长率分别为 2.29%、1.19%。同时，人均食用需求也一直呈上升趋势，由 2017 年的 2.5kg 增长为 2035 年的 3.6kg，年均增长率为 2.32%。

4）羊肉自给率略有下降，稳定在 93%以上。2017 年我国羊肉自给率为 95.52%，净进口羊肉 22.1 万 t，本研究预测 2035 年羊肉自给率将下降到 93.81%，净进口 41.3 万 t，自给率下降 1.71 个百分点，净进口增加 19.2 万 t，增长接近 1 倍。从自给率方面看，我国羊肉一直稳定在 93%以上，但在数量层面，由于总需求增长较多而产量增幅较小，因此羊肉净进口同样增幅较大。长期来看，我国羊肉生产将保持稳定增长的态势，但增长速度略小于羊肉需求的增长速度。

（二）2050 年羊肉数量和质量需求分析

1）到 2050 年羊肉总需求不太可能出现明显增长。从经济增长看，由于我国经济从高速增长走向高质量发展不可避免，到 2050 年前后经济增速大致在略高于 4%的区间；2035～2050 年，我国 GDP 的全球占比处于 25%～40%的常态区间，2050 年的 GDP 可能比 2035 年翻一番，大约在 60 万亿美元。从人口规模看，《国家人口发展规划（2016—2030 年）》指出，根据联合国《世界人口展望：2015 年修订版》的预测，今后的较长时期内世界人口将保持上升趋势，2050 年接近 100 亿，发展中国家人口占比继续上升，但我国持续下降，且老龄化水平及增长速度将明显高于世界平均水平。综上所述，2035～2050 年我国羊肉总需求趋于稳定，并逐渐从追求数量型和质量型向主要追求质量型转变。但是由于人均需求趋于稳定且人口数量整体减少，预计 2050 年我国羊肉总需求不太可能出现明显增长，大致为 810.57 万 t。

2）居民对羊肉的消费需求主要表现为高质、营养和健康。《中国现代化报告 2017——健康现代化研究》指出，2020～2050 年我国将进入基本实现现代化的阶段，将以第二次现代化为主，以生活质量为中心。而以生活质量为中心，要求"把健康放在优先发展的战略地位"。可以预计，届时我国将迈入"健康优先"时代，即"质量优先，健康优先，创新驱动，绿色发展"。所以到 2050 年，健康和长寿将是我国居民发展的核心目标之一，居民对羊肉的消费需求主要表现为高质、营养和健康。同时，消费需求转型和产品国际竞争力提升都进一步让我国羊肉产业得到升级，主要表现在以下三个环节。

在生产加工环节，随着绿色养殖模式被现代肉羊产业广泛应用，可以解决耗能、耗水、耗人工等问题，随着智能化绿色制造技术普遍化，高质、营养和健康的羊肉来源得到保障。在监管环节，随着羊业质量安全监管体系的建设和完善，我国羊肉质量标准与国际标准接轨，农畜产品质量安全监管服务、检测和应急处置能力全面提升。在销售环节，肉羊产品可追溯体系的成熟打消了消费者对羊肉安全的顾虑；生鲜电商和冷链物流体系的充分发展、线上线下互动的消费模式为消费者带来更多便利，使定向设计个性化营养肉制品成为可能。同时，借鉴发达国家的经验，在结合我国人民口味和需求的基础上，出台一套专门用于品质鉴定评判的标准，倒逼羊肉生产和加工严格符合各项规定，实现肉质品质的提升。

第八节 水产品需求分析

一、中国水产品消费现状

（一）水产品市场需求庞大

当前，我国已经成为世界上淡水养殖规模最大、水产品市场容量最大的国家，随着生活水平的提高和膳食结构的改善，水产品需求日益扩大。2017 年，我国人均水产品食用需求达到 17.1kg，并且超过人均肉类食用需求；水产品总需求达到 6501.1 万 t，超过猪肉总需求，其中食用需求为 2377.5 万 t，加工需求为 2196.2 万 t，浪费为 1927.4 万 t，自给率为 99%，可以看出我国水产品市场需求庞大，但存在浪费较为严重等问题。

（二）城乡居民人均水产品消费呈持续增长趋势

我国城镇居民人均水产品消费由 1985 年的 7.8kg 增长至 2017 年的 14.8kg，增长近 1 倍，其中 1990~2007 年增速较快，2007 年达到 14.2kg，2008 年有所下降，但 2009 年开始回升，2010 年后一直保持比较平稳的态势。我国农村居民人均水产品消费由 1990 年的 2.13kg 增长至 2017 年的 7.42kg，增长 2.48 倍，近年来保持稳定增长趋势（图 2-11）。综合城镇和农村的数据来看，我国城乡居民人均水产品消费虽有所波动，但整体均呈现稳步增长的趋势，但近年来增长速度有所放缓。

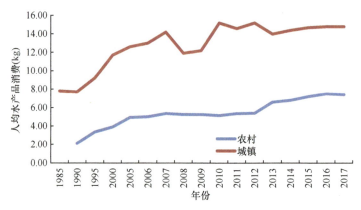

图 2-11 我国城乡居民人均水产品消费
数据来源：历年《中国统计年鉴》

（三）农村居民人均水产品消费较低

1990 年我国城镇居民人均水产品消费为 7.7kg，农村居民仅为 2.13kg，城镇高出农村 5.57kg，为农村的 2.62 倍。2017 年我国城镇居民人均水产品消费为 14.8kg，农村居民为 7.42kg，城镇高出农村 7.38kg，为农村的 2 倍左右。可以看出，2017 年农村居民的人均水产品消费甚至低于 1990 年的城镇居民水平，农村与城镇之间存在很大差距，农村居民水产品消费仍然有很大的增长空间。

二、未来中国水产品需求

（一）2035 年水产品数量和质量需求分析

1）2035 年水产品总需求达到 7441.6 万 t，其中食用需求不断上涨。根据本研究预测，受人口增长和经济发展驱动，2020 年我国水产品总需求为 6698.5 万 t，比 2017 年基期增长 197.4 万 t，其中食用需求、加工需求分别增长 252.4 万 t、53.6 万 t，浪费减少 108.5 万 t，长期来看水产品总需求总体呈现稳定上升态势，2035 年为 7441.6 万 t，比 2017 年的 6501.1 万 t 增长 940.5 万 t，其中食用需求、加工需求分别增长 946.5 万 t、270.1 万 t，而浪费下降 276 万 t，年均减少 0.8%（图 2-12）。

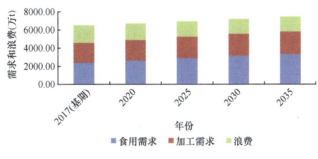

图 2-12　我国水产品需求预测

资料来源：本研究整理

2）水产品需求逐渐转向数量需求与质量需求并重。未来随着我国家庭收入的增长和城镇化进程的逐步推进，居民对水产品的数量需求在逐步增长的同时，对水产品的质量也提出更高要求。预计未来，以低脂肪、高蛋白为主要特征的水产品逐渐在居民食品消费中占据更为重要的位置，居民对水产品质量安全、营养全面等方面的要求也会越来越高。

3）水产品消费市场逐步细化。在水产品总供给逐步扩大，居民生活水平日益提高的背景下，人们的饮食习惯和消费理念也将发生变化，水产品消费市场将逐步细化。在鲜活、冷冻类水产品作为主要消费类型的同时，各种深加工类水产品消费也将逐步增长，尤其是东部沿海一些水产品加工制品的发展规模将进一步扩大，以满足内陆居民需求。同时，随着休闲零食类消费的普及，鱼干、鱿鱼丝、鸭脖等深加工零食类水产品的需求存在较大提升空间。因此，预计未来我国水产品消费市场将会逐步细化，水产品加工业及水产品制品都存在很大发展空间。

（二）2050 年水产品数量和质量需求分析

1）水产品数量需求在 2050 年基本达到稳定。预计到 2050 年我国将建成社会主义现代化强国，经济总量达到较高规模，社会经济实现高质量发展，人民生活水平达到并稳定处于较高水平，因此居民的水产品需求进一步提高，并达到膳食合理的要求，水产品数量需求继续增长的空间已满。预计 2050 年我国水产品总需求为 8120 万 t，并将长期保持在较高水平。

2）水产品质量需求进一步提高，逐步向药用、保健、生态等功能多元利用需求发展。随着生活水平的进一步提高，居民对水产品的质量需求进一步提高。根据美国等发达经济体的经验，当经济发展水平进一步提高后，受健康理念等因素影响，居民对营养价值较高水产品的需求将持续上升，同时随着多样化、个性化需求的增加，居民对各种水产品加工制品的需求将进一步扩大。预计 2050 年我国水产品需求会更加关注质量、营养等特征，并逐步朝深加工等多元利用方向发展。

第九节　水禽产品需求分析

一、中国水禽消费产品现状

1）肉鸭产品价格波动比较明显，人均消费总体稳中有增。我国是世界肉鸭第一生产与消费大国，在国内市场上，水禽占有十分重要的地位。根据联合国粮食及农业组织（FAO）推算，我国鸭养殖量占全球的 74.2%，鹅养殖量占 93.2%。近几年来，我国养鹅业保持稳步发展的态势，依然是世界上肉鹅出栏量最多的国家。同时，目前我国人均水禽产品消费居世界第一位，北京、上海等发达城市为 2kg，而欧盟等仅为 0.6kg，是北京、上海等地的 30%。从近十年肉鸭产品消费数据（图 2-13）可知，人均肉鸭产品消费总体呈稳中有增的趋势，可见人口增长、收入增加和城镇化发展水平提高，将极大地改变人们的消费结构以及其对水禽产品的消费。

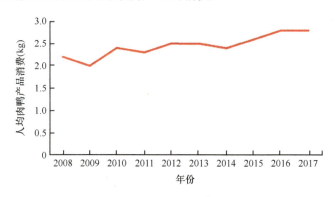

图 2-13　我国人均肉鸭产品消费

2）水禽养殖规模扩大，消费上涨。随着消费增加，我国肉鸭养殖规模扩大，但疫病发生率随之增加，加上计划调节的影响，肉鸭产量时增时减，但总体上呈现不断上升的趋势。我国鹅产业比较稳定，发展相对较快，生产与消费主要分布在江浙、广东、广西一带，比较集中。以鹅出栏量为例，1961～1978 年稳定增长，从 800 万只增加到 2500 万只，年均增加量达到 100 万只。蛋鸭生产在 1978 年前主要集中在长江流域与闽浙一带，源于南方地区良好的经济基础与生产条件，产量稳步增长，但增长幅度相对于肉鸭、鹅较小。此外，在政府的宏观调控及引导下，我国水禽产业基本实现了从农户零星分散饲养到企业化、规模化集中饲养的转变。对全国 22 个水禽主产省份2018 年水禽生产情况的调查统计显示，全年商品肉鸭出栏 29.13 亿只，较 2017 年增长

6.22%，总产值 777.39 亿元，较 2017 年上升 16.37%；蛋鸭存栏 1.87 亿只，较 2017 年减少 1.24%，产量 306.91 万 t，较 2017 年减少 3.80%，总产值 423.19 亿元，较 2017 年上升 37.59%；商品鹅出栏 5.3 亿只，比 2017 年减少 2.51%，总产值 465.01 亿元，比 2017 年增长 3.98%；水禽产业总产值 1665.59 亿元，较 2017 年上升 17.06%。2018 年我国水禽产业在肉鸭、蛋鸭及鹅三大产业方面的产值相比 2017 年都呈增加态势，由于市场行情较好，蛋鸭淘汰鸭和鸭蛋价格都比较高，因此在产量下降的情况下鸭蛋产业的产值还有明显增加；肉鸭产业呈现的是产量和产值双增的局面；相对而言，鹅产业还有一定上升空间。

二、未来中国水禽产品需求

（一）2035 年水禽产品数量和质量需求分析

1）人口增长必将激发水禽产品的消费。根据联合国的预计，2017 年我国人口约 14.1 亿，到 2035 年将上升至 14.4 亿，而巨大的人口基数是人口增长的基本动因，两孩政策全面放开是人口增长的新动力，当然新的生育政策发挥效用需要时间，但人口总体趋势是增长的，而人口增加必然会导致消费增加，进而给水禽产品供给带来压力。按照目前我国人均肉鸭产品消费为 5kg 来算，肉鸭产品总消费为 705 万 t，若 2035 年人口增长 0.4 亿，总消费将至少增加 20 万 t，达到 725 万 t，这只是一个最小的增加量，加上生活水平提高的影响，总消费会更高。

2）水禽产品消费会随着收入提高而增加。在市场经济条件下，收入水平是居民水禽产品消费水平的决定因素。肉鸭产业发展与国民经济快速发展是密不可分的，经济快速发展对肉鸭产业的带动作用是非常大的。长期以来，我国 GDP 一直保持高速增长，人民收入水平大幅增加，随之生活水平大幅提高，为肉鸭产品消费的快速增长提供了强大的经济保障。某些学者利用 FAO 与国家水禽产业技术体系统计的肉鸭生产数据，基于 ARIMA 模型对我国肉鸭的价格进行了预测：2017~2020 年肉鸭价格将继续逐步增加，但并不会达到 1 万元/t 的历史高水平，到 2035 年会随着经济发展水平发生波动，但总体变化是与经济发展相适应的。水禽产品具有较高的边际消费倾向，到 2035 年我国人均肉鸭产品消费如图 2-14 所示，即随着收入的提高而增加，从而引起水禽产品总消费显著增加。

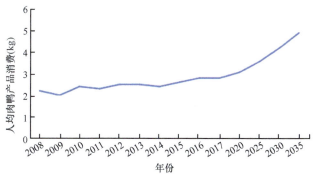

图 2-14　至 2035 年我国人均肉鸭产品消费预测

3）水禽产品呈现出多样化的发展趋势。伴随消费者的需求多样化，肉鸭产品也开始走多元化发展道路以迎合消费者的需求变化，产品品种结构由单一的整只白条鸭，细分为鸭翅、鸭肠、鸭脖、鸭头、鸭舌、鸭掌、鸭胸肉、鸭肥肝、鸭绒等；产品加工由单一的初加工，扩展为卤制、腌制、烧烤及冷冻速食等；产品标准由生产即消费，发展为无机、绿色的高质量安全食品。随着政府对食品安全的重视，消费者对产品质量安全、健康的要求日益提高，加上国际市场贸易对产品安全的严格监控，质量好、风味独特的安全绿色食品更受市场欢迎。

4）便宜动物蛋白的大量需求是促进禽肉消费增长的主要因素。全世界的消费者正逐渐被吸引到禽肉产品消费中，消费群体不断增长存在一些清晰的结构性因素，其中便宜动物蛋白的大量需求是主要因素。世界各地的水禽产品消费情况不同，虽然发展中国家和发达国家两者之间的差别仍很大，但发展中国家的动物性食品消费在逐渐增加，而我国随着社会主义现代化的推进，消费扩大推动供给快速增长，使得水禽养殖朝新的战略定位发展并融入科技要素，走区域化、规模化路子，并全面推进标准化生产，对生产基地以及养殖过程进行监控，从而生产无公害的绿色水禽产品，保障消费者的饮食健康。

（二）2050 年水禽产品数量和质量需求分析

1）人均肉鸭产品消费不会出现较大的增长而是处于较高水平的稳定状态。从发达国家目前的水禽产品消费现状可以分析出，2050 年我国成为一个发达经济体后人们的消费方式与观念将发生改变。一些发达国家的实践表明，当人均收入达到一定高度时，水禽产品的收入需求弹性趋于零。而在大多数中、低收入国家，由于人均水禽产品消费尚未达到饱和程度，因此其收入需求弹性要比高收入国家高，目前我国水禽产品的需求收入弹性较高，到 2050 年大致会达到与目前发达国家相同的水平，可以预测到时人均肉鸭产品消费不会出现较大的增长而是处于如图 2-15 所示的较高水平的稳定状态。

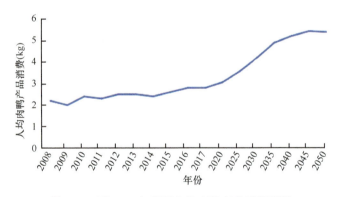

图 2-15　至 2050 年我国人均肉鸭产品消费预测

2）产品质量安全是水禽产业发展的生命线。人们对水禽产品需求的增长速度减缓与对其质量、健康和方便等方面的要求变化有关，新鲜、包装、成品、半成品等健康方便的产品愈来愈受到欢迎，对动物性脂肪有害于心脏的恐惧也日益增加。"健康"不再是一个停留在营销层面的概念，而是成为一种日常的生活方式，尤其体现在一线城市。根本原因在于日益严重的环境污染问题，不断曝光的食品安全事件，以及不合理的饮食习惯所导致的各种疾病暴发或者潜在风险。产品质量安全是水禽产业发展的生命线，要积极开展行业自律及相关法律法规的制定，建立健全水禽产业质量标准和控制体系，加强产品质量安全管理，对水禽产业从养殖、饲料、加工、包装、运输到销售全过程进行质量监控；充分利用现代网络、信息技术，建立质量可追溯、生产过程可查询的产品质量追溯制度与质量保障体系，用质量信誉和消费需求拉动产业发展。

3）肉鸭产品消费越来越受到国际市场的重视。肉鸭产品的国际出口贸易对我国供需有一定影响：一是经济全球化的影响，二是我国已经加入世界贸易组织（WTO）的大市场背景。国际出口规模变化已经成为国内大型企业判断国际市场的重要参考因素，国际出口增加，说明国际市场形势良好，发展肉鸭出口有利。国际进口规模增加也是市场利好的重要信号，我国作为世界第一大肉鸭生产国与出口国，肉鸭国际进口增加，正好可以刺激国内肉鸭的生产与出口，扩大海外市场。从进口方面来看，根据FAO和我国海关总署的数据估算，2017年主要进口国鸭肉及鸭肝进口总量为29.2万t，鹅肉及相关产品进口总量为6.5万t，活鸭出口总量4900万只左右。从出口方面来看，根据FAO的数据估算，2017年主要出口国鸭肉及鸭肝出口总量为37.4万t，鹅肉及相关产品出口总量为6.5万t，活鸭出口总量2900万只左右。随着国际对食品安全的重视，针对肉鸭进口的标准会越来越细，要求会越来越高，这为肉鸭的国际出口增加了难度，但也反映出肉鸭产品消费越来越受到国际市场的重视。

4）禽流感、鸭病毒性肝炎等疫情时有发生并流行，严重威胁肉鸭产业的健康、持续发展。发达国家从水禽产品中摄入的能量和蛋白质近年来基本没有增加，害怕心脏疾病和肥胖可能是影响消费者产品选择的主要因素。禽流感对肉鸭市场的影响很大，消费者对肉鸭的接受程度会随着禽流感发生与否而波动。而疫病防控机制建立在区域间疫情发现、密切监控、区域协调、联合治理等多方位、区域立体化的高效、快速、全面反应体系的基础之上，但目前我国区域间防疫合作体系尚未建立，疫病防控体系不够完善。随着养殖规模的不断扩大与集中，我国肉鸭饲养密度将大幅度增加，由于隔离封闭问题、防疫执行问题，禽流感、鸭病毒性肝炎、呼肠孤病毒等时有发生并流行，严重威胁肉鸭产业的健康、持续发展，因此区域间防疫合作越来越需要更多的协调与配合。

环境限制越来越影响动物生产，在欧洲和日本这种限制已被认可，美国已根据环境限制制定了条例。发达国家将通过质量等级制度控制价格，部分动物蛋白需求会由水产养殖业供给。想必我国也会因为环境问题去限制或者调整水禽产品的供给与生产，环保政策势必会对水禽产业产生一定的影响。国家提倡绿色发展，对产业发展中的环境控制要求越来越严，水禽养殖受到极大限制，产业发展空间越来越小。在治污减排成本高、政府环保政策补贴不到位的情况下，水禽养殖的生态环境压力日益增大，直接影响水禽产业的发展。

总的来说，2050年我国水禽食品消费于稳定，会更注重食品质量与膳食结构均衡和种类多样化。

第十节 特种动物产品需求分析

一、中国特种动物产品消费现状

（一）特种动物产品消费市场主要还在当今的发达国家

所谓"小动物，大市场"，一指特种养殖业养殖的虽都是小动物，但具有广阔的市场前景。因为特种养殖业的最终产品都是用来满足人们提高生活品质的，因而随着经济发展和收入水平上升，人们对这些产品的需求将不断扩大。而传统的禽畜、水产养殖产品需求，通常开始随着居民收入水平的提高而增加，但收入上升到一定水平后，肉、蛋、奶、水产等将成为生活必需品，其需求又会逐渐趋于稳定。二指特种养殖业大多是外向型的，面向国际市场。因为我国仍然是发展中国家，虽然国内的消费结构正在转变，但目前特种产品的消费市场主要还在当今的发达国家。

（二）发展特种养殖业满足国民消费档次提升需求

随着经济的持续发展和收入水平的不断提高，我国人民生活水平必将得到更大幅度的提升，对美好生活的期望也将不断提高，对特种动物产品品质层次提升和品种结构多元化的需求随之增加。经济发展和收入水平提高在带来消费群体扩大、消费总量增加的同时，消费者的效用函数也会相应变化，从短缺型需求向温饱型需求进而向康乐型需求演进。而特种养殖业的发展在满足国民消费需求档次提升和多元化要求方面具有大类养殖业所没有的独特优势。

特种养殖业生产的蚕茧、蜜蜂、鹿茸和毛皮等产品，为相关工业提供了优质安全的工业原料，进而生产出能不断提高人们生活品质的高档服饰和医药保健产品等。蚕业的主要最终产品为丝绸服装、蚕丝被、家纺等丝绸制品；蜂业的主要产品有蜂蜜、蜂王浆、蜂王浆胶囊、蜂胶胶囊、花粉等营养保健品；鹿业的主要产品为鹿茸、鹿鞭、鹿心、鹿尾、鹿胎、鹿筋等医药保健产品和鹿肉；毛皮动物养殖主要为裘皮服装服饰生产提供原料。因此，特种动物产品都是人们收入水平上升和消费结构变化后，为提高生活品质所需产品的基本原料，这就决定了特种养殖业具有不断扩大的消费市场和良好的产业发展前景。

（三）特种动物产品需求还有很大的提升空间

目前，全世界蚕丝年产量仅占纤维总量的 0.1% 左右，我国的人均丝绸消费更是不足 0.25m。根据近几年蚕丝消费增长的趋势分析，未来蚕丝产量占纤维总量的比例应该稳步上升，如果达到 0.2%～0.3%，蚕茧需求将会成倍增长，潜在需求的提升空间巨大。发达国家广泛接受了蜂产品的保健功能，人均蜂蜜消费为 2～4kg，而我国仅为 0.246kg。随着经济社会发展、生活水平不断提高和保健意识不断增强，我国人均特种动物产品消费还有很大的提升空间，特种产业发展的市场潜力非常大。

二、未来中国特种动物产品需求

考虑到蚕茧和毛皮等特种动物产品主要属于工业原料，丝绸、蜂蜜和裘皮服装服饰的消费主体主要是中高收入人群，目前我国丝绸、蜂蜜和裘皮服装服饰的出口比例较高，特种养殖业的发展具有对外依存度高的特性等，我们认为未来影响特种动物产品需求的主要因素有世界经济增长的景气度变化，国民生活方式，绿色环保理念下的生活流行趋势，城镇化水平和人均收入提高程度等。尤其是我国的人均特种动物产品消费与发达国家相比仍有不小差距，还有较大的上涨空间。随着人口的持续增长、居民收入的继续提高以及城镇化进程的加快，我国的特种动物产品需求必将继续增加。对发达国家特种动物产品消费历程以及我国人口数量、居民收入及城镇化进程、特种动物产品消费特点和国内外销售比例等主要因素进行综合分析，预测得到我国特种动物产品的需求，见表2-8。

表2-8　我国特种动物产品的国内外市场需求预测

产品		2017年	2025年	2035年	2050年
国内外总需求	蚕丝（万t）	10	11	12	15
	蜂蜜（万t）	50	52	55	60
	鹿茸（t）	2 210	7 500	14 800	20 300
	毛皮（万张）	8 000	10 000	15 000	20 000
国内需求	蚕丝（万t）	6	8	10	12
	蜂蜜（万t）	40	42	45	50
	鹿茸（t）	1 100	3 780	10 360	17 000
	毛皮（万张）	4 000	5 000	7 000	10 000

数据来源：2017年来自各行业统计数据，2025年、2035年、2050年均为预测数据

（一）2035年特种动物产品数量和质量需求分析

1）鹿茸国内外总需求年均增长率最高，鹿业发展的市场潜力大。2035年我国特种动物产品蚕丝、蜂蜜、鹿茸和毛皮的国内外总需求分别为12万t、55万t、14 800t、15 000万张，比2017年分别增长2万t、5万t、12 590t、7000万张，年均增长率分别为1.11%、0.56%、31.65%、4.86%。其中，鹿茸国内外总需求年均增长率最高，随着生活水平的提高，以鹿产品（鹿皮、鹿血、鹿胎、鹿尾等）为主要原料的药品、保健品、化妆品需求旺盛，因此鹿业发展的市场潜力非常大。

2）特种动物产品国内需求稳定上升。2035年，我国特种动物产品蚕丝、蜂蜜、鹿茸和毛皮的国内需求分别为10万t、45万t、10 360t、7000万张，比2017年分别增长4万t、5万t、9260t、3000万张，年均增长率分别为3.70%、0.69%、46.77%、4.17%。长期来看，特种动物产品国内需求稳定上升，将成为促进我国农村经济发展，解决农村就业和提高农民收入的地区性支柱产业。

（二）2050年特种动物产品数量和质量需求分析

1）2035~2050年蚕丝、鹿茸和毛皮的国内外总需求仍保持快速增长趋势。2050年，

我国特种动物产品蚕丝、蜂蜜、鹿茸和毛皮的国内外需求分别为 15 万 t、60 万 t、20 300t、20 000 万张,比 2017 年分别增长 5 万 t、10 万 t、18 090t、12 000 万张;比 2035 年分别增长 3 万 t、5 万 t、5500t、5000 万张,分别增长 25.00%、9.09%、37.16%、33.33%。综合来看,2035～2050 年蜂蜜国内外总需求增长平稳,蚕丝、鹿茸和毛皮仍保持快速增长趋势,国际市场需求巨大。

2)2035～2050 年特种动物产品的国内需求呈上升趋势。2050 年,我国特种动物产品蚕丝、蜂蜜、鹿茸和毛皮的国内需求分别为 12 万 t、50 万 t、17 000t、10 000 万张,比 2017 年分别增长 6 万 t、10 万 t、15 900t、6000 万张;比 2035 年分别增长 2 万 t、5 万 t、6640t、3000 万张,分别增长 20.00%、11.11%、64.09%、42.86%。由此可知,2035～2050 年我国国内市场对特种养殖产品的需求呈上升趋势,其市场前景十分广阔。

第三章 中国养殖业发展的历史演变及发展经验

第一节 改革开放以来养殖业发展的历史演变及特征

回顾改革开放以来的 40 多年，我国养殖业大致经历了如下四个发展阶段。

一、改革发展时期（1978～1984 年）

1978 年开始，在全国范围内快速实施的家庭联产承包责任制，使养殖业生产释放出巨大活力，专业户、重点户不断涌现，独立自主的多元市场主体开始形成；80 年代初期，全国第一个牧工商联合企业诞生，到 80 年代中期，牧工商联合企业已经达到 600 多个；1984 年 7 月，我国开始改革畜产品的流通体制和价格体制，取消统派购制度，放开畜产品市场，绝大多数畜产品可以随行就市，打破了国有企业独家经营的格局。同时，一系列的改革措施和政策出台，有效释放了养殖业发展的活力，推动了养殖业的大发展。例如，党的十一届四中全会通过的《中共中央关于加快农业发展若干问题的决定》提出，要"大力发展畜牧业，提高畜牧业在农业中的比重""继续鼓励社员家庭养猪养牛养羊，积极发展集体养猪养牛养羊"；1980 年《国务院批转农业部关于加速发展畜牧业的报告》强调，"要把一切行之有效的鼓励畜牧业发展的政策落实到各家各户""取消禁宰耕牛的政策"。这些政策快速释放了生产经营的自主权，极大地调动了生产发展的积极性，短期内养殖业即得到快速发展。1984 年，我国肉类总产量达到 1540.6 万 t，比 1978 年增长 79.9%；禽蛋、牛奶、水产品产量分别达到 431.6 万 t、218.6 万 t 和 619.3 万 t；特种养殖业方面，蚕茧产量首次超过 30 万 t，蜂蜜产量达到 14.75 万 t（图 3-1 和图 3-2）。

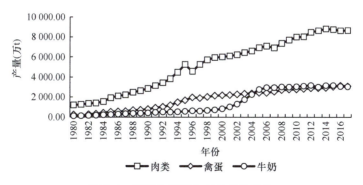

图 3-1 我国主要畜禽产品产量走势
数据来源：历年《中国畜牧业年鉴》

就这一时期各产业发展特征而言：禽蛋产业率先实现了快速发展，鸡蛋产量年均增幅达到 10%左右，相对于 1983 年，1984 年鸡蛋产量增长率高达 28.6%。随着生猪收

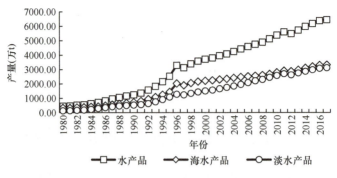

图 3-2　我国水产品产量走势

数据来源：历年《中国统计年鉴》

购价格的提高，生猪产业也实现了较快发展，1984 年生猪存栏达到 3.06 亿头，出栏 2.20 亿头，分别比 1978 年增长 18.26%和 36.9%。水禽产业受自身无组织形式、自给自足的粗放发展模式影响，发展较为缓慢。由于居民生活水平较低，市场需求拉动力不足，肉羊、肉牛、奶牛产业生产能力虽不断提高，但整体发展缓慢，生产技术水平低，生产能力较差（见附件二）。随着以池塘承包经营为特征的渔业经营体制改革的推进，水产养殖业开始成为农村生机勃勃、富有活力的产业。蚕茧收购价格的提高，以及桑园承包责任制的推广，极大地调动了蚕农的生产积极性，养蚕业实现了较快增长。蜜蜂养殖业也实现了快速发展，但由于养蜂人全国大范围流动放蜂以及生产条件简陋，这一时期蜂蜜质量问题尤其突出。受市场需求不足的影响，养鹿企业大多销售无门，举步维艰，行业发展缓慢。毛皮动物养殖发展迅速，同时与之相关的饲料、兽药、机械、加工等行业也发展起来，毛皮动物产业链初具雏形。

二、全面快速增长时期（1985～1996 年）

该阶段我国养殖业经营体制实现了根本转变，产品市场和价格逐步放开；主要动物产品生产快速增长，长期严重短缺的局面得到根本扭转，实现了供需基本平衡。1985 年 1 月，中共中央、国务院发布了《关于进一步活跃农村经济的十项政策》，其中的重要内容就是取消了生猪派养派购，实行自由上市，随行就市，按质论价；同时取消了多数畜产品的统一定价，从而使畜牧业成为农业中最早引入市场机制的行业部门。1988 年，农业部组织实施了"菜篮子工程"，建立了一大批中央和地方级别的肉蛋奶生产基地及良种繁育、饲料加工等服务体系，有效促进了畜牧业向商品化、专业化和社会化发展。1992 年，《我国中长期食物发展战略与对策》报告中，明确提出了"要将传统的粮食和经济作物的二元结构，逐步转变为粮食作物、经济作物和饲料作物的三元结构"。随着 1992 年农村改革全面向市场经济转轨，加上后续各项改革的不断深入，我国逐步形成了有利于养殖业发展的社会环境和开放的市场条件，养殖业生产得到了快速发展，实现了主要动物产品供需基本平衡的历史性跨越，夯实了其在农业中的支柱产业地位。1996 年，我国肉类总产量达到 4584 万 t，比 1985 年增长 1.4 倍，年均增长率达 8.2%；禽蛋产量 1965.2 万 t，比 1985 年提高 267.5%；牛奶产量 629.4 万 t，比 1985 年提高 151.9%；水产品产量 3288.1 万 t，比 1985 年提高 366.3%；畜牧业产值占同期农业总产值的比例为 26.9%，比 1985 年提高 4.9 个百分点；渔业产值占比达到 9.0%，比 1985 年提高 5.6 个百分点（图 3-3 和图 3-4）。

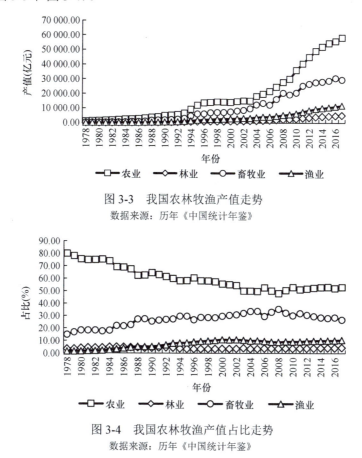

图 3-3 我国农林牧渔产值走势

数据来源：历年《中国统计年鉴》

图 3-4 我国农林牧渔产值占比走势

数据来源：历年《中国统计年鉴》

就这一时期各产业发展特征而言：蛋鸡产业在利润驱动和国营蛋鸡养殖场带动下进一步实现了快速发展，局部的密集养殖带开始形成，人均鸡蛋消费超过世界平均水平。生猪产业继续保持快速增长，猪肉供给绝对短缺的不利局面得到完全扭转。依靠政府对肉牛、奶牛生产基地建设的大量投入和"秸秆养畜"等项目的推广，肉牛产业表现出强劲的发展势头，奶业基本完成了从卖方市场向买方市场转变的历史性跨越。水禽产业进入快速发展阶段，出栏量以每年 5%～8% 的速度增长，同时上下游配套产业逐步完善，产业利润和竞争力日趋增加。而肉羊产业发展相对较为缓慢，养殖户的养殖规模较小且基本把养羊作为副业。水产养殖业从原来的"以捕为主"转变为"养捕并举，以养为主"，进入以精养高产为主导的快速发展时期，同时与产业发展相行的水产科技全面铺开，种苗培育、养殖技术、病害防治等方面都取得长足的进步。环保运动下的天然纤维流行引起丝绸消费热，丝绸出口价格大幅度提升，促使乡镇丝绸生产企业迅速崛起和国外纺织资本对国内丝绸服装业进行大量投资，蚕茧生产规模迅速扩大，产量大幅度增加。随着蜂产品质量国家标准的相继颁布实施，蜜蜂养殖业开始逐渐走向稳步发展的阶段。在国际市场需求拉动下，我国养鹿业进入快速发展期，毛皮动物养殖业持续快速增长。

三、提质增效发展时期（1997～2014 年）

随着养殖业的快速发展，其到 20 世纪 90 年代后期出现了阶段性、结构性过剩；随着经济发展，人们对优质的动物产品、花色多样的动物产品日渐青睐；随着市场逐步开放，国际市场竞争压力越来越大。因此，养殖业迫切需要调整产品结构、提升产品质量和安全性、提高生产效率和产业效益。在此背景下，国家适时制定和出台了一系列促进养殖业发展的政策措施。例如，1998 年党的十五届三中全会通过的《中共中央关于农业和农村工作若干重大问题的决定》提出，"菜篮子"产品生产要推广优新品种，降低成本，提高效益；1999 年国务院转发农业部《关于加快畜牧业发展的意见》提出，要稳定发展生猪和禽蛋，加快发展牛羊肉和禽肉生产，突出发展奶类和羊毛生产，同时加快转变养殖方式，大力调整、优化畜牧业结构和布局，提高生产效率、经济效益和畜产品质量安全水平；1999 年后国家启动实施农业行业标准专项制修订计划，以加快畜牧业标准化生产；2004 年国家设立首席兽医官制度；之后几年又陆续发布和实施《国务院关于促进畜牧业持续健康发展的意见》《国务院关于促进奶业持续健康发展的意见》"振兴奶业苜蓿发展行动"和《全国牛羊肉生产发展规划（2013—2020）》等。经过这一阶段的发展，我国主要养殖业规模化、标准化程度显著提升。2014 年，我国生猪出栏 500 头以上规模比例达到 41.9%、肉牛出栏 100 头以上规模比例为 17.3%、肉羊出栏 500 只以上规模比例为 12.9%、肉鸡出栏 50 000 只以上规模比例为 43.7%、蛋鸡存栏 10 000 只以上规模比例为 35.8%[①]；生猪、肉牛、肉羊和家禽出栏率分别达到 157.0%、46.3%、94.8% 和 204.3%；牛羊肉占肉类比例达到 13.2%；奶类产量比 1997 年增长 524.6%，是增幅最快的畜产品；畜牧业科技进步贡献率从"六五"时期的 34% 增加到 54% 左右；动物产品生产进入追求质量安全的阶段，并逐步向区域集中、产业整合发展，"龙头企业+家庭农场（或养殖大户）"模式成为畜牧业发展的主导力量，如温氏模式、德康模式、正大模式、襄大模式等；水产品产量从 1997 年的 3118.6 万 t 增至 5975.8 万 t，年均增长 3.9%。

就这一时期各产业发展特征而言：在经历快速发展期后，蛋鸡经营实现了主体的多元化、流通方式的多样化，产业整体进入注重品质的稳定发展期。生猪产业增速放缓，提高质量、应对价格剧烈波动、稳定生产成为这一时期的主要目标。肉牛产业实现持续快速发展，使我国成为仅次于美国和巴西的第三大肉牛生产国，同时随着国家将研究、开发、推广优良肉牛品种和提高肉牛产品质量列为畜牧业调整的重点，牛肉品质得到大幅提升。水禽产业在这一时期的前半段保持较快发展，但 2013 年后产量过剩带来竞争加剧，使得产业间纵向、横向的合作与兼并变得频繁，而随着落后产能的淘汰，产业组织得以优化。奶业依靠粗放的奶牛数量扩张实现了快速发展，使我国成为世界第三大产奶国，但在乳制品安全事件冲击下，奶业开始由数量增长型向质量效益型升级。随需求的持续增长，肉羊产业进入快速增长期，但受到自然资源、环境条件的限制，尤其是 2003 年开始实施的禁牧政策，肉羊产业增速放缓，开始走绿色、高效的发展道路。水产养殖业朝生态养殖和工程养殖两个方向快速发展，实现了养殖生物良种化、养殖技术生态工

---

① 2015 年前我国各畜种的规模化标准普遍较低，2015 年农业部对各畜种的规模化标准进行调整，标准大幅度提升，这是调整后的标准，下同。

程化、养殖产品优质高值化和养殖环境洁净化，整个产业发展成一个由养殖、加工、流通、渔业工业以及科研、教育环节组成的相互配套、融为一体的比较完整的产业体系；依靠产业整体素质的提升，我国水产品表现出较高的国际竞争力，从 2000 年起水产品出口连续多年位居农产品首位；此外，传统水产养殖场进行了生态化、景观化、休闲化改造，以生态养殖为依托，集旅游观光、休闲垂钓、餐饮服务于一体的现代渔业产业园区开始兴起。受世界丝绸市场供过于求的严重影响，我国养蚕业先后两次进入萧条时期，之后形成"东桑西移"的格局以及呈现稳步恢复的态势。由于蜜蜂授粉对农业生态的促进效果被社会逐步重视，国家针对蜜蜂养殖业出台了大量支持政策，进一步促进了蜜蜂养殖业的增产、提质。随着国际市场需求的起伏波动以及国外养鹿业的兴起，我国养鹿业、毛皮动物养殖业经历了快速发展、危机调整与稳定增长三个阶段，步入理性、科学发展期。

四、以环保为重点的全面转型升级时期（2015 年至今）

2015 年以来，国家密集出台了若干政策方案，以促进养殖业提质增效，实现绿色发展。第一，"粮改饲"和草牧业发展，有效支撑了畜产品的质量安全和生产效率的提升。2015年，中央一号文件提出"加快发展草牧业，支持青贮玉米和苜蓿等饲草料种植，开展粮改饲和种养结合模式试点，促进粮食、经济作物、饲草料三元种植结构协调发展"，第一次在农业结构调整中突出优质饲草的重要地位，突出种养结合和农牧循环有效模式，当年农业部就在"镰刀弯"地区的 10 个省份进行"粮改饲"试点，随后拓展为 17 个省份；同年在河北等 12 个省份组织开展草牧业发展试验试点。2016 年，农业部发布《关于促进草牧业发展的指导意见》，具体确定了重点实施区域、各地区草牧业发展重点和经营模式。第二，围绕畜牧业环保和粪污资源化利用，规范和扶持政策不断发力，有效提升了畜牧业环境保护和粪污资源化利用水平。各项环保政策的落实，有效规范和扶持了畜禽粪污的资源化利用和养殖场的达标排放。2015 年国家发布《水污染防治行动计划》（简称"水十条"），要求现有规模化畜禽养殖场（小区）根据污染防治需要，配套建设粪便污水贮存、处理、利用设施，而散养密集区要实行畜禽粪便污水分户收集、集中处理利用；2016 年国家发布《土壤污染防治行动计划》（简称"土十条"），要求严格规范兽药、饲料添加剂的生产和使用，促进源头减量，加强畜禽粪便综合利用，鼓励支持畜禽粪便处理利用设施建设；2015年，农业部发布《关于促进南方水网地区生猪养殖布局调整优化的指导意见》，要求这些区域的生猪主产县以资源禀赋和环境承载力为基础，制定养殖规划，合理划定适宜养殖区域和禁养区，改进生猪养殖和粪便处理工艺，促进粪便综合利用；2016 年国家发布《中华人民共和国环境保护税法实施条例》，明确从 2018 年 1 月 1 日开始实施，要求达到省级人民政府确定的规模标准并且有污染物排放口的畜禽养殖场，应当依法缴纳环境保护税。

第二节 养殖业发展取得的成就

一、主要动物产品生产有效保障国内需求

经过 40 年的快速发展，我国主要动物产品人均占有量快速提高。1980 年我国人均

肉类、禽蛋、牛奶占有量分别只有 12.3kg、2.6kg 和 1.2kg，分别为美国人均占有量的 12.9%、15.7%和 1.1%，与世界平均水平相比，分别只占 44.8%、45.8%和 2.8%。2016 年我国人均肉类、禽蛋、牛奶占有量分别达到 61.9kg、22.4kg 和 26.1kg，年均分别增长 4.59%、6.16%和 8.93%，分别为美国人均占有量的 44.2%、121.7%和 9.9%，分别是世界平均水平的 140.2%、213.2%和 28.0%（图 3-5～图 3-7）。可见，我国的人均肉类、禽蛋占有量已超过世界平均水平，只有牛奶与世界平均水平相比还有差距，但差距正在逐步缩小。就水产品而言，1980 年我国人均占有量仅为 4.6kg，此后呈现出持续增长态势，2016 年达到 46.1kg，年均增长 6.6%（图 3-8），持续增长的水产品生产不仅充分满足了城乡居民的消费需求，还出口他国。

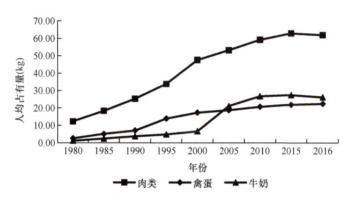

图 3-5 我国肉蛋奶人均占有量走势

数据来源：历年《中国畜牧业年鉴》

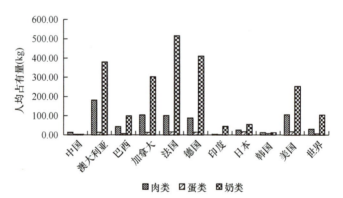

图 3-6 1980 年主要国家及世界肉蛋奶人均占有量对比

数据来源：FAO 数据库（http://www.fao.org/faostat/en/#home）

二、动物产品供给结构逐步趋于合理

1985 年[①]，我国肉类生产中猪肉占 85.9%，牛羊肉只占 5.5%，禽肉占 8.3%；2016 年，我国肉类生产中猪肉占比下降到 62.1%，下降 23.8 个百分点；而牛羊肉占比提高到 13.8%，提升 8.3 个百分点；禽肉占比更是提高到 22.1%，大幅提升 13.8 个百分点

---

① 由于 1985 年前国家统计局未专门统计禽肉，这里为了具有可比性，从 1985 年开始分析肉类结构。

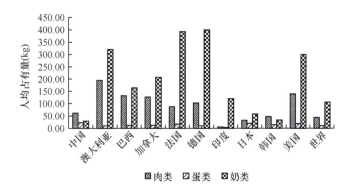

图 3-7 2016 年主要国家及世界肉蛋奶人均占有量对比

数据来源：FAO 数据库（http://www.fao.org/faostat/en/#home）

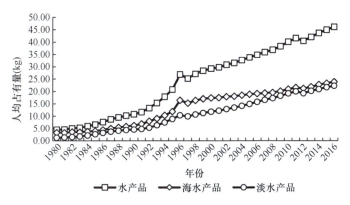

图 3-8 我国水产品人均占有量走势

数据来源：历年《中国统计年鉴》

（图 3-9）。尤其需要说明的是，牛奶生产经过 20 世纪 90 年代以来的超常速发展，已经成为我国畜牧业生产中重要的突出力量，在改善居民膳食结构方面起到重要作用，人均奶类占有量翻了约 10 倍。水产品在动物产品供给中的占比及贡献持续增长，1985 年渔业产值占比仅为 13.6%，2016 年增长至 26.3%，增长 12.7 个百分点（图 3-10）。

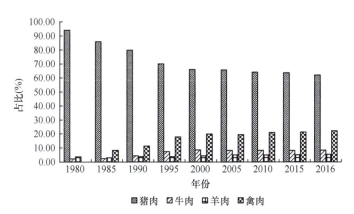

图 3-9 我国肉类结构走势

数据来源：历年《中国畜牧业统计》

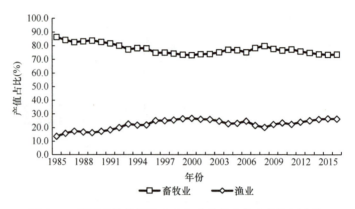

图 3-10 我国畜牧业及渔业产值占养殖业总产值比例走势

数据来源：历年《中国统计年鉴》；养殖业总产值为畜牧业及渔业产值之和

三、规模化程度稳步提升，科技进步明显，生产效率不断提高

改革开放之初，我国的畜禽养殖以集体饲养和农户饲养为主，只有极少量的国营大牧场；自 80 年代中期开始，养殖领域出现专业户和重点户；到 90 年代中期，专业户和重点户发展已相当普遍，养殖业规模化程度快速提高；90 年代中后期以后，随着国家对养殖业的规范力度进一步加大和对规模化、标准化养殖的政策推动，养殖业规模化程度显著提高。由于国家统计局从 2007 年才开始统计不同规模的生产情况，因此本研究只能从 2007 年开始比较，即使这样，变化也非常显著。2007 年，我国生猪规模化比例为 20.8%、肉牛规模化比例为 8.2%、肉羊规模化比例为 4.7%、奶牛规模化比例为 16.4%、肉鸡规模化比例为 22.0%、蛋鸡规模化比例为 14.9%；2016 年，各畜种相应的规模化比例分别达到 44.4%、17.6%、18.9%、49.9%、65.4% 和 40.2%。

在养殖规模化程度稳步提升的同时，我国良种技术、饲养技术均取得长足进步。良种技术方面，依托丰富的种质资源，我国先后培育出'京红 1 号''京粉'系列和'大午金凤'等高产蛋鸡，其生产性能基本达到国外品种的水平；通过引进良种，对产肉率较低的我国黄牛进行改良，成功培育出荷斯坦奶牛，弥补了我国部分畜种生产能力较差的不足。饲养技术方面，专业育种、育肥分工体系逐步建立，现代生产机械、精准营养养殖方式逐步普及。

随着养殖规模化、标准化程度的提升，以及良种技术、饲养技术的进步与推广，我国原有畜禽生产性能低、生长速度慢和净肉率低等缺点被克服，出栏率、胴体重、饲料报酬、增重速度提高，极大地促进了生产效率的提升。1980 年，我国生猪出栏率只有 65.0%，胴体重只有 57.1kg；2016 年，我国生猪出栏率达到 157.5%，胴体重达到 77.4kg（图 3-11）。每头能繁母猪每年提供育肥猪头数（MSY）1980 年只有 10 头左右，到 2016 年达到 16 头。全群奶牛单产 1980 年只有 1780.03kg/头，2016 年达到 2527.33kg/头（泌乳牛单产平均达到 6000kg 左右）（图 3-12）。蛋鸡产蛋量 1980 年只有 4.2kg/只，到 2016 年达到 8.9kg/只。

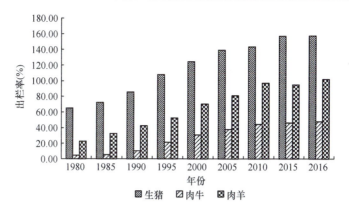

图 3-11　我国主要畜类出栏率变化趋势

数据来源：历年《中国畜牧业年鉴》

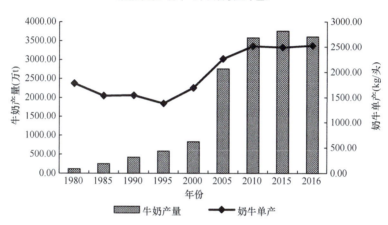

图 3-12　我国牛奶产量及单产变化趋势

数据来源：历年《中国畜牧业年鉴》

四、优质饲草的重要性得到认可，种养结合、农牧循环养殖模式开始推广

我国的农耕文化思想，导致决策者和生产者长期忽略优质牧草在畜牧业中的作用，直到 2008 年奶业发生"三聚氰胺"事件以后，优质牧草的重要性才逐步得到重视。2008 年国家启动建立现代农业产业技术体系，第一次将牧草作为一个产业进行研发支持。在市场需求拉动与行业科技支撑下，牧草产业在国内开始逐步发展，2012 年国家正式启动实施"振兴奶业苜蓿发展行动"；2015 年中央一号文件提出实施"粮改饲"试点，推动发展草牧业。牧草产业的快速发展，有效支撑了国内奶业的转型升级，泌乳奶牛平均单产水平由 2008 年的不足 3t 快速提高到 2017 年的 6t 左右，不到十年时间翻了一番。随着行业对牧草重要性认识的不断深入和环保压力的加大，种养结合、农牧循环正在成为畜牧业发展的新趋势。

五、有效壮大农业农村经济，提升农民收入

经过 40 年的快速发展，养殖业已经成为我国农业农村经济发展的重要支柱产业，

还是农民收入的主要来源，更是广大中西部地区脱贫致富的首选产业。2016 年我国畜牧业产值达到 3.17 万亿元，占农业总产值的比例达到 28.3%，带动上下游产业（屠宰加工、乳品加工、蛋品加工、饲料、兽药等）产值约 3 万亿元（辛国昌，2017）。畜产品加工业在我国农产品加工业中更是独树一帜，国内农产品加工有影响力的品牌企业大多在畜牧行业，如内蒙古伊利实业集团股份有限公司、内蒙古蒙牛乳业（集团）股份有限公司、北京三元食品股份有限公司、河南双汇投资发展股份有限公司、温氏食品集团股份有限公司、新希望集团有限公司、内蒙古科尔沁牛业股份有限公司等在国内甚至国际都是很有影响力的品牌企业。2016 年，农牧民从畜牧业获得的收入为 573.7 元，对牧民来说，畜牧业收入更是其几乎唯一的收入来源；全国牧区县人均纯收入为 8462.6 元，其中畜牧业收入为 5615.9 元，占比高达 66.4%。对全国 1 万户渔民家庭收支情况调研得知，全国渔民人均纯收入达到 16 904.2 元，较上年增加 1309.4 元，增长 8.4%。

六、特种养殖业蓬勃发展，国际竞争力极大提升

2018 年，我国蚕茧、桑蚕丝产量分别达到 68.1 万 t、8.22 万 t，分别占世界总产量的 74.3%、85.07%，在世界上占有绝对的数量优势；1978～2017 年我国真丝绸出口从 6.13 亿美元增加至 35.58 亿美元，累计出口 926.08 亿美元；同时，我国是世界上最大的蚕种生产国，拥有世界最好的蚕种生产技术和最大的蚕种生产能力，年蚕种生产能力超过 2000 万张（盒），不仅供给本国养蚕，还出口他国发展养蚕业。2018 年，我国拥有蜂群 1000 万群，占世界蜂群总数的 1/9，蜂产品产量居世界第一，年产蜂蜜 46 万 t、蜂王浆 3500t、蜂花粉 5000t、蜂蜡超过 4000t、蜂胶 350t、商品蜂王幼虫 60t、雄蜂蛹 30～50t；长期以来，蜂产品一直是我国对外出口的优势产品，出口量居世界首位，每年有近一半的蜂产品用于出口，年创汇超 1 亿美元，其中蜂王浆出口量居世界首位，占世界贸易量的 90%。经过近 40 年的高质量发展，我国养鹿业实现了产量、质量的大幅提升，在国际市场上赢得了很高的声誉，国内诸多相关标准被国际采纳；2018 年，我国梅花鹿存栏增加到 130 万头，马鹿存栏 5 万头，梅花鹿鹿茸产量增加至 2080t，马鹿鹿茸产量达到 188t，30%左右的鹿茸用于满足国内市场需求，70%用于出口韩国、东南亚等国家和地区。此外，我国还是世界上最大的水貂饲养国、最大的毛皮进口国、最大的毛皮加工国（占到全球加工总量的 75%）、最大的毛皮消费国和最大的毛皮制品出口国；2016 年，我国毛皮动物养殖总量约 7038 万只，其中貂 3240 万只、狐 1708 万只、貉 2090 万只；特种养殖业的蓬勃发展在满足国内居民需求的同时，还实现了大量的出口创汇。

第三节　养殖业发展的经验总结

一、必须根据不同区域的资源条件实施适度规模养殖

养殖业必须走规模化道路，这是实现专业化、标准化和现代化的基础。但畜禽养殖

的规模化必须是适度规模养殖，不能不考虑当地自然经济条件，不切实际地大规模养殖。在我国奶牛、肉牛和生猪的规模化养殖中，都曾出现过不切实际的贪大求洋，导致当地自然条件难以容纳那样的单体大规模，造成环境污染治理难度加大，养殖成本提高，最终因很难持续下去而不得不停产的窘境。相反，根据区域自然条件，选择种养结合、生态循环的适度规模养殖，走"龙头企业+家庭农牧场"的群体大规模道路，是很有生命力的发展模式，如温氏食品集团股份有限公司、湖北襄大实业集团有限公司、福建正大集团有限公司等，既通过少量投资（轻资产发展模式）短期实现了大规模扩张，又带动了农民致富。

二、必须实施猪牛羊禽全面发展的多元化畜种结构

我国是农业大国，又是人口大国，主要畜禽产品的供应必须主要依靠国内。另外，为实现新时代"两步走"的战略目标，我国必须满足居民消费畜禽产品在花色品种多样化方面的要求。更为重要的是，我国农业体量全球第一，主要农作物副产品以及农产品加工品副产品总量都很大。据估算，我国每年产生酒糟 1500 万 t，醋糟 200 万 t，马铃薯渣 150 万 t，果渣 150 万 t，番茄渣 30 万 t，还有大量有营养价值的各类秸秆。尽管我国每年牛肉产量超过 700 万 t，羊肉产量超过 400 万 t，但两者相加也只有肉类总产量的 13% 左右，单从经济角度考虑，可以依靠从国际市场进口来满足。但是，从整个农业生产系统来看，只有肉牛、肉羊产业才能把农作物副产品及农产品加工副产品消纳掉，若无肉牛肉羊产业，则这些副产物将成为环境的一大公害。所以，肉牛肉羊产业是整个农业生产系统的重要中枢，是农业生产系统良性循环的必备产业。对于我国如此大的农业体量，猪、牛、羊、禽产业都应发展，且要相互协调、不可偏废。

三、健康养殖是保障养殖业生产优质高效和安全的基础

畜禽健康养殖是通过一系列工程、技术措施，实现圈舍环境良好、饲料营养充足、粪污资源化利用、疫病防治及时有效，从而达到畜禽本身健康、畜产品安全和环境友好目的的（王明利等，2007）。畜禽本身的健康是保障畜牧业生产效率提升的关键，也是保障畜产品优质安全的基础。只有圈舍及周边环境良好，饲料营养供应及时充足，疫病防控及时有效，才能保证畜禽本身的健康。若这些基本条件不能满足，畜禽就会产生各种应激反应，体内产生毒素，既影响畜禽生产效率的提升，也影响畜禽产品的质量安全。保障畜禽健康，并不是圈舍建设得越高档豪华越好，也不是给动物提供的饲料越精细越好，而是应根据不同畜禽的自然生产和生活习性去提供起居环境与安排饲草料给养，该精细的一定要精细，该粗放的一定要粗放。例如，畜禽需感受阳光雨露、风吹日晒，所以要提供这样的场所，有围栏和挡风墙足矣，既可节约固定资产投资，又能保障畜禽圈舍舒适；草食动物以草为主食，精饲料是补充料，所以应提供充足的优质饲草，精饲料作为营养补充适量供给，既可节约饲料成本，又能提高生产效率；在冬季为牛羊提供饮用温水，替代传统的冷水，可显著提升生产效率；为牛羊母畜提供放牧场条件，替代圈舍，既可节约人力投资，又能显著提升母畜繁殖率和仔畜成活率，还可保障母畜体质健

康，最终提升生产效率和经济效益。这些均是我国过去在饲养管理中忽略或未足够重视的方面，也是我国与发达国家相比畜禽生产效率和产品竞争力差距大的主要原因。

四、优质饲草有效利用是促进畜牧业发展的重要途径

饲草是草食家畜的"主食"，而我国长期的农耕文化更多的是追求作物的"子实"，忽视了作物的全株利用；同时，草食动物大都采用"秸秆+精料"的饲喂模式，一方面导致精料消耗很大，另一方面草食家畜的营养健康得不到保障，进而导致畜产品生产效率不高、质量安全水平较低。根据相关专家的测算，同样一亩（1 亩≈666.67m^2）耕地，适时收获植物地上部分营养体所获得的营养物质一般是子实的 3～5 倍。例如，在同样条件的耕地上，按照粗蛋白计算农田当量，苜蓿为 4.93，黑麦草为 3.08，即 1 亩苜蓿相当于 4.9 亩水稻、7.0 亩小麦或 6.4 亩玉米；1 亩黑麦草相当于 3.1 亩水稻、4.4 亩小麦或 4.0 亩玉米。若按照代谢能计算农田当量，1 亩苜蓿相当于 1.61 亩水稻、3.6 亩小麦或 2.3 亩玉米；1 亩黑麦草相当于 1.34 亩水稻、3.0 亩小麦或 1.9 亩玉米（表 3-1）。地上部分全株利用，营养吸收后过腹还田，不会留下污染公害；若只利用子实，单位面积耕地产生的营养大量减少，而秸秆被废弃或燃烧，成为一大污染公害，且为此付出的监管成本增加很多。

表 3-1 粮食作物与饲草的干物质、粗蛋白、代谢能产出及农田当量折算

作物种类	水稻	小麦	玉米	苜蓿	黑麦草
干物质产量（kg/hm^2）	5 500	2 500	3 800	14 400	12 000
利用系数	1.0	1.0	1.0	0.8	0.8
干物质可利用量（kg/hm^2）	5 500	2 500	3 800	11 520	9 600
粗蛋白含量（%）	8.5	13.0	9.5	20.0	15.0
粗蛋白产量（kg/hm^2）	467.5	325.0	361.0	2 304.0	1 440.0
按粗蛋白计算的农田当量	1.00	0.70	0.77	4.93	3.08
代谢能含量（MJ/kg）	13	13	13	10	10
代谢能产量（MJ/hm^2）	71 500	32 500	49 400	115 200	96 000
按代谢能计算的农田当量	1.00	0.45	0.69	1.61	1.34

资料来源：根据任继周和林慧龙（2009）、任继周（2013）的研究结果进行整理

随着环境压力和资源约束增大，研发优质饲草是实现畜牧业持续增产的保障，有利于促进"拼资源投入"的传统养殖模式向高效率的现代化养殖模式转型。可以将农区的优质秸秆等资源，按照科学比例，直接加工成颗粒状新型草料，以满足农牧区养殖户的养殖需求，不仅有利于解决养殖户饲料营养搭配知识不足的问题，还有利于实现更高效率的种养结合、农牧结合新模式。尤其是在牧区，优质饲草具有成本低、农牧资源结合等优势，既能降低牧户养殖的成本负担，又能提高"限牧区"草场的可替代性，减轻草场压力，为种养结合赋予新的实践意义，有利于草场生态恢复和草原畜牧业可持续发展。

过去将饲草和饲料混为一谈，统一称作"饲草料"，其实两者不管是在种植制度、收获方式、贮存条件、利用方式，还是在产品功能、性质等方面，都是完全不同的两类作物，必须将饲料和饲草产业分开并分别施策才能促进牧草产业尽快发展起来，同时突出牧草的地位和作用。

五、产业化是拉动养殖业提质增效的重要抓手

受资源条件限制，总体来看，我国的养殖业不能走单体大规模的"美国式"规模化道路，但面对国际大市场的竞争，又必须将分散的中小规模养殖组织起来，集中统一地在市场上讨价还价，同时为有效实现产品的标准化和全产业的利润留在产业内部，必须实现全产业链的一体化经营。养殖业产业化在我国整个农业中一直处于领先地位，从 20 世纪 80 年代出现的牧工商联合企业，到目前以奶产品加工、肉类加工、饲料加工等为龙头的"龙头企业+合作社+养殖场（户）""龙头企业+家庭农牧场"等产业化经营模式，都在提升养殖业组织化、规模化、标准化水平，提高产品质量和安全性，以及强化先进实用技术推广和品牌经营、抵御市场风险等方面起到积极的推动作用。不过目前来看，养殖业产业化在利益联结机制等方面还很不规范，特别是在奶业方面，由于原奶不耐贮存，容易出现受到龙头企业压级压价等"卡脖子"现象，主要由国内市场监管不到位、标准不科学等问题引起，但不能否定产业化的整体优势。目前在生猪养殖行业，产业化势头很好，迎合了国内资源禀赋和环保约束的生猪养殖模式，前景广阔，如温氏模式、襄大模式、正大模式等，今后随着龙头企业一体化经营的深入推进，预期生猪养殖产业化将会提升到更高程度。此外，肉牛、肉羊养殖产业化程度普遍较低，今后必须在规范市场和强化法治的基础上提升其产业化水平。

六、新型经营主体是促进养殖业现代化发展的重要主体

养殖业现代化不仅仅需要现代化的机械设备，更需要养殖场（户）掌握现代化的养殖、管理技术。尤其在牧区，目前畜牧业发展模式落后，牧户之间距离较远，技术和信息传播不畅且传播难度大，基层畜牧部门的技术传播和支撑作用有限。在农区和牧区培育合作社、养殖大户等新型养殖主体，发挥其对散户的示范带动以及技术传播作用，是弥补政府部门主导技术传播机制不足，丰富我国畜牧技术传播途径，通过畜牧业发展促进农村社区经济发展等的有效战略措施，也是促进我国养殖业现代化发展的有效途径。

七、政策支持是助推养殖业优质高效发展的重要力量

改革开放 40 年来，我国养殖业清晰的发展脉络表明，优质高效的发展离不开相关政策的支持。20 世纪 80 年代中期，我国开展的畜产品流通制度改革极大地调动了广大生产者的积极性，养殖业实现高速发展。进入 21 世纪以来，标准化规模养殖场建设项目支持政策、畜禽良种补贴政策的相继出台，以及畜禽产品质量安全监管体

系的建立，促使我国养殖业从只重视数量的粗犷式发展向数量、效率并重的集约发展模式转变。同时，《国务院关于促进生猪生产发展稳定市场供应的意见》《防止生猪价格过度下跌调控预案（暂行）》等为应对市场机制盲目性、滞后性等缺陷而出台的政策，对于减缓生产波动、保障养殖业稳步发展起到了重要作用。近年来，围绕养殖业环保和粪污资源化利用，规范和扶持政策不断发力，有效提升了畜牧业环境保护和粪污资源化利用水平，进一步推动我国养殖业向绿色、高效、可持续发展道路迈进。

第四章　发达国家养殖业发展的最新趋势及经验借鉴

第一节　代表性发达国家的最新发展特点与趋势

一、畜禽产品结构不断优化

发达国家畜产品中，奶类产品的占比近年来虽呈下降趋势，但仍占绝对优势，如日本当前奶类产品占肉蛋奶总量的近 90%。肉类产品在发达国家畜产品中的占比呈上升趋势，但不同国家存在一定的差异，如日本相对较低，当前约为 10%，德国约为 20%，澳大利亚约为 30%，而美国达到近 60% 的水平。蛋类产品在发达国家畜产品中的占比均在 1%～3% 的水平，相对于奶类产品和肉类产品而言极小。发达国家肉类产品结构中，牛、羊肉占比普遍下降，禽肉占比呈上升趋势且速度较快。

二、畜禽产品质量安全关注度越来越高

畜牧业发达国家都有完善的畜产品安全管理体系来保证产品质量安全。以美国乳制品为例，其已建立了包括生产、加工、运输、贮存等环节在内的全程食品质量安全控制体系，严密的乳制品全程质量安全控制体系强化了生产源头控制和进出口检疫。欧洲主要发达国家也通过畜产品质量安全认证工作来保证质量安全，当前认证体系发展完善，已经成为保障畜产品安全、促进畜牧业发展的重要手段。例如，荷兰的畜产品质量管理体系及德国的质量与安全体系等，通过对养殖、饲料、屠宰、包装、运输等涉及畜产品安全的各个环节进行全面控制来保证畜产品质量安全。

信息化手段也被广泛应用于畜产品质量安全管理中，以肉羊为例，欧盟为每只刚出生的羊佩戴电子耳标，建立专业档案，并通过网络实现各部门数据共享，以此来控制疫情和提供相关分析数据。英国则通过物联网技术对肉羊生产、加工、包装、运输和销售等环节进行监控，即实现全程可追溯（卢全晟和张晓莉，2018）。

三、高度重视畜禽养殖科技进步

先进生产技术的研究与推广是促进畜牧业发展的强大动力。发达国家对畜牧业从育种到养殖、饲料、管理、加工等全过程的理论和技术研究都十分重视，有效提高了养殖效益和产品国际竞争力。

育种方面，发达国家一直重视畜禽、水产选育和优良品种引进。例如，澳大利亚开展引种培育已经有 100 多年时间，肉羊良种化率几乎达到 100%（卢全晟和张晓莉，2018）。

美国通过引种培养极大地提升了生猪生产指标，仔猪存活数增加，生猪体重增加，饲料转化率下降，1992 年母猪每窝存活仔猪 8.08 头，待屠宰生猪的平均体重为 114.31kg，2012 年母猪每窝存活仔猪 10.08 头，待屠宰生猪的平均体重为 124.74kg；1992 年传统型生猪养殖场每千克生猪增重耗料 1.89kg，仔猪—屠宰阶段生猪养殖场每千克增重耗料 1.74kg，2004 年这两类生猪养殖场每千克增重分别耗料 1.61kg 和 0.97kg。法国、德国都对公牛进行性能测定，优秀个体可得到农业部颁发的认证证书，即获得生产冻精的资格。目前法国政府颁发的种公牛认证证书有 3 类：优秀产肉性能认证证书、优秀繁殖性能认证证书和专为生产幼龄小白牛肉（即用来与奶用母肉牛杂交）的性能认证证书。美国和英国等畜牧业发达国家及 FAO 预测，21 世纪全球商品化生产的畜禽品种都将通过分子育种技术进行选育，而品种对整个畜牧业的贡献率将超过 50%。目前，国外大型育种公司已经在使用分子标记辅助选择技术开展动物遗传改良，加大研究投入力度，研发具有独立知识产权的基因应用于育种实践，已成为当前发达国家动物育种工作的主流方向，如世界鱼类中心与挪威、菲律宾协作实施了罗非鱼遗传改良计划（GIFT 计划），显著提高了其生长性能。

饲草料方面，科技进步主要体现在饲料的无公害配方设计、高效利用以及牧草育种、草地病虫害防治、草地管理与草地畜牧机械研发等方面。例如，根据土壤重金属含量，对畜禽饲料添加剂成分进行限制，加拿大规定日粮中铜和锌的最大限量分别为 125mg/kg 和 500mg/kg；考虑到土壤中存在的重金属污染，荷兰已不允许在日料中添加铜和锌；日本的水禽饲料根据发育阶段辅以各种颗粒或粉状配合料，保证了饲料质量，提高了饲料利用率，节省了饲养成本；新西兰则拥有设备齐全的牧草种子经营公司和种子繁殖农场，注重牧草种子的选育、繁殖、加工、检验，并且重点发展人工种植和改良草地，每公顷能够养羊 15～20 只，比植被良好的天然草场高出 5～6 倍，同时牧羊和草场管理广泛使用机械设备，土地翻耕、牧草播种、施肥、收割、青贮等各个环节都实现了机械化；法国则通过青贮专用玉米品种的选育、普及和青贮机械的快速进步，带来了粗饲料收割、贮藏和加工的第二次革命，使粗饲料的统一种植、统一收割、统一加工变成现实。

养殖管理方面，科技进步主要体现在养殖管理的机械化、智能化、精细化等方面。以奶牛为例，丹麦曾在 2005 年北欧农业新技术会议上展示了全自动挤奶机器人，其采用了红外线扫描融合影像立体定位引导技术，可快速准确地为 4 个乳头套好挤奶杯组，不仅仅提高了挤奶效率，更是减少了奶牛的不适应激。德国高产奶牛的补饲实现了由计算机控制，饲喂由全混合日粮（total mixed ration，TMR）机械完成，确保奶牛每天 24h 都能得到食物和饮水。美国蛋鸡产业在生产管理上基本实现了全程"无触摸"化生产。对于水产养殖，发达国家常根据不同发育阶段鱼类的营养需求及环境需求进行养殖，同时注重养殖过程的高效、节水、减排和可控。

加工方面，通过精深加工提供功能化、多样化、个性化、健康化的产品是加工技术发展的特点。以美国蛋鸡产业为例，以鲜蛋为原料的初级加工或深加工半成品、再制品和精制品等新产品不断涌入市场，形成以产品多样性、新颖性及功能性为特点的禽蛋产业结构，但近年来美国已不再满足于蛋粉、液蛋和冰蛋等低附加值产品的生产，而是在禽蛋深加工设备的研制和开发方面投入大量的资金与科技力量，借助先进的、新型的现代化加工技术与工艺（膜分离技术、酶改性技术、超微粉碎技术、色谱技术等）进一步提高禽蛋的附加值,更多含有各种天然生物活性产物的高附加值产品,如口感较好的冰蛋产品以及高碘蛋、富硒蛋、低胆固醇蛋等保健型禽蛋开始进入日常生活。对于水禽产业,为了降低亚硝酸盐等有害物质含量、抑制组胺等有害物质产生及大肠杆菌生长繁殖,发达国家研发出保质期可达 10～12 天的冰鲜鸭肉和鹅肉。

四、高度关注环境保护和动物福利

为防止环境污染,发达国家实行了严格的养殖污染控制措施。畜牧业方面,美国《清洁水法》规定,将工厂化养殖与工业和城市设施一样视为点源性污染,粪污排放必须达到国家污染减排系统许可要求,并鼓励通过农牧结合化解畜牧业环境污染,养殖场的动物粪便通过输送管道归还农田或直接干燥固化成有机肥归还农田。日本《防止水污染法》规定了畜禽场的污水排放标准:化学需氧量(COD)、生化需氧量(BOD)最大不得超过 160mg/L,固体悬浮物(SS)最大不得超过 200mg/L,后来又增加了 N、P 的排放标准,N 的允许排放浓度为 60mg/L,P 的允许排放浓度为 80mg/L。欧盟主要采取农牧结合的方法解决畜牧业污染,明确规定养殖场的养殖规模必须与养殖场所拥有的土地规模配套。水产养殖方面,英国、爱尔兰、巴西等国家都实行养殖容量控制来防止养殖污染。此外,发达国家强调广泛运用完整、协调和多样性的系统养殖模式,如以色列利用菌-藻系统加强营养素的再利用和水资源的循环;匈牙利长期采用"渔-农轮作"模式,在营养素利用和病害防控方面取得一定成效;德国和美国采用先进的"鱼-菜共生"系统来促进产业化和环境保护。

国际社会特别是欧洲在动物福利方面有一套严格的规定,如规定生产者要在饲料和水的数量及质量方面满足动物需求,使动物免受饥渴之苦;为动物提供舒适的生活环境,消除动物的痛苦、伤害与疾病威胁等。以生猪为例,在欧盟法规中,养猪生产必须讲究动物福利,讲求人、地球和企业利润的和谐发展,简称 3P(people,planet and profit)概念,2009 年开始转向 4P 考虑,即人、地球、猪和企业利润(people,planet,pig and profit)。欧盟不仅有专门保护动物福利的法令法规,欧盟食品安全署还专门设有负责动物福利的部门。欧洲议会 2003 年初通过一项法令,要求在 2009 年之后,欧盟各国的化妆品公司不得在动物身上进行化妆品的毒性或过敏性试验,也将禁止进口在动物身上进行过试验的化妆品。意大利科学家进行了一项特殊的研究,发现猪也有七情六欲,据此欧盟通过了在各国实施的指导条例,要求养猪者要照顾好猪的情绪,并规定到 2013 年,欧盟各国养猪要采用放养式,停止圈养。英国更是对养殖户饲养猪的猪圈环境、喂养方式做了细致的规定,增加了给猪"玩具"的条文。

五、充分发挥行业协会的作用

发达国家的行业协会在养殖业发展过程中发挥了极其重要的作用。以肉牛为例,如澳大利亚与肉牛产业密切相关的行业协会有澳大利亚牛业理事会、澳大利亚肉类和畜牧业协会、澳大利亚饲养者协会、各个牛种协会等,会员涵盖农场主、加工商、出口商及零售商,协会主要负责推动养殖生产的质量控制,进行疾病防治检疫,建立畜产品质量安全体系，开拓市场，协助州和国家政府制定产业发展方针政策等。德国肉牛养殖企业总体以 50 头以下的小规模养殖户为主，500 头以上的大规模养殖企业不到总企业户数的 2%，但借助行业协会提供的农产品生产、加工、销售、金融、农资供应、咨询等方面的全面服务，经营主体较为分散的德国肉牛养殖业得到了有效的组织，极大地保障了产品质量及生产效率。

六、养殖业发展呈现五大不可逆转趋势

养殖业发展呈现出五大不可逆转趋势。一是由于畜牧业在农业中的地位不断提升，植物农业向动物农业发展的趋势不可逆转；二是由于科技水平提高和产业竞争加剧，标准化规模养殖发展趋势不可逆转；三是随着收入水平不断提高，人们对畜产品质量的要求越来越高，生态绿色畜产品市场需求不断增长的趋势不可逆转；四是受畜禽产品储存时间短、畜牧业产业链长等因素影响，产业化一体化趋势不可逆转；五是随着全社会对低碳经济的重视程度逐步加强，低碳畜牧业发展趋势不可逆转。

第二节　代表性发达国家及地区的经验借鉴

一、必须坚持因地制宜和分类指导方针

从世界各国养殖业发展历程来看，由于资源、技术、经济发展水平和发展阶段的不同，各国呈现出不同的发展模式。土地资源丰富、劳动力相对短缺的美国，采用了大规模机械化的发展道路；人多地少的日本和韩国，采用了资金和技术密集的集约化发展道路；经济发展水平较高、人口和资源相对稳定的欧洲国家，普遍采用了适度规模农牧结合的发展道路；草地资源丰富的澳大利亚和新西兰，采用了围栏放牧，资源、生产和生态协调的现代草原畜牧业发展道路。我国地域广阔，不同地区自然条件差异较大，就目前而言，国际养殖业的不同发展模式在我国均存在，其发展经验对我国不同地区养殖业发展均有借鉴意义。因此，我国养殖业尤其是畜牧业发展要采取因地制宜、分类指导的方针，要在充分依靠科技和政策扶持的基础上，尽快走出一条适合我国国情的现代养殖业可持续发展道路。

二、必须高度重视产业化组织模式

产业化是养殖业发展的必然趋势。受经济、政治和历史等因素的影响，美国形成了"公司+规模化农场"，农场和企业间采取合同制进行利益联结的产业化模式；欧洲在经历几百年的发展后形成了"农户+专业合作社+企业"，农户和企业利益共享、风险共担的产业化模式；日本则采取了"农户+农协（综合性合作社）+公司"，重点通过农协保护农民利益的模式。这些产业化模式都对这些国家的养殖业可持续发展起到了巨大的推动作用。目前，我国养殖业的产业化模式以"公司+农户"为主，但利益联结机制仍然不协调，因此加快推进组织模式创新，进一步密切产加销环节的利益机制成为养殖业发

展必须解决的问题。

三、必须在结构调整中统筹考虑生产效率和消费习惯

从过去 40 年世界畜牧业发展历程来看,肉蛋奶产量中,肉类比例整体呈上升趋势,蛋类比例保持低位,奶类比例有所下降;肉类中,禽肉比例明显上升,猪肉比例相对稳定,牛肉比例有所减少。可见,肉料比相对较高的产品在畜牧业中的比例不断提升,畜牧业生产结构变化的过程本质上是畜牧业不断高效化的过程。从我国畜禽养殖业发展历程来看,肉蛋奶产量中,肉类比例整体呈下降趋势,蛋类比例基本稳定,奶类比例大幅上升;肉类中,禽肉比例明显上升,猪肉比例有所下降,牛羊肉比例相对较小。结合世界畜牧业结构变动的规律,综合考虑居民畜产品消费习惯和生产效率两方面的因素,我国畜牧业结构调整要在稳定生猪、禽蛋的基础上,大力发展肉禽和奶牛业。

四、必须完善养殖业政策支持和法律法规体系

政府的大力支持是推进发达国家养殖业发展的重要因素,也是其主要特征。美国、欧盟等发达国家的畜牧业财政支持政策包括基础性投入支持、收入支持、价格支持和促销投入支持 4 种方式。美国的基础性投入支持政策包括强化草场资源保护,推进畜牧科技发展,扶持农牧场主等;收入支持政策有牛奶收入损失合同项目、牲畜补偿项目及家畜援助项目等;价格支持政策主要体现在农业法案,通过政府购买来保障生产者最低价格;而促销投入支持政策主要涉及畜产品进出口贸易,包括市场准入计划、外国市场发展计划、奶制品出口激励计划等。欧盟各国根据资源现状,实施粗放式经营补贴,通过降低草场载畜量来保护生态环境,支持科技和技术推广也是重要的基础性投入措施;收入支持政策表现为对奶制品的直接支付和对畜禽的补贴等;价格支持政策的主要工具有干预价格、目标价格和门槛价格等;出口促销计划相对较多,均为发达国家保障国内畜禽生产、提升产品国际竞争力的主要手段。当然,政府的财政支持政策离不开相关法律法规建设,如美国的《农业法案》,完善的法律法规建设是发达国家通过财政支持保障畜牧业发展的重要法律基础。因此,我国养殖业实现发展需要建立完善的政策支持和法律法规体系。

五、必须依靠科技创新推进养殖业发展

创新是现代农业的主要特征,而依靠创新来发展养殖业是发达国家的主要特征,其中技术创新最为重要。科技是第一生产力,通过科技进步来发展养殖业,可提高产业规模化、机械化、自动化和信息化程度,有效提升产业生产效率和市场竞争力。通过建立完善的科研推广体系,可实现科研机构和推广部门的有机结合,形成农业知识产生和扩散网络,为生产者提供相关实用技术和信息。例如,新西兰和澳大利亚对畜牧相关研究非常重视,新西兰南、北岛有 4 个农业科学研究中心、6 个草原研究站和 3 个土壤化验中心;澳大利亚中央联邦科学与工业研究组织设有 35 个研究单位,其中与畜牧业相关的有 9 个,完全研究畜牧的有 5 个。美国畜牧生产等领域的科技发达,抗生素、血清和

杀菌剂等新型产品为畜禽工业化和规模化生产提供了物质保障,人工授精、胚胎移植、计算机检测等技术的推广为产业快速发展提供了技术保障,提升了畜禽繁殖率和生产率。此外,创新不仅仅局限于良种、养殖与设备、屠宰加工与运输储藏、无害化处理等技术的研发和应用方面,还包括信息、市场主体、社会化服务等方面。总体而言,创新对发达国家养殖业的快速发展产生了积极影响,成为其领先于其他国家的重要支撑。因此,我国养殖业的持续快速发展必须依靠科技创新来推进。

六、必须健全社会化服务体系保障养殖业发展

完善的社会化服务体系建立在以市场为导向的经济条件下,为产前、产中和产后各环节提供全面服务,以保障养殖业稳健可持续发展。行业协会、专业组织等属于重要的社会化服务主体,可代表分散的生产者,作为养殖者的利益代表,可为政策出台提供建议或争取政策支持;通过建立交流平台,提供技术推广、咨询服务、农资供应服务、生产服务、购销服务、管理咨询、市场信息服务等;通过举办教育和培训活动,提高农户等小规模生产者的生产技能;通过聚合作用,保障分散生产者的利益,提升其市场话语权。另外,银行和保险部门等社会化服务主体,可为生产者提供相应的信贷支持和保险业务。粗略统计数据显示,美国有 500 万个以上农牧业行业协会和专业组织;日本仅九州地区便有 50 多个与畜牧业相关的协会,如畜产会、家畜登记协会、家畜改良协会、养猪(牛、鸡等)协会、兽医协会、生乳检查协会等。总体而言,发达国家具备较为完善的推进养殖业发展的社会化服务体系,提升了产业生产效率和市场竞争力,推进了产业可持续发展。可见,我国养殖业实现稳健发展,也需要完善的社会化服务体系来支撑,亟待进一步完善社会化服务体系。

七、养殖规模扩大的同时必须注重疫病防控与生物安全

建立完备的疫病监测预警系统,提高疫病的应急处置能力:疫病监测预警是对被监视群体的健康状况实施长期、持续、实时的监视,并对疫病的异常流行趋势进行预警,进而在最早的时间内采取有效措施,阻止疫情的扩散和新病例的出现。欧洲与美国的高致病性禽流感得到有效控制得益于其建立的疫病监测预警和应急处置系统。面对严峻的动物疫病控制形势,我国需要进一步加强和完善畜禽、水产重要疫病的监测与预警系统建设,建立大规模的监测预警网络,以提高监测数据的准确性。

建立完备的生物安全防控措施,提升畜禽、水产疫病的防控水平:生物安全防控是防控畜禽、水产疫病最经济、最有效的方法,制定完备可行的生物安全措施是养殖场阻止外界病原传入的关键所在。养殖企业应全面提高生物安全意识,在研究分析疫病流行病学的基础上,系统分析和评估疫病传入的风险点,集成现有的疫病防治技术,制定出科学可行的生物安全防控措施,并确保各项措施执行到位,以切断外界病原传入的途径。

第五章　中国养殖业发展的资源环境要素、机遇与挑战

第一节　养殖业发展资源环境要素分析

一、土地资源承载力

（一）饲料饲草供给

未来随着畜禽养殖量的增加，饲料粮需求仍将呈持续增长态势，各类饲料原料供给压力将继续加大。

1. 蛋白质饲料供应紧张

我国畜禽养殖业饲料供给偏紧的状况将较长时期存在，尤其是蛋白质饲料原料缺口较大，自给率不足 50%。目前用于加工饲料豆粕的大豆 70%以上需要进口，大豆行情受国际市场变化影响显著，国际饲料原料市场发生微弱变化都会引起我国市场的敏感反应。据海关总署统计，2010 年国内进口大豆总量为 5480 万 t，比 2009 年增长 28.79%，再创历史新高。同时，我国菜籽粕、棉籽粕及其他杂粕等植物性蛋白质资源开发力度不足，还不能成为完全替代豆粕的蛋白质资源。另外，我国动物性蛋白质资源也相对匮乏，近年来总体呈下降趋势。2010 年国产鱼粉产量为 58.2 万 t，比上年下降 1.2%，进口鱼粉 103.8 万 t，比上年下降 20.6%。据统计，我国鱼粉进口量占世界进口总量的 37%左右。

2. 能量饲料需求压力增大

玉米是用于饲料生产的主要能量原料。1998 年至今，我国饲用玉米占玉米总消费量的 70%左右，且玉米市场需求仍在继续增长；2010 年国内玉米产量为 1.77 亿 t，较 5 年前增长 27%。另外，虽然近年来玉米深加工的快速发展使得饲料消费占玉米总消费的比例有所下滑，但随着我国居民畜产品消费的增长，玉米饲料消费的绝对量将呈现刚性增长的态势，玉米供需可能维持紧平衡状态。

基于畜禽产品总需求刚性增长和规模养殖比例继续提升等，预计未来饲料粮需求仍将稳步增长。预计到 2020 年，畜禽养殖业饲料粮总需求将接近 3.0 亿 t；2030 年继续增加，预计将超过 3.3 亿 t。未来畜禽养殖业饲料粮供需仍将处于紧平衡状态，主要是蛋白质饲料的部分缺口需要通过从国外进口或充分利用国际市场调节国内原料供给来解决。可以说，未来我国的粮食问题，实际上是养殖业所面临的饲料粮问题。

3. 草原超载严重，牧草供给紧张

饲草饲料是牛羊等草食家畜的基本饲料，而牧区依靠天然草原进行放牧，具有较好的成本优势，但农业部草原监理中心的《2011 年全国草原监测报告》显示，在我国拥有的 60 亿亩天然草地中，牧区半牧区已有 268 个县（旗、市）天然草原的牲畜超载率达到 42%；而在农区，虽然具有大量的秸秆资源，但由于缺乏优质饲草支撑，草食畜牧业发展受到严重制约。

4. 秸秆供给总量巨大

我国主要农作物播种面积逐年增加，秸秆资源丰富，发展潜力大。农作物秸秆主要包括木薯、甘蔗、玉米、香蕉、水稻、桑、大豆、花生和红薯等的秸秆、枝、藤。2017 年统计资料显示，我国主要农作物秸秆产量：玉米约 21 955.2 万 t，水稻约 20 707.5 万 t，甘蔗约 11 382.5 万 t，木薯约 3356.2 万 t，花生约 1729.0 万 t，香蕉约 1299.7 万 t，总共能产生 5.6 亿 t 左右的农作物秸秆。

5. 饲草供给潜力巨大

充分利用土地资源进行人工种草，饲草供给潜力巨大。陡坡地土层薄、水土流失严重，种粮广种薄收，但饲草能在这些环境恶劣的地方生长，现多数陡坡地已退耕还林，若在退耕还林的同时种植牧草，不仅有利于促进生态平衡、保持水土，还能极大地增加饲草产量。除此之外，充分利用二荒地、农闲地、田边地角、房前屋后、粮草间套轮作种植牧草，号召群众利用好田好土种草，建立优质高产的人工草地，刈割优质牧草晒制干草，在很大程度上能够满足冬春季牲畜的饲草需求。另外，充分利用土地资源种植饲草，能够在缓解人畜争粮、林牧争地矛盾的同时，为畜牧业提供大量的草料，最终助推我国畜牧业走上低成本、低投入高产出的草地畜牧业发展之路。

6. 特种养殖业饲料充足

养蜂业主要利用自然蜜源植物和蜜源农作物，我国这方面的农业资源十分丰富。鹿是草食动物且食性广，梅花鹿采食的植物性饲料达 180 余种，马鹿则高达 300 余种，也就是说在人工养殖条件下，鹿饲料具有明显的广泛性，可以因地制宜利用当地饲料资源，鹿业可适应的区域广。毛皮动物饲料目前由养殖户自行配制，普遍为高成本的鲜饲料（主要由海鱼或淡水鱼、家畜禽肉及其副产品、膨化玉米、蔬菜和貂用预混料等组成）。随着毛皮动物养殖业的发展，利用商品化干饲料会成为必然趋势，饲料由专门的饲料公司生产销售且普遍为低价高效的干饲料（主要由鱼粉、肉粉、肉骨粉、羽毛粉、膨化玉米和貂用预混料组成），而干饲料具有用量小、成本低、效益高并能有效减少毛皮动物饲料占用人类食物的特点。因此，饲料资源对鹿类与毛皮动物养殖发展并不会构成强约束。虽然桑树适应性强，种植面广，可适应堤坡等次等地，但要使养蚕业具有规模效益和竞争力，利用耕地资源不可避免，今后通过科技创新来实现单位土地桑园产出和效益的提高，同时利用人工饲料进行工厂化、智能化养蚕，以及西部地区挖掘利用部分荒地进行蚕桑生产，完全能够在我国耕地资源日趋紧张的背景下充分保障桑叶供给。

（二）粪污消纳容量

伴随着畜禽养殖业的迅猛发展，畜禽养殖排放随之增多，2015 年我国畜禽粪尿排放达到 31.58 亿 t（宋大利等，2017），已接近当年 33.1 亿 t 的工业固体废物产生量。由于我国畜禽养殖排放量大、浓度高，污水净化难度较大且附近空气异味明显，采用工业净化对畜禽养殖排放进行处理，不仅缺乏经济效益，也不符合农村实情；同时，虽然沼气发电技术的应用和推广大幅度降低了养殖业粪污消纳对土地的依赖程度，但在应用推广过程中存在过度依赖政府补贴的问题，运营成本很高，经济上并不划算，而且生产沼气产生的沼渣处理最终也需要土地。然而，一旦土地畜禽粪尿负荷超过其承载力，则将造成地下水亚硝酸盐污染、江河水体富营养化、土壤矿物质损失等诸多危害。因此，土地保障依然为畜禽养殖的硬性约束。

根据《畜禽粪污土地承载力测算技术指南》，采用土地氮负荷评判畜禽养殖排放对环境的影响程度，同时令 1 头猪为 1 个猪当量，1 个猪当量的氮排放量为 11kg，考虑挥发、损耗等影响，将实际还田量定为 7kg。按存栏量折算：100 头猪相当于 15 头奶牛、30 头肉牛、250 只羊、2500 只家禽。以此测算，2017 年我国畜禽养殖氮排放量约为 1223.51 万 t，其中生猪最大，其次为肉牛和蛋鸡，分别占总量的 39.30%、21.44% 和 10.88%，其他畜禽合计占 28.37%，实际需还田消纳的畜禽养殖氮排放量为 778.59 万 t。

作物的养分需求构成了土地畜禽养殖排放承载力的主要方面。根据《畜禽粪污土地承载力测算技术指南》给出的作物氮肥消纳系数（表 5-1），对作物养分需求进行测算，结果表明：作物氮肥总需求为 2922.89 万 t，其中粮食作物包括谷类、豆类和薯类的氮肥需求约占 55.64%，蔬菜/瓜果占 15.24%，油料占 6.61%，果树、茶叶等占 22.50%。

表 5-1　作物氮肥消纳系数　　　　　　　　（单位：kg/100kg）

水稻	玉米	小麦	大豆	马铃薯	油菜籽	花生	棉花	甘蔗	蔬菜	水果
2.2	2.3	3.0	7.2	0.5	5.8	6.8	11.7	0.18	0.4	0.48

通过上述分析可知，2017 年我国土地需负荷 778.59 万 t 畜禽养殖排放的氮素，但土地粪污消纳容量仅为 701.07 万 t 氮素（作物氮肥总需求 2922.89 万 t 减去化肥用量 2221.82 万 t），表明畜禽养殖排放已对环境构成威胁。但通过开展有机替代无机，土地粪污消纳容量将得到提升，进而能够有效消除畜禽养殖排放对环境的污染；若以有机无机配比 1∶1 进行计算，我国畜禽养殖排放量远远不及土地粪污消纳容量，单从总量上看，畜禽养殖排放不会对环境构成威胁。

（三）水产动物水面承载力

1. 水产养殖空间受到其他行业的严重挤压

随着社会经济的进步与发展，水产养殖业和工业、城镇建设、旅游业及其他行业在土地、人力、水资源等方面的竞争日益激，发展空间受到很大限制。同时，水污染对水产养殖产生严重影响。随着工业发展，大量污水未经严格控制便排放到水体中，造成不同程度的水污染，严重影响水产养殖的可用水资源。统计数据显示，环境污染已经给我国渔业经济造成严重损失，2016 年水污染造成的水产品损失为 6.67 亿元，干旱造成的损失为 14.9 亿元。另外，《中华人民共和国水污染防治法》等法律法规对水产养殖的限制越来越大，可养殖面积逐渐缩小。

2. 技术进步极大地缓解了水资源稀缺

虽然池塘养殖面积下降，但我国水产总产量仍然实现了持续增长，主要归功于相关养殖技术的进步，目前池塘养殖产量达到 12 805kg/hm^2，而新技术的提升可以更大程度地提高单位面积池塘的养殖产量。另外，我国的工厂化养殖体积自 2007 年的 1367m^3 增加到 2016 年的 3724 万 m^3，有非常大的发展空间，相关技术也逐渐成熟（黄一心等，2016）。同时，节水渔业和循环水利用技术将推动新一轮的水产养殖革命，如北京市开展标准化池塘改造，解决了传统池塘的渗漏问题，有效减少了水资源浪费，据统计北京市已改造标准化池塘 8000～10 000 亩；而池塘循环流水养殖技术的引进和推广，为北京发展节水型渔业开辟了新途径，据测算跑道中的水产品产量可达到原池塘产量的 2 倍，而土地利用率降低一半，用水量降低一半，节水节地的效果突出。

二、水资源承载力

（一）畜禽养殖

畜禽养殖用水包括两大方面，一是畜禽自身饮用水，二是畜禽养殖过程中的冲洗用水。根据 FAO 公布的畜禽饮用水指标（表 5-2）及 2016 年我国的畜禽养殖规模数据进行核算，猪饮用水量为 4.50km^3，牛饮用水量为 2.84km^3，羊饮用水量为 1.20km^3，家禽饮用水量为 0.35km^3；如果规模养殖场（养殖小区）采用水冲式清洗牛舍，用水量将会倍增。我国畜禽养殖规模大，未来还具有增长空间，水资源将会成为影响畜禽养殖的重要因素之一。

表 5-2 主要养殖动物的饮用水用量

类别	饮用水量[L/（只·d）]	备注
猪	28.3	
牛	73.0	育肥牛与乳牛加权获得
羊	10.9	山羊与绵阳羊权获得
家禽	0.31	肉鸡与蛋鸡加权获得
肉鸡	0.33	

注：根据 FAO《畜牧业的巨大阴影》数据计算获得

（二）水产养殖

对于水产养殖而言，水资源承载压力更为巨大，北方水产养殖主要受到气候影响，主要表现为资源型缺水；南方虽然雨水充足，但水产养殖受到残饵、排泄物、分泌物、化学品、消毒剂、治疗剂、病原体等污染物质影响，主要表现为水质型缺水。其中，淡水养殖污染物的排放量要远大于海水养殖，特别是氮和磷污染。据统计，2014 年我国主要海、淡水养殖的主要污染物排放量分别为：总氮 68.34 万 t、氨氮 16.66 万 t、总磷 13.77 万 t、化学需氧量 164.15 万 t，其中淡水养殖各污染物排放量占比均在 70% 以上，特别是总氮、总磷和氨氮达到 90% 以上。主要是因为海水养殖以贝类为主，虽然贝类产量占海水养殖总产量的 73%，但贝类养殖主要利用环境中的营养物质，属于"自养型"养殖，转换水体中氮磷等营养物质的效果较好，因此海水养殖的外部投入较少，则污染物排放相对较少。水产养殖污染物排放分布方面，在淡水养殖中，东北区、北部区、中部区和南部区分别占全国淡水养殖污染物排放量的 3.9%、10.6%、50.9% 和 34.6%；在海水养殖中，黄渤海区、东海区和南海区分别占全国海水养殖污染物排放量的 14.3%、32.0% 和 53.7%。

三、动物遗传资源

（一）动物遗传资源现状

我国幅员辽阔，地理环境条件多样，孕育了丰富多彩的动物遗传资源，是世界上动物资源最为丰富的国家之一，因此培育了一大批具有特色的优良品种。

与其他畜种相比，我国生猪品种数量相对较少，是由动物育种技术属性和特征决定的。'大白''长白''杜洛克''皮特兰'等少数品种的公认度较高，被世界各国广泛采用。我国生猪市场的主流品种也较为单一，主流繁殖方式是利用国外品种'杜洛克'作为终端父本，与'长白'和'大白'二元杂交母猪进行杂交生产商品生猪，虽有一些地方品种猪，但主要供应高端猪肉市场或在一些偏远地区养殖，市场占有率不高。此外，我国还利用地方品种猪进行杂交繁殖，但占比较小。

我国奶牛遗传资源比较多样，但由于荷斯坦奶牛的产奶优势突出，从 20 世纪起我国开始引种培育，自主培育了中国荷斯坦奶牛。当前我国规模牛场奶牛存栏近 500 万头，其中 90% 为荷斯坦奶牛。随着规模养殖场比例的提升，未来荷斯坦奶牛将占奶牛总量的 80%～90%，乳肉兼用牛、娟姗牛等将占 10%～20%。

我国水禽遗传资源比较丰富、品种齐全，目前共有 18 个品种得到国家重点保护，具体而言，8 个鸭品种分别是'北京鸭''攸县麻鸭''连城白鸭''建昌鸭''金定鸭''绍兴鸭''莆田黑鸭''高邮鸭'，10 个鹅品种分别为'四川白鹅''伊犁鹅''狮头鹅''皖西白鹅''雁鹅''豁眼鹅''酃县白鹅''太湖鹅''兴国灰鹅''乌鬃鹅'。

我国蛋鸡遗传资源丰富，拥有 100 多个地方品种，同时几乎引进了世界上所有的高产蛋鸡品种。这些资源是我国蛋鸡养殖业发展的宝贵财富，也是我国培育地方特色蛋鸡品种的基础条件。到目前为止，我国已自主培育 11 个高产蛋鸡品种、8 个地方特色蛋鸡品种。其中，'京红 1 号'、'京粉'系列和'大午金凤'等高产蛋鸡的生产性能基本达到国外品种水平，但综合表现或者性能稳定性有待进一步提高。

我国牛品种很多，但无专用的肉牛品种，主要是黄牛品种，其数量多、分布广、适应性强，按地理分布区域可将我国黄牛划分为中原黄牛、北方黄牛和南方黄牛三个类型。从 20 世纪 70 年代开始，我国便从国外引进一些优良品种，如'西门塔尔'（simmental）、'海福特'（herfford）、'利木赞'（limousin）、'夏洛来'（harolais）'短角'（shorthorn）和'安格斯'（angus）等与我国当地黄牛进行杂交改良，极大地提升了生长速度、体型外貌、屠宰率、产肉率等生产指标。在一些改良工作开展较早、肉牛生产较发达的地区，现在已很少看到原有的地方黄牛品种，存栏的基础母牛基本上是'西门塔尔''夏洛来''利木赞'的二代、三代和四代杂交牛。

我国绵羊、山羊遗传资源十分丰富，列入《中国畜禽遗传资源志•羊志》的地方品种共 100 个，其中绵羊 42 个、山羊 58 个；小尾寒羊等 27 个优良地方品种列入《国家级畜禽遗传资源保护名录》。这些品种耐粗饲、抗逆性和抗病性强，生产性能各具特色，是我国肉羊产业可持续发展的宝贵资源和育种素材。同时，我国从国外引进一批优良肉羊品种，如'无角陶赛特''特克塞尔''萨福克''杜泊''澳洲白'以及德国肉用'美利奴'、南非肉用'美利奴'和'波尔'等，育成肉用绵羊品种 3 个、山羊品种 2 个，丰富了我国肉羊的遗传资源。

我国水产遗传资源丰富，其中淡水养殖产量世界第一，占全球总产量的 70% 以上，且养殖品种几乎均为我国自有产品。截至 2016 年，我国原良种审定委员会审定通过的水产养殖新品种共计 168 个，涵盖鱼、虾、贝、蟹、藻等主要养殖种类，其中海水养殖新品种 71 个，淡水养殖新品种 97 个，淡水养殖新品种中自主培育种 73 个，包含选育种 32 个、细胞工程种 9 个、性控种 2 个、杂交种 30 个。

我国蚕种遗传资源十分丰富，家蚕育种水平特别是夏秋蚕品种选育水平居于国际前列。中国农业科学院蚕业研究所育成的菁松×皓月、春蕾×镇珠、苏 3·秋 3×苏 4 等蚕品种覆盖全国市场的 50% 以上。

我国蜜蜂遗传资源十分丰富，在世界公认的蜜蜂属 9 种蜜蜂当中，我国境内就有 6 种。此外，我国还有蜜蜂科的熊蜂属、无刺蜂属，切叶蜂科的切叶蜂属和壁蜂属等珍贵的蜜蜂遗传资源。我国境内饲养的蜜蜂主要有中华蜜蜂、意大利蜂、东北黑蜂和新疆黑蜂，主要的野生蜂种有大蜜蜂、黑大蜜蜂、小蜜蜂和黑小蜜蜂。

我国是鹿类品种资源大国，具有明显的资源优势。世界现存鹿类动物 48 种，我国就有 20 种，占 42%。我国具有悠久的养鹿历史，人工驯养的鹿类有东北梅花鹿、东北马鹿、天山马鹿、阿尔泰马鹿、水鹿、白唇鹿、驯鹿、麋鹿、坡鹿、狍等。同时经过多年的人工选育，我国已经培育出茸性能高、鹿茸品质优异的世界著名茸鹿品种，如双阳梅花鹿、西丰梅花鹿、敖东梅花鹿、四平梅花鹿、兴凯湖梅花鹿、东丰梅花鹿、长白山梅花鹿、清原马鹿、塔河马鹿等。

我国自有的毛皮动物遗传资源较少，但通过引种培育已拥有一定的品种资源。例如，人工饲养的水貂基本来源于野生欧洲水貂和美洲水貂，但经过育种，现在已经形成了本黑、深咖啡、浅咖啡、银蓝、蓝宝石、红眼白、珍珠、黑十字等 100 余个颜色、毛被、性状各异的品种，同时育成我国的标准水貂"金州黑色标准水貂"，其具有优良的品种特征。近年来，我国还利用芬兰蓝狐改良本土蓝狐种群，种群质量显著提高。

（二）动物遗传资源管理现状

改革开放以来，我国畜禽品种选育工作取得长足发展，初步形成育种、扩繁、推广、应用相配套的良种繁育体系，遗传改良工作有效推进，法律法规不断完善，监测能力不断提升，种畜禽质量明显提高，为畜禽养殖业健康发展奠定了基础。截至 2016 年 5 月，我国已建立国家级畜禽遗传资源基因库 6 个、保护区 22 个和保种场 109 个，分布呈现出地域性特征。此外，"十一五"期间，全国还建立省级及以下畜禽遗传资源保种场、保护区和基因库共计 253 个。截至 2016 年底，《国家级畜禽遗传资源保护名录》共收录国家级保护畜种 13 个，包括 138 个品种，其中 67.4%的品种在国家级保种场、保护区受到保护。

同时，我国水产种业建设已形成从水产遗传育种（遗传育种中心）、良种保存扩繁（水产原/良种场）到苗种生产供应（水产种苗繁育场）的三级种苗生产保障体系。截至 2017 年，全国共建有遗传育种中心 25 个（另有 7 个在建中）、水产原/良种场 83 家、水产种苗繁育场 1.5 万家。

特种养殖业方面，依靠遗传资源众多的优势，我国建立了原原种、原种、普通种（杂交种）三级繁育四级制种的蚕种繁育技术体系，先后收集、整理、保存了 1200 多份蚕品种资源，推广了新蚕品种杂交组合 70 余对，完成了 4 次蚕品种的更新换代；制定了蜜蜂种质资源的共性描述标准和分类分级与编码体系，并按分类分级与标码体系完成了对 200 份蜜蜂、50 份熊蜂种质资源的标准化整理，同时提出了蜜蜂种质资源的描述和数字化表达标准，并对 20 种蜜蜂（Apis）与 10 种熊蜂（Bombus）种质资源进行了标准化描述和数字化表达；着重对产茸性能高、鹿茸品质优异的茸鹿进行了培育；虽然毛皮动物遗传资源少，管理起步较晚，但经过几十年的引种培育，现已达到相当规模，储备了相当多的品种资源。

（三）存在的问题

长期以来，由于单纯追求数量增长，忽视了畜禽品种资源独特的资源特性和生态意义，缺乏对其的足够认识，我国畜禽养殖普遍存在"重引进、轻培育，重改良、轻保护"的现象，加上投入不足，基础设施和技术条件落后，畜禽、水产、特种动物养殖遗传资源的保护和可持续利用面临严峻挑战。

1. 畜禽养殖

（1）对国外优良品种依赖度高

当前，国外畜禽良种在我国种畜禽生产中处于支配地位，畜禽规模化生产使用的良种大部分依赖从国外引进。2006～2010 年我国累计进口种猪 2.4 万头、种牛 23.1 万头、种禽 859.8 万只、精液 212.6 万剂、种蛋 18 万枚、胚胎 2.7 万枚。我国瘦肉型猪的核心种源主要依赖进口，每年从北美洲、欧洲进口种猪 3000 头左右；白羽肉鸡品种完全依赖进口，蛋鸡主导品种以进口为主；优秀种公牛自主培育体系尚不健全，90%以上的优秀种公牛依赖从国外引进；细毛羊育种和生产使用的种羊也严重依赖进口。未来我国良种对外依存度高的现状短期难以转变。

（2）地方畜禽品种资源数量下降

为满足肉、蛋、奶等畜产品需求，我国相继引进大量外来高产品种来杂交改良国内地方品种，盲目地追求高产。受外来高产品种冲击，我国许多地方畜禽品种数量逐渐减少或消失，且这种趋势随着近年大量引种和集约化程度提高而进一步加剧。农业部 2004～2008 年对全国畜禽遗传资源调查发现，我国现有畜禽品种、配套系 901 个，其中地方品种 554 个，15 个之前有记录的地方品种资源未发现，59 个地方品种处于濒危状态或濒临灭绝，超过一半的地方品种群体数量呈下降趋势。

（3）良种繁育体系建设滞后

我国畜禽良种繁育体系建设还很薄弱，"原种场—扩繁场—商品场"繁育结构层次不清晰，未形成纯种选育、良种扩繁和商品畜禽生产三者有机结合的良种繁育体系。由于投入不足，畜禽生产性能测定、后裔测定、遗传评估、品种登记、选种选配等基础育种工作无法有效开展，严重影响本地品种选育、品系专门化、杂交配套和新品种培育。

（4）科学合理的资源开发利用体系尚未形成

对地方品种的优良特性认识不足，且挖掘、评估、选育和开发利用不够；以现有畜禽资源为素材，利用现代育种技术培育新品种的工作未受到足够关注；保护与开发利用脱节，选育方向不适应市场需求，地方品种的优良种质特性未充分发挥应有作用；缺乏创新机制，资源优势尚未转化成经济优势。以细毛羊为例，虽然我国培育了中国'美利奴'等一批优秀细毛羊，但羊毛细度以 21～25μm 为主，与当前毛纺工业对 20μm 以下细毛的需求不相符，目前我国毛纺工业需要的优质细羊毛 60%以上需要进口。

（5）种畜禽业发展机制有待完善

种畜禽业的发展是一项系统工程，具有长期性、连续性和公益性。根据欧美国家的成功经验，我国种畜禽业实现发展需政府和相关机构、育种企业协力运作。虽然《中华人民共和国畜牧法》对种畜禽生产经营和质量安全做了明确规定，但执法队伍不健全，执法力度不够，种畜禽质量水平参差不齐，无证和违反生产经营许可证生产经营的现象依然存在。同时，全国畜禽良种信息的采集、分析、发布机制尚未形成，信息网络建设滞后。

2. 水产养殖

（1）种类急剧减少，数量明显下降

受水利水电工程、酷渔滥捕以及水环境污染等因素影响，我国水生生物种类数量锐减，资源量显著下降。统计显示，1443 种内陆鱼类中已灭绝 3 种、区域灭绝 1 种、极危 65 种、濒危 101 种、易危 129 种、近危 101 种。虽然开展了大量的资源收集和保存工作，但收集和保存的种类仍偏少。同时，南美白对虾、大菱鲆等非我国原产经济种类的遗传资源更是被国外所控制，致使种质更新困难，难以满足养殖产业的绿色发展需求。

（2）遗传资源精准鉴定尚未大规模开展，优异基因资源发掘利用滞后

我国水产动物遗传资源的表型和基因型鉴定研究深度与广度不够。表型鉴定方面，生长、品质、抗病、抗逆、饲料转化率、机械化加工等性状的高通量精准测量和鉴定技术严重缺乏；基因型鉴定方面，不同种质生境特征、生物学特性、生产性能、种群遗传多样性水平、基因型特点等方面的研究工作尚未全面展开；遗传资源表型和基因型数据库构建方面，以性状特征、种群遗传多样性组成和优异性状遗传规律为主体的内容缺乏有效整合，数据分析和信息共享平台尚未实现网络化。同时，优异基因资源的发掘与利用仍需进一步加强。

（3）遗传资源保护与鉴定设施不完善，缺乏有效的交流与实时共享机制

我国目前已建立的水产种质资源保护场所受限于设计水平和经济实力，整体设施配备水平仅能够维持保护场所的日常运转，水质监测、饲养管理等日常工作仍需人工操作，导致日常开销中人员经费所占比例过高。现有国家级水产种质资源保护区由所在地县级

以上渔业行政主管部门管理，部分原种场和良种场依托企业运行，缺乏长期稳定的经费支持；部分保护场所科研条件不足，技术力量薄弱，仅能够开展数量有限的种质资源收集、饲养和繁育工作。因缺乏系统的遗传资源保护利用方案和科学规划，繁育过程中时常发生杂交、回交等状况，导致所保存遗传资源的优良性状出现退化。此外，我国水产动物遗传资源保护场所较为分散，交流共享机制相对缺乏，在一定程度上影响了资源的互换与高效利用。

3. 特种动物养殖

（1）行业良种繁育体系建设滞后

由于我国的毛皮动物养殖业起步晚，基础薄弱，目前所养殖的动物遗传背景不是很好，加之传统养殖习惯难改，引入国内的毛皮动物还在按野生动物驯养对待，未能建立自己的种源繁育基地和良种推广体系。

（2）对国外优良品种依赖度极高

我国大型养殖企业每年都从国外引种培育，但种兽育种科技含量较国外低。虽然近年来从国外引进数批良种，但在实际育种过程中我国没有系统科学的毛皮动物育种方案，致使品种退化严重，生产力低下，因此特种动物养殖主要还是依赖引进国外优良品种。

第二节　养殖业发展机遇与挑战

一、发展机遇

（一）"四化"同步的新要求为养殖业现代化发展提供舞台

党的十八大提出"坚持走中国特色新型工业化、信息化、城镇化、农业现代化道路""促进工业化、信息化、城镇化、农业现代化同步发展"，为新时期经济社会发展和"三农"工作指明了方向。"四化"同步发展战略再次突出"三农"的重中之重地位，强调加快农业现代化是"四化"同步发展的重要基础和必然要求，这符合国家经济社会发展实际，对加快推动养殖业现代化发展具有深远意义。为加快养殖业发展，实现真正意义上的"四化"同步，国家必将在财政扶持、金融支持等领域向养殖业倾斜，为养殖业的转型升级提供广阔的舞台。

（二）社会需求总体增长为养殖业稳步发展创造空间

尽管宏观经济发展速度有所下调，但从长期趋势来看，我国城乡居民动物产品消费仍处在增长阶段，社会需求仍有增加空间。主要原因在于，一是居民人均动物性蛋白质在蛋白质摄入总量中的占比与世界发达国家相比仍有明显差距，随着经济发展，居民肉蛋奶、水产品消费势必继续增长；二是城乡居民动物产品消费水平的差距还很大，农村居民人均肉蛋奶、水产消费与城镇居民相比差距仍然不小，随着农村经济发展和农民收入不断提高，占总人口60%的农村居民畜禽、水产品消费必将进一步增加；三是随着工业化和城镇化进程的加快，新增城市居民的畜禽产品需求将呈现快速上升的趋势。因此，短期内我国动物产品消费仍有一定的增长潜力。

（三）产业持续改革发展为养殖业提质增效奠定基础

一方面，养殖业法律法规体系逐步完善。《中华人民共和国草原法》《中华人民共和国动物防疫法》《饲料和饲料添加剂管理条例》《中华人民共和国畜牧法》《乳品质量安全监督管理条例》《畜禽规模养殖污染防治条例》等陆续发布。到 2014 年，农业部陆续制定了 18 个配套规章。另一方面，养殖业扶持政策框架体系基本建立。从 2007 年开始，中央财政在全国范围内支持标准化规模养殖场建设，资金主要用于粪污处理、畜禽舍标准化改造以及水、电、路、防疫等配套设施建设，扶持资金逐年增加。1998 年，中央财政开始支持畜禽良种工程项目建设，目前每年约 2 亿元。2005 年，国家启动良种补贴项目，2013 年约 12 亿元。另外，我国还设有生猪调出大县奖励。

二、挑战

（一）资源条件约束趋紧

我国人多地少，水土资源短缺将长期存在，直接影响养殖业发展所需饲草料的充足供应。预计到 2020 年和 2030 年，我国饲料粮占粮食的比例将分别达到 50% 和 55%，可见粮食安全问题本质上是饲料粮安全问题。2017 年，我国进口大豆 9541 万 t，大麦 886 万 t，高粱 502 万 t，玉米 274 万 t，还进口乙醇副产物（DDGS）38 万 t[①]。除进口大量饲料原料外，饲草进口也快速增加。2008 年以前，我国基本不仅不进口草产品，还大量出口，之后草产品进口大幅提升，2017 年达到 185.6 万 t，比 2008 年增长 92.7 倍（图 5-1）。土地资源短缺还直接影响养殖场用地的科学选择，从而直接影响标准化规模养殖的顺利推进。一方面，养殖场用地审批困难；另一方面，即使审批通过，流转成本高企，大多地区每亩每年流转成本得五六百元，部分地区已经达到千元以上，使许多养殖场望而止步，不少地区的畜禽养殖不得不向大山深沟发展，楼上养猪、地下养鸡等模式屡见不鲜。此外，劳动力资源短缺也影响养殖业的持续发展。自 2004 年发端于沿海地区并向全国蔓延的劳动力短缺现象，预示着我国经济发展的"刘易斯拐点"正逐步呈现。近年来我

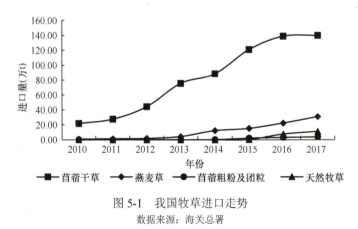

图 5-1　我国牧草进口走势

数据来源：海关总署

---

① 2010 年以来我国每年进口 DDGS 达到几百万吨，2016 年后快速下降。

国城市经济的快速发展，吸收大量农村劳动力进入二三产业，从事养殖业的劳动力越来越少，素质越来越低，而养殖业本来是个劳动密集型产业，并且劳动强度很高，许多方面机械难以代替，最终导致养殖业生产的劳动力成本居高不下。

（二）环保约束趋严

2015 年国家出台"水十条"，要求严格划定畜禽养殖禁养区，并在 2017 年底前依法关闭或搬迁禁养区内的畜禽养殖场（小区）和养殖专业户，京津冀、长江三角洲、珠江三角洲等区域提前一年完成；现有规模化畜禽养殖场（小区）必须配套建设粪便污水贮存、处理、利用设施；在散养密集区必须实行畜禽粪便污水分户收集、集中处理利用；自 2016 年起，新建、改建、扩建规模化畜禽养殖场（小区）要实施雨污分流、粪便污水资源化利用。2015 年发布的《农业部关于促进南方水网地区生猪养殖布局调整优化的指导意见》，根据珠江三角洲、长江三角洲、长江中下游、淮河下游、丹江口 5 个重点水网区域的水环境保护要求和土地承载能力，科学确定禁养区和限养区，使得该地区的许多养殖场停养或搬迁。据调查，珠江三角洲某县已关掉 2774 个养殖场（户），减少生猪养殖 10 万头以上。2016 年国家发布"土十条"，要求加强畜禽粪便综合利用，到 2020年规模化养殖场、养殖小区配套建设废弃物处理设施比例达到 75%以上。

（三）疫病防控形势仍较严峻

近年来，各类重大动物疾病在我国时有发生，每年带来的直接经济损失近 1000 亿元，特别是 2004 年暴发的高致病性禽流感，给家禽业养殖户造成严重损失。2005 年发生在四川的猪链球菌病和 2006 年蔓延到全国的高致病性猪蓝耳病，导致生猪生产下降和价格剧烈波动，严重影响生猪产业的健康发展，成为拉动 2008 年全国消费者价格指数（consumer price index，CPI）快速上升的重要因素，也引起国家领导人的多次关注。2012 年秋冬季节发生的 H7N9 禽流感，截至 2013 年 4 月 21 日，初步测算使家禽业损失超过 230 亿元。2014 年 H7N9 禽流感又给国内的家禽业带来 400 亿元的损失。前些年全国范围内发生的仔猪流行性腹泻，一直困扰着国内生猪生产效率的提升，基本上每一次猪价大幅波动的背后都有疫病流行的影子（图 5-2）。2014 年发生的家畜小反刍兽疫，

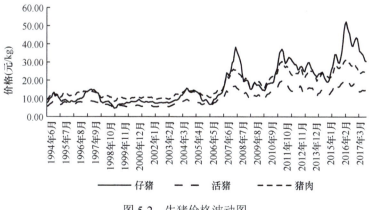

图 5-2　生猪价格波动图
数据来源：历年《中国畜牧业统计》

成为其后几年国内肉羊价格大跌和养殖户亏损的直接原因。近年来随着疫病防控体系的进一步健全和防控力度的不断加大，尽管疫情总体稳定，但局部地区出现的一些人兽共患病仍不可小觑，特别是从种畜开始的疫病源头净化工作长期而艰巨。

（四）核心科技对外依存度高

我国养殖业生产的一些关键环节科技创新任务艰巨，对外依存度高。首先，畜禽、毛皮动物及牧草种质资源对外存度高。国内种猪市场中'洋三元'已成主流，市场份额占80%以上，国内地方品种市场份额不到20%；白羽肉鸡种源全部依赖进口，肉鸭品种中进口的'樱桃谷'国内市场占有率超过80%，禽蛋产量50%左右由国外蛋鸡品种提供；肉牛中'西门塔尔''利木赞''夏洛来''和牛''安格斯'等优质品种都源自国外，'黑白花''娟珊'等主要高产奶牛品种都是从国外引进；'波尔''杜泊''无角陶赛特''萨福克'等肉羊品种都来自国外；2017年苜蓿、三叶草、羊茅及黑麦草种子进口量分别达到1237t、2932t、15 202t和31 279t，分别是2010年进口量的3.4倍、1.5倍、1.2倍和2.1倍。其次，养殖业生产各环节的机械设备许多都依赖进口。近年来，尽管我国动物养殖及饲草料生产机械设备制造取得一定成效，但与国外机械相比还存在很大差距，对外存度依旧较高。从奶业生产机械进口来看，1994年进口额就突破千万美元，2014年达到历史最高，为5403万美元，到2016年有所下降，但也达到2956万美元。2010～2016年，我国动物饲料配制机械累计进口8914台套，家禽孵化器及育雏器累计进口21 619台套，家禽饲养机械累计进口36 735台套，干草制作机械、牧草打包机累计分别进口7410台套和40 630台套。

（五）国际竞争力不强

首先，我国主要畜禽的生产效率仍不高，比欧美、日韩等发达国家普遍要低。从出栏率看，2016年我国生猪、肉牛、肉羊和肉鸡分别为156.4%、58.3%、88.9%和182.2%，而美国为165.5%、33.9%、29.5%和451.8%（图5-3）[①]。从主要畜禽个体生产能力看，2016年我国生猪、肉牛、肉羊和肉鸡胴体重分别为76.7kg/头、142.3kg/头、16.3kg/只和1.4kg/只，美国为95.7kg/头、367.8kg/头、30.2kg/只和2.1kg/只（图5-4）；我国泌乳奶牛的单产为2905.7kg/头，而美国为10 330.1kg/头；我国蛋鸡的产蛋量为8.9kg/只，美国为16.5kg/只（图5-5）；我国能繁母猪每年提供育肥猪头数（MSY）为16头，而美国等发达国家普遍在20头以上。其次，由于资源禀赋存在差异，我国主要畜禽生产成本普遍比主要主产国高，因此在国际市场上无成本优势，竞争力不强。最后，我国在育种科技、人才队伍、核心产品、销售网络、资本实力、管理经验等方面缺乏优势，导致养殖业缺乏国际竞争力。

（六）标准体系不够健全且实施力度不够

一方面，近40年我国养殖业一直追求产业规模的扩张和产量的增长，因此目前的标准体系主要侧重于养殖技术方面，对工作标准和管理标准的制定不够重视，导致产品

---

① 我国肉牛和肉羊出栏率高于美国，主要由我国采用专业化短期强度育肥及出栏量重复计算所致。

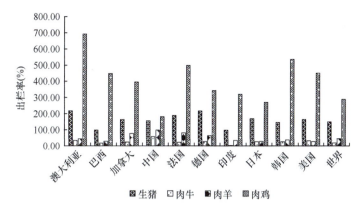

图 5-3　2016 年主要国家畜禽出栏率对比

数据来源：FAO 数据库（http://www.fao.org/faostat/en/#home）

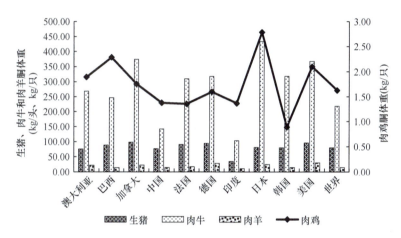

图 5-4　2016 年主要国家畜禽胴体重对比

数据来源：FAO 数据库（http://www.fao.org/faostat/en/#home）

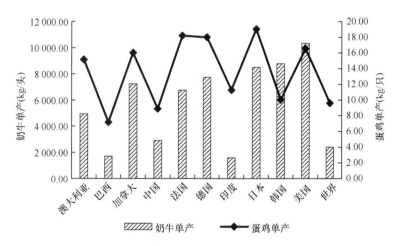

图 5-5　2016 年主要国家奶牛和蛋鸡单产对比

数据来源：FAO 数据库（http://www.fao.org/faostat/en/#home）

质量安全与环境污染问题日益严重；另一方面，目前的标准制修订工作跟不上养殖业的迅猛发展。欧、美、澳等发达国家为保证标准的实施力度，建立了与标准相适应的配套措施，具体表现在：完善的市场准入制度和认证体系，监督养殖企业严格按照标准化组织生产。整个行业的标准化意识不强，又缺乏配套的监管体制，因此我国企业不能享受标准化生产带来的利益，反而认为标准化生产导致成本上升，市场竞争力降低。近年来农业部和各级政府为了解决这一问题，开展了各种形式的标准化示范区建设，但企业实施标准化生产的积极性普遍较低。同时，由于目前标准的宣贯缺乏专门的经费支持，因此企业对标准缺乏了解，影响标准的实施。

第六章　中国养殖业的战略定位、
发展目标及区域布局

第一节　养殖业战略定位

按照"高产、优质、高效、生态、安全"的总体要求，以推进养殖业发展方式转变为核心，以科技创新、制度创新、体制机制创新为动力，稳步增加数量，加速提高质量，持续优化结构，加快建立健全现代养殖业产业体系、生产体系和经营体系，提升养殖业综合生产能力，推动养殖业持续健康发展，实现优质安全动物蛋白供应主要靠国内解决，使养殖业成为农业生产良性循环的战略性产业，成为农民增收和脱贫的重点产业，成为绿色、环保、高效、安全的示范产业，成为实现乡村振兴战略、建设美丽乡村的重要抓手。

一、保障国内优质安全动物蛋白稳定供应

随着经济社会发展和物质生活水平提高，人民对美好生活的需要日益增长，对食物的消费需求已由追求吃饱逐步转变为追求吃得更加营养、安全、健康。肉蛋奶等动物产品作为重要的食物消费品，是保障城乡居民优质安全动物蛋白供应的重要基础，同时在保障国家食物安全方面具有举足轻重的战略位置。虽然近年来我国养殖业发展取得显著成效，但其作为我国农业农村发展的主要短板，存在诸多重点难点问题亟待解决，如发展方式滞后、生产结构亟待优化、生产效率总体不高、资源环境约束趋紧、粪污处理难度加大、产品质量安全隐患突出等，不利于养殖业国际竞争力提升，难以推动养殖业持续稳定健康发展。特别是近年来我国养殖业的国际竞争弱势日益凸显，肉蛋奶等主要动物产品进口持续增长，养殖业发展无法实现保障国内优质安全动物蛋白稳定供应的现实目标。因此，须在坚持"以我为主、立足国内、确保产能、科技支撑"的基础上，加大养殖业发展的科技支持力度，完善养殖业发展的政策支持体系与社会化服务体系，切实推动养殖业国际竞争力稳步提升，实现我国优质安全动物蛋白供应主要靠国内解决。

二、农业生产良性循环的战略性产业

党的十九大报告提出，要树立和践行绿水青山就是金山银山的理念，形成绿色发展方式和生活方式，坚定走生产发展、生活富裕、生态良好的文明发展道路；要激发全社会创造力和发展活力，实现更高质量、更有效率、更加公平、更可持续的发展；要推进绿色发展，建立健全绿色低碳循环发展的经济体系。可见，新时代党中央对我国农业农村发展提出了许多新要求，也明确了农业农村发展的诸多新理念、新思想、新战略，养殖业亟待按照新时代提出的新理念、新思想、新战略，走安全生态的绿色发展道路，推

进农业生产实现良性循环。通过因地制宜实施适度规模养殖，创新养殖业标准化、专业化、现代化绿色发展模式，依托先进科学技术，严格控制饲料添加剂、药物残留、粪便污染，强化质量安全体系建设及产品质量安全监管；加快培育养殖业新型经营主体，充分发挥龙头企业创新绿色发展方式的示范带动作用，健全包括养殖协会、养殖专业合作社等互助组织的绿色发展服务体系建设，为经营主体提供全产业链绿色技术和信息服务；创新种养循环体制机制与发展模式，加大政策扶持力度，将养殖业打造成农业生产良性循环的战略性产业。

三、农民增收和脱贫的重点产业

改革开放以来，我国养殖业快速发展，产量不断增加，质量逐步提升，产值持续扩大，在繁荣农业农村经济、推动区域经济社会发展、满足居民食物消费需求等方面作出巨大贡献。同时，养殖业发展可提高农民增产增收能力、助推贫困居民脱贫致富，逐步成为多数地区产业扶贫的首选产业。养殖业发展实践证明，其是农民增收和脱贫的重点产业。因此，有必要加强养殖业发展指导，推动专业合作组织建设，完善社会化服务体系构建；围绕主导产品、名牌产品、优势产品，大力扶持建设各类动物产品批发市场和边贸市场；按照主体功能区规划，合理开发区域资源，积极发展新产业、新业态、新模式，承接传统产业转移，实现养殖业转型升级，增强贫困地区发展的内生动力。同时，应以精准扶贫为核心，因地制宜、科学布局，以市场为导向，以扶持培育养殖、加工、销售等龙头企业为基础，以基地建设为支撑，以科技创新为引领，全面提高动物产品质量，切实提升产业发展附加值，做大做强我国养殖业，增加就业渠道与就业机会，着力提升自主脱贫意识与能力，实现产业效益与致富效益有机结合，使养殖业成为增产增收与脱贫致富的重点产业。

四、绿色、环保、高效、安全的示范产业

随着经济社会发展、居民生活水平提高及膳食结构改善，绿色、安全、健康、营养的动物产品需求日趋增长，我国养殖业发展将面临更为严格的要求和愈加严峻的挑战。受经济利益驱动、市场监管缺位、技术水平不高等诸因素影响，我国养殖业面临资源约束趋紧、环保压力加大、生产效率不高、质量安全问题凸显等突出问题，难以发展成为绿色、环保、高效、安全的示范产业。应立足国内实际，健全财政扶持政策和金融保险支撑体系，重点支持绿色环保技术研发，严格规范饲料兽药使用，积极推进养殖绿色健康、废弃物处理环保友好、发展集约高效、产品优质安全等发展模式。同时，按照统一部署、统一协调、统一规范、统一制度、统一管理等原则，制定绿色、环保、高效、安全养殖业发展管理意见，引导养殖业发展朝着绿色、环保、高效、安全全面转型升级，实现绿色动物产品生产，打造绿色动物产品品牌。根据绿色、环保、高效、安全发展要求，我国养殖业发展在转型方向、发展理念、运行模式等方面形成诸多探索和经验，为不同地区、不同产业、不同经营主体转型发展提供了新理念、新思想、新战略，并起到了重要的示范作用。

五、实现乡村振兴战略、建设美丽乡村的重要抓手

党的十九大报告提出，实施乡村振兴战略，要坚持农业农村优先发展，按照产业兴旺、生态宜居、乡风文明、治理有效、生活富裕的总要求，建立健全城乡融合发展体制机制和政策体系，加快推进农业农村现代化。实施乡村振兴战略，产业兴旺是重点，生态宜居是关键。养殖业作为农业乃至国民经济的重要组成部分，是推进区域经济社会发展、提高农牧民增产增收能力的重要保障，也是乡村振兴中产业兴旺的重要支撑。同时，新时期养殖业发展的新理念、新方式可有效转变传统产业弊端，实现绿色环保，助推美丽乡村建设。可以说，养殖业没有实现现代化，乡村振兴就无从谈起，美丽乡村建设也将成为一纸空谈。因此，有必要因地制宜，强化政策扶持，完善社会服务，积极引导养殖业发展方式转变，着力推动养殖业规模化、标准化、现代化发展，使养殖业成为实现乡村振兴战略、建设美丽乡村的重要抓手。

第二节　养殖业发展目标

一、总体目标

养殖业生产结构和区域布局不断优化，综合生产能力显著提升，规模化、标准化、产业化程度明显提高，动物产品有效供给和质量安全得到有效保障，主要动物产品结构性矛盾持续改善；养殖业发展的质量安全体系、动物疫病防控体系和污染防治体系趋于完善，重大动物疫病与人兽共患病基本消灭或达到区域净化，规模养殖场养殖污染治理率和废弃物有效处理利用率提高；各具特色的养殖业循环经济模式形成，养殖业继续向资源节约型、技术密集型和环境友好型转变，草原、土地、水域等养殖环境生态得到有效改善；养殖科技创新体系和推广体系基本完善，科技进步成为养殖业发展和转型的最主要推动力，科技进步贡献率达到发达国家水平；养殖业在农业中率先实现现代化。

二、具体目标

（一）产量目标

主要动物产品生产稳定增长。到 2035 年，猪肉、牛肉、羊肉、鸡肉产量分别达到 6226.48 万 t、828.10 万 t、626.37 万 t、2124.78 万 t，鸡蛋、奶产品、水产品产量分别达到 3150.32 万 t、5027.27 万 t、7274.50 万 t。到 2050 年，猪肉、牛肉、羊肉、鸡肉产量分别达到 7120.32 万 t、1125.41 万 t、810.57 万 t、2998.41 万 t，鸡蛋、奶产品、水产品产量分别达到 2731.81 万 t、6580.64 万 t、8120.00 万 t。

（二）质量目标

标准化水平显著提高，健康、生态养殖模式得到大面积推广，节地、节水、节能、节粮水平持续提升，加工业比较发达，优质动物产品市场份额稳步提高；养殖业发展可

追溯体系、质量安全标准体系、监测体系得到进一步完善，动物防疫、疫病检测检疫体系持续健全；养殖业产前、产中、产后各环节基本实现一体化发展，步入资源节约、环境友好的可持续发展轨道。

（三）科技目标

养殖业良种培育力度不断加大，良种繁育和品种改良体系持续完善，动物生产性能得到极大提高；疫病防控和产品加工等重大关键技术领域取得重要突破，科技支撑作用明显增强，养殖业科技进步贡献率显著提高，养殖业科技对外依存度明显下降。

（四）环保目标

养殖业废弃物资源化利用科技明显提升，农牧结合绿色循环发展模式得到广泛运用，养殖业粪污资源化利用率及病死动物无害化处理率显著提升，草原综合植被盖度持续提升，养殖业发展实现资源节约与环境友好，绿色养殖业发展成为主导。

第三节　养殖业区域布局

一、生猪产业

根据生猪产业发展基础、环境承载、资源禀赋、消费偏好、屠宰加工等诸因素，《全国生猪生产发展规划（2016—2020 年）》将我国生猪产业区域布局划分为重点发展区、约束发展区、潜力增长区和适度发展区。其中，重点发展区包括河北、山东、河南、重庆、广西、四川、海南 7 省份；约束发展区包括北京、天津、上海等大城市和江苏、浙江、福建、安徽、江西、湖北、湖南、广东等南方水网地区；潜力增长区包括东北 3 省（辽宁、吉林、黑龙江）和内蒙古、云南、贵州；适度发展区包括山西、陕西、甘肃、新疆、西藏、青海、宁夏 7 省份。近年来，随着资源约束趋紧、环保压力加大，我国生猪产业在政策驱动下，逐步调整传统区域布局，从东部沿海经济发达、人口众多地区向中西部农业大省转移，从南方水网向北转移，形成"南猪北养、西进"的变迁态势，拉大了产销距离，增加了运输成本。特别是 2018 年 8 月暴发的非洲猪瘟，迫使国家执行区域性生猪及产品限制调运政策，致使生猪产销市场脱节严重，影响生猪产业及市场的持续健康发展。未来更长一段时间内，生猪产业迫切需要进一步优化布局，推进区域协调发展。

当前，我国生猪产业区域布局的主要特点为养猪大省即人口大省，并未完全按照生猪养殖比较优势进行分布。未来，向具有比较优势的区域转移是生猪产业区域结构调整的重要方向。考虑到不同区域的比较优势存在差异，应积极推动生猪产业区域布局调整。首先，主产区应集中分布在玉米等粮食主产区附近。主要包括黄淮流域（主要为山东、河南、河北）、四川盆地（主要为四川）、长江中下游水稻主产区（湖南、湖北、江苏）和东北地区（辽宁、吉林、黑龙江）。其次，主产区向土地资源丰富的区域转移。包括四川、河南、山东、河北、云南等原生猪主产区及黑龙江、辽宁等土地资源充裕区域。最后，应进一步重视生猪产业发展基础良好的区域。除广东、浙江等原生猪主产区外，福建、贵州、辽宁、海南等地也具备一定条件，可承接周边发达地区生猪产业转移。为推动生猪产业区域布局进一步优化调整，应对生猪生产具有优势和潜力的地区，在资金支持、用地指标、项目审批等方面给予一定政策倾斜。另外，生猪产业区域布局调整后，需出台相关政策措施，着力解决生猪及猪肉流通过程中运输成本、疫病防治、食品安全等方面的突出问题。

二、奶业

奶业生产区域布局要与乳品企业生产基地布局相衔接，奶产品产量应与乳品加工企业规模相匹配，形成奶牛饲养与乳品加工紧密联系。按照市场需求和资源优化配置原则，进一步合理调整奶业生产区域布局，重点推动东北、华北、西北、南方、大城市五个奶业重点产区发展。根据企业类型，即基地型企业或加工型企业，设计产品结构和类型，减少运输成本。基地型企业应紧密联系奶业生产基地，产品结构以乳粉、干酪、奶油、炼乳、超高温灭菌乳等常温产品为主，奶业生产基地围绕东北、华北、西北奶源基地进行建设；加工型企业的产品结构应以巴氏杀菌乳、乳饮料、冰淇淋等低温产品为主，以进口原料为主要原料进行乳制品生产，紧密联系南方、大城市奶业生产基地。

（一）大城市郊区奶业基地逐渐退出奶牛养殖优势区域

大城市郊区是我国重要的奶源基地和乳品加工基地，属都市型乳业，乳业基础好，技术水平高，经济发达，消费水平高，消费市场大，消费理念成熟。该区域牛群良种化程度高，规模化程度高，养殖模式以规模化饲养场和奶牛饲养小区为主，服务体系比较健全，部分农场的奶牛单产水平达到9000kg以上。存在的主要问题是环境保护压力大，饲草饲料资源紧缺。该地区要以规模化、标准化养殖为主攻方向，进一步完善良种繁育、标准化饲养和科学管理体系，加快奶业产加销一体化进程，率先实现奶业现代化，保障城市市场供给，促进城乡经济和谐发展。产品结构应以巴氏杀菌乳、酸乳、乳饮料、冰淇淋等低温产品为主，适当发展干酪、奶油生产。

（二）东北奶业生产基地是未来重点发展区域

该区域为农区、农牧结合乳业，属基地型乳业，包括黑龙江、吉林、辽宁、内蒙古4省份，是我国重要的粮食生产基地，与"世界奶牛带""世界玉米带"在同一纬度，具有得天独厚的地理、资源优势。特点是饲草饲料资源丰富，气候适宜，饲养成本低，奶牛群体基数大，但单产水平相对不高，分散饲养比例较大。该区域要重点发展适度规模奶牛场，同时建设一批高标准的现代化奶牛场，通过政策、技术、服务等综合手段，引导奶牛饲养业生产尽快实现规模化、机械化和智能化，不断提高奶业效益和市场竞争力。该区域是我国主要的乳制品加工基地，但远离消费区域，产品运输成本高。乳制品结构应以适于保存、便于长途运输的产品为主，重点发展乳粉、干酪、奶油、超高温灭菌乳，同时根据市场需求适当发展巴氏杀菌乳、酸乳、冰淇淋等低温冷链产品。

（三）华北奶业生产基地是重点和潜力地区

该区域主要为加工型与基地型结合的奶业生产区，是我国奶业的主要基地，包括河北、山西、河南、山东4省。特点是交通便利，经济基础好，距离京、津、沪等主要消费城市较近，地理位置优越，同时为发达的农业区，饲料资源丰富，奶牛饲养、乳制品加工业基础好。华北地区规模化牧场多，养殖存栏量高，政策支持力度大，因此粪肥处理压力比较繁重。该区域要重点发展种养殖一体化的环境友好的适度规模牧场，建设配套奶业专业化服务体系，加快奶牛改良步伐，尽快提高奶牛饲料转化率；探索地方特色粗饲料资源，充分利用农业资源，加快华北乳业优势产业带建设。产品结构应以乳粉、干酪、超高温灭菌乳、巴氏杀菌乳、酸乳、乳饮料、冰淇淋等为主。

（四）西北奶业生产基地生产成本低且后发优势大

该区域包括新疆、甘肃、青海、陕西、宁夏5省份，为农区、半农半牧区奶业，区内气候干燥，地形地貌复杂多变。奶畜主要品种有中国荷斯坦牛、新疆褐牛、奶山羊和牦牛，其中牦牛主要分布在青海、甘肃，奶山羊主要分布在陕西。特点是奶牛养殖和牛奶消费历史悠久，但牛奶商品率偏低，奶牛品种杂，养殖技术分布不均衡，单产水平差距明显，草原生态保护压力大。该区域要重点发展适度规模奶牛场，大力推广舍饲、半舍饲养殖；重视发展奶山羊、奶用牦牛养殖，开发特色乳制品，提高商品率，改善原奶质量，构建特色奶源带。该区域有一定的乳制品工业基础，特别是陕西、宁夏乳制品工业发达、基础好、技术设备水平高。该区域为基地型乳业，产品应以便于贮藏、长途运输的乳粉、干酪、奶油、干酪素等干乳制品为主，同时根据市场需求适当发展具有地方特色、民族特色的乳制品以及超高温灭菌乳、酸乳、巴氏杀菌乳等。

（五）南方奶业生产基地

南方乳业产区包括湖北、湖南、江苏、浙江、福建、安徽、江西、广东、广西、海南、云南、贵州、四川13省份。该区域大部分为热带和亚热带地区，气候炎热潮湿，是乳制品的主要消费区域，但奶牛饲养数量少，奶类产量低，不能满足区域内市场消费需求，需由外地大量调入乳制品，或通过采购原料粉生产乳制品。奶畜主要品种为中国荷斯坦牛、奶水牛、牦牛，其中奶水牛主要分布在广西、广东、云南，牦牛主要分布在四川。该区域要发展与当地气候特征相适应的奶畜品种，积极引进耐高温、高湿奶牛品种，如奶水牛、娟姗牛；建立奶水牛良种繁育体系，加快奶水牛改良步伐，提高其产奶性能；建立奶水牛饲养基地，发展水牛乳加工；广辟饲料来源，合理、科学开发利用南方草山、草坡；逐步提升奶类产量，提高自给水平。该区域属城市与基地结合型乳业，产品应以巴氏杀菌乳、酸乳、乳饮料、冰淇淋、灭菌乳为主，同时适当发展乳粉、干酪、炼乳等干乳制品。

三、肉鸡产业

综合考虑资源环境、疫病风险等诸多因素，肉鸡产业区域布局应统筹考虑如下三点。一是区域布局要集中有度。区域布局不能过于分散，要形成连片态势，同时要适度集中，各地区应保持适度养殖规模，通过相邻省区优化区域布局。例如，以山东为龙头，向河南、安徽、江苏辐射，并与广东、广西、湖南共同带动湖北、江西发展肉鸡产业，形成肉鸡产业带。二是从原料产地向终端市场转移。随着肉鸡产业发展，原料产地的区域优势对养殖业的影响力度逐渐减弱，企业等经营主体更加注重消费市场的开发潜力。由于公路运输成本较高，肉鸡产业布局应靠近终端市场，靠近最终消费者。三是肉鸡产业适于在经济中等发达地区发展。一方面，该类地区具备一定市场容量，且靠近经济发达地区，邻近大型消费市场，利于降低运输成本；另一方面，该类地区生产成本相对较低，人工、土地成本具备竞争优势，且更易获得满足产业发展所需的基础设施条件。

未来，肉鸡产业应巩固东部发达地区的发展优势，强化中西部地区的肉鸡生产，兼顾其他地区的产业发展。东部发达地区具有肉鸡规模及市场优势，如广东、江苏、浙江、山东等地，应充分发挥经济、技术和市场区位优势，积极引导规模化发展，同时大力发展肉鸡加工业，提升肉鸡产业现代化水平。但鉴于成本和资源禀赋存在比较劣势，东部地区可考虑在巩固一定保有量的前提下将肉鸡产业向中西部转移。中西部地区发展肉鸡产业具有资源禀赋、生产成本比较优势，应充分发挥比较优势，合理利用并升级现有资源，积极发展肉鸡产业。但鉴于规模和产量存在比较劣势，中西部地区不应盲目追求规模和产量，应考虑适度规模。

四、蛋鸡产业

考虑养殖用地限制、环保要求提升、传统密集养殖区疾病发生率增加、产品长途运输破损率及成本较高等诸多因素，结合区域比较优势的充分发挥，有必要分类推进我国蛋鸡养殖传统优势区、约束发展区和潜力增长区发展，合理调整蛋鸡养殖区域布局。

（一）传统优势区

蛋鸡产业发展排名前 10 位的地区分别为山东、河南、河北、辽宁、江苏、湖北、四川、安徽、吉林和黑龙江，其养殖总量大、调出量大，在满足本区域消费需求的同时，可大量供应周边省份和城市。但传统产销区间的界限正不断弱化，东三省、河北、山东、河南、江苏等传统主产区供应半径逐渐缩小，东部沿海地区蛋鸡产能扩大空间有限。未来 30 年，随着养殖集约化程度不断提高，大型集约化蛋鸡养殖场在主销区建立后，传统主产区的外调作用将下降，蛋鸡养殖规模和鸡蛋产量将下降。

（二）约束发展区

约束发展区包括北京、天津、上海、东北沿海、南方水网等地区，受土地、环境等资源条件限制，蛋鸡养殖严重受限。随着未来国家对畜禽养殖环境的要求提升，畜禽养殖利用大型城市土地资源受限且成本提高，水环境治理任务加重，未来 30 年该区域仍将是蛋鸡养殖的重点约束地区。随着蛋鸡集约化养殖技术和设施装备的不断提升，大型企业对超大型蛋鸡养殖场的投资将持续增加，通过对鸡舍设施条件、废弃物处理、蛋鸡品种选择的投资，养殖场对环境的影响程度逐步降低，鸡蛋的市场供应能力得到提升。

（三）潜力增长区

蛋鸡产业在西部环境承载力大的地区更具发展潜力，加上南方长距离调运鸡蛋的情况正逐步改善，蛋鸡养殖西扩南下以及本地化趋势愈加明显，如新疆、湖北、云南、重庆、广西、江西、陕西等地区充分利用本地环境承载能力、地方品种等资源优势发展蛋鸡产业，增长势头十分强劲。未来蛋鸡产业发展应重点关注潜力增长区。

五、肉牛产业

经过长期发展，我国肉牛产业已形成东北、中原、西北、西南 4 个优势产区，并探索出"自繁自育""牧繁农育""山繁农育"等模式。从未来发展趋势看，肉牛产业仍向资源禀赋较好的农区转移，东北和中原地区作为我国粮食主产区，饲料资源较为丰富，可为肉牛产业发展提供充足的饲料来源，未来肉牛产业将继续向这两个区域集中。伴随着小规模养殖户的不断退出，肉牛产业规模化程度进一步提升，东北和中原地区将涌现出一批较大规模的肉牛龙头企业。

（一）中原肉牛区

该区域具有丰富的地方良种资源，也是最早进行肉牛品种改良并取得显著成效的地区，我国五大肉牛地方良种中的南阳牛、鲁西牛等均起源于该地区。同时，该区域农副产品资源丰富，为肉牛产业发展奠定了良好的饲料资源基础；区位优势很高，交通方便，紧靠"京津冀"都市圈、"长江三角洲"和"环渤海"经济圈，产销衔接紧密，具有良好的市场基础。目标定位是为"京津冀""长江三角洲""环渤海"提供优质牛肉的最大生产基地。未来发展应结合当地资源和基础条件，加快品种改良和基地建设，大力发展规模化、标准化、集约化现代肉牛养殖，加强产品质量与安全监管，提高肉牛品质和养殖效益；大力发展肉牛屠宰加工业，着力培育和壮大龙头企业，打造知名品牌。

（二）东北肉牛区

该区域具有丰富的饲料资源，饲料原料价格低于全国平均水平；肉牛生产效率较高，平均胴体重高于其他地区。区域内肉牛良种资源较多，拥有五大黄牛品种之一的延边牛，以及蒙古牛、三河牛、草原红牛等地方良种。近年来，该区域品种选育和改良步伐进一步加快，育成了著名的"中国西门塔尔牛"，成为区域内的主导品种。同时，该区域紧邻俄罗斯、韩国、日本等世界主要牛肉进口国，发展优质牛肉生产具有明显的区位优势。目标定位为满足北方地区居民牛肉消费需求，提供部分供港活牛，并开拓日本、韩国、俄罗斯等周边国家市场。牧区要重点发展现代集约型草地畜牧业，通过调整畜群结构，加快品种改良，改变养殖方式，积极推广舍饲半舍饲养殖，为农区和农牧交错带提供架子牛。农区要全面推广秸秆青贮技术、规模化标准化育肥技术等，努力提高育肥效率和产品质量安全水平。全区域要进一步培育和壮大龙头企业，在提升企业技术、加工工艺、产品质量和档次方面下功夫，逐步形成完整的牛肉生产和加工体系。

（三）西北肉牛区

该区域天然草原和草山草坡面积较大，其中新疆被定为我国粮食后备产区，饲料和农作物秸秆资源比较丰富；同时拥有新疆褐牛、陕西秦川牛等地方良种，近年来引进美国褐牛、瑞士褐牛等国外优良肉牛品种对地方品种进行改良，取得了较好效果。新疆牛肉对中亚和中东地区具有出口优势，现已开通 17 个一类口岸、12 个二类口岸，为发展外向型肉牛产业创造了条件。主要制约因素是肉牛育肥时间较短，饲养技术及屠宰加工等方面的基础相对薄弱。目标定位为满足西北地区牛肉消费需求，以清真牛肉生产为主，兼顾中亚和中东地区优质肉牛产品出口市场，同时为育肥区提供架子牛。主攻方向是健全肉牛良种繁育体系和疫病防治体系，充分发挥饲料资源优势，大力推广规模化、标准化养殖技术，着力提高繁殖成活率和牛肉质量；培育和发展加工企业，提高加工产品的质量和安全性，开拓国内外市场，带动肉牛产业快速发展。

（四）西南肉牛区

该区域农作物副产品资源丰富，草山草坡较多，青绿饲草资源也较丰富；同时，随着三元种植结构的持续推进，饲草饲料产量将进一步提高，为肉牛产业持续稳定发展奠定了坚实的饲草饲料基础。主要限制因素为肉牛产业基础较为薄弱，地方品种个体小，生产能力相对较低。目标定位为立足南方市场，建成西南地区优质牛肉生产供应基地。主攻方向为加快南方草山草坡和各种农作物副产品资源的开发利用；大力推广三元种植结构，合理利用有效的光热资源，增加饲料饲草产量；加强现代肉牛业饲养和育肥技术的推广应用，在提高出栏肉牛的胴体重和经济效益方面下功夫。

六、肉羊产业

肉羊产业发展要保护传统牧区，巩固优化北方农区，积极发展南方草山草坡地区。大力推进标准化规模养殖，不断提升肉羊养殖良种化水平，提升肉羊个体生产能力，大力发展舍饲半舍饲养殖方式，加强棚圈饲养设施建设，做大做强肉羊屠宰加工龙头企业，提升肉品冷链物流配送能力，实现产加销对接，提升肉羊供应保障能力和产品质量安全。

（一）传统牧区

传统牧区包括内蒙古、四川、西藏、甘肃、青海、宁夏、新疆 7 省份，是蒙古族、藏族、回族、维吾尔族、哈萨克族等少数民族聚居区，农牧民具有饲养肉羊的历史传统，肉羊饲养是该区域多数县（旗）的支柱产业和农牧民的主要收入来源。肉羊产业主要采取放牧、"放牧+补饲"的养殖方式，在农区和半农半牧区出现向舍饲发展的趋势。牧区是传统肉羊生产区域，但不宜继续扩大养殖规模，为保持和恢复草原生态环境，要实行禁牧、休牧、轮牧和草畜平衡等措施，减少肉羊饲养量，通过草原改良、品种优化、营养平衡、设施建设等措施，提高肉羊单体生产效率，提升羊肉市场自给率。牧区肉羊产业发展应以生态型养殖为目标，改变单一的放牧养殖模式，为生产无污染的优质羊肉提供系列科技支撑，充分体现经济、社会、生态环境的协调发展。包括利用现代繁殖技术、品种选育技术，提高肉羊个体产肉率；建立草地肉羊营养工程技术及草畜平衡制度；设计与开发暖棚等基础设施，解决由冬季气候寒冷及白灾等气候因素造成的危害及损失；开发简便易行的疾病诊断技术及病原净化和综合防控技术；探索牧区肉羊产业发展政策与制度，推广生态养殖模式。

（二）北方农区

北方农区包括辽宁、吉林、黑龙江、河北、山东、河南 6 省份，既是我国粮食主产省，也是我国猪、禽、牛、羊主产省，肉羊生产在饲草料利用上与生猪、家禽、奶牛等产业发展存在竞争，农牧民选择农业生产的可能性和进行农业就业的机会远远高于牧区。该地区肉羊基本采取"舍饲"的养殖方式，部分半农半牧区采取"舍饲+放牧"的养殖方式。区域内粮食生产条件好，精饲料和秸秆资源丰富，利于肉羊精饲料补饲，发展规模化经营和标准化生产，推进农牧结合的肉羊产业潜力巨大。优势是肉羊加工企业多、现代化程度高，紧邻大城市消费市场。主要问题是受比较利益制约，肉羊繁育环节收益低，羔羊供给不足，制约着规模化集中育肥。应以农牧结合为依托，为产业向高效、优质、安全和标准化发展提供技术支撑。具体来说，应建立肉羊良种繁育体系，广泛运用肉羊新品种培育与繁殖控制技术；研发和推广肉羊营养需要和育肥技术、肉羊饲料资源开发技术；普及推广羊传染性疾病、常见普通病和寄生虫病防治技术；建立羊肉品质评价标准及羊肉深加工技术；研究推广农区肉羊规模化饲养模式。

（三）南方草山草坡地区

安徽、湖北、湖南、云南、贵州、广西 6 省份大致涵盖了南方草山草坡地区，拥有较为丰富的农作物秸秆和草山草坡，肉羊以本地品种为主，主要满足南方市场对山羊肉的需求偏好。其中，广西、贵州、云南三省份地处山区，是少数民族聚居区，经济相对不发达，农户小规模饲养占据重要地位。南方草山草坡开发利用及肉羊产业发展要高度重视地方品种资源的保护与开发利用，并综合考虑当地经济条件、民族社会和生态环境的协调可持续发展。主要措施包括，选育优良地方品种，引进适合当地环境条件的国外品种，确定合理的杂交组合；经济有效地开发当地饲草料资源，确定科学合理的肉羊营养标准；普及推广肉羊疾病防控技术；建立现代肉羊屠宰加工业，提升羊肉品牌价值；研究推广南方山羊生态养殖模式。

七、水禽养殖业

（一）肉鸭产业

我国地域广阔且地形复杂，从地理、人文、经济和政治各个角度分析，有各种类型的地理区域划分方式。为逐步改善国内生产力布局的不均衡状态，使各个地区的人力、物力资源得到充分有效利用，在六大行政区（已经在 1954 年撤消）的基础上，将全国划分为七大经济协作区。按照七大经济协作区规则，把我国肉鸭养殖区域划分为华北、东北、华东、华中、华南、西南和西北 7 个区域。其中，西北地区肉鸭养殖量极小，可忽略不计。华东地区（上海、浙江、江苏、安徽、福建、江西、山东）肉鸭养殖量占全国的比例一直保持在 50%以上，处于领先地位，最高时达到 2/3 以上。其次是华中（河南、湖北、湖南）、华南（广东、广西、海南）和西南（四川、重庆）地区，其占比均在 7%～15%波动。最后是东北（黑龙江、吉林、辽宁）和华北（北京、河北、内蒙古）地区，其占比均不足 5%。总体来看，得益于现代肉鸭养殖模式的广泛应用，资本的良好运作，2010 年以来华东地区一直是肉鸭的最主要产区，占全国肉鸭出栏量的六成左右；技术相对薄弱的华中、华南地区，肉鸭生产只占全国的 10%以上，且在逐年降低；资金相对不足的西南地区，肉鸭出栏量占比在 10%上下波动；受农业劳动力短缺和环境政策影响，华北地区肉鸭产量近几年下降 50%；肉鸭养殖量一直相对较少的东北地区，除 2013 年受到 H7N9 禽流感疫情的影响外，其他年份占比基本稳定在 5%以内。未来肉鸭产业可根据当前优势区域进行调整完善。

（二）蛋鸭产业

华东地区蛋鸭产值占全国的比例在 2010 年、2012 年、2013 年、2016 年一直保持在 50%以上，其余年份也处于全国领先地位；其次为华中、华北地区；再者为东北和西南地区，占比常年不高。这种发展趋势可从各省份的蛋鸭产值分布得到体现，其中华东地区依靠东部沿海省份蛋鸭生产的传统优势，蛋鸭产值占比一直十分稳健，长期占据总产值的区域榜首。总体来看，得益于现代蛋鸭养殖模式的广泛应用，资本的良好运作，2010 年以来华东地区一直是蛋鸭的最主要产区，占全国蛋鸭出栏量的半数左右；而技术相对薄弱的东北、西南地区蛋鸭生产起色不大，在全国的占比鲜有提升。未来蛋鸭产业仍需以华东地区为主导，以东北、西南等地区为重要补充，继续优化调整区域布局。

（三）肉鹅产业

鹅业区域集中度不明显，产业布局较为均衡，2010～2011 年鹅产值较高的东北地区，在随后几年所占比例总体下降，2012 年在各区域中降到倒数第二；华东地区鹅产值在全国的地位相对稳定，并呈现出稳步增长的态势，2012 年甚至占到全国的 40%以上，水禽生产的传统优势明显。总体来看，区域辽阔、水禽生产技术相对较高、劳动力较为充足的华东地区鹅业优势明显，提升步伐稳健；西南、华北等地区鹅业基础薄弱，甚至近年产值占比有不增反降的势头；华南地区保持持续增长势头，鹅业发展呈现出向华南地区转移的势头。未来鹅业发展应持续立足于华东地区，强化华南地区，兼顾其他区域。

八、水产养殖业

依据 2017 年印发的《中共中央、国务院关于完善主体功能区战略和制度的若干意见》，发挥主体功能区作为国土空间开发保护基础制度的作用，推动主体功能区战略格局在市县层面精准落地；统筹考虑生产生活，划定陆域农业空间；按照海域开发与保护的管控原则，划定海洋生物资源保护线和生物资源利用空间。按照《农业部关于印发〈养殖水域滩涂规划编制工作规范〉和〈养殖水域滩涂规划编制大纲〉的通知》要求，加强养殖水域滩涂统一规划，划定禁止养殖区、限制养殖区和养殖区。禁止养殖区主要为饮用水水源地一级保护区、自然保护区核心区和缓冲区等重点生态功能区；限制养殖区为饮用水水源地二级保护区、自然保护区实验区和外围保护地带等生态功能区，开展水产养殖应采取污染防治措施，污染物排放不得超过国家和地方规定的污染物排放标准；养殖区是指以区域环境承载力为基础，原则上作为适宜开展水产养殖的区域，是未来水产养殖发展的重点所在。

（一）淡水领域

淡水领域主要包括池塘、盐碱水域和湖泊水库。在池塘养殖方面，重点布局华南区鱼类、虾类绿色高效养殖，华东区名优鱼类和虾蟹高效养殖，华中区和华北区大宗淡水鱼绿色节水养殖，华中区和华东区蟹-稻、虾-稻、鱼-菜等工程化渔农综合种养。在盐碱水域养殖方面，构建碳酸盐型、硫酸盐型和氯化物型三种典型的盐碱水域生态渔业模式，重点布局东北耐高碱性鱼类规模化养殖、华北鱼虾蟹综合养殖、西北综合生态养殖及综合利用。在湖泊水库养殖方面，以保护生态环境和修复天然渔业资源为根本目标，打造基于环境承载力的环保型渔业，重点布局典型湖泊资源与生态环境修复、水草恢复与水质改善、生物多样性保护和外来物种防控示范基地，构建净水渔业生态操控示范模式。

（二）海水领域

黄渤海、东海和南海各海区的发展重点各不相同。在黄渤海区养殖方面，重点建设生态渔业三产融合发展模式，集成贝藻鱼等多种类综合健康养殖、海藻场和人工鱼礁构建、海珍品底播增养殖、浅海增养殖生态安全与环境保障等技术，构建现代化海洋生态牧场；集成应用工厂化智能净水、滩涂耐盐植物生态种植、贝藻复合养殖等技术，开展渔农融合种养殖。在东海区养殖方面，重点建设东海渔业资源增养殖模式，提升东海优势渔业资源物种规模化生产技术，集成陆基工厂化、滩涂和近海等养殖设施系统与关键养殖技术，发展陆基高效循环水养殖、河口生态多元化增殖和牧场化围栏养殖新模式，拓展渔业资源增殖与养护的有效空间。在南海区养殖方面，重点建设南海智能化养殖模式，集成南海深远海养殖装备研制、智能化管理控制、工业化养殖生产等技术，构建安全、高效、生态的规模化深远海养殖模式与平台；集成深远海生态增养殖技术，构建适合南海岛礁的增养殖和生态修复新模式。

九、特种养殖业

根据不同区域的资源禀赋、产业基础、养殖传统和市场供求能力，发挥各地比较优势，因地制宜发展特种养殖业，形成华东、华南、西南三大优势桑蚕茧生产区，以辽宁、吉林和黑龙江 3 省份为主的柞蚕生产区，以四川、浙江、湖北、山东、云南、山西、甘肃、黑龙江等省份为主的蜂产品主产区，以吉林、黑龙江、新疆、青海、内蒙古、甘肃、宁夏 7 省份为主的鹿类饲养区，以及以吉林、辽宁、黑龙江、山东、河北 5 省份为主的毛皮动物养殖优势区。

（一）蚕业

在我国蚕业发展和转移中，中部在蚕桑生产、丝绸加工、出口贸易等环节占比较小，产业地位较弱，而茧丝生产主要表现为由东部往西部转移，此外中部经济发展水平与西部相近，因此将蚕业发展区域划分为东部与中西部来分别明确其区域布局与发展重点。

1. 东部地区

东部地区是我国茧丝绸产业的传统区域，改革开放后地区经济率先发展，人均 GDP、收入水平和消费水平均高于全国平均水平。随着经济转型升级和中产消费阶层兴起，东部地区发展茧丝绸产业的主要意义在于提升终端产品价值，提高生活品质，传承丝绸历史文化，引领茧丝绸产业转型升级。对于东部地区而言，茧丝绸产业是 21 世纪美化生活、提升品质的时尚创意产业，是具有深厚传统文化底蕴的历史经典产业，因此发展核心是以杭州、苏州为两端，构筑东部丝绸经济带，引领全国形成茧丝绸产业发展新格局；重点是建设优质茧和高档丝生产基地、绸缎及丝绸制品加工中心、丝绸科技时尚创意中心、丝绸消费目的地和出口贸易基地。

2. 中西部地区

中西部地区既有茧丝绸产业的传统区域四川、重庆，又有茧丝绸产业的新发展区域广西、云南等。相对而言，中西部地区地处内陆，多丘陵、山区，经济发展滞后，许多省份人均 GDP、收入水平和消费水平均低于全国平均水平，甚至还有许多贫困县、连片特困区。种桑养蚕、缫丝织绸对于中西部地区多个省份的众多县（市、区）而言，依然在增加农民收入、优化农业结构、促进社会主义新农村建设、保护生态环境、促进地区经济发展等方面具有积极而重要的现实意义。因而，对于中西部地区来讲，茧丝绸产业是绿色低碳可持续发展的特色民生产业，是能够实现一二三产融合发展的地区性支柱产业。未来中西部地区仍将是我国最大的茧丝生产基地，发展重点是巩固蚕茧生产基地，适时延伸产业链，拓展产业发展空间，提高生产技术水平，但产业链延伸速度与产业空间拓展程度取决于行业各环节技术进步的速度与程度。

（二）蜂业

基于各地区的蜂业生产发展水平、蜜源植物利用现状、蜂产品加工水平等实际情况，可将全国蜂业发展布局划分为华北、东北及内蒙古、华东、中南、西南、西北 6 个区域。

1. 华北地区

包括北京、天津、河北、山西、山东 5 省份，蜜蜂饲养技术水平总体较高。蜜源植物主要有荆条、洋槐、枣树等，是我国优质蜂蜜的重要产区之一。区域蜂产品消费市场大，加工能力强，拥有多家大型蜂产品加工企业以及国家级蜂业科研机构、蜂产品检测机构和蜜蜂育种、保种中心。应重点建设优质荆条蜜、洋槐蜜、枣花蜜生产基地，发展西方蜜蜂标准化规模饲养，建立和完善产品安全与标准化生产管理体系；加大设施农业蜜蜂授粉技术的推广力度；选育和推广优质蜂种；加强蜜蜂饲养技术、蜂产品检测技术和蜂产品质量可追溯技术的研究推广。

2. 东北及内蒙古地区

包括辽宁、吉林、黑龙江、内蒙古 4 省份。蜜源植物主要有椴树、洋槐、胡枝子、向日葵、牧草等，是我国优质椴树蜜的主要生产和出口基地，也是蜜蜂种质资源保护和利用的重要基地。应重点建设优质蜂产品生产基地；发挥种质优势，保护和利用东北黑蜂资源，加强优良蜂种繁育和推广，实现蜜蜂饲养良种化；加大设施农业蜜蜂授粉技术的推广力度。

3. 华东地区

包括上海、江苏、浙江、安徽、江西、福建 6 省份。以饲养西方蜜蜂为主，转地放蜂量较高，是我国蜂王浆的主要生产和出口地区。主要蜜源有油菜、紫云英、荔枝、龙眼、柑橘等。区域蜜蜂饲养技术水平较高，科研和加工力量较雄厚，蜂产品种类较齐全。应重点建设优质蜂产品生产和加工出口基地；加强蜂产品深度开发研究和产业化开发；加强对浙江浆蜂及中华蜜蜂资源的保护和利用；加大设施农业蜜蜂授粉技术的推广力度。

4. 中南地区

包括河南、湖北、湖南、广东、广西、海南 6 省份，是中华蜜蜂的主要饲养区之一，是我国蜂蜜的重要加工和出口基地，蜂产品消费能力较强，其中河南是我国最大的蜂胶、蜂蜡和蜂机具集散地。蜜源植物丰富，河南、湖北、湖南主要有油菜、枣树、刺槐、柑橘、紫云英等；广东、广西、海南以荔枝、龙眼、山乌桕、八叶五加为主。广东、广西和海南以发展中华蜜蜂为主；河南、湖南、湖北以发展西方蜜蜂为主。应重点建立优质油菜蜜生产基地和野桂花蜜生产基地，加强优质蜂产品生产和加工出口基地建设；加大对蜜源植物资源和中华蜜蜂资源的保护利用力度；发展特色蜂蜜生产，提高蜂产品质量。

5. 西南地区

包括重庆、四川、贵州、云南和西藏 5 省份。除西藏之外，区域蜜源植物和蜜蜂品种资源丰富，四季蜜源不断，发展中华蜜蜂、西方蜜蜂饲养都有一定的优势和条件，是我国主要的蜜蜂繁育基地和蜂蜜生产基地之一。区域中华蜜蜂与西方蜜蜂并举，坝区和丘陵区以发展西方蜜蜂饲养为主，重点推广蜜蜂规模化、标准化饲养技术，建立和完善产品安全与标准化生产管理体系；山区和深山区以发展中华蜜蜂饲养为主，利用山区蜜源优势，提高蜂蜜产量，增加养殖效益；全区利用蜜源优势生产具有地方特色的优质蜂产品；加强对中华蜜蜂及其他野生蜜蜂资源的保护和利用。

6. 西北地区

包括陕西、甘肃、宁夏、青海、新疆 5 省份。夏秋蜜源植物种植面积大，特色与草地蜜源植物资源丰富，青海、甘肃是夏秋季转地放蜂比较集中的区域，青海生产的蜂王浆品质优良。区域内，新疆应保护和发展新疆黑蜂，扩大养蜂规模，产品以成熟蜂蜜、特色蜂蜜为主；青海应建设优质蜂王浆、花粉生产基地；陕甘宁应在发展西方蜜蜂饲养的基础上，充分利用资源优势，在山区发展中华蜜蜂，提高养蜂生产水平和养殖效益；全区加大对中华蜜蜂资源的保护和利用力度。

（三）鹿业

我国各地区饲养的主要鹿类为梅花鹿和马鹿，从适宜区域和重点区域分别确定梅花鹿与马鹿的区域布局。

1. 梅花鹿养殖区域布局

（1）适宜区域

梅花鹿适宜在低山丘陵，山间谷地，海拔 100～300m 地带，湿润的森林气候地带，湿润、冷凉、秋温高于春温的气候带养殖。区域以次生阔叶林、林牧交错带、林农交错带为主。吉林、辽宁、黑龙江、河北、山西、河南、山东等地的此类环境可作为适宜发展区。

（2）重点区域

以吉林辽源、吉林、通化、四平、长春、白山、延边等地，辽宁铁岭、抚顺、本溪、丹东、沈阳、阜新、朝阳等地，黑龙江牡丹江、鸡西、佳木斯、鹤岗、伊春、哈尔滨等地为重点区域。梅花鹿可采食多种植物，喜食柞树、柳树嫩枝叶。夏季饲料充盈、气候温和是梅花鹿的最适饲养环境。在圈养条件下，玉米秸秆（干玉米秸秆和青贮）是主要粗饲料，补饲新鲜或干柞树叶。

2. 马鹿养殖区域布局

（1）适宜区域

马鹿对新疆、甘肃、青海、内蒙古、宁夏等地的干燥少雨环境相对适应，西北及内蒙古可作为适宜发展区。

（2）重点区域

以新疆伊宁、昌吉、乌鲁木齐、巴音郭楞等地，青海海北，甘肃武威、张掖、临泽等地，内蒙古阿拉善、赤峰等地，宁夏银川为重点区域。

（四）毛皮动物业

综合不同区域的资源禀赋、产业基础、养殖传统和市场供求能力，结合各地比较优势，吉林、辽宁、黑龙江、山东、河北 5 省份为最适合发展毛皮动物养殖的地区，其综合生产能力优势明显。自然资源方面，5 省份无论是在人均土地面积，还是在水资源方面，均领先全国，且气候寒冷，十分利于发展毛皮动物养殖；饲料供给方面，5 省份均为农业大省，谷物产量、蔬菜产量居全国前列；养殖方面，5 省份养殖毛皮动物的历史悠久，而且目前均是主要养殖区域。综合而言，5 省份适宜重点发展毛皮动物养殖。同时，山西、北京、天津、内蒙古、甘肃、陕西、宁夏、新疆、安徽、青海等省份比较适合发展水貂养殖。近年来，受土地成本、资源约束、环保压力、规模化养殖等因素影响，毛皮动物养殖重心总体上向东三省尤其是哈尔滨地区转移。未来应巩固和提升吉林、辽宁、黑龙江、山东、河北五大毛皮动物养殖优势省份的地位；同时基于冷资源优势和毛皮动物养殖最优条件考虑，应逐步引领饲养环节向吉林、辽宁、黑龙江等地区转移，支持当地建设现代化、规模化养殖示范场，打造我国毛皮动物优质种源基地。

第七章 中国养殖业发展的重大科技需求及战略性工程

第一节 养殖业重大科技需求

一、品种选育

我国动物品种繁多，但选育力度不够，致使国内良种对外依存度高。长期以来，国内养殖龙头企业发展水平相对较低、技术投入力度不够，其他经营主体参与品种选育的能力有限，高等院校和科研院所仍是养殖业品种选育及技术研发的主要供给者，产学研有效结合及科技成果有效转化仍待加强。应完善我国养殖业品种选育政策与制度，加强国内地方品种选育，挖掘地方品种优良特性，依托先进生物技术，切实提升地方品种优良性状；积极推动国外先进优良品种引进，做好国内品种杂交改良与繁育工作；推进先进育种科学技术发展，加大育种科技攻关投入力度，实现精准化育种；做好先进品种推广和宣传，强化知识产权保护，积极开展优良品种与技术集成和示范。同时，品种选育应明确政府和市场的主体责任，注重建立健全商业化的种业创新体系，坚持以市场为导向、企业为主体、科技为支撑，强化产学研深度融合，积极推广市场化种业运作模式，推动产学研、育繁推、科工贸一体化的养殖业品种选育体制机制建立。

二、精准营养

精准营养是提升养殖业生产效率、提高产品竞争力、实现安全高效绿色营养动物产品生产的重要保障。当前，我国养殖业发展方式较为粗放，传统的中小规模经营主体仍占主导，养殖业从业人员素质亟待提升，精准营养技术研发与推广力度依旧不够。精准营养技术与生产技术的缺位，造成我国养殖业生产效率长期不高，动物产品国际市场竞争优势弱，迫切需要在养殖领域大力推进精准营养。应在搭建动物精准营养需求数据库、构建重要动物营养性状调控模型、解析营养代谢调控元件与信号网络等基础上，根据不同生理阶段动物对营养素，如蛋白质、能量、粗纤维、脂肪、钙、磷等需要的不同，制定科学合理可操作的动物饲养标准，积极宣传并推广养殖业饲养标准。同时，推进高效饲草料利用技术研发，结合物理、微生态等先进技术手段，提高营养物质利用效果，充分利用包括秸秆在内的各类饲草料资源。此外，推动新型饲料添加剂研发与技术示范，包括天然植物提取物、微生态制剂、氨基酸、维生素等，切实提高动物生产性能和产品质量安全水平。

三、产品安全与品质提升

动物产品的安全生产与品质提升十分关键，关乎国家食物安全，是实现人民日益增长的美好生活需要的重要物质保障。近年来，频繁暴发的动物产品质量安全问题负面影响极大，严重制约养殖业持续发展及动物产品市场稳定运行。例如，2008 年"三聚氰胺"事件的发生，给我国奶业持续稳定发展造成了巨大冲击，城乡居民对国产奶产品的消费信心至今未得到提升。随着城乡居民收入水平提升及消费结构改变，居民对优质动物产品的需求持续增长，动物产品安全生产和品质提升问题备受关注。但是，动物产品安全生产是一个系统工程，涉及生产过程各环节，如生产环境、饲料、饮水、疾病控制、屠宰、加工、运输销售及监管体系等，只要一个环节存在问题，动物产品的安全生产及品质提升就会受到影响。当前，迫切需要从养殖业全产业链出发，加大科学技术对动物产品安全生产及品质提升的支撑力度，强化可追溯体系建设及可追溯技术研发；同时配备健全的法律法规体系，完善监管机制，强化监管力度；加大质量安全可追溯系统及相关支持政策的宣传，强化供应链资源信息共享平台的建设力度等。

四、饲料饲草生产

饲料饲草生产是养殖业发展的重要基础保障，加快推进饲料饲草生产科技进步意义重大。我国粮食安全问题的本质是饲料粮安全问题，但国内饲料粮生产问题突出，国际竞争力不强，近年来玉米、大豆等进口持续增长，保障玉米等饲料粮的生产效率及国际竞争力十分重要。就饲草料资源而言，虽然我国拥有天然草原约 60 亿亩，但草地超载、过度放牧等问题突出，草地退化严重，草原生产能力明显下降，无法为草食畜牧业持续发展提供充足的饲草料基础。就人工种草而言，牧草产业现代化程度低，牧草生产技术不到位，商品化程度很低，缺乏优良品种和先进机械，保障草食畜牧业尤其是奶业持续发展的饲草料供给力度不够。当前，迫切需要健全饲料饲草生产科技发展的政策支持体系；依托财政力量，撬动社会资本积极投入饲料饲草生产技术研发，推进适合不同地区、不同地形、不同气候条件的优质高产高效饲料饲草栽培、收获、加工、贮藏等全产业链技术进步，攻关重点向饲草料良种和机械两个领域倾斜；同时推进适合不同类型草食动物的饲料饲草调配技术发展。

五、设施设备

我国养殖业发展的设施设备配置要充分考虑动物生产的生物学特点和行为学特性，圈舍设计与建设要实现简洁化、装配化、标准化、定型化及现代化。应积极推动新型节能、环保建筑材料取代传统建筑材料，根据不同气候和生产环境特点，研究设计新型模块化、组合型圈舍，制定适合不同养殖条件的圈舍建设技术规范与标准。同时，推进先进生产工艺集成与示范，推广自动化饲喂、环境自动控制、性能（体重、体尺等）自动称测设施设备，动物发情、人工授精、孕期检测等小型、便携式设施设备，以及饮水、清粪、消毒自动化、智能化等设施设备。就水产养殖业而言，迫切需要推进高效智能渔业装备技术、深蓝渔业工程化技术、绿色水产养殖设施技术等研发。例如，构建集感知、传输、控制、反馈于一体的"渔机–水产养殖–信息化"精准作业体系，研究高效精准作业与智能装备技术、先进养殖传感器技术、水产养殖智能机器人技术、无人机技术、渔业物联网技术、装备和水产养殖智能信息服务技术等关键技术，创制新型智能养殖装备，切实提升渔业装备智能化水平。

六、疫病防控

长期以来，动物疫病是制约我国养殖业稳定健康发展的重要因素。2004 年的高致病性禽流感、2005 年的猪链球菌病、2006 年的高致病性猪蓝耳病、2012 年的 H7N9 禽流感、2014 年的 H7N9 禽流感、2018 年以来的非洲猪瘟等，一直困扰着养殖业的持续稳定发展，影响动物产品市场的平稳运行。做好动物疫病防控技术研发与应用，成为当前养殖业发展亟待解决的重点难点问题。应积极推进重要疫病风险监测与预警技术研究，包括重要疫病感染早期诊断、动物群体免疫效果评价、感染动物与免疫动物鉴别诊断、疫病风险监测与预警等技术。同时，积极推进疫苗研制与推广，加快研发药物防治新技术。此外，降低动物养殖对抗生素、抗菌药等的依赖，重视绿色高效制剂（如植物药、抗生素替代药物）和兽用保健品（如益生菌、蛋白类免疫增强剂）研制，强化替代性抗寄生虫药物及耐药性检测新技术等研发力度。

七、养殖业标准

科学的标准对推进现代养殖业发展具有重要意义。但是，当前我国养殖业标准未得到及时修订和完善，多数技术方法落后，无实际指导意义，且标准多集中在产前、产中环节，缺乏产后标准体系。同时，养殖产品市场准入门槛较低，市场监管不到位，缺乏优质优价体系。另外，养殖业标准化宣传力度不够，现行养殖业标准和国际标准衔接不紧密。应紧紧围绕"保供给、保安全、保生态"的目标任务，以支撑现代养殖业发展为方向，以加快推进发展方式转变为主线，以质量安全和竞争力提升为核心，以过程管理、风险防控为重点，努力构建既适合我国国情又与国际接轨的开放有序、科学统一、运行高效的现代养殖业标准体系，使市场在资源配置中起决定性作用，并更好地发挥政府作用。具体来说，应围绕法律法规、资源高效利用、动物产品质量安全、现代种业建设、生态环境保护、现代市场体系等积极推进养殖业标准化。

八、智能化、信息化传播与预警

智能化、信息化传播与预警等是现代养殖业发展的重要特征，推进养殖业向智能化发展，提高养殖业信息化传播与预警水平，对稳定养殖业发展及动物产品市场十分关键。当前，我国养殖业发展的智能化、信息化水平仍然较低，除大型龙头企业外，传统经营主体乃至多数中小企业的智能化、信息化水平不高，难以推动经营主体高效生产和科学决策。因此，有必要积极推进养殖业发展数据库建设，切实强化管理信息系统、生产决策信息系统、动物模拟模型系统、人工智能与畜牧专家系统、辅助决策支持系统及 3S

（遥感、全球定位系统和地理信息系统）、自动控制、多媒体等先进技术的研发与推广力度。同时，建立健全养殖业与动物产品市场监测预警体系，建立科学的数据采集系统，完善国内与国际市场风险预警和信息发布制度，编制详细、高频的价格与质量指数，定期发布价格、质量和交易等市场信息，科学引导养殖业发展，合理调控动物产品市场。

第二节　养殖业战略性工程

一、良种选育工程

重点支持动物原种场、种公畜站、扩繁场、精液配送站建设，扶持动物遗传资源保护场、保护区和基因库基础设施建设，加强养殖业新品种（系）选育，建设种畜禽生产性能测定中心和遗传评估中心，进一步增强良种供种能力，强化遗传资源保护利用，推进优良品种选育，保障养殖业良种数量和质量安全。通过项目实施，加快养殖业良种繁育推广，健全国家动物遗传资源保护体系，增强新品种选育培育能力，完善种质资源生产信息和质量监测体系。同时，良种选育要遵循"选育原种、扩繁良种、推广杂交种、培育新品种"的原则，高度重视国内种质资源，理性认识国外品种；完善良种选育政策支持体系，建立国家养殖业良种选育工程项目，加大财政扶持力度，积极引导社会资本投入养殖业良种选育工作，健全针对养殖业良种选育的金融保险支撑体系。

二、健康养殖工程

高效健康养殖主要通过研发先进养殖技术、饲料配方技术等来解决动物养殖的资源不足和浪费并存问题，通过合理选择动物品种组合，实现饲养管理和饲料饲草有机结合，实现动物养殖系统内部废弃物资源化利用与无害化处理，从而建立可持续的动物健康养殖模式，有效提升动物养殖经济效益，满足养殖业绿色循环发展需求，提高动物产品质量安全和产品竞争力。应从源头出发，加大品种改良投入力度，创新科学饲养方法，研发先进设施设备，强化饲料、兽药等科学技术研发进度；引进并推广国外先进检测技术，实现先进性和实用性相结合，防止陷入"越引进先进技术越亏损"的怪圈；建立质量安全追溯体系，强化养殖业全产业链监管；提高基层监督检测机构科技水平，注重对技术人员的宣传和培训，加快基层检测设备更新；健全健康养殖财政支持政策，开展健康养殖工程项目，保障养殖业绿色发展。

三、精准营养工程

精准营养技术是全球饲料工业的发展目标和方向，也是现代养殖业发展的重要技术支撑，其基于群体内动物年龄、体重和生产潜能等方面的不同，以个体不同的营养需求为事实依据，在恰当的时间为群体中每个个体提供成分适当、数量适宜的饲养技术。精准营养技术可在不影响动物生产性能的前提下，通过提高饲料利用率，降低饲养成本和减少养分排泄及其对环境的影响。精准营养工程是传统养殖业向现代养殖业转型升级的重要支撑，应加大精准营养技术研发力度，强化精准营养工程建设支持，推进现代养殖业发展实现精准营养与效率提升。需要说明的是，精准营养工程的建设要准确评定饲料原料中营养物质的可利用性，实现动物营养需要的精确评估，设计限制营养过量（数量）的平衡日粮配方，并根据群体中每只动物的需要相应调整日粮营养素的供给浓度。

四、饲料饲草资源开发工程

按照统一协调、突出重点、各有主攻、优势互补的原则，着力加强饲料质量安全保障能力建设，重点进行饲料安全评价、饲料安全检测和饲料安全监督执法等工程项目建设，建立安全评价、检验检测、监督执法三位一体、部省市县职能各有侧重的饲料安全保障体系，满足饲料管理部门依法履行饲料质量安全职责、保障动物性食品生产源头安全的需要。此外，按照统筹规划、分类指导、突出重点、分步实施的原则，继续落实草原生态保护补助奖励政策，以及退牧还草、退耕还林还草、京津风沙源治理、西南岩溶地区石漠化综合治理等系列工程项目，大力推进草原生态保护建设，恢复和改善草原生态环境。在保障草原生态环境的基础上，积极落实"粮改饲""振兴奶业苜蓿发展行动""南方现代草地畜牧业推进行动"等政策，创新补贴方式，加大扶持力度，切实发挥草业发展的生产功能，为草食畜牧业发展奠定饲草料基础。

五、标准化养殖推进工程

继续实施生猪、奶牛、肉牛、肉羊标准化规模养殖场（小区）建设项目，力争扩大项目实施范围，对畜禽养殖优势区域和畜产品主产区的生猪、奶牛、肉牛、肉羊、蛋鸡与肉鸡规模养殖场（小区）基础设施进行标准化建设，重点抓好畜禽圈舍、水电路、畜禽标识和养殖档案管理、环境控制等生产设施设备建设。启动实施草原牧区畜牧业转型升级示范工程，提升草原畜牧业生产水平。此外，在制定科学养殖标准的基础上，加大养殖业标准化管理的宣传力度，积极做好养殖者培训，切实提高经营管理水平，推动国内养殖业标准和国际标准接轨。通过项目实施，加快提升养殖标准化规模化水平，促进养殖业发展方式转变，保障动物产品有效供给。

六、粪污资源化高效利用工程

针对养殖业生产废弃物处理不当与废弃物浪费制约我国养殖业绿色健康发展的问题，重点研究分散养殖地区的动物养殖粪污综合利用，形成一批适合不同地区、不同经营主体的动物粪污综合利用技术，推广一批适合广大养殖场（户）的高效、简便、低成本的粪污综合利用技术，实现动物养殖粪污合理利用。同时，明确责任主体，确定养殖主体职责与义务；严格饲料营养标准，加强区域内动物饲料重金属检测，严格准入制度；加大相关法律法规和政策制度的宣传力度，丰富宣传形式，向干部群众广泛宣传污染治理和资源化利用的重要性，提高养殖主体和干部群众做好污染治理与资源化利用的自觉性及主动性。此外，强化政策扶持力度，对种养结合、农牧循环、综合利用等粪污资源化利用模式给予政策倾斜。

七、金融保险服务工程

金融保险是保障养殖业持续稳定发展的重要基础，应整合各方力量，打好组合拳，探索服务养殖业发展的金融保险工程项目。依靠公共财政资金投入，积极撬动市场力量，引导社会资本投入养殖业，推动商业银行、保险公司等市场力量探索信贷担保、贴息等方式，强化养殖业发展的资本和信贷支持力度。加大养殖企业、合作社、家庭农场等新型经营主体参与金融保险服务的力度，加强动物保险在加速推进养殖健康发展中的重要作用，建立健全动物养殖金融保险制度，简化核定程序，合理缩短理赔时间，提高养殖场（户）参保积极性，更好地发挥市场在保障养殖业持续稳定发展中的基础性作用。

八、品牌培育与文化创建工程

围绕农业供给侧结构性改革总体目标，以市场需求为导向，以提高养殖业质量效益和竞争力为中心，以各地特色动物资源、产业为依托，以现有传统优势品牌为基础，以科技创新为动力，以质量提升、培育扶持、营销推介为抓手，大力实施品牌提升战略。着力强化养殖业品牌顶层设计和制度创设，大力推行标准化生产、产业化经营、市场化运作、全产业链管理，遵循品牌发展的客观规律，着力构建"企业自主、市场主导、政府推动、行业促进、社会参与"的品牌提升战略，通过开展丰富多彩的品牌创建活动，加快培育一批具有较高知名度、美誉度和较强市场竞争力的养殖业品牌。具体来说，应充分挖掘宣传一批老字号品牌，做大做强一批产业优势品牌，培育壮大一批企业自主品牌，整合扶强一批区域公用品牌。此外，持续推进养殖业文化创建与发展工程，积极探索和挖掘养殖业优秀传统文化，鼓励龙头企业等新型经营主体承担文化发展工程，做好养殖业文化传承与发展。

第八章　中国养殖业的发展战略及措施

第一节　重构养殖业发展支持保护体系

一是推动养殖业支持保护政策措施的精准化。主要包括政策制定的精准化、政策实施的精准化和部门权责的精准化。二是区分养殖业支持保护政策措施的市场化与公益性。充分利用市场化机制推进养殖业支持保护体系建设，强化基础设施、环保及防灾减灾等公益性政策扶持。三是推进养殖业支持保护政策措施实施的制度化。具体包括推进支持保护政策措施的制度化建设，实现支持保护制度的层次化，推动制度建设的系统化。四是推进养殖业支持保护政策措施实施的法治化。应及时启动制定养殖业支持保护相关法律或法规，推动支持保护方式方法、政策工具、补贴标准、监督管理等方面的明确化和常态化，提高支持保护政策措施的稳定性和连续性。此外，应加快养殖业投资立法，明确各级政府在养殖业投资中扮演的角色，明确各级政府权力范围，规范各级政府权力行使和各自行为，促进养殖业投资规模不断扩大、投资结构更加完善合理、投资质量和效益持续提高。

第二节　利用两个市场两种资源发展养殖业

深入开展动物产品国际市场调研分析，鼓励和支持科研机构开展动物品种资源、良种繁育、疫病诊断、饲料生产、产品加工与质量安全等领域的国际科学研究及技术交流。在确保质量安全并满足国内检疫规定的前提下，加强进口动物产品分类指导，做好产品进出口调控工作，有效调剂国内市场供应，满足消费需求。加强动物产品进口监测预警，制定产品国际贸易调控策略和预案，推动建立产品进口贸易损害补偿制度，维护国内生产者利益。加强对养殖业"走出去"的引导，推动企业间投资合作，积极为企业搭建合作平台，支持并推动国内企业与国外企业建立直接稳定的贸易关系。支持企业到境外建设饲草料基地、动物产品生产加工基地，推动与周边重点国家合作建设无规定疫病区。鼓励和支持企业加强动物养殖、动物疫苗与兽药研发生产、饲料生产、动物产品加工与贸易等领域的投资合作，鼓励企业在重点区域建设科技示范园。

第三节　推广种养结合生态循环发展模式

在资源约束和环保压力日益趋紧的宏观背景下，积极推动种养结合、生态循环绿色养殖业发展模式十分重要。应加快推进养殖业废弃物综合处理和资源化利用，坚持"资源化、生态化、无害化、减量化"原则，持续加大养殖业绿色发展政策支持力度，探索多种形式的养殖业废弃物综合利用模式；从宣传政策法规、加强技术指导服务、推广生态养殖模式、促进土地流转和项目建设等方面，鼓励引导养殖场（户）探索种养结合、生态循环绿色发展方式。重点支持企业、合作社、家庭农场等新型经营主体通过应用先进生产技术，发挥种养结合、生态循环模式的示范引领作用，在发展理念、运营模式、利益联结等方面，推进新型经营主体与传统经营主体的有效衔接，形成一批可借鉴、可推广的种养结合、生态循环绿色发展模式。同时，建立健全种养结合、生态循环发展政策支持体系，完善养殖业绿色发展的金融保险制度，为传统养殖业向现代绿色养殖业转型升级保驾护航。

第四节　推进重要动物良种培育与机械研发

良种和机械是我国养殖业发展面临的短板与瓶颈，必须下大力气持之以恒地推进以种业和机械为核心的科技创新。这些方面的全面创新和自主研发不是单靠一两个项目或一两个五年计划就能实现的，应单独针对这些方面组建国家级、省级和地区级的创新研发团队，各层级的创新研发团队实行分工负责、紧密协作。在财政资金支持上，实行定向、长期、稳定支持。在科技推广上，坚持实施政府推广部门为主导，龙头企业、合作组织、科研院校等共同推进的多元科技推广体系。在推广技术选择上，政府推广部门深入分析和严格审核不同区域、不同养殖行业发展的关键技术，在人员培训和技术示范等方面集中发力，并定期测算和评估推广广度与农民掌握程度，扎实推进、持续推广；龙头企业、合作组织等根据市场所需产品标准，选择一整套先进适用的技术体系全面推广；科研院校针对某一产业全产业链的技术需求进行重点攻克和集成示范，重点聚焦在服务地方政府部门、龙头企业和合作组织上。

第五节　转变理念全面推广健康养殖

改革开放以来我国养殖业发展的实践证明，很多情况下转变观念、创新理念比科技进步还重要。目前国内应用的许多科技成果，也是当今世界正在应用的科技成果，但我国的养殖业与国际先进水平相比仍然差距较大。仔细分析，还是观念、理念和思路的问题。今后的养殖业发展，必须树立根据不同品种的自然习性来进行科学饲养管理的理念。国外先进的养殖理念是"该精细的必须精细，该粗放的一定粗放"。例如，国外圈舍建设不一定豪华，许多圈舍只有围栏和挡风墙，没有顶棚，既避免了牛羊的风吹日晒，也大幅节约了固定资产投资，但在饲草料供给上要"货真价实"，绝对优质；而国内大多数大中型养殖场建设得都比较豪华，但在饲草料供应方面普遍比较吝啬。另外，国外许多养殖场在冬季给牛羊供应温水，而国内大多数养殖场是做不到这一点的。此外，国外对于牛羊母畜，必然采取放牧养殖，没有天然草场的地区也要建设人工放牧场，既保障了母畜的健康，提升了生产效率（提高了母畜的繁殖率和仔畜的成活率），又节约了人工、机械等成本，从长期算总账效益是提高的，而我国大多养殖场为舍饲养殖。可见，为推进养殖业持续健康发展，必须转变观念、创新理念，切实推广动物健康养殖，逐步推行动物福利。

第六节　加大金融保险支持养殖业发展力度

加强政策引导，拓宽养殖业融资渠道。利用财政贴息、政府担保等多种方式，引导各类金融机构增加对养殖业生产、加工、流通的贷款规模和授信额度，鼓励有条件的地方和机构创新金融担保机制，为养殖和加工龙头企业、养殖场（户）融资提供服务。优化发展环境，鼓励民间资本以多种形式进入养殖业。强化部门协作，深化政策耦合互补。积极加强养殖业保险部门与财政、金融等部门的沟通协调，落实金融保险支持养殖业发展的各项政策，将金融保险支持与现有产业扶持政策紧密结合，全面推进现代养殖业发展与金融保险产业相辅相成、相互促进。稳步扩大政策性保险的试点范围，探索建立适合我国国情的养殖业政策性保险体系，提高产业抗风险能力和市场竞争力。不断健全保险金融支持养殖业发展机制，有效提升养殖业风险防控能力，提高养殖业综合生产水平和动物产品供应能力，实现养殖业稳定可持续发展。

第七节　推动养殖业标准化生产体系建设

一是构筑严格的产品质量标准体系。按照全程监管原则，突出制度建设和设施建设，变被动、随机、随意监管为主动化、制度化和法治化监管。建立动物产品养殖业投入品的禁用、限用制度，培训和指导养殖户科学用料、用药。在完善动物产品和饲料产品质量安全卫生标准的基础上，建立饲料、饲料添加剂及兽药等投入品和食品质量监测及监管体系，提高动物产品质量安全水平。推行动物产品质量可追溯制度，建立产品信息档案，严把市场准入关。二是继续大力推进标准化规模养殖。进一步加大标准化规模养殖扶持力度，通过政策扶持和引导，加强标准化规模养殖场建设，加快推进标准化、规模化养殖，通过高科技投入降低养殖风险，稳定动物产品生产供给。此外，建立规模养殖用地管理制度，为养殖业标准化规模养殖提供基础保障。在坚持耕地保护制度的基础上，贯彻落实国家关于规模化养殖的有关用地政策，将规模养殖用地纳入当地土地利用总体规划。合理安排畜禽养殖设施用地，坚持农地农用和集约节约原则，加强设施农用地用途管制。合理开发利用土地资源，鼓励养殖场（户）在符合土地规划的前提下，积极利用荒山、荒地、丘陵、滩涂发展养殖业。

第八节　完善养殖业监测预警与调控体系

加大财政资金投入力度，完善信息发布服务和预警机制，引导养殖场（户）合理安排生产，防范市场风险。建立国家级养殖公共信息监测预警平台和中央数据库系统，实时监测国内国际动物产品生产、消费、价格、质量等高频市场信息。定期实施监测点数据采集终端更新升级。以重要动物为切入口，探索运用基于物联网等先进技术的自动化监测方式。扩大监测预警范围，探索建立有效顺畅的面向生产单位的信息交流机制和服务方式。同时，强化对监测人员的技术培训力度，有效提高监测人员对监测结果的判断和使用技能，提升监测水平和效果。通过对基层人员培训，畅通基层统计监测渠道，上下联动，形成整体合力，助推养殖业监测工作顺利开展。此外，基于养殖业统计监测预警信息，建立完善的养殖业及动物产品市场调控体系，必要时准确采取政策干预措施来应对市场的不确定性冲击，以更好地稳定养殖业及动物产品市场。

附　　件

附件一　中国农业产业模型

本研究采用中国农业产业模型（China agricultural sector model，CASM）^①对畜产品需求进行预测。该模型是运用局部均衡理论构建的多市场局部均衡模型，由 36 组方程组成，共 566 个单方程、23 组变量和 566 个内生变量以及若干外生变量，涉及 31 种农产品：6 种粮食（稻谷、小麦、玉米、大麦、马铃薯、大豆）、棉花、2 种油料（油菜籽和花生）、2 种糖料（甘蔗和甜菜）、蔬菜、水果、10 种畜产品（母猪、商品猪、猪肉、母牛、商品肉牛、牛肉、鸡肉、羊肉、牛奶、鸡蛋）、水产品以及 7 种农产品加工品（豆粕、豆油、菜粕、菜籽油、花生粕、花生油、食糖）。该模型由多个方程组成，通过方程定量刻画了我国主要农业产业的生产、消费、贸易、价格及其影响因素，并建立了相互之间的关系，由国内供给、国内需求和外生国际市场价格共同决定国内价格。当市场出清时，实现市场均衡。该模型是一个多市场模型，包括多种农产品，反映了各个农业产业之间的相互替代或互补关系。该模型应用 GAMS（通用代数建模系统）软件进行开发和模型求解。

---

① 该模型由中国农业科学院农业经济与发展研究所构建。

附件二 中国动物产品消费情况

附表1 中国城乡居民人均肉蛋奶及水产品消费 （单位：kg）

年份	猪肉		牛肉		羊肉		家禽		蛋类及制成品		奶类		水产品	
	农村	城镇	农村	城镇	农村	城镇	农村家禽	城镇禽肉	农村蛋类及制成品	城镇禽蛋	农村	城镇	农村	城镇
1978							0.25		0.80					
1980	7.30						0.66		1.20					
1985	10.30	17.20					1.03	3.80	2.05	8.80				7.80
1990	10.50	18.50	0.40		0.40		1.25	3.40	2.41	7.30			2.13	7.70
1995	10.60	17.20	0.36		0.40		1.83	4.00	3.22	9.70			3.36	9.20
2000	13.30	16.70	0.52	1.98	0.60	1.35	2.81	5.40	4.77	11.20			3.92	11.70
2005	15.60	20.20	0.64	2.28	0.80	1.43	3.67	9.00	4.71	10.40			4.94	12.60
2010	14.40	20.70	0.63	2.53	0.80	1.25	4.17	10.20	5.12	10.00	3.60	14.00	5.15	15.20
2011	14.40	20.60	0.98	2.77	0.90	1.68	4.54	10.60	5.40	10.10	5.20	13.70	5.36	14.60
2012	14.40	21.20	1.02	2.54	0.90	1.19	4.50	10.80	5.90	10.50	5.30	14.00	5.40	15.20
2013	19.10	20.40	0.80	2.20	0.70	1.10	6.20		7.00		5.70	17.10	6.60	14.00
2014	19.20	20.80	0.80	2.20	0.70	1.20	6.70		7.20		6.40	18.10	6.80	14.40
2015	19.45	20.70	0.80	2.40	0.90	1.50					6.30	17.10	7.20	14.70
2016	18.68	20.40	0.90	2.50	1.10	1.80					6.60	16.50	7.50	14.80
2017	19.49	20.60	0.94	2.60	1.04	1.60	7.87		7.57	10.90	6.90	16.50	7.42	14.80

资料来源：历年《中国统计年鉴》，部分年份数据缺失

附表 2 中国城乡居民人均肉类消费

年份	猪肉				牛肉				羊肉				家禽			
	农村 (kg)	比例 (%)	城镇 (kg)	比例 (%)	农村 (kg)	比例 (%)	城镇 (kg)	比例 (%)	农村 (kg)	比例 (%)	城镇 (kg)	比例 (%)	农村家禽 (kg)	比例 (%)	城镇禽肉 (kg)	比例 (%)
1978													0.25			
1980	7.30												0.66			
1985	10.30		17.20										1.03		3.80	
1990	10.50	83.67	18.50		0.40	3.19			0.40	3.19			1.25		3.40	
1995	10.60	80.36	17.20		0.36	2.73			0.40	3.03			1.83		4.00	
2000	13.30	77.19	16.70	65.67	0.52	3.02	1.98	7.79	0.60	3.48	1.35	5.31	2.81	16.31	5.40	21.23
2005	15.60	75.33	20.20	61.38	0.64	3.09	2.28	6.93	0.80	3.86	1.43	4.35	3.67	17.72	9.00	27.35
2006	15.50	75.32	20.00	62.34	0.67	3.26	2.41	7.51	0.90	4.37	1.37	4.27	3.51	17.06	8.30	25.87
2007	13.40	71.50	18.20	57.18	0.68	3.63	2.59	8.14	0.80	4.27	1.34	4.21	3.86	20.60	9.70	30.47
2008	12.70	69.32	19.30	61.78	0.56	3.06	2.38	7.11	0.70	3.82	1.22	3.91	4.36	23.80	8.50	27.21
2009	14.00	71.39	20.50	59.08	0.56	2.86	2.38	6.86	0.80	4.08	1.32	3.80	4.25	21.67	10.50	30.26
2010	14.40	72.00	20.70	59.69	0.63	3.15	2.53	7.30	0.80	4.00	1.25	3.60	4.17	20.85	10.20	29.41
2011	14.40	69.16	20.60	57.78	0.98	4.71	2.77	7.77	0.90	4.32	1.68	4.71	4.54	21.81	10.60	29.73
2012	14.40	69.16	21.20	59.33	1.02	4.90	2.54	7.11	0.90	4.32	1.19	3.33	4.50	21.61	10.80	30.23
2013	19.10	71.27	20.40		0.80	2.99	2.20		0.70	2.61	1.10		6.20	23.13		
2014	19.20	70.07	20.80		0.80	2.92	2.20		0.70	2.55	1.20		6.70	24.45		
2015	19.45		20.70		0.80		2.40		0.90		1.50					
2016	18.68		20.40		0.90		2.50		1.10		1.80					
2017	19.49	66.43	20.60		0.94	3.20	2.60		1.04	3.54	1.60		7.87	26.82		

资料来源：历年《中国统计年鉴》，部分年份数据缺失

附表 3　中国动物产品未来消费预测

类别	2017 年（基期）						2035 年						2050 年
	总需求（万 t）	食用需求（万 t）	加工需求（万 t）	浪费（万 t）	自给率（%）	人均食用需求（kg）	总需求（万 t）	食用需求（万 t）	加工需求（万 t）	浪费（万 t）	自给率（%）	人均食用需求（kg）	总需求（万 t）
1.肉类	8 027.3	6 100.5	272.6	1 654.2	96	11.0	10 217.6	7 923.6	327.9	1 966.1	94	14.3	12 054.71
猪肉	5 568.9	3 970.4	272.6	1 325.9	98	28.6	6 411.4	4 569.3	327.9	1 514.2	97	33.0	7 120.32
牛肉	704.0	615.8		88.2	90	4.4	974.9	859.9		115.0	85	6.2	1 125.41
羊肉	493.2	348.6		144.6	96	2.5	667.7	492.0		175.7	94	3.6	810.57
鸡肉	1 261.3	1 165.7		95.6	100	8.4	2 163.6	2 002.4		161.2	98	14.5	2 998.41
2.鸡蛋	2 631.8	1 788.2	767.9	64.5	>100	12.9	3 150.3	2 160.3	901.7	77.2	>100	15.6	2 731.81
3.奶类	5 084.2	2 691.7	1 843.5	207.5	72	19.4	7 003.2	4 031.7	2 249.8	252.0	72	29.1	9 551.00
4.水产品	6 501.1	2 377.5	2 196.2	1 927.4	99	17.1	7 441.6	3 323.9	2 466.3	1 651.4	98	24.0	8 120.00
5.水禽（肉鸭）	705.0					2.90	725.0					4.95	739.80
6.特种动物	蚕丝 10 万 t；蜂蜜 50 万 t；鹿茸 2 210t；毛皮 8 000 万张						蚕丝 12 万 t；蜂蜜 55 万 t；鹿茸 14 800t；毛皮 15 000 万张						蚕丝 15 万 t；蜂蜜 60 万 t；鹿茸 20 300t；毛皮 20 000 万张

资料来源：本研究分析整理

专 题 研 究

专题一　至 2050 年中国特种养殖业发展战略研究

一、当前及未来中国特种养殖业发展的宏观战略环境

习近平总书记在党的十九大报告中提出，要在 21 世纪中叶建成富强民主文明和谐美丽的社会主义现代化强国，这是新时代中国特色社会主义发展的战略安排。这一安排将分为两个阶段来实现：第一阶段（2020～2035 年），在全面建成小康社会的基础上，再奋斗十五年，基本实现社会主义现代化；第二个阶段（2035 年到 21 世纪中叶），在基本实现现代化的基础上，再奋斗十五年，把我国建设成为富强民主文明和谐美丽的社会主义现代化强国。

进入社会主义新时代后，我国社会主要矛盾已经转化为"人民日益增长的美好生活需要和不平衡不充分的发展之间的矛盾"。而特种养殖业发展的后端能够满足人民日益增长的美好生活需要，前端能够解决地区之间、城乡之间不平衡不充分发展的问题，因此对于我国经济社会发展、中国特色社会主义战略目标的实现具有重要的现实意义。

在大农业中，养殖业属于副业；而在养殖业中，相对于畜禽、水产等大宗养殖业，特种养殖业既有大宗养殖业的一些共性，又有其自身的特殊性。由于特种养殖业种类繁多、范围广泛，本研究仅选取在我国具有悠久的养殖历史、鲜明的地域特征和深厚的文化底蕴，并且在国际市场上大多占有主导地位的蚕、蜂、鹿、毛皮动物 4 类特种养殖业作为研究对象。本部分围绕"两步走"目标，基于特种养殖业的自身特征、国内外市场需求变化、资源环境约束和科技进步来分析其市场需求与供给状况，从而为我国特种养殖业发展提供依据。

（一）特种养殖业的主要特征

1. 养殖历史悠久

我国的很多特种养殖产业具有悠久的历史，有的还具有浓厚的文化底蕴和人文关怀，其产品承载着交流世界文化的重任。

我国是世界蚕业的发源地，栽桑养蚕是古代劳动人民通过驯化自然对人类文明作出的创造性贡献，至今已经有超过 5500 年的历史。历史上蚕业是我国重要的支柱产业，丝绸被誉为我国灿烂文化的代表。为了促进中外交流，早在公元前 770～前 221 年的春秋战国时期，我国丝绸就已开始销往国外。公元前 221 年至公元 220 年的秦汉时期，我国丝绸经过河西走廊，通过塔里木盆地的"陆上丝绸之路"和从雷州半岛起航的"海上丝绸之路"，先后远销欧、亚、非等许多国家和地区，并由此形成世界历史上贸易往来及文化和技术交流的"丝绸之路"。新中国成立后，茧丝绸作为传统的有竞争力的出口创汇商品，在对外贸易中具有十分重要的地位，对新中国成立初期的经济建设发挥了巨

大作用。1950~1980 年，我国丝绸出口额占全国商品出口总额的比例保持在 5%左右（顾国达，2001）。由于茧丝绸业在出口创汇方面的特殊贡献，蚕业受到国家的重视，获得快速发展，到 20 世纪 70 年代我国蚕业超过日本，成为世界上最大的茧丝生产国和出口国，迄今一直保持茧丝产量世界第一的位置，2018 年茧、丝产量均占世界总量的 75%左右。我国也是柞蚕的发源地，2000 多年来一直保持着世界柞蚕业第一大国的地位，柞蚕茧年产量始终占世界总量的 90%以上（姜德富，2009）。

养蜂业是我国的传统特色产业，始于西汉，至今已有超过 2300 年的历史。20 世纪初，西方现代养蜂方法传入我国，我国开始了现代养蜂业。新中国成立后，养蜂业得到飞速发展，70 年来，无论是蜂群数量还是蜂产品数量都获得很大发展。1991 年苏联解体后，我国一跃成为世界第一养蜂大国，2018 年蜂群数量超过 1000 万群，约占世界总量的 1/9。

养鹿业是我国历史悠久的传统产业。史料记载，官方推动梅花鹿饲养始于清雍正年间，当时任命专职官员负责人工养殖梅花鹿，距今已有近 300 年的历史。我国是世界上最早将鹿茸及鹿产品应用于医药保健的国家，鹿茸在中医药中占有重要地位，被列为动物药之首。明朝李时珍的《本草纲目》中对鹿茸医疗保健作用的记载，成为亚洲国家食用鹿茸及其他鹿产品的基本依据。目前我国是世界上鹿业四大生产国（中国、俄罗斯、新西兰、挪威）之一，家养鹿存栏居世界首位，达 156 万头。饲养品种为梅花鹿、马鹿、水鹿和驯鹿，其中梅花鹿和马鹿存栏占总量的 98%。饲养梅花鹿、马鹿的目的是生产鹿茸，所以我国养鹿业也称为茸鹿饲养业。经过多年的人工驯养和选育，我国已经培育出生产性能高、品质好的双阳梅花鹿、西丰梅花鹿、敖东梅花鹿、四平梅花鹿、兴凯湖梅花鹿、东丰梅花鹿、长白山梅花鹿、清原马鹿、塔河马鹿等优良的茸用鹿品种。

相对而言，我国商业化饲养毛皮动物的历史较短，1956 年才开始规模化饲养水貂、银狐、蓝狐、貉等。当时发展毛皮动物饲养业主要为实现出口创汇，由对外贸易部牵头，根据国务院下达的关于"创办野生动物养殖业"的指示，通过从苏联等国家引种，开始了国内的毛皮动物饲养业。改革开放以来，毛皮动物饲养业的活力开始显现，虽然起步较晚，但发展迅猛，2006 年我国成为世界毛皮动物第一饲养大国，2018 年毛皮动物饲养量为 8598 万只。

2. 地域分布明确

各种特种养殖产业的地域分布不能一概而论，有的地域适应性强，分布广泛，有的地域分布相对较窄，但总体而言，各特种养殖产业的养殖区域比较集中（专题表 1-1）。

专题表 1-1　特种养殖业分类与地域分布

分类	物种	地域分布	主产区
	桑蚕	除天津、西藏、青海、香港、澳门、台湾以外 28 个省份的 1000 多个县（市）	广西、四川、云南、江苏、浙江、广东、山东、安徽、陕西、重庆等
	柞蚕	辽宁、吉林、黑龙江、内蒙古、河南、山东、河北、山西、湖北、四川、贵州 11 省份的 150 多个县（区）	辽宁、黑龙江、内蒙古、吉林、河南等

续表

分类	物种	地域分布	主产区
蜂	东方蜜蜂、大蜜蜂、小蜜蜂、黑小蜜蜂、黑大蜜蜂等	全国各省份	四川、浙江、湖北、山东、云南、山西、甘肃、黑龙江等
梅花鹿		东北、华北、华东、华南等地区	吉林、辽宁、黑龙江等
马鹿		新疆、甘肃、内蒙古、黑龙江、宁夏、青海等地	新疆、甘肃、内蒙古、宁夏、青海等
其他鹿种	水鹿、白唇鹿、驯鹿、麋鹿、狍等	内蒙古、新疆、山东、河北、山西、甘肃、辽宁、吉林、黑龙江、青海、北京及南方诸省份	台湾、海南、内蒙古、新疆、山东、河北、山西、甘肃等
毛皮动物	水貂、蓝狐、银狐、貉等	山东、河北、辽宁、吉林、黑龙江等长江以北的 14 个省份	辽宁、河北、山东、黑龙江等

桑树和桑蚕是适应性比较强的物种,许多地方的自然条件适合栽桑养蚕。我国蚕业遍布除天津、青海、西藏、香港、澳门、台湾以外 28 个省份的 1000 多个县(市),拥有超过 80 万 hm^2 桑园,近 1000 万农户从事栽桑养蚕。蚕业是许多县(市)和乡镇农业发展、乡村建设、农民就业和增收的支柱或骨干产业。但是,受栽桑养蚕历史、地理位置、资源禀赋、经济发展水平、国家政策及国际经济波动等因素的影响,我国蚕业生产区域相对集中。1991~2018 年广西、四川、江苏、浙江、广东、云南、山东、重庆、陕西、安徽 10 个桑蚕主产省份的蚕茧产量、桑园面积、发种量合计占全国的比例一直保持在 93%、88% 和 93% 左右,并呈上升趋势。广西、四川和云南为我国前三大蚕桑生产省份,2018 年蚕茧产量分别为 36.89 万 t、8.4 万 t 和 7.24 万 t,分别占全国总产量的 52.03%、11.85% 和 10.21%,合计 74.09%。

柞蚕发源于我国的山东半岛,在未被作为经济昆虫开发利用前,处于野生状态,栖息在天然柞林里自生自长,以柞树叶为食。我国柞林资源丰富,分布广泛,南起云贵高原,北至黑龙江,东起山东半岛,西至甘肃河西走廊,目前仅辽、吉、黑、豫、鲁、蒙 6 个柞蚕主产省份就有柞林面积 962 万 hm^2,适宜养蚕面积 394 万 hm^2,常年实际利用 80 万 hm^2 左右,尚有超过 314 万 hm^2 可开发为柞园,常年实际利用的柞园面积仅为适宜养蚕面积的 20.3%。目前,辽宁、吉林、黑龙江、内蒙古、河南、山东、河北、山西、湖北、四川、贵州 11 个省份的 150 多个县(区)700 多个乡(镇)有约 14 万农户从事柞蚕生产。但我国的柞蚕生产相对集中,辽宁在国内外柞蚕生产中一直占据主导地位,20 世纪 90 年代前柞蚕茧产量一直占全国的 80% 左右,进入 21 世纪以来占比逐渐下降。2018 年我国柞蚕茧总产量 82 577t,其中辽宁 39 000t,占比 47.23%,其次是黑龙江 24 200t,占比 29.31%,再次是内蒙古、吉林、河南三省份,但占比均不到 10%。

我国幅员广阔,跨越热带、亚热带、暖温带、温带、寒温带,地形地势复杂,各地的气候条件千差万别,生态条件多种多样,因而一年四季均有众多的蜜源植物开花泌蜜。据调查,我国能被蜜蜂利用的蜜源种类有 14 000 种以上,分属于 800 多属 140 多科(刁青云等,2008),能够取到商品蜜的蜜源植物超过 100 种,最主要的 24 种蜜源植物分布面积约 2700 万 hm^2,其中农田栽培蜜源约占 60%,林地草山蜜源约占 30%。按照四季区分,春、夏、秋、冬蜜源分别占 35.8%、21.5%、27.4% 和 15.3%。全国各省份都拥有

5 种以上的主要蜜源植物，都具备发展蜂业的自然条件。我国主要的蜜粉源基地为以椴树和向日葵为主的东北区，以枣树和荆条为主的华北区，以刺槐和枣树为主的黄河中下游区，以春油菜、牧草和荞麦为主的黄土高原区，以棉花和牧草为主的新疆区，以油菜和紫云英为主的长江中下游区，以荔枝、龙眼和油菜为主的华南区，以油菜为主的西南区，以山茶科柃属植物和山乌桕为主的长江以南丘陵区九大区域。我国饲养的蜜蜂主要有中华蜜蜂、意大利蜂、东北黑蜂和新疆黑蜂，主要的野生蜂种有大蜜蜂、黑大蜜蜂、小蜜蜂和黑小蜜蜂。意大利蜂于 20 世纪初由日本和美国引入国内，由于适应我国大部分地区的气候和蜜源特点，推广非常迅速（顾国达和张纯，2005）。

我国人工驯养的鹿类主要有梅花鹿（东北梅花鹿）、马鹿（东北马鹿、天山马鹿、阿尔泰马鹿）、水鹿、白唇鹿、驯鹿、麋鹿、坡鹿、狍等。饲养数量最多的为梅花鹿，约占全国养鹿数量的 90%。我国鹿的饲养区域分布较广，其中梅花鹿具有喜食树叶，适应寒冷、湿润气候环境的特性，加之家养品种均来自东北梅花鹿，主要饲养区域集中在吉林、辽宁、黑龙江三省；马鹿的集中饲养区为新疆、甘肃、内蒙古、宁夏和青海等；水鹿的集中饲养区为台湾和海南；驯鹿饲养集中在内蒙古根河和新疆，其次是山东、河北、山西、甘肃以及南方诸省份。

我国毛皮动物饲养以水貂、蓝狐、银狐和貉为主。毛皮动物生长需要低温环境，所以主要分布在长江以北的 14 个省份。水貂饲养集中区前三位分别为山东、辽宁、黑龙江；蓝狐和银狐养殖集中区前三位分别为黑龙江、河北、辽宁；貉养殖集中区前三位分别为河北、黑龙江、辽宁。全国基本形成了毛皮动物养殖在东北、大连湾和山东半岛，毛皮交易市场在中原，裘皮加工企业在沿海的产业格局。全产业链从业人员超过 400 万人，历史最高年份年产值约 1000 亿元。

3. 产业特色鲜明

相对于畜禽、水产养殖，特种动物养殖具有"小动物，大市场""扎根一方，稳定一地，繁荣一片"、经济价值高、多为工业提供原料、随着收入水平和消费水平提高市场需求不断扩大的特点。同时，特种养殖业的周期短、资金周转快、价格相对稳定、供货渠道单一、后加工产业链长。

所谓"小动物，大市场"，一指特种养殖业养殖的虽然都是小动物，但具有广阔的市场前景。因为特种养殖业的最终产品都是用来满足人们提高生活品质所需的，因而随着经济发展和收入水平上升，这些产品的需求将不断扩大。而对于传统禽畜、水产养殖产品，通常开始时其需求随收入水平的提高而增加，但当收入上升到一定水平后，肉、蛋、奶、水产等将成为生活必需品，其需求会逐渐趋于稳定。二指特种养殖业大多是外向型的，面向国际市场。因为我国仍然是发展中国家，虽然国内的消费结构正在提升，国内需求占比有所上升，但目前此类产品的消费市场主要还在发达国家。

所谓"扎根一方，稳定一地，繁荣一片"，是指特种养殖业受所养殖动物自身习性、自然资源和气候、地理位置所限，往往具有鲜明的地域特色；但由于经济价值高，比较效益好，因此特种养殖业往往能够带动某一地区农村经济发展，解决农村就业，增加农民收入，一直是非常好的扶贫产业。

特种养殖业的后加工产业链往往较长，如以蚕茧为原料的茧丝绸业就是一个包括蚕种培育、栽桑养蚕、鲜茧收烘、干茧流通、厂丝生产、织绸印染、服饰加工、产品出口、多元利用环节的完整产业链，涉及农、工、商、贸各环节及第一、二、三产业。因此，特种养殖业不仅能够带动某一地区的农业发展，而且能够推动地区的工业发展。历史上，意大利、法国、日本、韩国等发达国家和我国浙江、江苏、广东等沿海发达地区都曾将茧丝绸业作为本国或本地区工业化早期的先导产业。

2008 年以来，受全球宏观经济回升乏力和畜牧业生产周期性下滑的影响，传统养殖品种市场波动加剧，利润前景不明朗，呈现出高成本、高风险的特点。特种养殖业因周期短、资金周转快、疫病较少、品种多、量少价高等优势，符合现代农民养殖致富和众多返乡农民工回家创业的愿望，迅速成为我国各地尤其是中西部地区农民就业和增收的新亮点。

4. 国际地位显著

相比于种植业的粮、棉、油种植和养殖业的畜禽、水产养殖，我国特种养殖业的国内地位相对不高，但国际地位普遍很高（专题表 1-2），正好符合特种动物养殖"小动物，大市场"的产业特点。

专题表 1-2　特种养殖业的国际地位

分类	国际地位	国际市场份额
蚕业	世界第一茧丝生产国和出口国	桑蚕茧产量约占 75%，桑蚕丝产量约占 75%，茧丝出口量占 70% 以上，柞蚕茧产量占 90% 以上
蜂业	世界第一养蜂大国	蜂蜜和蜂王浆产量分别占 20% 和 95%，蜂王浆出口量占世界贸易量的 90%
鹿业	世界第一养鹿大国	鹿类饲养量占世界总量 45%
毛皮动物业	世界第一毛皮动物饲养大国和进出口国	毛皮动物养殖量占 50%，毛皮进口量占 80%，毛皮服装生产量和出口量约占 70%

我国是世界上最大的蚕茧和生丝生产国，茧丝绸业资源、生产、加工、从业人员、贸易总量均排名世界第一，桑蚕茧、丝产量均占世界的 75% 左右，出口量占世界的 70% 以上；柞蚕茧产量占世界的 90% 以上。虽然其他一些国家也在积极发展蚕丝业，如印度、意大利、土耳其、巴西等国也是较大的丝绸出口国，但由于历史、经济发展梯度存在差异以及受人口多、劳动力就业需求等因素影响，我国茧丝产量与出口量在国际市场的绝对数量优势地位长期未变，我国蚕丝业在世界上的龙头地位在可预见的将来仍然无法撼动。

我国有蜂农 30 万人，蜂产品加工和贸易企业 2000 家以上，蜂群数量超过 1000 万群，约占世界总数的 1/9；蜂产品产量第一，其中蜂蜜和蜂王浆产量分别占世界的 20% 和 95%。长期以来，蜂产品一直是我国对外出口的优势产品，出口量居世界首位，每年有近一半的蜂产品用于出口，年创汇超 1 亿美元，其中蜂王浆出口量居世界首位，占世界贸易量的 90%。

我国是世界第一养鹿大国，鹿类饲养量占世界的 45%，其中梅花鹿和马鹿所产鹿茸是《中华人民共和国药典》规定的可以入药的中药材。2018 年，我国梅花鹿和马鹿存栏 135 万头，梅花鹿、马鹿鹿茸产量分别为 980t 和 89t。据不完全统计，我国鹿茸原料及其加工产品每年的直接和间接经济效益达 500 亿元以上，鹿茸还出口到韩国、东南亚等国家。随着人民生活水平的提高，近年来我国鹿茸及鹿副产品消费每年以 15%左右的速度增长。

我国是世界毛皮动物养殖大国，2018 年貂、狐、貉养殖总量达 8598 万只，占全球总量的 50%，毛皮产量超过丹麦、芬兰、美国三国的总和，成为名副其实的世界毛皮动物第一饲养大国。同时，我国是世界上最大的裘皮原料进口国，2018 年进口世界毛皮产量的 80%。我国也是世界上最大的毛皮服装生产国和出口国，毛皮服装产量和出口量约占全球的 70%。进入 21 世纪，我国又成为世界上最大的裘皮制品消费国，消费者每年购买裘皮服装及制品 500 万件以上，最高年份的 2010 年达到 800 万件，接近国外消费总和。

（二）特种养殖业发展的宏观战略环境

1. 需求趋势

改革开放促进了我国经济增长，1978～2018 年 GDP 年均增长率达 9.6%，城乡居民收入年均增长率接近 8%。2018 年，我国 GDP 达到 91.9 万亿元，一、二、三产比重分别为 7.0%、39.7%、53.3%，进入工业化后期；常住人口城镇化率为 61.5%，全国居民人均可支配收入达 28 228 元；按照美元计算，人均 GDP 达到 9903 美元，成为一个中等偏上收入国家。

根据《国家人口发展规划（2016—2030 年）》，我国人口总规模将在 2030 年前后达到峰值，约为 14.5 亿人。根据联合国预测，我国人口将于 2029 年达到最大规模 14.4 亿人，之后呈现下降趋势，到 2035 年降至 14.3 亿人，到 2050 年继续下降至 13.6 亿人。与此同时，联合国发布的《2017 年度世界人口趋势报告》预测，我国将进一步迈向老龄化社会，少儿及劳动人口在数量及占比上均持续下降，老年人口在数量及占比上均大幅上升，2035 年老龄人口将达到 4 亿人，2050 年前后将达到峰值 4.87 亿人，占总人口的 34.9%；用于老年人养老、医疗、照料等方面的费用占 GDP 的比例将从当前的 7.33%上升至 26.24%，老年群体的各类需求相应增长。

2020 年我国全面建成小康社会，中等收入群体的比例进一步扩大。《经济学人》预计，2020 年我国中产阶级人口将超过 4.7 亿人。届时，我国城市私人消费预计将达 56 000 亿美元，中产阶层及富裕阶层消费将占整体消费的 81%。

2035 年我国初步实现城镇化，城镇人口占比将达到 70%；2050 年我国城镇化率将达 80%，基本实现城镇化。随着城镇化水平的提高，城镇居民的消费结构发生变化，在满足衣食住行方面的需求后，将更加关注生活品质和身体健康，与此相关的消费品需求将不断增加。

未来 30 年，随着国民经济的持续发展和收入水平的不断提高，人民生活水平必将得到更大幅度的提升，对美好生活的期望也将不断提高，保健意识也将不断增强，对生活质量的要求也就越来越高，因此商品种类和结构需求会发生相应变化。

首先表现为消费群体的扩大和个体消费总量的增加。由于经济发展带来居民收入增加和贫困人口减少，因此原来没有条件消费特种养殖产品的群体演变成具有消费能力的群体，从而带来特种养殖产品的消费群体扩大，而原来已经开始消费特种养殖产品的群体会随收入水平提高不断增加消费，从而带来特种养殖产品消费总量的增加。

其次表现为消费群体对特种养殖产品品质层次的需求提升和对品种结构的需求多元化。经济发展和收入水平提高在带来消费群体扩大、消费总量增加的同时，消费者的效用函数也会相应变化，从短缺型需求向温饱型需求，进而向康乐型需求演进。而特种养殖业的发展在满足国民消费需求档次提升和多元化要求方面具有大类养殖业所没有的独特优势。

特种养殖业生产的蚕茧、蜂蜜、鹿茸和毛皮等产品，为相关工业提供了优质安全的工业原料，进而生产出能不断提高人们生活品质的高档服饰和医药保健产品等。蚕业的主要最终产品为丝绸服装、蚕丝被、家纺等丝绸制品及资源多元利用开发的化妆品、药品、保健品、食品等；蜂业的主要产品有蜂蜜、蜂王浆、蜂王浆胶囊、蜂胶胶囊、花粉等营养保健品；茸鹿业的主要产品为鹿茸、鹿鞭、鹿心、鹿尾、鹿胎、鹿筋等医药保健产品和鹿肉；毛皮动物养殖主要为裘皮服装服饰生产提供原料。因此，特种养殖产品都是人们收入水平上升和消费结构变化后为提高生活品质所需产品的基本原料，这就决定了特种养殖业具有不断扩大的市场需求和良好的产业发展前景。

蚕丝具有许多优良特性，如独特的光泽，优良的染色性、弹性、韧性、保暖性、保湿性等，因而被誉为"纤维皇后""保健纤维"。丝绸服装冬暖夏凉，穿着舒适、美观、高雅，被视为"国宝"。而且，蚕丝从栽桑养蚕到缫丝织绸的生产和消费过程中，无污染无刺激，是世界上推崇备至的绿色产品，素有"人体第二肌肤"之称。随着高科技的研发应用，丝绸业将会不断推出天然、绿色、无污染、多功能的新产品，吸引越来越多的消费者。因此，蚕丝将成为国际消费的主流之一，国内外市场蕴藏着较大的消费潜力。目前，全世界蚕丝年产量仅占纤维总量的 0.1%左右，我国的人均丝绸消费更是不足 0.25m。根据近几年蚕丝使用增长的趋势分析，未来蚕丝占纤维总量的比例应该稳步上升。如果蚕丝产量占到纤维总量的 0.2%～0.3%，蚕茧需求将会成倍增长，潜在需求空间巨大。

蜂产品是我国传统的绿色保健食品，其中蜂王浆被誉为"生命长春的源泉"，蜂花粉被称为"天然的微型营养库"，蜂胶有"血管清道夫""微循环保护神"之美称。中外数以万计的蜂产品服用者用实践证明，蜂产品能为人类提供较为全面的营养，对患者有一定的辅助治疗作用，可改善亚健康人群的身体状况，提高人们的免疫调节能力，同时可抗疲劳、延缓机体衰老、延长寿命，对提高国人的健康素质具有重要作用。发达国家广泛接受了蜂产品的保健功能，人均年蜂蜜消费为 2～4kg，而我国仅为 246g。随着国民经济社会发展、人民生活水平不断提高和保健意识不断增强，我国人均蜂产品消费还有很大的提升空间。

鹿产品作为传统的医疗保健药材，有很高的生物学活性，对延缓衰老、增强机体抵抗力、病后恢复有很好的作用，在我国老百姓中享有很高的声誉。其中，梅花鹿、马鹿鹿茸是我国传统的珍贵大宗中药材，是中成药重要原料和中药配方，随着中医药产业的迅猛发展，我国的鹿茸需求必将增加。随着人们生活水平的提高，市场对以鹿产品（鹿皮、鹿血、鹿胎、鹿尾等）为主要原料的药品、保健品、化妆品的需求旺盛。因此，鹿业发展的市场潜力非常大，如韩国 4400 万人口年耗鹿茸超过 200t，人均 4.5g；我国有超过 14 亿人口，按人均 1g 计算，需要 1400t 鹿茸，按现在的生产水平，养鹿规模至少达到现在的 14 倍。

毛皮动物养殖产品主要是毛皮，是裘皮服装服饰的主要原料。裘皮服装"时尚、高雅，实用、耐用"，随着裘皮加工和设计水平的提升，我国消费人群不断扩大。国内市场方面，东北、西北和华北高寒地区及西南高海拔地区有 5.4 亿人，其对用于保暖御寒的羽绒服、棉服或裘皮服装的需求极大；东南沿海发达地区冬季气温低，裘皮服装加工企业已经关注到这个消费群体。国内庞大的市场需求为毛皮动物养殖业发展提供了基本市场保证。国际市场方面，裘皮是高档的消费品，在发达国家和新兴市场国家具有庞大的消费群体，如俄罗斯拥有大约 1 亿人的庞大消费群体，是我国裘皮出口的主要市场；除欧洲传统裘皮消费市场外，中、俄、美、韩、日等地已成为新兴的裘皮消费市场，消费额已占到世界裘皮消费市场的 70% 以上，且比例还在逐年上升。在世界毛皮制品零售业营业额一直健康平稳上升、全球裘皮制品需求不断增加的背景下，世界裘皮加工、毛皮动物养殖中心向中国转移已成趋势，我国已成为全球最大的裘皮加工中心，加工量占到全球的 75% 左右。由此可得出基本判断：国内毛皮动物养殖有极大的市场需求和发展空间。

考虑到蚕茧和毛皮等特种养殖产品主要属于工业原料，丝绸、蜂蜜和裘皮服装服饰的消费者主要是中高收入群体，目前我国丝绸、蜂蜜和裘皮服装服饰的出口比例较高，特种养殖业的发展具有高外贸依赖度的特性等，我们认为未来影响特种养殖产品需求的主要因素在于世界经济波动、国民生活方式变化、绿色环保理念下的流行趋势、城市化水平和人均收入水平提高程度等。尤其是我国特种养殖产品的人均消费与发达国家相比仍有不小差距，随着中等收入群体的持续增长、居民收入的继续提高以及城镇化进程的加快，我国的特种养殖产品需求必将继续增加。对发达国家特种养殖产品消费历程以及我国人口总量、中等收入群体规模、居民收入及城镇化进程、特种养殖产品消费特点和国内外销售比例等主要因素进行综合分析，预测得到我国特种养殖产品的需求情况，见专题表 1-3。

专题表 1-3　国内外市场对我国特种养殖产品的需求预测

	分类	2018 年	2025 年	2035 年	2050 年
	我国人口（亿）	14.05	14.10	14.50	13.60
	我国城镇化率（%）	61.50	65	70	80
国内外总需求	蚕丝（万 t）	8.65	11	12	15
	蜂蜜（万 t）	46.8	52	55	60
	鹿茸（t）	4 000	7 500	14 800	20 300
	毛皮（万张）	8 800	10 000	15 000	20 000
国内需求	蚕丝（万 t）	6	8	10	12
	蜂蜜（万 t）	40	42	45	50
	鹿茸（t）	3 200	3 780	10 360	17 000
	毛皮（万张）	6 800	5 000	7 000	10 000

数据来源：2018 年来自各行业统计数据，2025 年、2035 年、2050 年为预测数据

2. 供给状况

我国是发展中国家，仍然处于经济体制转型过程中，保持经济持续高速发展和提高人们收入水平仍然是当前及未来 20～30 年的主要任务，尤其是调整农业产业结构、实施乡村振兴战略、促进农村地区经济发展、提高农民收入为当前和未来协调城乡、区域发展的重要内涵，解决农村贫困和促进农民增收的重要抓手是依靠各地的资源禀赋，通过发挥比较优势，推动农业内部结构调整和多元化发展。特种养殖业具有经济价值高、区域特色鲜明、产业链长、市场前景好等特点，因而在未来相当长时间将成为我国促进农村经济发展、解决农村就业和提高农民收入的地区性支柱产业。

我国蚕桑、蜜蜂、鹿和毛皮动物等特种养殖业的发展历史悠久，在特定地区已经发展成为优势产业，形成浙江杭嘉湖、江苏通盐地区和广西、云南、四川等具地方特色与优势的蚕桑产业集聚区域，以辽宁辽东半岛、吉林中东部、河北沿海、山东胶东半岛、黑龙江等为代表的毛皮动物生产基地，以辽宁佟二堡、河北肃宁和辛集、浙江海宁、广东珠江三角洲等为代表的裘皮加工基地，以吉林、辽宁、黑龙江三省及周边省份为主的梅花鹿产业聚集区，新疆、甘肃等西北马鹿产业集聚区，以及浙江、四川、河南等养蜂大省。我国地域广阔，自然资源丰富，地区经济发展差距巨大，客观上为特种养殖业的发展提供了巨大的回旋余地，使其具有满足国内外市场增长需求的可能性和发展潜力。

改革开放 40 年尤其是 2001 年加入 WTO 以来，伴随特种养殖产品加工业的快速发展，我国特种养殖业规模化、产业化进程加快，产业链得到延伸，应对市场需求和价格波动的能力不断提升，促使特种养殖业新兴产地不断兴起，生产供给能力有效提高。例如，在东部蚕桑生产规模萎缩的前提下，"东桑西移""东丝西进"不仅通过向西部转移保持了我国蚕业的可持续发展，而且在全国形成了西部茧丝原料基地和东部丝绸加工重心良性互动发展的新格局。

水貂皮、狐皮服装服饰是高档裘皮制品，归属高消费人群，而貉皮制品则归属大众消费。进入 21 世纪以来，裘皮制品消费区域发生显著变化，其中北美洲、西欧等发达国家是传统的裘皮消费国，市场需求出现逐步下降趋势；而我国消费与人民生活水平同步，呈快速增长趋势，消费群体不断扩大；以俄罗斯为代表的中东欧国家的寒冷地区是刚性消费地区，需求相对稳定。对西方发达国家裘皮服装及制品消费趋势、裘皮服装基本功能及不同消费群体、消费国家价值取向进行分析，我们认为裘皮制品可满足"人们对美好生活的向往"，并能满足人们对生活必需消费的基本要求。在未来 50 年或更长一段时间内，我国水貂裘皮制品消费市场将处于稳定期；发达国家的消费或随着消费理念和价值取向的不同呈下降趋势；俄罗斯等中东欧国家随着经济恢复，水貂皮、狐皮制品消费将呈现稳定上升趋势。貉皮制品在气候寒冷地区的消费将在较长时间内持续增长。因此，毛皮动物养殖业的发展仍充满机遇和广阔前景。

综合分析我国特种养殖产品的国内外需求、资源条件、生产能力、产业波动等因素，预测得出各种特种养殖产品的产量目标，见专题表 1-4。

专题表 1-4　我国主要特种养殖产品产量目标预测

年份	桑蚕茧（万 t）	柞蚕茧（万 t）	蜂群（万群）	鹿类（万头）	毛皮动物（万只）
2025	75	9	1 100	250	9 000
2035	80	10	1 200	550	14 000
2050	100	12	1 400	1 100	20 000

3. 生态环境要求

习近平总书记在党的十九大报告中指出："坚持人与自然和谐共生。建设生态文明是中华民族永续发展的千年大计。必须树立和践行绿水青山就是金山银山的理念，坚持节约资源和保护环境的基本国策，像对待生命一样对待生态环境，统筹山水林田湖草系统治理，实行最严格的生态环境保护制度，形成绿色发展方式和生活方式，坚定走生产发展、生活富裕、生态良好的文明发展道路，建设美丽中国，为人民创造良好生产生活环境，为全球生态安全作出贡献。"

随着生活水平的提高，人民群众对绿色、环保、生态、健康产品的需求将进一步增加，特种养殖业发展就必须满足绿色、优质、健康产品的供给要求。为了达到这一要求，必须转变特种养殖业发展方式，大力推进标准化、规模化、集约化养殖，建立一套完善的产品质量追溯制度、产品质量检测评价体系和标准体系，确保蚕业、蜂业、鹿业和毛皮动物业生产和加工的各类产品质量符合绿色、优质、健康标准。

特种养殖业是现代农业的重要组成部分，是农业生态平衡不可缺少的链环，在国民经济发展中起着独特的作用，是一项利国利民的民生事业。特种养殖业具有投入少、见效快以及不与农业生产争肥、争水、争劳力、争饲料、争耕地的优势。例如，蜜蜂在采集花粉的同时也为植物传花授粉，还是很多特有植物的专业授粉者；种桑养蚕时桑树成林本身就具有保持水土、防风固沙、美化乡村等生态作用，因而是资源节约型和环境友好型产业，在乡村振兴中具有独特的优势。

特种养殖业的发展能够将养殖业发展和生态保护结合起来，可以最大限度地利用现有资源和减少环境污染，在保护生态环境的基础上发展特种养殖业，既保障产品质量安全，又实现生态环境保护。当前劳动力和环境已成为限制我国农业发展的重要因素，而特种养殖业的发展能够缓解和改善我国正日趋遭受严重破坏的生态环境，增加农业可持续发展的后劲。

二、改革开放 40 年中国特种养殖业发展的历史演变与主要经验

改革开放以前，受计划经济体制和粮食短缺的影响，我国农业以种植业为主，养殖业仅作为家庭副业，产业发展长期停滞不前，产值仅占农业总产值的 18% 左右。特种养殖业中，除了蚕业具有出口创汇功能而受到国家的重视并获得较大发展外，蜂业、鹿业、毛皮动物业等发展受到各种因素的限制。

改革开放以来，随着计划经济体制向市场经济体制的转变，我国经济高速发展，

居民收入水平不断上升，消费结构逐步发生变化，人们对可提高生活品质的丝绸服装、裘皮大衣、鹿茸、蜂蜜等高档服饰和医药保健产品的需求逐渐增加，从而使得为这些高品质生活产品提供基本原料的特种养殖业的市场需求不断扩大，因此产业发展前景良好。

（一）历史演变与阶段特征

改革开放 40 年来，在市场化改革和对外开放的进程中，我国的蚕、蜂、鹿、毛皮动物等特种养殖业经历了各自的历史演变，都可以划分为几个发展阶段。

1. 蚕业

从专题图 1-1 中可以看到，改革开放以来我国蚕茧产量总体呈波动式增长并逐渐趋于稳定的趋势。1978～2018 年，桑蚕茧产量经历了两次增长和两次大跌，由 1978 年的 17.22 万 t 增加到 1994 年的 67.40 万 t，再跌至 1996 年的 40.34 万 t，后上升到 2007 年的 78.21 万 t，再跌至 2009 年的 57.41 万 t，但总体而言，桑蚕茧产量是不断增长的，40 年间增加了 3.1 倍。2010～2017 年，我国每年的桑蚕茧产量稳定在 61 万～65 万 t，2018 年为 70.91 万 t。柞蚕茧产量由 1978 年的 5.33 万 t 到 2018 年的 8.26 万 t，也经历了波动式增长的发展过程，但 21 世纪以来逐渐进入基本稳定增长的良性发展阶段。

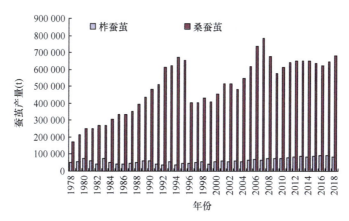

专题图 1-1 1978～2018 年我国蚕茧产量变化
数据来源：1978～2009 年源于《中国丝绸年鉴》；2010～2018 年源于农业部

由于柞蚕业规模相对较小，而且柞蚕茧市场早在 20 世纪 80 年代就已经放开，下面仅分析改革开放以来我国桑蚕业的发展历程。根据 1978～2018 年我国桑蚕茧产量的"两起两落"，可以将改革开放以来的我国蚕桑生产划分为 4 个阶段：高速发展阶段、波动调整阶段、稳定增长阶段和危机调整阶段。

（1）高速发展阶段（1978～1995 年）

1978 年 12 月党的第十一届三中全会确定把全党的工作重点从政治路线斗争转移到社会主义现代化建设上来，农业生产方针从"以粮为纲"调整为"决不放松粮食生产，积极发展多种经营"。1979 年国家决定提高农产品收购价格，蚕茧收购价比上年提高 25.5%，1988 年和 1989 年根据通货膨胀的实际情况，又相继提高蚕茧收购价。

1980 年开始各地对集体桑园和养蚕生产实行"专业承包、联产计酬"的责任制，1983 年以后全面推行家庭联产承包责任制，极大地调动了蚕农的生产积极性，解放了生产力。1977 年大学招生后，源源不断地向社会输送各类蚕桑专门人才，大大地促进了现代蚕桑科学技术的推广普及。与此同时，国家部委和地方政府加大了对蚕桑生产的投入与支持力度。

在国家和各级政府的重视与支持下，蚕种场和蚕农等生产单位加大了对蚕桑产业基础设施的投入力度，科研单位加大了对蚕桑新品种选育和更新的力度，在桑树栽培上因地制宜推广适应不同地区气候和土壤特点的栽培养成方式，如长江中下游蚕区采用速生密集栽培、低干或低中干养成，珠江流域蚕区采用地桑根刈养成，并建立桑树病虫害预测网络和桑树保护体系，注重桑园的平衡施肥和排灌实施的配套。在养蚕上推行"十日眠三眠，每眠是日眠"的标准化养蚕技术；开发并推广应用了"灭蚕蝇""防病一号""毒消散"等蚕用杀虫及消毒防病药剂，认真贯彻以消毒防病为中心的预防为主综合防治技术措施；大力推广方格蔟、塑料折蔟等新型蚕具以及蔟室环境调控技术，以提高蚕茧的品质。

20 世纪 80 年代后期，环保运动下的天然纤维流行引起丝绸消费热，加上改革开放的不断深入和社会主义市场经济的逐步建立，乡镇丝绸生产企业的迅速崛起和国外纺织资本对国内丝绸服装业的大量投资，使国内外市场对茧丝绸的需求在 80 年代末达到第二次世界大战（简称二战）以后的最高潮。丝绸出口价格大幅度提升，尤其是"蚕茧大战"的结果导致蚕茧收购价格飙升，进一步刺激了各地发展蚕业生产的积极性，自 1987 年以后蚕茧生产规模迅速扩大，蚕茧产量大幅度增加。1995 年，全国蚕茧产量达到 65.64 万 t，为 1978 年的 3.81 倍，其中 1994 年为 67.4 万 t，创历史最高纪录。

（2）波动调整阶段（1996～1999 年）

20 世纪 80 年代末 90 年代初蚕桑生产的过度快速发展，导致世界丝绸市场严重供过于求。生丝占世界纤维总量的比例由 1985 年的 0.175%上升至 1990 年的 0.189%，1994 年更是高达 0.289%，结果使生丝出口价格自 1990 年达到 48.08 美元/kg，创新中国成立以来历史最高水平，之后一路走低，1992 年以后更是急剧下跌，1996 年生丝出口价格为 22.03 美元/kg，仅相当于 1990 年的 45.82%，甚至低于 1986 年的 24.92 美元/kg。

我国的蚕丝业曾是典型的外向型产业，当时茧丝产量的近 3/4 以茧、丝、绸及丝绸服饰的形式出口国外。20 世纪 90 年代初世界经济低迷导致丝绸消费热的退潮，1995 年以后日本泡沫经济的破灭，1997 年东南亚的金融危机，以及 20 世纪 80 年代以来印度、巴西和泰国等发展中国家蚕丝业的大发展引起市场竞争激化，导致我国丝绸出口严重受阻，丝绸行业自 1995 年以后连续多年亏损。加上我国经济体制正处于由社会主义计划经济向市场经济转型的关键时期，在养蚕、缫丝、织绸、丝绸后加工和贸易各环节分割管理的体制下，政府对蚕丝业的支持能力有限，导致 1995～1996 年的蚕茧价格大幅下降，同时蚕茧收购过程中的压级压价和"打白条"现象普遍存在，严重伤害了蚕农的生产积极性，因此 1995 年底全国出现了大范围的毁桑，蚕茧产量由 1994 年的 67.4 万 t 下降至 1995 年的 65.64 万 t，1996 年更是急剧下跌至 40.34 万 t，此后各年蚕茧产量有所增减，但由于世界丝绸市场的供求关系未根本好转，蚕茧收购价格未有大的变化，蚕业生产较长时期处于萧条调整期，1999 年全国蚕茧产量为 40.9 万 t，相当于 1989 年的水平。

（3）稳定增长阶段（2000～2007 年）

2000 年我国蚕桑生产进入新一轮的快速增长期，蚕茧产量持续增长。2003 年世界经济和国内经济的繁荣使得我国国民经济高速增长，2003～2007 年年均增长率高达 11.66%。与此同时，地区经济差距扩大，东部经济的持续快速增长，使其劳动力和土地等要素成本不断上升，以江苏、浙江为代表的东部蚕桑主产区的蚕桑生产不断萎缩，而以广西为代表的西部地区蚕桑生产规模不断扩大，至 2003 年中西部蚕茧产量超过东部，至 2005 年西部蚕茧产量超过东部，初步形成了"东桑西移"的格局，且 2005 年广西蚕茧产量跃至全国第一位。2006 年商务部实施"东桑西移"工程后，以广西为代表的西部蚕区继续迅猛发展，我国蚕茧产量大幅度增加，2007 年达到历史最高水平 78.21 万 t。

（4）危机调整阶段（2008～2018 年）

2008 年以雷曼兄弟公司倒闭为标志，美国爆发次贷危机，并迅速蔓延至全球各国，最终演变为国际金融危机。随着世界各国经济增长率的下滑，国际茧丝绸需求减少，茧丝市场供过于求，茧丝价格下跌，严重挫伤农民种桑养蚕的积极性，2008 年和 2009 年我国蚕茧产量连续下降，2008 年下降到 67.76 万 t，2009 年继续下降到 57.41 万 t，两年减产 26.60%。2010 年开始，随着国内外经济的缓慢复苏，在"东桑西移""一带一路"、精准扶贫等战略的推动下，我国蚕桑生产规模逐渐恢复，蚕茧产量缓慢增加，2011～2018 年稳定在 64 万 t 左右，其中 2018 年桑园面积 75.76 万 hm^2，蚕茧产量 70.91 万 t，实现全国蚕茧产值 321.78 亿元。

2. 蜂业

改革开放 40 年以来，我国蜂业发展可以大致划分为以下 3 个阶段。

（1）快速发展阶段（1978～1987 年）

1978 年党的十一届三中全会后，家庭联产承包责任制的实施，极大地调动了广大养蜂生产者的积极性，涌现出一大批养蜂专业户。到 80 年代中期，我国蜂群数量和蜂产品产量均跃居世界第二位，蜂王浆产量和出口量居世界第一，蜂产品也由原来单一的原料生产走向多元化的制品生产，多种蜂王浆制品和花粉制品远销 40 多个国家和地区。自此，我国养蜂业发展到鼎盛时期。

这个时期由于蜂群发展太快，且缺乏统一规划和布局，因此各地蜂群发展不平衡。有的地区蜂群过多，蜜源资源不足，有的地区蜂群太少，蜜源资源得不到充分利用，造成全国性的大流动放蜂，无疑给蜂产品质量埋下深深的隐患。由于蜂群常年流动在外，养蜂人常年居无定所，蜂产品生产的基本档案无法建立，若发现问题根本无从查找，加上流动性大，蜂场的生活工作条件很差，连水电及冷藏设备都没有，所以蜂产品质量难以保证。同时，国家对蜂产品实行统销统购，使得养蜂者产生一种"皇帝女儿不愁嫁"的心态，普遍忽视质量问题，为了追求产量，不惜以掠夺性的方式从事蜂蜜生产，频繁摇取稀薄蜜，不取成熟蜜，造成蜂蜜质量每况愈下。由于蜂蜜质量问题，1986 年 5 月23～27 日农牧渔业部、商业部和经贸部在北京联合召开了全国养蜂工作座谈会，主要议题为加强对养蜂业的领导、管理和指导；加强养蜂科研、教学和技术推广工作；综合治理，切实提高蜂产品的质量。

（2）稳步发展阶段（1988～2008 年）

1987 年以后，我国蜂业经过调整巩固，一些蜂产品质量国家标准相继颁布实施，虽然导致蜂群数量小幅减少，但蜂业逐渐走向稳步发展的阶段。1988 年 9 月 5 日，国家标准局颁布《蜂王浆国家标准》，1989 年 3 月 1 日起实施；1988 年农业部颁布《中华蜜蜂活框饲养技术规范》（ZBB 47001—1988），1989 年 5 月 1 日起实施；1990 年 7 月 1 日起国家标准《蜂花粉》（GB/T 11758—1989）实施；2005 年 10 月 26 日国家标准《蜂蜜》（GB 18796—2005）颁布，2006 年 3 月 1 日起实施；1985 年以后，国家对蜂产品取消统购统销，完全实行市场价，自此我国长途转地放蜂蜂群大幅度减少，定地结合小转地饲养的蜂群逐年增多，蜂产品质量有了明显提高。经过 20 年的稳步发展，2008 年底，我国蜂群总数已达 820 万群，年产蜂蜜约 35 万 t、蜂王浆 3000t 以上、花粉 4000t 以上、蜂胶 300t 以上。

（3）调整提高阶段（2009～2018 年）

21 世纪以来，国家对蜂业发展更加重视，2009 年"蜂"被纳入"国家现代农业产业技术体系"，得到国家长期稳定的经费支持，国家蜂产业技术体系的建立，为我国蜂业的持续稳定发展提供了强有力的科技支撑。2009 年 11 月 29 日时任国家副主席的习近平同志批示：蜜蜂授粉的"月下老人"作用，对农业的生态、增产效果似应刮目相看。随后，2010 年初农业部出台《关于加快蜜蜂授粉技术推广促进养蜂业持续健康发展的意见》和《蜜蜂授粉技术规程（试行）》两个重要文件，并制定了新中国成立以来的第一部《全国养蜂业"十二五"发展规划》，为养蜂业发展指明了方向。2010 年交通运输部将蜜蜂运输列入绿色通道。2011 年农业部设立公益性行业专项支持蜜蜂授粉技术研究。2013 年原农业部部长韩长赋主持召开专题会议强调蜜蜂授粉的重要性。2014 年起农业部启动蜜蜂授粉与绿色植保增产技术集成与应用示范工作。2017 年 9 月 5 日中共中央、国务院发布《关于开展质量提升行动的指导意见》，提出全面提高产品和服务质量是提升供给体系的中心任务，将质量强国战略放在更加突出的位置，全面提升质量水平，加快培育国际竞争新优势，为实现"两个一百年"奋斗目标奠定质量基础。2018 年发布《农业农村部办公厅、财政部办公厅关于实施蜂业质量提升行动的通知》（农办牧〔2018〕40 号）。这些政策与措施的实施对促进我国蜂业的转型升级与发展有着重要意义。2018 年底，我国蜂群数量上升至约 1000 万群，其中西方蜜蜂 600 多万群，中华蜜蜂 300 多万群（专题图 1-2）。

3. 鹿业

改革开放 40 年以来，我国鹿业发展可以大致划分为以下 4 个阶段。

（1）适应独立经营阶段（1978～1986 年）

改革开放前，我国的茸鹿饲养场基本是由政府所属药材、农垦、农业、林业等部门投资兴建的国有鹿场，经营模式都是统购统销。改革开放初期，我国实行简政放权，以放活经营，特别是 1984 年后，养鹿企业面对陌生的市场，销售无门、举步维艰。同时，

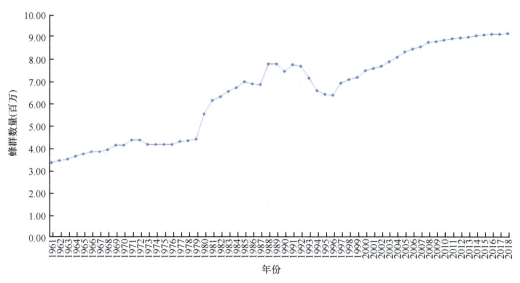

专题图 1-2　1961～2018 年我国蜂群数量变化

数据来源：FAOSTAT；2018 年为估计值

鹿茸国际市场表现不景气，企业亏损，技术人员流失严重，养鹿企业基本处于迷茫阶段。1986 年底，我国梅花鹿存栏 21 万头，马鹿存栏 6.2 万头，梅花鹿鹿茸产量 328.8t，马鹿鹿茸产量 170.5t。

（2）快速发展阶段（1987～1996 年）

这一阶段随着亚洲经济的兴起，韩国及东南亚国家消费市场的形成，鹿茸消费快速增加，而当时我国为主要鹿茸生产国，致使价格上扬。1988 年开始，马鹿鹿茸特别走俏，价格由远低于梅花鹿鹿茸陡然跳到高于梅花鹿茸，甚至价格一年翻两番。此时，民间资本投资鹿业兴起，种鹿价格不断攀升，加上鹿只繁殖扩群慢，此形势持续了 8 年。1996 年底，我国梅花鹿存栏增加至 78 万头，马鹿存栏增加至 18.9 万头，梅花鹿鹿茸产量 1500t，马鹿鹿茸产量 540t。

（3）危机调整阶段（1997～2000 年）

1996～1997 年亚洲金融危机爆发，随亚洲经济增长兴起的鹿业首当其冲受到冲击，鹿茸价格下滑，以至于步入无市无价状态，出现一些商家大量囤货烂在手中的局面。我国鹿业及国外新生鹿业均深受影响，蒙上阴影，因此加快了国营鹿场的改革步伐。2002 年，我国基本完成鹿场由国有到民营的所有制改革，鹿业步入民营时代，调动了鹿业经营者的积极性，增加了产业活力，但产生优良种鹿资源流失、种群退化、技术人员出走等不利影响。2000 年底，我国梅花鹿存栏 80 万头，马鹿存栏 16.5 万头，梅花鹿鹿茸产量 1500t，马鹿鹿茸产量 530t。

（4）稳定增长阶段（2001～2018 年）

进入 21 世纪以来，随着亚洲经济复苏和我国经济快速发展，我国鹿茸消费市场进入稳步增长期。新西兰等后续养鹿国家开始向我国出口鹿茸，从而改变了我国为唯一鹿茸生产国的局面。由于西方养鹿国家学习参照我国鹿茸收取标准、规格、初加工方法，结合其畜牧业管理经验，其养鹿规模及方式快速提升，对我国鹿业造成重大冲击。但我国一直把鹿茸作为中药材使用，而药材的"道地性"是我国中医药的重要基础，从而维护了我国所产鹿茸的市场地位及价值取向。由于我国马鹿鹿茸等相关产品与新西兰的竞争比较激烈，且不具有竞争优势，进入 21 世纪以来，马鹿的存栏量持续下降，而梅花鹿的存栏量不断增加。2018 年底，我国梅花鹿存栏增加到 130 万头（专题图 1-3），马鹿存栏减少至 5 万头，梅花鹿鲜鹿茸产量增加至 2080t，马鹿鲜鹿茸产量减少至 188t（专题图 1-4）。

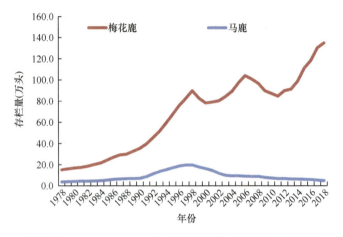

专题图 1-3　1978～2018 年我国梅花鹿、马鹿存栏量变化

专题图 1-4　1978～2018 年我国鹿茸产量变化

4. 毛皮动物业

改革开放 40 年以来，我国毛皮动物业发展可以大致划分为以下 4 个阶段。

（1）改革发展时期（1978～1984 年）

1978 年实行改革开放后，全国范围内大部分养殖适宜区持续出现特种动物养殖热，毛皮动物业的活力开始显现，到 80 年代后期，全国毛皮动物存栏量和毛皮年产量均达到相当规模，我国也成为世界毛皮生产和出口大国。随着经济的发展与竞争的加剧，我国毛皮动物养殖方式在原有的农村庭院式养殖基础上衍生出场区式养殖与小区式养殖，养殖品种开始出现区域化、多样化，国外一些优质品种开始更多地被引入国内，同时与之相关的饲料、兽药、机械、加工等行业发展起来，毛皮动物产业链初具雏形。

（2）全面快速增长时期（1985～1996 年）

20 世纪 80 年代初国际水貂皮贸易迅速升温，又恰逢国内改革开放经济转轨，拉动了我国毛皮动物饲养，到 80 年代后期，我国每年出口的水貂皮已近 500 万张。1988 年，全国水貂饲养量约达 300 万只，年取皮量 500 万张，占世界水貂皮产量的 10%左右。我国貉养殖在 20 世纪 70 年代由于国际市场需求增加、貉皮价格较高而发展非常迅速。1988 年全国人工饲养种貉数量已超过 30 万只，年产貉皮近 100 万张，我国成为世界养貉第一大国。

1993 年国务院颁布《关于发展高产优质高效农业的决定》，为发展毛皮动物、特种经济动物养殖在政策上给予鼓励和支持，并引导养殖业从计划经济转向市场经济，1993～1994 年在世界毛皮总产量相对不足的大形势下，我国各地的养殖场纷纷抓住机遇。1996 年，全国存栏的毛皮动物种兽发展到 150 万只，其中狐狸超过 100 万只，水貂 40 万只，貉 10 万～20 万只，毛皮动物养殖业开始步入新的发展机遇期。

（3）提质增效发展时期（1997～2013 年）

1997～1998 年亚洲爆发金融危机波及我国毛皮动物业，毛皮价格再度下滑，一些小型养殖户开始限产、空栏，但这次小的下跌很快就遇到转机，2001 年后毛皮动物业在各地大力发展区域经济、扬长避短、利用环境资源优势寻找新的经济增长点的潮流推动下开始实现稳步增长，2005～2006 年毛皮动物业呈现一派繁荣景象，毛皮动物存栏量急速增加，达到了历史的最高峰约 5500 万只。但受全球经济前景预期不明朗、美国次贷危机苗头及暖冬等影响，2007 年国内毛皮市场再次跌入低谷。之后经过 2007～2009 年的低价磨砺，我国毛皮动物业在困苦中实现了整合重组，开始步入理性、科学发展期。

2009～2013 年，我国狐、貉、貂三大毛皮动物饲养量呈现大幅度增长的趋势，年均增速高达 20%，同时助推全国毛皮加工业跨越式大发展（专题图 1-5），毛皮服装产量从 2011 年的 304 万件发展到 2014 年的 546.89 万件，增长 79.9%；规模以上企业从 399 家增长到 547 家，增长 37.1%；销售收入增长 49%，达到 864.81 亿元；生毛皮进口额从 4.78 亿美金提高到 9.39 亿美金，增长幅度 96.4%。从以上数据可以看出，5 年间我国整个产业服装产量增加近 80%，销售额增长 50%。

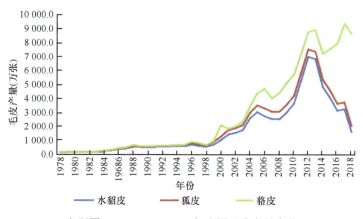

专题图 1-5　1978～2018 年我国毛皮产量变化

（4）以生态环保为重点的全面转型升级时期（2014～2018 年）

从 2014 年开始，我国经济发展放缓、国际格局动荡、产业发展过热等因素共同造成短期内毛皮市场供大于求，国内养殖环节整体进入去库存的压力调整期，毛皮价格下降，加上资源环境约束不断加大，成本、劳动力等红利减弱，养殖环节显现出不同毛皮动物差异化发展的态势。2018 年，国内毛皮动物养殖总量 8598 万只，其中因国内高端貂皮需求下降，貂养殖量降至 1550 万只；狐皮以出口俄罗斯为主，而俄罗斯经济下滑导致需求减少，狐养殖量下降至 448 万只；因国内貉皮普通消费需求增长，貉养殖量上升至 6600 万只。随着产业外部环境日渐复杂严峻，生态环保逐渐进入养殖户意识，现代化、生态化、无公害化饲养模式逐渐成为毛皮动物业的未来发展趋势。

（二）主要成就与经验

改革开放以来，在市场需求、科技进步、体制变革和政策扶持等因素的共同作用下，我国特种养殖业持续快速发展，生产规模明显扩大，科技水平不断提高，国际地位进一步上升。特种养殖业在促进区域农村经济和地方工业发展、提高农业效益、解决农村就业、增加农民收入、提高居民生活品质以及满足国际市场需求等方面发挥了积极作用。

1. 养殖规模不断扩大

特种养殖业既是传统产业，又是养殖业中的新兴产业。改革开放后，农村家庭联产承包责任制的推行，使农民生产积极性得到极大提高。随着市场化改革和国内外市场需求释放，我国特种养殖业生产获得持续快速发展，规模不断扩大。

纵观改革开放以来我国蚕茧产量的变化（专题图 1-1），1978～2018 年虽然经历了 1994～1996 年和 2007～2009 年的 2 次大跌，但总体而言呈现在波动中增长，从 1978 年的 17.22 万 t 增加到 2018 年的 68.1 万 t，40 年间增加 2.95 倍；与此对应，我国桑蚕丝产量从 1978 年的 1.74 万 t 增加到 2017 年的 14.18 万 t，近 40 年间增加 7.15 倍（2018 年的桑蚕丝产量因多种原因调整至 8.65 万 t）。

自 20 世纪 70 年代我国茧丝产量先后超过日本成为世界第一大茧丝生产国后，1978～2018 年蚕茧产量占世界的比例从 42.76% 波动增长至 73.54%（专题图 1-6），桑蚕丝产量占世界的比例从 38.61% 波动增长至 72.98%（专题图 1-7），不仅保持并巩固了世界第一茧丝生产大国的地位，而且茧丝产量均在世界上保持绝对的数量优势。我国也是世界上最大的蚕种生产国，拥有世界上最好的蚕种生产技术和最大的蚕种生产能力，年蚕种生产能力超过 2000 万张（盒），不仅供给本国养蚕，还出口他国发展养蚕业。

改革开放后，我国养蜂业得到飞速发展，无论是蜂群数量还是蜂产品数量都取得很大的发展。1991 年苏联解体后，我国一跃成为世界第一养蜂大国。我国有蜂农 30 万人，蜂产品加工和贸易企业 2000 家以上，2018 年我国拥有蜂群 1000 万群，约占世界蜂群总数的 1/9；蜂产品产量居世界第一，年产蜂蜜 46 万 t、蜂王浆 3500t、蜂花粉 5000t、蜂蜡 4000t 以上、蜂胶 350t、商品蜂王幼虫 60t、雄蜂蛹 30～50t。长期以来，蜂产品一直是我国对外出口的优势产品，出口量居世界首位，每年有近一半的蜂产品用于出口，年创汇超 1 亿美元。其中，蜂王浆出口量居世界首位，占世界贸易量的 90%（专题图 1-8）。

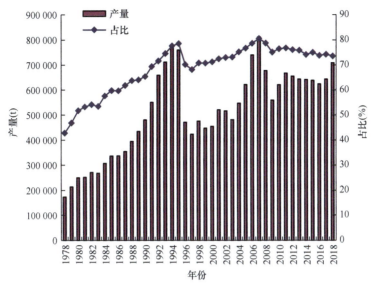

专题图 1-6　1978～2018 年我国桑蚕茧产量及其占世界的比例

数据来源：1978～1999 年来源于顾国达，2001；2000～2018 年根据有关国家统计和 FAO 等资料整理；专题图 1-7 同

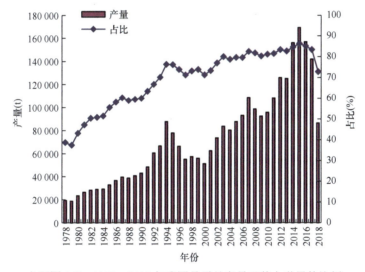

专题图 1-7　1978～2018 年我国桑蚕丝产量及其占世界的比例

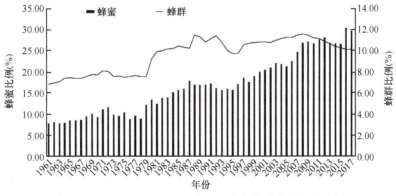

专题图 1-8　1961～2017 年我国蜂蜜和蜂群占世界的比例

我国家养鹿类主要有梅花鹿、马鹿等。总体而言，1978～2018 年我国养鹿业一直是在发展、高潮、低谷、调整的周期性波折起伏过程中前进的，历年的养殖规模变化就能充分体现这一点。究其原因主要是，养鹿业自创建以来一直是以鹿茸为主要产品、以出口创汇为主要收益途径的，产品单一，受国际鹿茸市场价格制约，对国际市场价格波动的缓冲能力弱等。特别是自 2006 年我国和新西兰实施农产品自由贸易以来，价格低廉的新西兰鹿茸冲击国际和国内市场，加之金融危机、鹿饲养成本增加等，一些主养区出现大量屠宰鹿只的现象，使得 2009～2012 年我国养鹿业处于低谷期，但是 2013 年以来全国人工饲养茸鹿存栏量持续上升，其中梅花鹿从 2012 年的 83 万头增至 2018 年的 140 万头。

我国毛皮动物养殖业属于劳动密集型和外向型产业，价格和国际大气候对其有重要的影响，这就决定了该行业波动性较大，但总体仍呈现稳步增长的态势。我国毛皮动物养殖业起始于 1956 年，80 年代后期达到历史高峰，80 年代末 90 年代初受国际经济低迷影响跌入低谷，1993 年国家对特种动物养殖给予政策上的鼓励和支持，毛皮动物养殖业开始迅猛发展，毛皮动物存栏量不断增加，于 2006 年达到 5500 万只。受暖冬及出口不利等因素的影响，2007 年国内毛皮市场再次低落，全国貂、狐、貉饲养总量约 4963 万只，其中水貂 1400 万只，狐狸 1500 万只，貉子 2063 万只。2008 年受国际金融危机的影响，世界市场对毛皮的需求大幅下降，我国毛皮动物饲养量跌至 3800 万只，比 2007 年减少 23.43%。2009 年随着世界经济尤其是我国经济的逐渐回暖，国内毛皮动物饲养量大幅回升（专题图 1-9）。2009～2013 年，我国狐、貉、貂三大毛皮动物饲养量出现大幅度增长，年均增速高达 20%。2018 年，毛皮动物饲养总量 8500 万只以上，其中水貂 2850 万只、狐 1800 万只、貉 3850 万只。

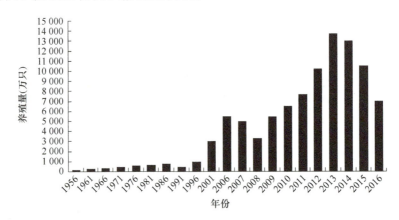

专题图 1-9　1956～2016 年我国毛皮动物饲养量

2. 科技水平不断提高

随着养殖规模的扩大，我国蚕、蜂、鹿、毛皮动物等特种养殖业的科技水平不断提高，大多居于国际领先水平。

我国蚕业基础与应用基础研究取得突破性进展，以向仲怀院士为首的中国蚕业科学家于 2004 年和 2009 年先后两次在美国《科学》杂志发表家蚕基因组研究成果，标志着我国蚕业科学研究进入一个完全自主创新的崭新发展阶段。蚕业应用与推广研究主要以提高单位面积产量、茧丝品质、劳动工效和经济效益为目标,以改良蚕桑品种为中心,采用自主创新与引进消化吸收相结合的策略,根据我国蚕业发展与社会经济发展的特点,在桑(柞)树品种培育、桑(柞)树栽培、桑(柞)树病虫害防治、蚕种、养蚕、蚕病防控、茧后加工和蚕桑资源综合利用等方面开发出许多适合我国特色的蚕业生产技术,逐步形成了具有我国特色的蚕业科技体系。目前,我国蚕业科技研发水平在国际上居于领先水平。

基于中国农业科学院科技创新工程、国家蜂产业技术体系、国家科技重大专项、国家科技支撑计划、国家自然科学基金项目、"863"计划、"948"项目等支持,蜂业研究工作根据我国蜂业现状和市场需求,针对蜜蜂饲养、育种、授粉、保护、蜂产品及质量监控等方面开展。蜂业研究方向基本与国外研究热点一致,先后选育出'国蜂 213''华蜂 414''东方一号'等优良蜂种,研发出"螨扑一号"、缓释型杀螨剂等系列蜂药,研制出蜂胶软胶囊、蜂王浆软胶囊、蜂蜜米醋等系列蜂产品,制定了多个蜂产品质量及检测国家标准,在蜜蜂育种、饲养、蜂保、检测、产品等方面都取得很大的成绩,并努力在养蜂技术和规范、蜂病预防和治疗、检测设备和手段及安全法规和标准等方面与国际接轨;培育了一批标准化蜂蜜生产示范基地和蜂王浆生产示范基地,重大科技成果逐步转化,同时蜂产品新标准新方法不断制订颁布,蜂产品加工行业整体技术水平显著提高,蜂产品安全保障能力稳步提升,产业自主创新能力明显增强,大幅度提高了蜂蜜、蜂胶、蜂王浆、蜂花粉等蜂产品的加工转化率和附加值,有力支撑了蜂产业持续健康发展。

随着我国政府与企业对茸鹿研究的科技投入逐步加大,鹿业发展的新科研成果不断涌现。1990 年,"双阳梅花鹿品种育种"获得国家科学技术进步奖一等奖。双阳梅花鹿是世界上第一个人工选育品种,改变了鹿业无"种"的局面。1993 年,"茸鹿杂交优势利用"获得国家科学技术进步奖三等奖。2004 年,"梅花鹿、马鹿高效养殖增值技术"获得国家科学技术进步奖二等奖。科学家和专业技术人员研究了不同饲料、不同饲养条件下的梅花鹿瘤胃消化特点、瘤胃内主要代谢参数的动态变化规律以及梅花鹿生茸期的能量代谢规律;分析了茸角发生发育机制与胰岛素样生长因子 I(IGF-I)及营养的相互关系;提出了可直接应用于养鹿生产的适宜饲粮营养水平、营养需要量、日粮结构及饲喂方式;评定了豆类、饼粕类、谷物类、糠麸类、树叶类、牧草类、秸秆类等鹿常用饲料的营养价值并编制了鹿用饲料营养价值表;研制出梅花鹿、马鹿不同生理时期的专用预混料;制定了茸鹿常发性传染病综合免疫预防程序和仔鹿非传染性常发病防治措施;建立了带血大枝型茸加工和鹿茸低温干燥加工新工艺。2017 年,"国家特种动物基因库建设与高效利用"获得吉林省科技奖进步奖一等奖,收集并保存梅花鹿、马鹿等各种鹿类 100 余个,并实现了共享。改革开放以来,我国有关鹿类研究获得的科研成果共 48 项、发表科研论文 1230 余篇、获授权发明专利 70 多项。鹿茸拥有令人惊异的再生能力是近些年来取得的重大研究进展,最初的研究认为鹿茸再生和低等两栖动物割处再生类似,都是通过断端细胞的反分化来实现的,但最新的研究结果发现鹿茸的再生是一个基于干细胞的过程,驱动鹿茸再生的干细胞来源于鹿额骨上永久性骨质残基——角柄上附着的一层角柄骨膜,这一发现为研究基于干细胞的哺乳动物器官完全再生提供了可能。"干细胞依赖性"哺乳动物断肢再生假说将整个再生过程定位到断端的骨膜干细胞,我国依据"干细胞依赖性"哺乳动物断肢再生假说首次成功诱导了鼠断肢的部分再生，证明了依据鹿茸再生机制诱导哺乳动物断肢再生的可行性，该项目荣获 2017 年吉林省自然科学奖一等奖。科技进步支撑了我国茸鹿产业的发展，2014 年我国启动"中国梅花鹿全基因组研究"课题，随着对基因组的挖掘，相信在不远的将来，鹿类的神秘面纱将被揭开。

我国毛皮动物养殖业的发展极大地带动了饲料、疫苗、设备以及增产新技术等的研发及其在实践中的推广，养殖科技水平不断提高。20 世纪 80 年代中期，我国开始研究褪黑激素，90 年代取得成功并在全国推广。这项成果使水貂和狐狸冬毛提前 4～8 周成熟，为毛皮动物养殖节省了大量的饲料和管理成本。80 年代末期，我国开展了狐狸人工授精技术研究，在 90 年代中期获得成功。该技术的全面应用在短短 5 年内就使全国饲养场的蓝狐、银狐都获得芬兰优良种狐的基因，毛皮质量大幅度提升。同时，我国已开始重视毛皮动物疫病防治方面的科技研究，目前中国农业科学院特产研究所已成功研制出毛皮动物犬瘟热、细小病毒性肠炎、脑炎等疾病的疫苗，有效控制了威胁毛皮动物健康的几类疾病。近年间中国农业科学院特产研究所承担完成了"不同生态区优质珍贵毛皮生产关键技术研究""水貂、蓝狐精准营养研究与饲料高效利用技术""毛皮动物（水貂、狐、貉）系列疫苗产业化与推广应用"等多项重大项目，2012 年参加研究的"重要动物病毒病防控关键技术研究与应用"成果获得国家科学技术进步奖一等奖。科技水平的提高有效带动了我国毛皮动物养殖关键技术、饲料营养、疫病防控水平提升，为毛皮动物养殖业的发展提供了强有力的支撑，对增强我国毛皮产业的国际竞争力产生了重大作用。

3. 促进农业增效和农民增收

特种养殖业养殖的都是经济价值高的动物，因此是比较经济效益较高的农业。特种养殖业的发展，既丰富了农产品市场，又繁荣了农村经济；既促进了农业生产发展，又提高了农业生产效益；既创造了农民就业机会，又增加了农民收入。蚕、蜂、鹿和毛皮动物养殖已成为许多县（市）和乡镇农业发展、新农村建设、农民增收的支柱或骨干产业。一些贫困的县、镇、村及农户不但通过养殖特种动物实现了脱贫，而且实现了致富。2008 年的国际金融危机致使我国东部大批中小型外贸企业倒闭，导致了农民工返乡浪潮，而特种养殖业因周期短、资金周转快、疫病较少等优势，符合现代农民养殖致富和众多返乡农民工回家创业的愿望，成为农民返乡后就业和增收的新亮点。

蚕丝业是农业经济中劳动力密集程度最高的行业，就业容量大。据测算，生产 1t 生丝从栽桑、养蚕、收烘茧到缫丝的过程需要用工 12 000 个左右，其中栽桑养蚕用工约占 86%。目前我国种桑养蚕的 28 个省份的 1000 多个县（市）拥有桑园超过 80 万 hm²，可为大约 1000 万农户提供全日或非全日工作。柞蚕更是一项高效益产业，全国有 13 万～14 万直接从业者，同时带动 30 万个就业岗位。放养一季柞蚕，用工 100 个左右，可获得纯收入 20 000 元以上。种桑养蚕不争农时、不争耕地，因而农户可利用边角土地，在有限的土地上得到更多创造收入的机会。1978～2018 年，我国桑蚕茧总收入从 4.70 亿元增加到 321.78 亿元（按当年蚕茧价格计算），增加约 68.5 倍。2006～2018 年，我国柞蚕茧收入从 11.04 亿元增加至 37.56 亿元，增加 2.4 倍。此外，随着蚕桑茧丝资源的多元化利用和产业的多元化发展，加上多元化发展的各产业分支，蚕桑产业的综合产值不断提高。

蚕桑经济被称为山区经济、扶贫经济，蚕桑产业也被称为扶贫产业。改革开放以来，我国蚕桑产业发展的进程，就是蚕桑生产不断由东部经济发达地区向中西部经济欠发达地区转移的进程，也是经济欠发达地区农民通过栽桑养蚕脱贫致富的进程。特别是进入 21 世纪以来，在蚕桑产业"东桑西移""东丝西进"的进程中，中西部欠发达地区的农民通过发展蚕桑生产快速获取收入，从而实现了脱贫致富，而欠发达地区通过发展蚕桑产业及后续加工产业实现了地区经济发展。在我国 14 个集中连片的特殊困难地区中，大部分地区有蚕桑生产，其中一些县（市区）正走在通过发展蚕桑脱贫致富的道路上，如广西那坡、陕西石泉、贵州黄平、安徽潜山、江西乐安等。大到一个县（市区），小到一个村庄、一个农户，因发展蚕桑生产而脱贫致富的例子数不胜数。

我国鹿业除可通过养殖场直接销售鹿茸、鹿活体、初加工产品、鹿副产品获得收益外，国内新兴的鹿产品医药、保健品和食品相关产业也使得鹿业附加产值不断增加。据不完全统计，鹿业的年产值至少为 375 亿元，出口创汇 5 亿美元以上，鹿业从生产、产品加工到最终贸易与销售，从业人员已经超过 100 万人。在鹿业发展高潮时期，饲养梅花鹿的年净收益可达到 1500～3000 元/只，饲养马鹿的年净收益可达到 1000～2000 元/只。只要科学饲养、提高生产效率、合理优化鹿群结构，就能实现增产增收的目的，鹿业已经成为我国一些农区、半山区、山区农民脱贫致富，解决农村剩余劳动力的特色养殖产业。

目前我国毛皮动物养殖户大部分仍为农民，养殖区也主要集中在农村。毛皮动物养殖业回报率及经济效益都显著高于传统农牧业，对农民增收、农村增效起到很大作用。据统计，2006 年大庆肇源饲养狐貉 50 万只，收入达 1 亿元，仅古龙村就有 200 多户搞狐貉养殖，养殖量达 1800 只，户均收入 3500 元。有"东北养貂第一村"之称的普兰店碧流河村，在新农村建设中以水貂养殖作为全村的主导产业来促进农民增收，近年来全村饲养水貂 80 万只，规模养殖户达 800 户，人均养貂纯收入过万元，全村养殖大户每年雇用当地及周边劳力 1000 多人，带动农民增收 1000 万元以上。我国毛皮动物养殖业主要靠人工养殖，因此能够提供较多的就业机会，可有效解决农村剩余劳动力。据统计，肃宁依靠尚村裘皮加工业转移的周边农村剩余劳动力有 8 万人，占总人口的 37%；乐亭农村毛皮动物养殖户为 4.7 万户，占总数的 34%。

4. 带动地区经济尤其是中西部地区经济发展

特种养殖业处于产业链的上游，多为关联工业提供基本原料，因而不仅能够提供农民就业机会和增加农民收入，带动一个地区农业生产和农村经济发展，而且通过加工业发展和产业集聚能够促进地区工业、外贸的发展，推动一个地区的工业化。

蚕茧是丝绸工业最初也是唯一的原料，以蚕茧为原料的茧丝绸业是一个包括蚕种培育、栽桑养蚕、鲜茧收烘、干茧流通、厂丝生产、织绸印染、成品加工到外贸出口环节的完整产业链，涉及第一、二、三产业：从育桑（柞）苗、蚕种生产与供应到种桑（柞）

养蚕生产蚕茧属于农业；蚕茧收烘、缫丝、织绸、成品加工属于第二产业；茧、丝、绸及其制成品的流通、销售和出口属于第三产业。由于产业链长，对其他产业的带动作用大，同时具备劳动密集、资金积累作用明显的特点，茧丝绸业的发展可以加快当地的工业化进程。意大利、法国、日本、韩国等发达国家和我国浙江、江苏、广东等沿海发达地区都曾将茧丝绸业作为本国或本地区工业化早期的先导产业。

在蚕桑产业"东桑西移""东丝西进"的进程中，我国中西部各级政府抓住机遇，制定相关鼓励政策，适应市场经济体制要求，优胜劣汰，实施企业兼并重组，积极培育龙头企业；通过龙头企业拉动基地建设，用要素投入集约化、产业经营组织化、生产手段科技化和资源配置市场化的现代农业理念加强茧丝绸产业基础建设，促进地区经济发展。广西、云南、四川、陕西、安徽等中西部省份的蚕桑产业快速发展，蚕茧产量占全国的比例持续提高，不仅在全国的蚕桑生产地位不断上升，为我国蚕业可持续发展作出积极的贡献，而且这些省份的许多县（市、区）通过发展蚕桑业实现了县域经济增长，如广西宜州、云南陆良、四川宁南等，通过不断扩大蚕桑生产规模、延伸产业链、拓展产业分支，分别成为本省的最大蚕桑生产县。

蜂产业链以蜜蜂养殖为中心，由科研（产前）—蜜蜂养殖（产中）—蜂产品加工、销售（产后）组成。目前我国有个体养蜂场 10 万家，养蜂从业者近 30 万人，蜂群 1000 万群以上，平均每场（户）养蜂 100 群左右。截至 2016 年 3 月，全国获得蜂产品生产许可证的企业从 2010 年的 778 家增加至 1302 家，增幅达到 67%，其中国家级龙头企业 7 家、省级龙头企业 35 家、行业龙头企业 65 家；蜂蜜生产企业 1136 家，占蜂产品获证企业总数的 87%，蜂王浆（含蜂王浆冻干品）生产企业 413 家，蜂花粉生产企业 400 家，蜂产品制品生产企业 345 家。

毛皮动物养殖业迅猛发展，有效促进了地区经济的发展。根据统计数据，1956～2008 年我国毛皮动物养殖业共创造价值 2500 亿元，其中 2007 年养殖环节完成产值约 126.4 亿。根据中国皮革协会公布的相关数据，2009 年 1～10 月我国规模以上毛皮及制品企业生产毛皮服装 166 万件，同比增长 4.2%，工业总产值 304 亿元，同比增长 22.8%。随着毛皮动物养殖业的快速发展，其经济价值越来越显著，一些地区已把毛皮动物养殖作为新的经济增长点，以河北为例，2007 年毛皮动物饲养总量超过 2000 万只，交易额超过 50 亿元，极大地促进了当地经济发展。

同时，毛皮动物养殖业的迅猛发展带动了相关产业的快速发展，最直接拉动的是饲料工业、裘皮加工业、毛皮机械制造以及相关配套产业。据估计，目前我国从事毛皮动物饲料生产的厂家不少于 200 家，毛皮加工企业产值过亿元的已近百家。其中，河北华斯实业集团有限公司 2011 年成功在主板上市，成为我国第一家上市的裘皮加工企业。同时毛皮加工量的增大，带动了毛皮机械产业与化工产业的发展，毛皮机械生产迅速增加，机械制造技术大幅提高，高档皮的加工材料在 2005 年后基本实现国产化。这些产业的发展不仅有效带动了地区经济，也推动了整个毛皮动物产业平台的发展。

5. 提高生活品质，满足国内外市场需求

随着收入水平提高，居民的消费结构也在不断变化，对提高生活品质产品的需

求不断增加。蚕丝从栽桑养蚕到缫丝织绸的生产和消费过程中，无污染无刺激，是世界上推崇备至的绿色产品，素有"人体第二肌肤"之称。蜂制品是绿色高效的保健产品；鹿产品是历史悠久的医疗保健品；毛皮是制作裘皮等高档服装服饰的原料。因此，蚕、蜂、鹿、毛皮动物等特种养殖产品在提升居民吃、穿、医药保健等水平方面具有积极的功能。

我国是世界上最大的丝绸生产国和出口国，2018 年蚕茧和生丝产量分别占世界的 73.54%和 72.98%，蚕丝类、绸缎、丝绸服装及制品净出口额分别占世界同类产品的 95%、53%和 24%，生丝、绸缎出口均居世界第一位，丝绸服装及制品出口居世界第二位，仅次于印度（占 49%）。丝绸是我国传统的出口创汇商品，出口 130 多个国家和地区，在新中国成立后的相当长时间里，丝绸是仅次于石油的第二大出口创汇产品，在我国对外贸易中具有十分重要的经济地位。改革开放后，我国依然是世界上最大的茧丝绸出口国，茧丝绸贸易量在国际市场具有绝对的数量优势，1978～2018 年真丝绸出口从 6.13 亿美元增加至 29.6 亿美元，累计出口 955.68 亿美元。

2008 年国际金融危机爆发后，受世界经济不确定性增强、国际丝绸贸易疲软、中美贸易摩擦不断以及印度等国蚕丝业发展和丝绸出口竞争的影响，国际市场对我国丝绸产品的需求呈现波动下降的态势，国内市场消费需求释放转而成为支撑我国传统蚕桑产业链持续发展的根本力量，我国丝绸产品从出口为主向满足国内外市场需求并重转变。近十年来，随着居民收入水平提高和消费结构升级，"互联网+丝绸"销售模式渐趋成熟，线下体验带动线上消费快速增长，国内丝绸消费需求不断释放，以蚕丝被、丝绸家纺、丝针织品、丝绸饰品、丝绸礼品为代表的丝绸产品逐渐走俏国内市场，内销比例逐步提高，2016 年已达 60%，我国成为世界上最大的丝绸消费国。而且，丝绸作为我国的国礼，越来越受到上至国家领导人，下至普通消费者的认可，浙江凯喜雅国际股份有限公司、万事利集团有限公司、吴江市鼎盛丝绸有限公司等一批公司的丰富多彩的丝绸礼品成为国内外市场的热销产品。

长期以来，蜂产品一直是我国对外出口的优势产品，出口量居世界首位，每年我国有近一半的蜂产品用于出口，其中蜂王浆出口量居世界首位，占世界贸易量的 90%。据海关总署统计，2004 年我国出口蜂蜜 8.64 万 t，在统计的 155 类植物和动物产品中排在第 44 位，在动物和水产中排在第 10 位；出口价值为 9904 万美元，在全部统计产品中排在第 26 位，在动物和水产中排在第 6 位，仅次于猪肉、鸡肉、可食用内脏、全脂鲜奶（包括牛、水牛、绵羊、山羊、骆驼的奶）和牛肉（包括牛和水牛）。日本是我国蜂蜜出口第一大国，约占全球出口量的 35%，我国每年出口到日本的蜂蜜总价值达 60 亿日元，占日本蜂蜜市场份额的 89.5%。欧盟是我国蜂蜜的传统出口市场，其年进口蜂蜜 15 万 t 左右，其中从我国进口 3 万～4 万 t，占 27%左右。2017 年来我国蜂产品出口延续多年稳步增长的态势，整体成绩突出，出口量增长与国际经济环境向好、需求增加有一定的关系，但我国出口的各类蜂产品的价格仍然维持在较低水平，量大价低的局面依然没有改变。而随着人民生活水平提高及保健意识增强，国内蜂产品市场需求旺盛，潜力巨大，网络及其他新型销售模式增长明显。

近年来，我国（梅花鹿、马鹿）鹿茸及鹿副产品消费呈快速增长态势，国产（梅花鹿、马鹿）鹿茸已经远远不能满足市场需求。据统计，2018 年我国从新西兰进口鲜赤鹿茸 800t，赤鹿副产品（鹿鞭、鹿尾、鹿皮、鹿骨、鹿肉等）2000t，以弥补市场需求缺口。我国生产的鹿茸主要出口韩国、东南亚及我国香港地区，年出口成品（干）梅花鹿鹿茸、马鹿鹿茸约 80t，占总量（含进口赤鹿鹿茸）的近 10%。

随着生活水平的提高，人们对服饰的需求已不再仅满足于御寒、遮羞的基本功能，而是在这个基础上又希望服装具有美观、舒适、时尚等功能。裘皮服装服饰兼具实用与美观双重特性，更是身份与时尚的象征，满足了社会发展中人们对服装的多元化需求。目前世界裘皮加工、毛皮动物养殖中心向我国转移已成趋势，我国已成为全球最大的裘皮加工中心，加工量占到全球的 75%左右，主要出口国不仅包括欧洲传统裘皮消费市场，还包括俄、美、韩、日等新兴裘皮消费市场。同时随着人民生活水平的提高，国内市场需求不断扩大，仅居住在东北、西北、华北及西南高海拔地区的人口就有 5.4 亿，内需庞大。1993 年我国成为毛皮进口国，目前已超过丹麦、芬兰、美国等成为世界上最大的水貂饲养国、最大的毛皮进口国、最大的毛皮加工国、最大的毛皮消费国和最大的毛皮制品出口国。作为最大的原料皮进口国，我国裘皮原料进口额从 2001 年的 1.72 亿美元稳步增长到 2014 年的 12.35 亿美元，年均增速约 20%；作为最大的毛皮服装生产国和出口国，我国的毛皮服装生产和出口量约占全球的 70%；2010～2011 年，全球毛皮制品零售总额为 150 亿美元，而作为最大的消费国之一，我国占 1/4。我国毛皮动物养殖业发展极大地满足了国内外消费者对高档服饰的需求。

6. 促进生态生产环境改善

法国学者曾经提出一个问题："如果没有了蜜蜂，人类还能存在多久？"而伟大的科学爱因斯坦曾预言："如果蜜蜂从世界上消失了，人类也将仅仅剩下 4 年的光阴！"因为在人类所利用的 1330 种作物中，有超过 1000 种需要蜜蜂授粉。国内外大量科学研究文献以及农业生产实践证明，通过蜜蜂授粉，可使农作物的产量得到不同程度的提高。美国农业部 1984 年公告，通过蜜蜂授粉而增加的产值是养蜂业自身产值的 143 倍，每年养蜂业的直接收入仅为 2 亿美元，而通过蜜蜂授粉增加的农作物收入约 200 亿美元。国内科学试验也表明，通过蜜蜂授粉可使荔枝增产 313%～417%、油菜籽增产 100%～200%、温室桃增产 41.5%～64.6%等。蜜蜂授粉不仅可以提高结果率，而且可以改善果实和种子品质并提高其后代生活力，因而成为世界各地农业增产的有力措施。

作为一种模式动物，蜜蜂被广泛应用于多种学科的基础理论研究中，如进化理论、环境保护等。2003 年美国完成了西方蜜蜂全部 270Mb 基因组的测序工作，所获得的基因信息将被用于开发新药（如抗生素），揭示人体免疫体系以及免疫机制，治疗遗传性疾病，特别是与 X 染色体相关的疾病以及心理障碍疾病等。由于缺乏免疫系统，蜜蜂对环境污染物缺乏抵抗力，对环境变化敏感，特别是对化学农药的敏感性极高，可作为易感性生物标志物用于环境污染的监测。

蜜蜂在农业立体污染的治理中能发挥重要作用。通过蜜蜂的授粉，可增加作物的产量，减少化学激素的使用，改善作物的品质，同时促进植被的繁茂和生长，特别是一些野生植被。而野生植被的繁盛，为天敌昆虫、捕食性蜘蛛和螨类的繁育提供了场所与食物，因而天敌数量增加，有效控制了农田和果园中有害昆虫的发生，从而减少了化学农药的使用量和使用范围，保护了环境。因此，蜜蜂授粉可以缓解和改善我国正日趋遭受严重破坏的生态环境，增加农业可持续发展的后劲。

桑叶是家蚕的唯一饲料，养蚕必须栽种桑树。而桑树是一种环境适应性很强的树种，耐寒、耐旱、耐贫瘠、耐盐碱，具有涵养水源、减少水土流失，防风固沙、护田保土，净化空气、改善环境等生态治理功能，因而既是一种经济树种，又是一种较理想的生态治理树种。贫困地区往往是石漠化、荒漠化等生态环境差的地区或者山区、高原等偏远、交通落后的地区，发展蚕桑生产既可快速产生经济效益，又能持续发挥生态效益。目前，桑树在我国华北、东北、西北、西南的石漠化、荒漠化治理，干旱和半干旱地区的植被恢复以及盐碱地治理、矿山修复、消落带治理等方面发挥着积极作用。

（三）存在的主要问题

我国特种养殖业发展面临着经营规模偏小、生产方式落后，区域集中明显、产业集聚不够，价格波动频繁、产业发展不稳定，实用技术研究进展缓慢、已有技术普及率不高，产业链不够完善、产品附加值低，政府支持不够、管理体制不健全，市场竞争激烈、国际压力加大等一系列问题。

1. 养殖规模偏小，生产方式落后

蚕业生产的劳动密集型特点决定了其不像种植业和其他养殖业那样可以实现规模经营。蚕业生产周期及对自然条件的依赖性，使其生产机械化水平低，生产方式没有大的突破。目前，我国蚕业生产的实际状况与概念上的现代农业相比仍有相当距离，主要是经营规模小，生产方式落后，生产效率低下，尚未从根本上摆脱传统的小农经济模式。根据国家蚕桑产业技术体系蚕桑产业经济岗位历年对桑蚕基地县的问卷调查统计数据分析可知，虽然农户的种桑养蚕规模在缓慢扩大，但我国蚕桑生产仍然是小规模的家庭生产经营。2005～2018 年，基地县户均桑园面积、户均蚕种饲养量、户均蚕茧产量和户均蚕茧收入都是持续增加的，其中户均桑园面积增加 0.09hm^2，户均蚕种饲养量增加 2.58 张，户均蚕茧产量增加 84.43kg，户均蚕茧收入增加 5903.94 元。但是，2018 年我国 107 个基地县的户均桑园面积仅为 0.23hm^2，户均蚕种饲养量仅为 6.23 张，户均蚕茧产量仅为 223.57kg，户均蚕茧收入仅为 8795.66 元。

由于经营规模小，生产方式落后，蚕业生产存在着一些不容忽视的问题：蚕种场设施老化严重，社会负担沉重，人均年制种量不到 1000 张，生产效率低，家蚕微粒子疫病的威胁尚未根本消除；生产基础条件与技术装备仍较原始落后，绝大多数蚕区的桑园没有排灌设施，也没有小蚕共育设施，蚕室、蔟室也十分简陋，多利用现有民房，缺少加温、排湿设施；蚕桑和蚕种生产主要依靠手工劳动，基本上没有专用的机械设备，劳动强度大，技术环节多，劳动效率低，一些经济较发达地区的青壮年不太愿意接受这样的生产方式，从而导致后继乏人；与养蚕有关的农民专业合作社建设滞后，产业化、组织化、标准化进程缓慢；在部分蚕桑主产区，工业废气和农药面源污染、劳动力短缺、土地资源转移问题日益凸显。

我国蜂业发展基本可分为三个阶段：原始蜂业、传统蜂业、现代蜂业。原始蜂业阶

段指自然界中天然形成的蜂群被人们利用的发展阶段。传统蜂业阶段指人们开始人工饲养蜂群,以家庭为单位的小型、分散的蜂业发展阶段。现代蜂业阶段指应用现代科学技术,使蜂业向集约化、专业化、企业化发展的可持续发展阶段。目前,我国蜂业仍处于分散性、小规模、家庭式的传统蜂业阶段,养蜂生产者大多以户为单位,人均饲养蜂群数少,养蜂生产未能达到规模化经营。大多专业养蜂户只有 200~300 群,有的仅几十群,只有少数大蜂场达 1000 群,需雇佣多人从事饲养工作。同时,养蜂生产大多手工操作,移虫、取虫、取浆、装卸蜂箱等均为手工操作,只有取蜜生产基本实现机械化或半机械化,不论是蜂蜜还是其他蜂产品生产均未能实现机械化、真正的现代化、产业化。由于生产规模小,劳动生产率低,蜂种退化和蜜蜂病虫害严重,经济效益差;部分蜂农片面追求产量,采用取未成熟蜜等不良的生产方式,加上收购、流通、包装诸多环节的问题和质检技术体系的不完善,蜂产品质量差,缺乏市场竞争力;蜂产品的开发力度和深度不够,加工工艺简单,科技含量低。

我国养鹿的主要目的是获取鹿茸,但鹿茸一直处于卖原料的状态,生产经营处于自发或自主、各为为政的无序状态。另外,经营观念落后,在经营过程中一直处于被动状态,在家等待客户上门,缺乏现代营销观念。受国内外市场影响,鹿茸的价格波动非常大。同时,产品加工简单、粗糙,鹿产品科技含量低,鹿及鹿产品仍处于初级自然发展阶段,未形成养殖、科研、加工、贸易一体化。据不完全统计,全国养鹿场有不少于 8000个,但养鹿场的规模从几头的个体养殖户到存栏 3000~5000 头的大型养鹿企业,差别很大。

我国毛皮动物养殖业以家庭分散式养殖为主,规模较小,技术含量较低,抗风险能力较差,产品质量普遍不高,在国际市场上缺乏竞争力。目前,我国毛皮动物养殖方式主要分成三类:①庭院式养殖,指在养殖户住宅的庭院中进行毛皮动物养殖,多为散户零星养殖;②场区式养殖,指建立专门的养殖场区进行毛皮动物饲养,经营及加工较为规范,多为独资或股份合资型企业;③统一规划小区式养殖,指由政府或龙头企业牵头,规划养殖集中的小区,配备相应的硬件条件,从业人员在指定的小区内独立饲养。三类养殖方式中,庭院式占43%、场区式占45%、统一规划小区式占12%,可见庭院式养殖是我国目前毛皮动物饲养的主要方式。

庭院式养殖的主要特点是人兽混居,饲养规模小,养殖户自主选择和购进种兽、饲料原料,在饲养管理、繁殖育种、疾病防治、产品加工等方面都停留在比较原始落后、传统粗放的状态。在毛皮动物养殖业发达国家,饲养场机械化程度和劳动生产率相当高,平均每人的饲养量在 5000~7000 只,取皮时几乎全部机械化、自动化流水作业;而我国庭院式养殖的生产方式落后,机械化程度很低,仍停留在以手工操作为主的原始状态,劳动强度大、工作效率低,平均每人饲养量仅为 300~500 只,生产水平和产品加工质量得不到保证。

同时,因为庭院式的个体养殖很难实现统一饲养、统一防疫、统一贮存、统一技术指导,产品生产的标准化率低,很多不合理的操作严重影响了毛皮的质量,毛皮普遍尺码小、毛绒品质差,所以售价仅是国外同类产品的60%~70%,缺乏市场竞争力,严重制约了我国毛皮动物养殖业的发展。

2. 区域集中明显，产业集聚不够

蚕、蜂、鹿、毛皮动物养殖都有鲜明的区域特色，即在一定区域生产规模和产量占比较高，但是这类集中因后续加工产业链延伸和产业拓展缓慢而导致产业集聚水平并不高。"东桑西移"推动了我国蚕桑业从东部发达地区向中西部地区的转移，但是这种转移在区域和产品结构上是不平衡的。1991 年东部蚕区的桑蚕茧产量占全国的 58.38%，而中、西部分别占全国的 7.36% 和 34.26%，中西部合计占全国的 41.62%。自 2003 年起，东部蚕区的桑蚕茧产量占全国的比例下降到 50% 以下，而中西部蚕区超过全国总产量的 50%，2006 年西部桑蚕茧产量超过东部，基本形成了"东桑西移"的格局。2018 年，东部蚕区桑蚕茧产量占全国的比例下降到 16.33%，而中西部蚕区占全国的比例上升至 83.67%，其中西部蚕区占全国的比例上升至 78.28%。广西自 2005 年成为全国最大的蚕桑生产省份后，一直保持全国第一的蚕桑生产地位，2018 年蚕茧产量达 36.89 万 t，占全国的 52.03%。2015 年云南超过江苏，成为全国第二大蚕桑生产省份，2018 年蚕茧产量达 7.24 万 t，占全国的 10.21%。但除广西、云南外，西部其他省份蚕桑生产增长缓慢。此外，东部的浙江、江苏等蚕茧产量相比最高水平下降了 80% 左右，随着优质茧生产基地不断萎缩，我国普通茧过剩而优质茧长期短缺的结构矛盾影响了丝绸产品质量及其国际市场竞争力的提升。

我国柞蚕生产一直集中在辽、吉、黑、蒙、豫等主产区，"十一五"以来黑龙江、内蒙古产量有较大幅度增长，改变了"十五"以前辽宁一直占全国 70% 以上，河南占全国 10% 左右的格局。"十二五"期间，全国柞蚕茧年均产量 8.4276 万 t，其中辽宁年均产量 4.64 万 t，占全国的 55.06%；黑龙江年均产量 1.98 万 t，占全国的 23.49%；内蒙古年均产量 0.73 万 t，占全国的 8.66%；吉林年均产量 0.58 万 t，占全国的 6.83%；河南年均产量 0.44 万 t，占全国的 5.24%；山东年均产量 0.04 万 t，占全国的 0.53%；河北、四川等平均产量约 0.02 万 t，占全国的 0.19%。柞蚕生产区域集中于东北的三省一区，占全国总产量的 94.04%。

虽然全国各省份都能够养蜂取蜜，但年产 1 万 t 蜂蜜的主产省份不到 10 个，其中四川、浙江、湖北、山东、云南为我国最大的 5 个蜂蜜主产省。我的鹿养殖区主要集中在吉林、辽宁、黑龙江、内蒙古和新疆等省份。我国的毛皮动物主产区主要集中在东北、大连湾和山东半岛。这些特种养殖产业的区域集中度较高，但由于缺乏强有力的龙头企业带动，后续加工业延伸与拓展受限，使这些产业在一个区域内的集聚水平不高，一体化、规模化、区域化、特色化经营能力不足，特种养殖业的国内外市场竞争力较弱。

3. 价格波动频繁，产业发展不稳定

由于特种动物养殖多为"小动物，大市场"，而且产品多为出口，因而产品价格受到国内国际两个市场供求的影响而波动频繁，产业发展不稳定。以蚕茧价格为例，1978 年以前，由于我国实行计划经济体制，桑蚕茧价格受到严格管制，政府制定的价格不仅稳定而且过低；1978 年以后，我国开始计划经济体制向市场经济体制的改革，随着农产品价格改革的推进，中央与地方政府对桑蚕茧价格的管制逐渐松动，但相比于大多数农产品，蚕茧是政府价格管制时间较长，价格放开滞缓，至今仍然是在一些地方受到价格

管制的少数农产品之一。

从专题图 1-10 可以看出，1994 年前我国沿袭计划经济的蚕茧价格管制政策，桑蚕茧的实际收购价格几乎没什么变化，仅在 1988 年由于较高的通货膨胀率比 1987 年上升84.14%。1993～1994 年我国茧丝绸业开始局部地进行市场化改革，使得局部地区的桑蚕茧收购价开始越来越受市场供求影响，因此从 1995 年开始，我国桑蚕茧收购价格呈现出明显的波动上涨特征，而且波动频繁、波动幅度变大、波动周期拉长。其中，1994年、1997 年、2000 年、2006 年、2013 年和 2017 年分别为价格波动的高点，而 1996 年、1999 年、2002 年、2008 年和 2015 年分别为价格波动的低点。

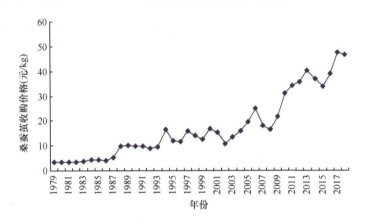

专题图 1-10　1979～2018 年我国桑蚕茧收购价格

数据来源：1979～1989 年来源于《全国农产品成本收益资料汇编》；1990～2008 年来源于《中国丝绸年鉴》；
2009～2018 年来源于农业部种植业管理司

桑蚕茧收购价格波动的原因主要来自国际经济环境、国内市场环境、蚕茧供求关系和投机因素等，如 1994 年全国经济过热，通货膨胀率高达 21.7%，桑蚕茧收购价格达到历史高位；1995 年国家采取宏观调控政策，1996 年通货膨胀率下降至 6.1%，桑蚕茧收购价格大幅度下降；2003 年后国内经济持续保持 10%以上的高速增长，物价稳步上升，加上茧丝期货市场的投机行为，导致 2006 年桑蚕茧收购价格达到历史最高水平；但在 2007 年以后，蚕茧市场呈现供过于求，而 2008 年爆发的国际金融危机加剧了丝绸消费市场的低迷，桑茧丝收购价格大幅度下降；2009 年后由于前两年蚕茧减产较多，加上宏观经济复苏，茧丝市场行情转好，全国各省份鲜茧收购价格逐年攀升，至 2013 年重新达到高位；2014～2015 年随着供求关系变化，桑蚕茧收购价格有所下降；但 2016～2017 年受终端丝绸产品需求释放的影响，桑蚕茧收购价格再次大幅上涨；2018 年随着丝价下降，桑蚕茧收购价格也有所下降。

蚕茧生产的稳定性不足，桑蚕茧的价格波动频繁，蚕桑生产的效益起伏不定，使农民和企业都面临茧丝价格波动的市场风险，一方面严重挫伤蚕农生产积极性，另一方面使蚕茧加工企业时常面临困境，最终导致整个茧丝绸业大起大落，影响整个产业的持续稳定发展。

内外贸打样、拍卖会、国际政策、经济危机、污染治理、气候变暖等因素不仅影响国内外毛皮价格变化，而且主导着我国毛皮价格走势，使其呈现出周期性变化。

例如，1995～2007年蓝狐皮价格最高时达到700元/张左右，最低时徘徊在200～300元/张；国产貂皮1997年达到历年最高价位320元/张左右，1998年跌到历年最低价150元/张。毛皮价格的波动直接影响养殖户与企业的切实利益与生产积极性，价格上升时养殖户盲目扩大规模增加产量，价格下降时又不计成本杀兽放生。价格的频繁波动加大了毛皮市场的风险性与产业发展的不稳定性，影响毛皮动物养殖业的持续健康发展。

4. 实用技术研究进展缓慢，已有技术普及率不高

改革开放初期，蚕业生产实用技术的进步与推广曾经出现过一个高潮，有力地推动了蚕桑生产的发展。然而近20年来，受体制与机制的影响，蚕业实用生产技术研究进步缓慢，当家蚕品种以30年前的品种为主，不同用途的蚕、桑新品种研发跟不上产业发展需求。同时，一些技术得不到快速有效的推广应用，甚至在某些地区那些本可以提高蚕茧质量的技术和设施，由于粗放式经营、蚕茧收购时没有执行"按质论价、优质优价"而被弃之不用。主要原因在于，一是技术的边际突破难度提高；二是蚕学专业教育出现萎缩迹象，人力资源趋于老龄化，蚕业技术推广和蚕种场专业技术人才越来越缺乏；三是技术推广网络出现"网破、线断、人散"的问题。

虽然我国是世界上蜂产品产量最多的国家，且蜂王浆生产技术处于国际领先水平，但是养蜂技术参差不齐，部分地区的养蜂水平还很低。2008年以来，随着国家蜂产业技术体系、各地科研院所和相关部门等开展的蜂业技术培训不断增加，养蜂员的养蜂技术总体上有所提高，但对新技术和新知识的掌握还很欠缺。同时，养蜂员的老龄化现象在部分养蜂大省比较突出。

虽然我国圈养鹿技术处于国际领先水平，但专门从事茸鹿科学研究的人员较少，而且经费匮乏，阻碍养鹿技术向纵深发展。不少国营养鹿场缺少专业技术人员，一些先进技术得不到推广应用，墨守成规，是造成鹿茸低产的重要原因。尤其是农民养鹿发展迅速，但其养鹿知识普遍滞后，虽然尽心尽职，但繁殖率不高、死亡率不低，加之不会收茸加工，经济效益受到影响。

纵观我国毛皮动物养殖业，由于饲养历史短等，在科学技术水平上与毛皮动物养殖发达国家相比还有一定差距，同时国家对毛皮动物养殖在科研立项、经费支持方面没有长效机制，国家实验室、行业创新体系建设等尚属空白。据估计，2007年以前，我国毛皮动物养殖业的科研立项经费每年不超过100万元，到2008年之后才略有改观；而欧盟的毛皮行业协会和各国政府仅1999年在毛皮动物饲养领域就投入160万欧元的科研经费。经费短缺等因素直接限制了我国毛皮动物基础生物学的研究进展，进而限制了应用研究的进展。

另外，虽然我国大专院校、科研院所在毛皮动物养殖方面做了很多研究工作，但是能够直接应用于生产的成果很少，同时由于在成果转化与推广方面的投入非常小，很多已有技术成果得不到普及应用。调查结果显示，科研人员发表的论文中，养殖技术类占比不到1/3。科研人员的总贡献率和直接贡献率均小于50%，较低的科技进步贡献率是制约我国毛皮动物养殖业发展的关键因素之一。

5. 产业链不够完善，产品附加值低

特种养殖业生产的都是经济价值高的产品，产业链长，产品附加值高，但目前我国特种养殖业的这些优势大多还没有发挥出来。从产业链来看，我国主要集中在养殖等上游产业，向产业中下游的延伸拓展不够。虽然我国是蚕、蜂、鹿、毛皮动物养殖大国和出口大国，但出口的都是初级原料和半成品，产品附加值较低，终端产品在国际市场普遍没有定价话语权。

我国蚕业的可持续发展不仅在于自身发展，还牵涉其后续的茧丝绸工业发展和丝绸贸易发展，整个茧丝绸业持续稳定发展的根本出路在于调整产业结构，提高产业国际竞争力。但从目前来看，在我国的茧丝绸产业链中，上游的茧丝原料生产企业众多，中下游的丝织、印染、服装服饰、家纺等后加工企业少，而且越往后企业数目越少，真正实现了贸工农一体化的大企业更少。上、中、下游产业链各环节的发展不平衡，使得我国各地的茧丝绸业集聚水平不高，无论是产业集群的规模，还是产业集群的档次，都有待提高。

我国蚕业的整体区域分布是：中西部以蚕茧原料生产为主，东部以丝绸精深加工为主。其中，丝绸的精深加工主要集中于东部的江苏、浙江、广东、山东、辽宁和西部的四川、重庆等传统蚕桑主产区。虽然"东桑西移"工程加快了西部蚕桑生产基地建设，但还没有起到优化东部茧丝初级加工存量结构，推进中西部单一蚕桑生产向初、深加工型高附加值产业升级的作用。以中西部优质茧丝为原料，东部地区发展丝绸深加工、精加工、高附加值产品，通过东、中西部蚕业的产业转移和互动升级来实现我国茧丝绸业可持续发展甚至区域经济发展的格局还只处于初级阶段。

我国虽然是丝绸生产大国和出口大国，但至今在国际市场上仍然只是具有数量优势，而没有质量和价格优势。长久以来，我国以大量出口原料性产品为主，而且在丝绸最终产品生产上以来样加工、订单贸易为主，在国际产业链分工中，仅在加工环节获得很低的附加值。因此，国际市场上流传着"中国的原料、意大利的品牌、国际市场的价格"的说法，比较准确地概括了我国丝绸在国际市场上的地位。

蜂业的情况与蚕业类似，虽然我国蜂蜜有产量优势，但是没有价格优势，我国的蜂蜜出口到国外大多被作为原料蜂蜜出售，出口单价一直处于低位，2006 年是新西兰蜂蜜价格的 21%，2016 年则为其单价的 6%。

我国的鹿产品由于缺少科研支持，长期以来也主要以原料等初级产品消费为主。近年来，鹿产品精深加工虽然取得很大进步，但覆盖面不广，数量也很有限，原初产品仍然在市场上占据主导地位。在深加工上，没有把鹿产品的保健食用作用加以重点突出，忽视了以现代中医理论和技术为指导的产品开发理念，产品开发的规范化有待进一步提升。在生产贸易中，存在鹿产品失真，研发、生产与市场脱节，开发不平衡，产品生产贸易的政策限制太多，养鹿业整体无序与失衡，新产品开发难度大等严重问题。

6. 政府支持不够，管理体制不健全

长期以来，作为猪马牛羊等大牲畜的陪衬，我国特种养殖业一直处于养殖业的边缘地带，政府对其重视程度不够，现有的相关法律和法规较少提及，直到 2006 年 7 月 1 日正式实施的《中华人民共和国畜牧法》才首次明确列入蚕和蜂。政府给予猪、牛、羊、

水产等养殖业的扶持和补贴，特种养殖业基本没有。由于缺少相应的法律法规和政策支持，加上管理体制混乱，蚕、蜂、鹿、毛皮动物养殖业都不同程度地存在流通不畅、恶性竞争和无序发展的状况。

蚕业经营长期在计划经济体制下运行，改革开放后虽然也进行过以一体化为主要内容的市场化改革试验，如 1995 年开始放松桑蚕茧价格管制，但直到 2016 年桑蚕茧价格与流通才真正放开。在此之前，桑蚕茧价格和流通受地方分割、产业利益等因素影响，在区域性市场上受到不同程度的管制，蚕种、蚕茧市场化程度不高；蚕种产销体制、蚕茧流通管制导致行业内缺乏竞争；市场准入制度下，有蚕种经营、蚕茧收购资格的企业，一定区域内往往只有一家，形成垄断经营；而在蚕茧价格放开的区域市场上，因为缺乏市场规范，形成恶性竞争，尤其是价高时，蚕茧收购者抬价抢购，所以蚕农提前摘茧，收购中不"按质论价"，蚕茧产量得不到保证。

20 世纪五六十年代蜂业曾在我国的外贸出口中占据重要位置，管理体系健全，各省都有省级、地区级甚至县级蜂业管理机构和专职管理人员。进入 80 年代后，由于改革等，蜂业管理机构纷纷撤销，造成蜂业行业管理混乱、无人过问，产品价格混乱，市场恶性竞争，优质不优价，产品质量下滑，掺杂使假严重，严重影响蜂产品的生产。

毛皮动物养殖在我国还没有上升到国家层面予以重视的地位，各地处于无序、自由发展状态，无主管、无规划、无政策、无支持。毛皮动物养殖业的发展属于完全的市场经济自发行为，是农民个体热切的致富心理助推的结果。毛皮动物行业缺乏整体性约束和规范，市场行情好时，大家不计预期地跟风扩栏，市场形势不好时，养殖户不计成本杀兽放生，导致毛皮生产同质化倾向严重，致使产品结构失衡，加剧了市场波动与国内恶性竞争，极大地损害了养殖户的切身利益，同时不能形成强大的合力，缺乏参与国际市场竞争的能力，严重影响行业的可持续发展。

鹿业基本处于自发和无序状态，缺少总体规模和制约机制，存在一定的盲目性。在鹿业管理上，存在多头管理的现象，农业、畜牧、林业、卫生等部门都在管理，但没有真正的行业主管部门，生产问题或服务需求上没有哪个部门过问，各个部门存在互相扯皮的现象。

在 2004 年以前，我国鹿业基本定位为产品不能商业性应用的保护动物驯养业。因为我国主要的人工驯养茸用鹿种梅花鹿是国家一级重点保护野生动物，马鹿是国家二级重点保护野生动物，所以鹿业几乎成为产品禁用、限用的动物慈善、福利事业。错误的产业政策导致我国一直占主导地位的国际鹿产品市场份额减少，国内市场也受到国外鹿产品的严重冲击。虽然国家林业局在 2004 年及时调整了这种严重阻碍鹿业发展和鹿产品应用的产业政策，下发了《关于促进野生动植物可持续发展的指导意见》（林护发〔2004〕157 号），把人工养殖的梅花鹿和马鹿列入"商业性经营利用驯养繁殖技术成熟的陆生野生动物名单"，为鹿业和鹿产品应用解禁松绑，排除政策法规障碍，但是野生动物主管部门——林业部门的意见在相关部门未得到同步贯彻。卫生部发布的《关于限制以野生动植物及其产品为原料生产保健食品的通知》（卫法监发〔2001〕160号）至今未做相应调整，其第三条规定"禁止使用人工驯养繁殖或人工栽培的国家一级重点保护野生动植物及其产品作为保健食品原料"，这样梅花鹿产品申报保健食品就无可能，或只有改头换面、曲线迂回，把梅花鹿产品说成是马鹿产品才有审批的可能；

就是申报预包装食品，也因市场夸大、虚假、不规范产品广告的泛滥，导致有关部门因噎废食、削足适履，基本不予审批。目前，我国正在修订《中华人民共和国野生动物保护法》，新的"保护法"顺应时代潮流，首次提出鹿"家养种群"的概念，并把家养种群列为保护序列之外，将对我国鹿业产生积极影响。

7. 市场竞争激烈，国际压力加大

虽然我国是世界上最大的茧丝生产国和出口国，但其他一些国家也在发展蚕丝业。其中，我国周边的印度、越南、泰国、缅甸、老挝、乌兹别克斯坦、朝鲜及非洲的卢旺达、肯尼亚、埃塞俄比亚等国家经济发展水平较低、劳动力廉价和土地相对丰裕，发展蚕桑业更具比较优势；而且随着"一带一路"倡议的推进，这些国家发展蚕桑业的积极性高涨，正寻求包括中国在内的国外资金援助和技术支持，并加大对本国蚕桑业的投入力度，加快发展蚕桑业，从而使我国蚕桑业发展面临的国际竞争压力增大。印度是世界上第二大茧丝绸生产国和消费国，也是我国茧丝绸生产和出口数量上的最大竞争对手；而意大利、法国则是丝绸高端产品的生产国，也是我国茧丝绸产品品质提升和品牌建设的主要目标国。

我国虽然有丰富的草场资源和鹿品种资源，南北各省份都建有养鹿场，但是受政策、管理技术等多方面原因的限制，我国鹿业没有充分发挥出地理和资源优势，受到国外鹿业的严重冲击，面临严峻的国际挑战。一是，"茸贩子"利用消费者对鹿产品相关知识的缺乏，混淆"药用"鹿茸及鹿副产品和非药用鹿茸及鹿副产品，将赤鹿、驯鹿等各种鹿的茸角全部进口到国内，充斥市场。二是国外鹿产品冲击国内市场，新西兰现已发展成为全球最大的养鹿国，不仅出口鹿肉，还成为鹿茸最大出口国，虽然其鹿茸质量不如我国，但在价格上占绝对优势，因此严重冲击国内鹿茸市场。三是产业化程度不高，我国鹿业普遍存在规模小、市场混乱、缺乏统筹管理的现象，不可能产生规模效益，因此必须提高鹿业的产业化程度，这样才能有国际竞争力。四是养鹿技术水平低，目前我国鹿业生产规范化和标准化水平很低，一些鹿场特别是个体户利用鹿茸走俏机会，故意降低质量标准甚至以次充好，导致外销售价较低和鹿产品质量存在巨大差异，从而削弱了鹿产品在国内外市场上的竞争力。

毛皮动物养殖业是一个高度国际化的行业，在经济全球化的今天，这种国际化趋势尤其突出，国际毛皮市场的波动势必会影响国内的毛皮价格和毛皮动物养殖。目前在毛皮贸易方面，国际通行的是毛皮拍卖形式，而我国除规模较大的养殖企业有较稳定的客户、承销渠道外，大多数养殖户以坐等皮货商上门收购为主要销售方式。位于养殖与加工中间环节的皮货商基本垄断了我国毛皮的国内交易和出口贸易，使我国原皮进入国际市场的渠道不畅，养殖企业不能与国外养殖企业在同一个起跑线上竞争，不利于形成公平、公正、公开的竞价体系，损害毛皮动物养殖业的长远利益。

三、国际特种养殖业的发展趋势与经验借鉴

由于特种养殖业的种类繁多，不同的种类往往具有不同的发展模式，即使是蚕、蜂、鹿、毛皮动物 4 类特种养殖业也存在较大的差异。因此，先分别考察蚕、蜂、鹿、毛皮

动物 4 类特种养殖业的国际发展模式与趋势，然后总结其对我国特种养殖业发展的经验借鉴。

（一）国际蚕业演变趋势和发展模式

1. 演变趋势

我国一直是柞蚕业第一大国，柞蚕茧产量占世界的 90% 以上，所以下面仅就桑蚕业，从世界茧丝生产规模的变化、世界蚕丝主产国之间的变化方面来阐述国际蚕业的演变趋势。

（1）世界茧丝生产规模的变化

根据 20 世纪 50 年代以来世界桑蚕茧和桑蚕丝的历年产量及其变动率，可以将世界蚕丝业的发展划分为 3 个阶段，见专题图 1-11 和专题图 1-12。

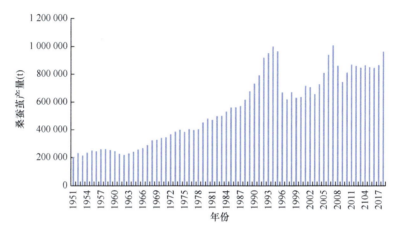

专题图 1-11　1951～2018 年世界桑蚕茧产量变化

数据来源：1951～1999 年来源于顾国达，2001；2000～2018 年根据有关国家统计和 FAO 等资料整理；专题图 1-12～专题图 1-14 同

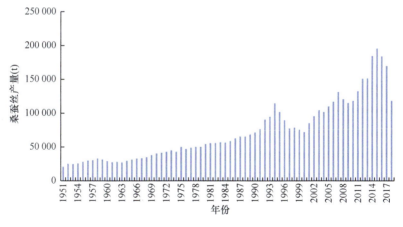

专题图 1-12　1951～2018 年世界桑蚕丝产量变化

第一，持续发展阶段（1951～1995 年）。1951 年世界桑蚕茧产量仅为 204 962t，至 1994 年首次超过 100 万 t，达到 1 001 812t，增长近 4 倍。1951 年世界桑蚕丝产量仅为

20 933t，至 1994 年首次超过 10 万 t，达到 115 083t，增长 4 倍多。

这一阶段，世界桑蚕茧产量和桑蚕丝产量在持续增长进程中没有大的波动，历年的变动率基本保持在 1%～8%，绝大多数年份的增长率为正，桑蚕茧产量仅 1953 年、1956 年、1959～1962 年、1975 年、1977 年、1981 年和 1995 年略有下跌；桑蚕丝产量只 1953 年、1959～1961 年、1963 年、1974 年、1976 年和 1995 年略有下跌。桑蚕茧产量与桑蚕丝产量增长与下跌的年份基本一致。

第二，大幅波动阶段（1996～2007 年）。1996 年，由于世界上最大的茧丝生产国我国的蚕茧产量大幅减少，世界桑蚕茧产量从 1995 年的 968 517t 减少至 671 098t，1997 年继续减少至 620 507t，2 年内减产幅度达 35.93%。与此对应，世界桑蚕丝产量由 1995 年的 102 365t 减少到 1996 年的 89 864t，1997 年持续减少至 77 437t，2 年内减产 24.35%。

1997～2000 年世界桑蚕茧产量在 62 万～68 万 t 盘整，桑蚕丝产量在 7.2 万～7.9 万 t 调整。进入 21 世纪后，世界茧丝产量又开始持续增长，2007 年桑蚕茧产量再次突破 100 万 t，达到 1 008 387t；桑蚕丝产量突破 13 万 t，达到 131 510t。

第三，逐步调整阶段（2008～2018 年）。2008 年世界性金融危机爆发后，国际市场对茧丝绸产品的需求急剧下降，世界桑蚕茧产量和桑蚕丝产量同步下降。其中，桑蚕茧产量从 2007 年的 1 008 387t 下跌至 2008 年的 861 703t，2009 年继续下跌至 744 611t；桑蚕丝产量从 2007 年的 131 510t 下跌至 2008 年的 120 622t，2009 年继续下跌至 115 217t。2010 年以来，随着世界经济逐步走出萧条，茧丝产量逐年增加并趋于稳定，2018 年世界桑蚕茧和桑蚕丝产量分别为 964 162t 和 118 521t。

根据世界茧丝产量变化的阶段划分，只要未来没有类似 1996～1997 年亚洲金融危机和 2008 年国际金融危机那样大的经济衰退，那么随着世界经济的缓慢复苏，自 2010 年开始世界蚕丝业发展已经进入自 1951 年以来的第 3 个增长期。

（2）世界茧丝主产国地位的变化

根据专题表 1-5、专题表 1-6、专题图 1-13、专题图 1-14 可知，1951～2018 年世界茧丝主产国的地位发生了明显变化。1951 年世界上最大的茧丝生产国为日本，桑蚕茧和桑蚕丝产量分别为 93 394t 和 12 916t，占世界总产量的比例分别为 45.57% 和 61.70%；其次是中国，桑蚕茧和桑蚕丝产量分别为 46 900t 和 2932t，占世界总产量的比例分别为 22.88% 和 14.01%；第三是乌兹别克斯坦，桑蚕茧和桑蚕丝产量分别占世界总产量的 10.88% 和 8.60%；第四是印度，桑蚕茧和桑蚕丝产量分别仅占世界总产量的 5.90% 和 2.99%；其他茧丝生产国还有韩国、巴西等。

专题表 1-5　1951～2018 年世界主产国桑蚕茧产量变化　　　　（单位：t）

年份	世界	中国	日本	印度	巴西	乌兹别克斯坦	韩国	其他
1951	204 962	46 900	93 394	12 088	1 131	22 300	4 573	24 576
1955	252 725	67 025	114 373	18 207	862	28 131	6 536	17 591
1960	247 796	62 370	111 208	19 918	1 019	29 587	4 599	19 095
1965	259 409	66 450	105 513	25 046	932	35 000	7 768	18 700
1970	342 915	121 500	111 736	34 278	2 054	33 638	21 409	18 300
1975	386 333	152 950	91 219	36 739	6 834	39 000	36 091	23 500
1980	483 009	249 850	73 061	58 208	8 988	48 967	20 035	23 900

续表

年份	世界	中国	日本	印度	巴西	乌兹别克斯坦	韩国	其他
1985	561 863	335 760	47 274	76 717	11 008	53 208	8 996	28 900
1990	734 431	480 179	24 925	116 663	15 829	46 000	4 635	46 200
1995	968 217	759 835	5 350	116 362	16 260	33 200	210	37 000
2000	637 920	454 610	1 244	124 663	9 916	27 437	0	20 046
2005	809 991	621 053	626	126 261	8 051	24 000	0	30 000
2010	812 670	620 547	265	131 924	3 038	25 896	0	31 000
2015	851 008	637 805	135	151 787	3 006	23 997	0	34 278
2016	846 497	624 105	130	155 688	2 855	26 356	0	37 363
2017	866 339	643 020	125	161 684	3 039	12 480	0	45 991
2018	964 162	709 071	110	185 560	3 055	17 912	0	48 460

注：乌兹别克斯坦 1991 年前为苏联的一个加盟共和国，1991 年苏联解体后独立为一个中亚内陆国家

专题表 1-6　1951～2018 年世界主产国桑蚕丝产量变化　（单位：t）

年份	世界	中国	日本	印度	巴西	乌兹别克斯坦	韩国	其他
1951	20 933	2 932	12 916	625	96	1 800	464	2 100
1955	28 387	5 377	17 368	1 098	85	2 172	542	1 745
1960	29 263	5 554	18 048	1 185	102	2 358	470	1 546
1965	31 504	5 222	19 108	1 545	135	2 645	851	1 998
1970	40 783	9 706	20 515	2 319	318	3 020	3 027	1 878
1975	50 256	15 343	20 169	2 541	882	3 454	5 545	2 322
1980	54 492	23 485	16 154	4 593	1 170	3 358	3 320	2 412
1985	59 055	32 791	9 591	7 029	1 554	3 826	1 504	2 760
1990	71 654	42 973	5 721	11 486	1 694	4 092	948	4 740
1995	102 365	77 900	3 229	12 884	2 466	1 869	351	3 666
2000	72 011	51 278	557	14 432	1 389	1 715	0	2 233
2005	110 291	87 761	150	15 445	1 285	2 050	0	3 600
2010	118 161	95 778	53	16 360	770	2 100	0	3 100
2015	195 773	169 160	23	20 478	481	1 721	0	5 010
2016	184 086	156 873	19	21 273	650	1 845	0	4 754
2017	169 892	141 827	20	22 066	600	874	0	5 177
2018	118 521	86 500	18	25 344	650	1 254	0	5 305

1951 年之后，我国、印度、乌兹别克斯坦的茧丝产量都持续增长，而日本略有下降。至 20 世纪 60 年代初，由于我国国内形势变化及日本对蚕丝业发展采取了系列促进政策与措施，日本的茧丝产量再次上升，而我国大幅下降。1961 年日本桑蚕茧产量占世界总产量的比例达到 50.67%，而我国下降到 16.3%；1962 年日本桑蚕丝产量占世界总产量的比例达到 70.16%，而我国下降到仅 10.34%；印度、乌兹别克斯坦的茧丝产量及其占比持续缓慢增长，而韩国、巴西的蚕丝业相对稳定。

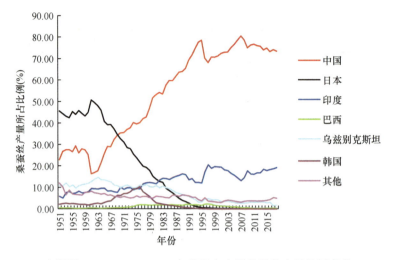

专题图 1-13　1951～2018 年世界主产国桑蚕茧产量比例变化

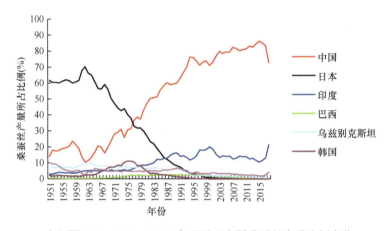

专题图 1-14　1951～2018 年世界主产国桑蚕丝产量比例变化

1963 年开始，日本的蚕丝业发展不断下跌，而我国、印度的蚕丝业快速发展，桑蚕茧和桑蚕丝产量及其占比不断上升。其中，1970 年和 1977 年我国的桑蚕茧与桑蚕丝产量先后超过日本，成为世界上最大的茧丝生产国；1982 年和 1987 年印度的桑蚕茧和桑蚕丝产量也先后超过日本，成为世界上第二大茧丝生产国。进入 90 年代后，日本的桑蚕茧和桑蚕丝产量占世界总产量的比例双双下降至不到 1%。而我国、印度的蚕丝业继续快速发展，2018 年我国的桑蚕茧和桑蚕丝产量占世界总产量的比例分别达到 73.54%和 72.98%，继续保持世界第一茧丝大国的地位，在国际市场占有绝对的数量优势；印度的桑蚕茧和桑蚕丝产量占世界总产量的比例上升到 19.25%和 21.38%，牢牢保持世界第二茧丝大国的地位，并成为我国蚕丝业发展最有力的竞争对手。

其他国家中，韩国的蚕丝业在 20 世纪 70 年代有一个较大发展，1975 年桑蚕茧产量达到历史最高水平 36 091t，占世界总产量的 9.34%；1976 年桑蚕丝产量达到历史最高水平 5545t，占世界总产量的 11.03%；之后蚕丝业开始衰退，茧丝产量快速下降，至 80 年代末 90 年代初，桑蚕茧和桑蚕丝产量占世界的比例均不到 1%。巴西的桑蚕茧和桑蚕丝产量占世界总产量的比例在 1997 年曾经达到 2.39%和 2.74%，之后不断下降，2018

年仅分别占 0.32%和 0.55%。20 世纪 90 年代以来，乌兹别克斯坦的桑蚕茧和桑蚕丝产量及其占世界总产量的比例也不断下降，2018 年仅分别占 1.56%和 1.06%。

2. 主要模式

在我国之前日本曾经是世界上最大的茧丝生产国，而印度、巴西都是新兴的茧丝生产国，蚕业生产和贸易呈现出快速发展势头，因此日本和印度的蚕业一兴一衰，最富戏剧色彩。所以，研究日本、印度、巴西的蚕业发展模式，以及日本蚕业衰退和印度蚕业兴起的原因，对于我国蚕业发展模式的选择和蚕业可持续发展具有重要的借鉴意义。

（1）日本蚕业发展模式

日本是位于亚洲东部、太平洋西侧的岛国，国土面积约 37.8 万 km²，其中山地占总面积的 76%。平均气温在 10℃以上，终年温和湿润、四季分明。2018 年人口 1.26 亿，居世界第 10 位。根据世界银行公布的 2018 年世界各国 GDP 和人均 GDP 排名，日本 GDP 为 4.97 万亿美元，排名第 3 位；人均 GDP 为 39 287 美元，排名第 24 位。

蚕丝业从我国传入日本是在公元前 3～前 2 世纪，距今已有 2000 多年的历史。据史料记载，三国时期中日双方已有丝织文物的交流，隋唐时中日丝绸经贸更加频繁。但日本蚕丝业的兴起则是在 1868 年"明治维新"之后，1914 年生丝产量首次超过我国，其后蚕茧、生丝产量持续稳定增长。在二战期间，与其他国家一样，尽管日本的蚕丝业也遭受了严重打击，但直到 70 年代以前，日本一直是世界上最大的茧丝生产国，然而从 70 年代开始，日本的蚕丝业逐渐衰退，进入 90 年代以后，日本的茧丝生产在世界上的地位已经微不足道。

根据桑园面积、养蚕农户数量、蚕茧产量、生丝产量的历史变化，可以将近代日本蚕丝业的发展历史划分为发展兴盛期、战时危机期、战后恢复期和衰退萎缩期 4 个阶段。

第一，发展兴盛期（1868～1938 年）。从"明治维新"到二战爆发，在短短半个多世纪中，日本蚕茧产量增加 9.7 倍，生丝产量增加 24.5 倍。从 1914 年开始，日本生丝产量超过我国，1915 年占世界比例超过 50%，完全取代我国的地位，此后长期雄居世界第一位。1887～1934 年，日本生丝产量年均增长率达到 6.2%，1930 年和 1934 年蚕茧和生丝产量分别达到历史最高水平 400 196t 和 45 238t，1934 年生丝产量占世界的比例也达到历史最高水平 76.27%（檀学文，1999）。

这一时期，日本蚕丝业的快速发展取决于多方面因素。一是随着 1859 年横滨设为自由港，日本进入资本主义经济时代，给蚕丝业带来了极好的发展机遇。二是当时欧洲的养蚕业由于微粒子病[①]的流行和劳动力工资的上涨而衰退，日本的蚕种和生丝得以大量出口，并不断拉动蚕丝业经济的增长。三是得益于政府的重视和扶持，具体表现在以下几个方面：①在政策法规方面，日本 1871 年废除幕府时代颁布的"禁止在耕地上栽种桑、茶"法令，1879 年颁布《生丝制造取缔法》，1886 年颁布《蚕种检查规制》，1905 年颁布《蚕病预防法》，1911 年颁布《蚕丝业法》；②在科研教育方面，日本 1874 年在新宿试验场内设立蚕业试验班，1884 年成立蚕病试验场，1887 年改为蚕业试验场兼蚕业教育场，1896 年设立西原蚕业讲习所等；③在贸易环境方面，日本 1878 年发起收回

---

① 微粒子病是一种传染性蚕病，不但可以通过食下传染感染蚕，还可以通过卵由母代传给子代，由此对蚕种及整个蚕业生产构成极大威胁。

生丝出口商权运动，鼓励生丝直接出口，1880 年设立主要从事生丝出口金融业务的横滨正金银行，1895 年设立横滨生丝交易所，1897 年在横滨和神户设立生丝检验所，1899 年废除蚕丝出口税；④在蚕丝业结构调整方面，日本 1871 年设立富冈机械缫丝厂，1879 年实行"士族授产"，发放用于机械缫丝厂建设的劝业贷款，致力于先进机械缫丝厂的发展。由于政府对蚕丝科研和教育事业的重视，19 世纪末 20 世纪初在日本诞生了许多对现代蚕丝业至关重要的科研成果，如 1904 年石渡繁胤发现蚕的雌雄分别法，1906 年外山龟太郎提出利用蚕的杂交优势，1915 年水野辰五郎研究出蚕种越年冷藏法，1916 年荒木武雄和三浦英太郎研究出基于盐酸处理的蚕种人工孵化法，20 年代多绪缫丝机的开发和普及等。

通过抓住良好的发展机遇，并得到政府的重视和多方扶持，日本的蚕茧和生丝产量分别从 1878～1882 年的年均 43 328.2t 和 1722.8t 增加到 1928～1932 年的年均 366 771.4t 和 42 011.4t；生丝出口量从 1868～1872 年的年平均 570.2t 持续增加到 1928～1932 年的年均 32 342.7t。1909 年日本出口生丝 8081.6t，超过当年我国的生丝（包括柞蚕丝）出口量 7860.4t，成为世界上最大的生丝出口国。1923～1927 年茧丝绸出口额占日本同期全商品出口总额的 45.0%（顾国达，2001）。1929 年日本出口生丝 34 857t，占当年世界生丝出口量的 66.1%。1930 年日本桑园面积占耕地面积的 26.3%，有 39.6% 的农户栽桑养蚕，生产蚕茧 399 093t，生产生丝 42 619t。蚕丝业作为近代日本的支柱产业，通过生丝的出口创汇为经济发展作出巨大贡献，从而被尊为"功勋产业"，20 世纪 30 年代成为日本蚕丝业的历史辉煌期。

第二，战时危机期（1939～1948 年）。1937 年日本政府发动侵华战争，1939 年二战爆发，其间日本政府实行经济军事化，大量毁桑种粮；由于美国丝织品制造商是日本生丝的主要消费者，日美开战使日本丝绸外贸受挫。进入 40 年代，日本蚕茧、生丝产量急剧下降，仅 1942 年生丝产量就比 1941 年减少 1.2 万 t 以上，1945 年一度降低到 0.5 万 t，仅为战前最高水平的 11.5%；1947 年日本蚕茧产量仅 5.4 万 t，为战后一段时期的最低水平，仅为战前最高水平的 13%（檀学文，1999）。

第三，战后恢复期（1949～1970 年）。二战结束后，日本为了恢复国内经济所需的外汇，全力恢复蚕丝业，1946 年 8 月制定《蚕丝业复兴五年计划》，着手发展桑园，扩大养蚕规模，修复缫丝设备以增加蚕丝生产与出口。1948 年 1 月日本大幅度降低生丝出口价格（-42%），1949 年春制定 1 美元＝360 日元的外汇汇率，这些措施的实施有力地刺激了日本生丝的出口。1950 年 6 月发生的朝鲜战争使世界丝绸市场对生丝的需求大幅度增加，引起生丝价格不断上涨，在这种背景下日本于 1951 年秋出台《茧丝价格稳定法》，进一步刺激了蚕丝业的发展，于是蚕茧产量从 1947 年的低谷迅速增加到 1951 年的 93 394t，1957 年恢复到 119 454t。但是，日本养蚕农户基本保持在 80 万户左右，桑园面积也稳定在 17 万～18 万 hm²，而蚕种饲养量由 1947 年的 230.6 万盒增长到 1957 年的 416.1 万盒。由此可见，20 世纪 50 年代日本的蚕茧增产主要是通过增加化肥施用量来提高单位面积桑园产量和扩大养蚕规模来实现的。

20 世纪 50 年代是日本产业结构由轻纺工业向重化工业转移的时期，在经济高速发展、产业间竞争激化的背景下，二战前以劳动集约型为特征的制丝业开始了以开发普及自动化缫丝机为主要内容，以提高制丝劳动生产率为目标的经营合理化运动。

自 1949 年开始普及自动缫丝机以来，日本由自动缫丝机生产的生丝产量占日本生丝总产量的比例由 1954 年的 9.3%提高至 1957 年的 13%，1959 年达到 52.4%。由于自动缫丝机的普及和蚕茧产量的增加，日本的生丝产量也由 1948 年的 8659t 增加到 1958 年的 20 014t。

1960 年日本的池田政府公布"收入倍增计划"，以此为契机日本经济进入高速发展时期。在国内经济迅速发展、国民收入不断增加的背景下，日本国内丝绸消费迅速增加，丝绸出口继续看好，生丝消费由 1958 年的约 9000t 增加到 1969 年的 24 000t。但国内经济的快速发展带来劳动力成本的提高，养蚕劳动力开始向其他行业转移。日本从 1963 年开始进口生丝，1966 年生丝进口超过出口成为生丝进口国。在这种背景下，日本的蚕业经营者为维持相对收入水平，开始积极扩大蚕业经营规模，推广普及以条桑育为中心的省力化栽桑养蚕技术体系，努力提高劳动生产率。养蚕农户由 1958 年的 72.9 万户迅速减少到 1964 年的 55.1 万户，1970 年只有 39.9 万户；蚕种饲养量由 1958 年的 411.5 万盒减至 1964 年的 382.2 万盒，1970 年为 368.5 万盒；蚕茧产量基本稳定在 11 万 t 左右，以 1968 年的 121 014t 最高；生丝产量随蚕茧产量而变动，以 1969 年的 21 486t 为最高（顾国达，2001）。

第四，衰退萎缩期（1970 年以后）。1970 年开始的日元升值和 1973 年的石油危机冲击使日本经济的发展速度有所下降，且产业结构的调整进一步加速了农业劳动力向非农产业的转移。蚕业比较收入的下降和进口生丝对国内茧丝价格的影响，促使日本政府为保护国内丝绸市场于 1974 年开始实行生丝一元化进口。尽管如此，自 1970 年蚕茧产量被我国超过后，日本蚕丝业的衰退成为不可逆转之势。养蚕农户由 1973 年的 30.5 万户减少到 1984 年的 11.4 万户；蚕种饲养量由 1973 年的 340 万盒减少到 1984 年的 15.2 万盒；蚕茧产量由 1973 年的 108 156t 减少到 1984 年的 50 352t；生丝产量也相应地由 1973 年的 19 316t 减少到 1984 年的 10 779t。20 世纪 70 年代日本蚕丝业的基本特征是由相对稳定转向衰退。

进入 20 世纪 80 年代以后，由于日元的不断升值，日本生丝国内价格与国际市场价格的差距不断拉大，加上泡沫经济破灭后国内生丝消费的减少，日本于 1984 年开始降低生丝的标准价。劳动力工资上升和物价上涨引起的经营成本提高，加上与生丝价格相对应的蚕茧价格降低引起的养蚕收入减少，严重压迫了养蚕农户的经营活动，中止养蚕的农户不断增加，养蚕生产规模迅速缩小。1997 年养蚕农户为 6300 万户，仅为 1990 年的 11.5%；桑园面积为 14 000hm^2，仅为 1990 年的 23.3%；蚕种饲养量为 7.4 万盒，仅为 1990 年的 10.2%；蚕茧产量为 2516t，仅为 1990 年的 10.1%。

为延缓国内蚕丝业的衰退，1977 年日本农林水产省提出 7 条措施试图增加蚕茧生产，包括固定农户、巩固和扩大桑园面积、确保必需的劳动力、提高桑园能力、和自然灾害作斗争、奖励发展养蚕和广泛采用新技术等。1979 年日本农林水产省又发布《养蚕业振兴的基本方针》，以强化蚕茧生产基地、努力提高土地生产力、促进养蚕机械化、努力普及新技术等为重点。从 1981 年起，日本开始调整蚕丝生产体制，对于养蚕农户，实行自主计划生产；对于制丝业者，1983～1984 年实施设备的"共同废弃"，以压缩生产规模。1985 年起，日本提出"新高能率养蚕地域的确定"，力图确保最低限度的蚕丝生产规模。二战以后，为恢复和发展国内蚕丝业，日本一直对生丝进口采取各种限制措施，当国内蚕丝业呈现衰退之势时，对生丝进口的限制变得更加严格。从 1974 年 7 月起，日本对我国等国家的生丝进口实行事先许可制，并根据《茧丝价格安定法》实行生丝一元化进口措施。1976 年，日本开始丝绸贸易的协议配额加许可证管理。1995 年以后，在 WTO 贸易体制下，日本生丝进口实行国家贸易，蚕茧进口实行关税配额制，同时拟定了一张蚕茧和生丝进口市场开放进程表，但高额的进口关税与低迷的日本茧丝价格所形成的巨大反差，使该进程表并无实际意义。为保护国内制丝业和丝绸织造业，日本随后又对丝绸贸易政策进行修正，1996 年 4 月后对实际需要蚕茧和生丝的企业申请进口，可以减免关税。

事实上，进入 20 世纪 90 年代，日本养蚕业已经极度萎缩，缫丝工业设备也大量闲置，1999 年日本养蚕农户只有 4030 户，蚕茧产量只有 1496t，生丝产量只有 650t，政府对蚕丝业的保护已毫无意义。鉴于此，日本国会于 1998 年 4 月 1 日起废除《蚕丝业法》和《制丝业法》，标志着蚕丝业在日本作为一个独立产业部门的消失。进入 21 世纪后，日本蚕丝业基本已经消亡，2011 年日本养蚕农户进一步减少到 621 户，蚕茧产量仅为 220t，生丝产量仅 44t。

日本蚕丝业在 20 世纪 70 年代后迅速衰退的主要原因可以归结为以下几个方面。

第一，经济结构的变化带来传统产业的衰落。二战后日本经济高速发展，伴随产业竞争的加剧和产业结构的升级，传统的农业开始衰落。养蚕业属传统的劳动密集型和土地密集型产业，经济的高速发展使得日本劳动力紧缺，劳动力成本不断上升。同时，土地日益稀缺，土地价格不断上涨，与其他产业相比，种桑养蚕的相对效益下降，越来越多的农户放弃桑园、停止养蚕并转向其他产业。随着养蚕农户的不断减少，蚕茧和生丝产量逐年下降。

第二，国际竞争和国内发展导致市场萎缩。国际市场上，丝绸制品的消费容量有限。一方面，随着人造丝和各式纤维的发明，丝绸产品的替代品越来越多；另一方面，随着其他国家如我国、印度、巴西等国家蚕丝业的发展，生产出大量廉价的丝绸产品，蚕丝业的国际竞争日益加剧。日本的蚕丝业本是一个出口导向型产业，在"二线"（丝线和航线）国策下，生丝出口创汇曾经为日本发展获取必要的资金，进而换回国家急需的紧缺材料。但在 20 世纪 70 年代初中美、中日关系改善后，具有较强国际竞争力的我国丝绸商品的大量出口对日本生丝出口造成巨大冲击。从 1963 年开始日本生丝出口迅速下降，1975 年生丝出口全部停止，最终变成以内销为主，并成为世界上主要的蚕茧和生丝进口国。另外，随着日本经济社会的发展，国民的消费心理发生深刻变化。人们崇尚西方消费方式，逐渐摒弃传统的民族服装（如真丝绸西服、和服等），导致国内丝绸消费市场的萎缩，使日本蚕丝业失去国内市场的支撑。

第三，技术瓶颈致使蚕业由优势产业变为劣势产业。日本是一个以技术立国的国家，19 世纪后期开始发展蚕业时就不断派人去欧洲学习先进技术，并全力发展国内的蚕业技术体系。二战以后，尽管日本蚕业不断在技术上进行更新，但在关键技术上无法突破，形成技术瓶颈，劳动生产率难以提高。于是，当劳动力紧缺、劳动力工资提高以后，蚕业技术进步和经营方式改善带来的收入增加难以抵消经济发展后劳动力、土地等生产成本的上升，蚕业的比较收益下降，便由优势产业转变为劣势产业。

第四，政策保护既促进蚕业快速发展，又延缓蚕业衰退。为促进蚕业发展，日本采取了一系列有效措施；而为了减缓蚕业衰退，日本又实施了包括高于国际价格的国内价格等一系列保护措施。如果没有政府的各种政策性保护，日本蚕业可能不会在"明治维新"以后得到快速发展；而在国内市场对外开放和国际市场竞争加剧的情况下，如果没有政府各种政策性保护的持续，日本蚕业的衰退将开始得更早，衰退得更快。

（2）印度蚕业发展模式

印度位于南亚次大陆，国土面积 297.4 万 km²。全境分为德干高原和中央高原、平原及喜马拉雅山区三个自然地理区，属热带季风气候，气温因海拔不同而异，其中喜马拉雅山区年平气温 12～14℃，东部地区为 26～29℃。2018 年印度人口 13.69 亿，是世界第二人口大国。根据世界银行公布的 2018 年世界各国 GDP 和人均 GDP 排名，印度GDP 为 2.71 万亿美元，排名第 7 位；人均 GDP 为 2034 美元，排名第 136 位。印度人口众多，气候条件适宜栽桑养蚕，是世界上唯一能同时生产桑蚕丝、柞蚕丝、蓖麻蚕丝和琥珀蚕丝的国家。

印度的蚕业有 2000 多年的悠久历史，印度学者曾撰文指出："没有确切的证据可以证明印度的蚕业是从任何其他国家传入的"。在英国的东印度公司对印度进行殖民控制时期，印度蚕业就取得明显的发展，1736～1740 年每年出口至英国的孟加拉国生丝达64.9t，占英国进口生丝总量的 42.4%，1823 年出口至英国的孟加拉国生丝达 552.9t，占英国进口生丝总量的 49.7%。1875 年以后由于印度国内蚕微粒子病暴发，以及我国和日本生丝开始大量出口，印度蚕业出现衰退。第一次世界大战（简称一战）后，世界丝绸消费的增加使印度蚕业出现复苏，但由于其他经济作物的竞争、蚕病的流行和进口生丝的压迫，1922 年印度蚕业又出现困境。1929 年 10 月爆发的国际金融危机引起的丝绸消费衰退和日本的生丝倾销，使印度蚕业受到更加严重的打击。二战期间，由于我国和日本生丝出口的中止，同盟国希望印度尽量供应生丝以制造降落伞等军需用品，因此在政府的财政补助下，印度蚕业有短暂的大发展，1947 年生丝产量达 800t。

1947 年印度从英国独立后，为发展民族工业，增加外汇收入，开始大力发展蚕业。1949 年 4 月经印度国会批准，在纺织部成立中央蚕丝委员会（Central Silk Board，CSB），总部设在班加罗尔，由 36 名成员组成，主要职责是：①促进印度丝绸业发展；②组织协调茧丝绸科学研究和新技术推广；③引进国外资金和技术，负责蚕业国际合作项目的实施管理；④促进茧丝绸市场发展，稳定蚕茧和生丝价格；⑤培训蚕业技术人员；⑥收集提供蚕丝业有关统计资料；⑦为政府提供蚕业发展和茧丝绸进出口等方面的政策建议；⑧应答国会提出的有关蚕业发展的提案和问题（徐安英等，2002）。

中央蚕丝委员会从 1951 年开始编制蚕业发展的五年计划，并逐年增加对蚕业的财政支持，从此印度蚕业步入有组织有计划的发展时期。目前中央蚕丝委员会下辖 10 个所级单位，包括 5 个中央蚕业研究培训所、国家蚕种项目、蚕种技术研究室、蚕桑生物技术研究室、中央丝绸技术研究所、中央蚕业品种资源中心。各所还根据各地不同的情况建有 100 多个地区研究站和研究推广中心，国家蚕种项目下辖 101 个蚕种场和蚕种推广中心，基本覆盖全部蚕区。

除了中央蚕丝委员会，印度各主产邦一般由蚕业局（Department of Sericulture，DOS）

负责本邦蚕业生产和技术推广。各邦蚕业局的主要职责是：①指导推广蚕业新技术和技术培训；②为普通种场提供原种和为农户提供桑蚕品种，核发杂交蚕种生产许可证；③管理茧丝市场，核发茧丝市场许可证给买卖方，控制茧丝价格；④帮助银行或独立为蚕农提供优惠信贷（徐安英等，2002）。

由于在组织机构设置和资金投入方面付出诸多努力，20 世纪 60 年代以来，印度在蚕业技术人员的培训和蚕桑品种选育、栽桑养蚕技术的改进普及方面取得明显的进展，为蚕业的发展奠定了产业基础。70 年代世界丝绸消费的增加，日本蚕业发展的停滞，我国丝绸出口受到冷战和"文化大革命"的影响，都为印度蚕业的发展提供了良好的外部机遇，开始进入快速发展时期。自 1981 年以来，在世界银行和瑞士政府的巨额贷款支持下，印度继续加紧茧丝人才的培养，完善茧丝绸技术的开发和推广机构，积极培育优质的桑蚕新品种并推广蚕病防治等现代蚕丝技术。随着蚕业的产业基础日益巩固和扩大，1982 年和 1987 年印度的蚕茧与生丝产量分别超过日本成为继我国之后的世界第二大蚕丝生产国。

印度蚕业得到快速发展，除了与自身的资源优势、传统的丝绸消费习惯有关外，还与本国政府的大力支持和国际社会的援助，以及日本蚕业的衰退、我国"文化大革命"、世界丝绸消费热等内外部因素相关。

第一，丰富的资源优势。

可耕地资源丰富：印度的可耕地面积达 1.43 亿 hm^2。20 世纪 80 年代末，印度的桑园面积不足 30 万 hm^2，仅占可耕地面积的 0.2%，如果将这个比例提高到 1%，对粮食生产不会产生多大影响，却能使茧、丝产量大大增加，并吸纳超过 2000 万人就业。

气候条件优越：印度属热带季风气候，自然气温高，培育桑树周期短，全年均可养蚕。受环境、蚕品种、养蚕水平等方面的限制，虽然印度每公顷桑园产茧量并不高（仅为我国平均产量的一半，华南地区的 1/3 或 1/4），但由于农作物单产低，相对而言养蚕的经济效益较高。而且，养蚕投入少、产出多、周期短、见效快，因而具有其他产业无可比拟的吸引力。

劳动力资源充裕：印度是个农业大国，20 世纪 60 年代中期开始的绿色革命解决了长期困扰印度政府的粮食问题，但农村仍然十分落后，有 4000 万以上失业人口。到 80 年代，农村人口仍占全国总人口的 75%左右，务农劳动力占全国劳动力的 65%左右，农业增加值占国内生产总值的 40%左右。而蚕业是一项劳动密集型产业，从桑树栽培管理、喂蚕、采茧、售茧、烘茧到制丝、纺织、印染等都需要投入大量的劳动力，而且印度蚕业技术水平低，以手工操作为主，能吸纳的劳动力更多。据统计，印度每公顷桑园从栽培管理、养蚕到最后织成丝绸大约需要 3319 个劳动日。

第二，传统的丝绸消费习惯。

印度自身是一个丝绸消费大国，丝绸产品种类繁多，其中最主要的丝绸产品为用于民族服装的"莎丽"，占丝绸总产量的 75%以上。印度生产的丝绸成衣、丝袜、丝织地毯和丝绸围巾等产品，80%用于满足国内市场需求。因此，印度本身就是最大的丝绸消费市场。

1991 年印度开始重要的市场经济改革，除个别关系国家安全的领域外，其他领域均向私营部门开放；大幅度修改《反垄断法》，放松对私营经济的限制；逐渐减少国家在公营企业中的股份，加强公营企业改革；大幅度降低商品进口关税，逐渐放松外资进入的限制，进一步扩大对外开放，从而使经济朝着自由化、市场化、全球化、现代化发展。随着改革的逐步推进，印度经济呈现出加速发展之势，人们的收入水平不断提高。而丝绸是高档商品，随着经济的快速发展和收入水平的提高，印度本国的丝绸消费需求不断增加。进入21世纪以来，印度丝绸消费持续增长，某些地方甚至出现赊购丝绸的现象。

第三，高度市场化的茧丝流通体制。

印度中央和各邦政府不制定具体的茧丝价格，完全由市场来决定。印度政府主要在蚕业主产地区设立蚕茧和生丝交易市场，法律上要求农民把蚕茧拿到蚕茧市场、缫丝厂把生丝拿到生丝市场进行交易。印度有大量的茧丝交易市场，仅卡纳塔克邦就有58个蚕茧交易市场和11个生丝交易市场，其中较大的10个蚕茧交易市场年交易量可达50t蚕茧。印度有众多的丝厂，大小丝厂都进入交易市场进行拍卖。

由于气温高，印度可全年生产蚕茧，而且没有烘茧这道工艺。农户采下鲜茧后，直接放在太阳下晒上两天就会变成干茧，便可拿到蚕茧市场出售。印度的制丝业以农户小作坊式生产为主，农户从蚕茧市场买回蚕茧后直接杀蛹缫丝。由于资金实力薄弱，制丝农户几乎天天买茧、天天卖丝，以达到缩短周期、加快资金周转的目的。因此，印度的蚕茧交易市场全年开放（全年三天假期除外），丝厂是随买随用。

第四，政府的高度重视和积极扶持。

发展蚕业是印度政府为发展国民经济，争取更多出口外汇，解决贫困和就业的重要选择，因此中央政府和各地方政府均采取多种措施大力发展蚕业。一是增加对蚕业科研、蚕种场、茧丝市场的投入。印度中央蚕丝委员会从1951年开始编制蚕业发展的"第一个五年计划"（1951～1956年）到"第八个五年计划"（1992～1997年），中央和各邦给予蚕业的财政支持累计达141亿卢比（包括1966～1969年、1978～1980年、1990～1992年三个过渡时期），其中"第七个五年计划"（1985～1990年）和"第八个五年计划"的财政支持分别为29.469亿卢比和77.362亿卢比（顾国达，2001）。此外，印度蚕业还获得了世界银行和瑞士政府的巨额贷款支持，1981～1987年、1992～1997年两次贷款总额高达5亿美元以上。二是采取宏观调控措施平衡工、农、商三方利益，防止工商吃农，保护蚕农的利益。三是注意蚕业科技人才的培养，从中央到地方建立各级各类培训学校和技术指导部门，培养了大批蚕业科技人才，为大力推广和普及养蚕新技术提供了保证。四是在大力发展茧丝绸生产、放开茧丝价格的同时，也注重建立并规范蚕茧和生丝市场，运用市场价格规律，协调茧丝绸各生产环节的利益关系。为保护蚕农和缫丝厂利益，促进蚕业稳定发展，中央蚕丝委员会下设生丝价格稳定委员会，决定生丝价格的上限和下限。在茧丝价格变动过大时，政府可以从市场购入交易量的20%生丝以稳定生丝价格，从而稳定蚕茧价格。为稳定生丝价格，卡纳塔克邦的蚕丝局在其11个生丝交易市场上，平均每日生丝买卖量为市场交易量的20%～25%。

第五，抓住良好的外部机遇。

20世纪70年代，由于经济结构调整，劳动力成本上升及周边国家的竞争，日本蚕业开始衰退。与此同时，我国蚕业生产稳定，蚕茧、生丝产量相继超过日本成为世界第一大茧丝生产国，但受冷战及"文化大革命"的影响，70年代后期我国蚕业生产出现徘徊，茧丝产量增长缓慢。80年代后期，环境保护运动下的天然纤维流行引起世界丝绸消费热。所有这些都为印度蚕业的发展提供了良好的外部机遇。

（3）巴西蚕业发展模式

巴西是拉丁美洲最大的国家，2018 年人口为 2.08 亿，居世界第 5 位，拥有充足的劳动力和丰厚的自然资源。根据世界银行公布的 2018 年世界各国 GDP 和人均 GDP 排名，巴西 GDP 为 1.92 万亿美元，排名第 9 位；人均 GDP 为 9300 美元，排名第 91 位。

巴西的蚕业始于 19 世纪初，但一直没有较大发展。一战后，随着意大利移民引进近代养蚕技术并创办机械缫丝厂，巴西的蚕业有所发展。之后随着日本移民的增加，移民中从事蚕业的人数增多，巴西的蚕业以圣保罗州为中心得到较快发展。1923 年度巴西仅生产蚕茧 9.0t，1924 年度增加到 29.5t，1933 年度达 548.8t；生丝产量 1924 年度仅为 8.2t，1933 年度达到 44.9t。二战期间，美国对日本实行经济封锁，日本对美国实行生丝禁运，美国为了保障国内军需，向巴西大量定购生丝，使巴西蚕业获得快速发展的机会。蚕茧产量由 1940 年度的 721.5t 增加到 1945 年度的 6144t；生丝产量由 1940 年度的 70t 增加到 1945 年度的 751t。

二战后，由于日本恢复生丝出口并重新占领美国市场，加上美国化学纤维工业的迅速发展和战后世界丝绸消费的低迷，给刚刚发展起来的巴西蚕业带来沉重的打击。蚕茧产量由 1946 年度的 3757t 减少到 1948 年度的 464.8t；生丝产量由 1946 年度的 260t 减少到 1948 年度的 35t。此后，巴西的蚕业虽然有所恢复，但一直没有达到历史水平。1953 年度生产蚕茧 2501t，生产生丝 186t，生丝主要用于满足国内消费。

1962 年日本开始进口生丝，并于 1966 年由生丝出口国转变为进口国。为了建立多元化的生丝进口渠道，防止生丝市场被我国垄断，日本积极策划并支持国内从事生丝生产和丝绸贸易的大公司到巴西投资，兴办独资或合资的蚕丝企业。1972 年伊藤忠公司率先出资控制了巴西有名的蚕丝企业布拉坦库（BRATAC）。此后，钟纺、郡是、神户制丝和昭荣等公司相继在巴西兴办了桑蚕茧丝一体化的蚕丝企业，并从日本引进先进的缫丝设备和经营管理技术（顾国达，2001）。而我国虽然在 1972 年中美建交后重返欧美日丝绸市场，但在改革开放前受国内政治等多种因素的影响，丝绸出口能力有限，且交货不及时。在这种背景下，巴西的蚕业在 70 年代初期迅速发展，但 1978~1982 年一度停滞，1983 年后又快速发展，1992 年蚕茧产量达 19 134t，此后受世界丝绸市场供大于求、茧丝绸价格急剧下跌的影响，蚕茧产量呈现下降趋势，2000 年度为 9916t，相当于 80 年代初的水平，2007 年度进一步减少至 6266t。

从产地分布来看，巴西的蚕业发迹于圣保罗州，20 世纪 60 年代前其一直是巴西蚕业的主产地，占当时巴西蚕茧产量的 98%。进入 70 年代以后，位于圣保罗州北部的巴拉那州的蚕业迅速发展，而圣保罗州则发展较缓慢，圣保罗州和巴拉那州成为巴西蚕业的主产地。1978 年度巴西生产蚕茧 8068t，其中圣保罗州生产 6000t，占 74.4%；巴拉那州生产 1930t，占 23.9%。自 80 年代以来，圣保罗州的蚕业发展由停滞转变为衰退，而巴拉那州的蚕业仍然迅速发展，1985 年度巴拉那州生产蚕茧 5966t，超过圣保罗州的 5024t，成为巴西最大的蚕丝生产州。2007 年度和 2008 年度巴西共生产蚕茧 6266t，其中巴拉那州产量为 5700t，占 91%。除巴拉那州外，南马托格罗索州、圣卡塔琳娜州的蚕业也有一定发展。

从蚕业生产条件来看，巴西蚕丝主产地为 N20°~25° 海拔 400~500m 的波状丘陵地带。属热带草原气候，6～8 月是冬季低温干燥期，11 月至翌年 2 月是夏季高温多雨期。年均气温 22.5～24℃，年均湿度 60%～70%，年降水量 1300～1600mm。土壤为玄武岩风化而成的紫色土，比较肥沃。

巴西的桑树品种主要为'三浦桑'，占栽培面积的 80%以上，是由 BRATAC 公司原蚕种场的日系移民三浦从自己的桑园中选拔出来的，扦插成活率高，生长旺盛，但叶肉较薄。最近，巴西从日本引进叶肉较厚的品种，如'改良鼠返''一之濑''岛桑'等和当地的品种进行杂交以选育更好的桑树品种。

巴西的桑苗采用扦插繁殖，在整地并施用基肥后，选用 30cm 长的扦插用桑树枝条，一端削尖插入地下约 20cm。桑树低干稀植（6700～7500 株/hm²），行距较宽约 2.8m，株距 0.5m，适宜机械化管理。一般在降水较多的 9 月至翌年 2 月建造桑园，如 9 月扦插，翌年 3 月即可收获桑叶。采用条桑收获法，每隔 3 个月收获条桑 1 次，一般年收获 3 次，桑园间交替使用。巴西的气候条件适宜栽桑养蚕，一年可养蚕 10 次以上，由于桑树生长的关系一般年养蚕 7～8 次。但是巴西的桑园管理比较粗放，单位桑园面积的蚕茧产量较低。蚕农主要通过增加桑园面积来扩大蚕业经营规模，因为巴西土地资源十分丰富。

由于气候的关系，巴西生产上所使用的蚕品种为二化性杂交白茧种。过去蚕种主要依靠从日本进口，现在由各丝绸公司所属的蚕种场生产，每盒蚕种有 3.2 万～3.3 万粒。各丝绸公司还设有蚕种催青室和稚蚕共育室，饲养稚蚕至 2 龄。蚕农负责 3 龄蚕以后的饲养和上蔟管理。

壮蚕一般采用条桑育，"川"字形给桑，自然扩座不除沙。壮蚕室一般 7m 宽，长度依饲养蚕种的数量而定。养蚕室也作为上蔟室使用，在养蚕前都经过严格的消毒，两栋蚕室交替使用。以前在蚕室设置 2.5m 宽的蚕座 2 列，最近由于方格纸板蔟使用的普及，一般在蚕室设置 1.5m 宽的蚕座 3 列。

上蔟采用自然上蔟法，蔟具主要为方格纸板蔟（1991 年度普及率为 72.7%，1994 年度普及率超过 90%）。蔟具吊于蚕座上方，桑蚕老熟时直接置于蚕座上使熟蚕自然上蔟。上蔟期间一般不采用有效的管理，但由于昼夜温差较大，容易产生多层茧。尽管如此，但巴西的蚕室为专用蚕室，通风换气较好，而且湿度不大，所以蚕茧的质量较好。蚕农手工采摘剥去蚕茧茧衣后，出售给所属的丝绸公司，蚕茧干燥大多采用热风循环式烘茧机。蚕茧解舒率一般高于 70%，鲜茧出丝率已达 16%～18%。

由上可见，巴西的蚕业采用大规模经营和以条桑育为主体的省力化技术。1993 年度蚕农户均拥有桑园 5.3hm²，生产蚕茧 1.5t。由于桑园采用低干稀植，肥培管理较差，加上条桑收获法收获的桑叶利用率低，因此巴西的桑园产茧量只有 291.8kg/hm²。

巴西的蚕农收获蚕茧后必须出售给所属的蚕丝公司，由于蚕茧收购标准与价格各公司间基本统一，蚕茧流通秩序较好。通常，蚕农把蚕茧送达茧站后，首先随机抽取 1% 左右的蚕茧作为样茧，再从样茧中随机抽取 30 颗蚕茧称取全茧量，削茧倒蛹后称取茧层量并计算茧层率，取茧层率的 76%作为鲜茧出丝率。另在样茧中抽取 500g 选出次下茧，计算上茧率。然后查阅巴西制丝协会公布的由鲜茧出丝率和上茧率所构成的蚕茧价格一览表，决定蚕茧的收购价格并当场支付蚕茧款。

巴西的蚕茧收购价格由制丝协会、蚕农代表和政府主管部门相互协商，主要依照生丝出口价格的高低来决定。1989 年度蚕茧收购价格达到 3.55 美元/kg，1994 年度跌落至 1.95 美元/kg，之后略有回升。蚕茧收购价格如果能够达到 2.0 美元/kg 鲜茧以上，巴西的蚕丝业会有所发展，反之如果低于 2.0 美元/kg 鲜茧，由于国内通货膨胀和咖啡、大豆等经济作物竞争，巴西的蚕业将会萎缩。

巴西的蚕业自 20 世纪 70 年代以来尤其是 90 年代初得到迅速发展，近年来处于调整期，蚕茧和生丝产量明显减少。与养蚕业竞争的经济作物主要有咖啡和大豆，因此蚕业的发展将取决于世界茧丝绸市场的供求关系和蚕业与其他经济作物之间的比较收入。但巴西有丰富的土地资源和优越的自然条件，有相当的制丝规模和蚕丝技术，发展蚕业有一定的潜力。

进入 20 世纪 90 年代以来，巴西茧丝质量明显提高，生丝出口竞争力的增强和茧丝出口市场的多元化已对我国的茧丝出口贸易产生影响，其生丝出口日益向日本集中的倾向表现明显，必须引起我国同行的高度重视。

巴西的蚕丝技术依赖日本，蚕业采用大规模经营和省力化技术，茧丝生产经营采用以制丝公司为龙头的"公司+农户"一元化管理方式。生产的茧丝主要用于出口创汇，以出口生丝为主，蚕业是以出口创汇为目的的以制丝业为主导的外向型产业。巴西蚕业的发展主要取决于世界茧丝绸市场需求和自身国际竞争力。巴西为规范生丝出口商的行为，保护生丝贸易的利益，规定了生丝出口最低限价，这种做法值得我国借鉴。

3. 发展趋势

可根据国际蚕业的演变历程和日本、印度、巴西等国家的蚕业发展模式总结国际蚕业发展趋势。

1）世界上有近 70 个国家和地区有栽桑养蚕的历史与习惯，但不同历史时期在世界蚕丝生产上具有一定地位（占总产量 1%以上）的国家均不足 10 个，而且某一时期一两个茧丝生产大国的产量占绝大部分。国际蚕丝市场具有鲜明的寡头垄断特征，目前我国在国际茧丝市场上具有绝对的数量优势。

2）各生产国的经济发展和产业结构调整会引起蚕业的兴衰，从而使世界蚕丝产地和主产国的地位发生变化，导致蚕丝主产地发生国际转移和区际转移。二战以来，世界蚕丝主产地经历了从日本向我国回归的过程；而我国蚕丝主产地在进入 21 世纪以来呈现"东桑西移"的现象，广西异军突起，成为我国乃至世界蚕丝主产地。

3）各国的资源、区位条件不同，经济发展模式和发展速度不同，政策性支持不同，会导致主要茧丝生产国的蚕业兴衰速度不同。市场化程度较高的地区具有完善的价格和流通体制，以及政府的高度重视、积极扶持和科学干预不仅可以促进蚕业快速发展，而且能够延缓蚕业衰退，实现蚕业在一国范围较长时期的可持续发展。

4）家蚕微粒子病等传染性疫病流行，家蚕杂交技术和蚕种人工孵化技术等科技创新，加速了蚕丝产地的转移（法国和意大利蚕业的衰退）和新兴主产地（如日本）的兴起，其实质是蚕业与其他产业竞争时比较收益率发生变化。家蚕基因工程技术和桑蚕茧丝绸资源综合利用技术的突破性进展，预示着世界蚕业再次面临 20 世纪初诸如家蚕杂交技术和蚕种人工孵化技术等科技创新带来的那样革命性变革。技术进步对市场需求的推动很可能使国际茧丝绸业在未来 10～20 年迎来新的发展机遇。

（二）国际蜂业发展模式及发展趋势

半个世纪以来，世界蜂业取得长足的发展。20 世纪 80 年代世界蜂蜜总产量为 96 万 t，90 年代为 110 万 t，21 世纪初为 125 万 t。2001 年蜂蜜产量在 5 万 t 以上的国家有中国、美国、阿根廷、墨西哥、俄罗斯、土耳其、乌克兰和印度。2017 年世界蜂群总量超过 9099 万群（专题图 1-15），分布在五大洲，排名前 10 的国家依次是中国、土耳其、埃塞俄比亚、俄罗斯、伊朗、阿根廷、坦桑尼亚、美国、肯尼亚和西班牙。我国是世界养蜂大国，也是蜂产品生产与出口大国；美国、加拿大和澳大利亚的养蜂历史最短，但养蜂机械化水平最高；欧洲养蜂历史悠久，虽蜂群密度高，但蜂蜜产量低，而进口量、消费量高；非洲除埃及和南非外，大多沿袭旧法饲养蜜蜂。

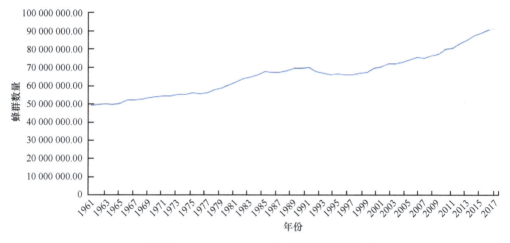

专题图 1-15　1961～2017 年世界蜂群数量变化

世界五大洲都有生产蜂蜜，但主要产区为亚洲、欧洲和美洲。2017 年，近 50% 的蜂蜜产自亚洲，其次是欧洲和美洲，各占 20% 左右（专题图 1-16）。主要蜂蜜出口国是中国、阿根廷和墨西哥；主要蜂蜜进口国是德国、美国、日本和意大利。不同洲、不同国家，蜂业的发展有不同特点并存在差异。

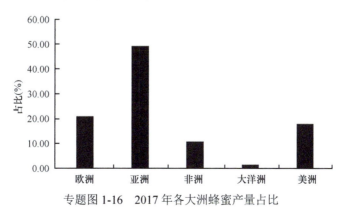

专题图 1-16　2017 年各大洲蜂蜜产量占比

1. 美国模式及发展趋势

美国蜂业发达，目前是世界第二大蜂蜜进口国和第四大蜂蜜生产国，也是世界上最大的蜂蜜消费国之一。二战后，市场食糖供应紧张促进了美国蜂业的发展，1947 年蜂群数量达 590 万群，蜂蜜产量高达 10.38 万 t，蜂蜡产量 2043t。此后，蜂群数量逐年下降，2011～2015 年保持在 250 万群左右，2016 年为 277.5 万群。

美国现有养蜂人约 12 万，分商业养蜂与业余养蜂。商业养蜂者拥有的蜂群数量在千群之上，所生产的蜂蜜占全国总产量的 70% 以上；业余养蜂者平均拥有的蜂群数量多为几百群，产量占 20%，其中 10% 的百群以下养蜂爱好者生产的蜂蜜占 10%。

美国蜂业的发展源自欧洲移民的迁入。17 世纪初欧洲移民迁入时带入欧洲黑蜂，19 世纪中叶开始陆续引进意大利蜂，之后又引进卡尼鄂拉蜂和高加索蜂。经过 100 多年的发展，目前美国不仅已成为世界上蜂业发达、养蜂技术先进、蜂业规模化、专业化、机械化及蜜蜂授粉产业化的国家，而且为世界养蜂机具的应用和发展作出不可磨灭的贡献，为世界蜂业向专业化、机械化、现代化发展奠定了基础。

目前全世界采用的朗氏标准蜂箱起源于美国。1851 年，美国养蜂家朗斯特罗什设计制造了第一个实用的活动巢框蜂箱。1852 年，该活动巢框蜂箱获得美国专利，称为朗氏蜂箱。1861 年，朗氏蜂箱在美国得到普遍应用，很快又传入欧洲，得到欧洲养蜂者的广泛采纳。1857 年，活动巢框的使用引发德国专家 J.梅林开始用平面巢础压印器压制出人工巢础，为蜜蜂造脾提供了方便。1865 年，奥地利专家赫鲁什卡发明了离心式蜂蜜分离器，为养蜂者提取蜂蜜提供了很大的便利。这些发明为当今世界现代蜂业的发展奠定了基础，促进了蜂业在美洲大陆迅速发展。

美国商业养蜂普遍采用多箱体蜂箱模式，一般每群有 7 个箱体，其中两三个为育虫箱，四五个为贮蜜继箱，生产封盖的成熟蜜。北方的一些蜂场，每年春季从南方购买笼蜂饲养，购买蜂王更换衰老的蜂王；有些蜂场在冬季将蜂群运到南方繁殖，初夏运回北方采蜜。商业养蜂场的生产基本全面机械化，包括取蜜、转地、装卸蜂群等，劳动生产率极高，大多数情况一人饲养 1000 群以上。

商业养蜂场大多建有自己的采蜜车间，安装一整套割蜜盖机、辐射式分蜜机、蜜泵、压滤机、蜜蜡分离机、蜂蜜澄清池、热水锅炉、热风机等。蜂场的贮蜜继箱用吹蜂机脱除蜜蜂后，全部运回取蜜车间进行分离、滤清和包装。

美国有 200 多家育王场和种蜂繁殖场，主要分布在南方的 5 个州，每年可生产 100 万只产卵蜂王和 50 万笼蜂（约 500t 蜜蜂），用于供应美国北方和加拿大。在美国农业部和蜜蜂品种中心研究室的指导下，达旦父子养蜂公司负责选育自交系和选配优良双交蜂种供应育种场单交原种蜂王，由育王场培育双交种蜂王销售给生产蜂场应用。

美国蜜蜂主要用于为农作物授粉，联邦政府在 19 世纪末就认识到蜜蜂授粉对农业增产的巨大作用，美国已成为世界上蜜蜂授粉应用最好最普及的国家。蜜蜂授粉业已成为蜂业的一大产业，每年农作物和果蔬农场都要租赁 200 万群以上蜜蜂为农作物和蔬菜授粉，以提高农产品的产量和质量，尤其是苹果、红莓、瓜类、花椰菜、蓝莓和樱桃，90% 以上依靠蜜蜂授粉，杏则全部由蜜蜂授粉。

蜜蜂为作物果蔬授粉在美国皆为有偿服务，租赁费用根据作物果蔬品种不同而有所差异，价格一般为 100～150 美元/箱，也有免费授粉。蜜蜂授粉为农作物生产所创造的直接和间接价值也有所不同。农作物生产因蜜蜂授粉所创造的价值为将近 200 亿美元，而生产蜂蜜和蜂蜡的价值却只有 1.4 亿美元。可见，蜜蜂为农作物果蔬授粉所获得的价值比蜂产品价值高出 140 多倍。

蜜蜂授粉不仅为农业生产创造了巨大的增产增质效益，养蜂者还在此过程中获得了可观的收入，甚至达全年养蜂总收入的 50%。蜜蜂成为生态农业的重要组成部分，受到国家的保护。美国已将放蜂场地、蜂群分布等都列入农业生产计划，对蜜蜂疾病的控制与预防非常严格。1923 年，美国通过立法禁止从其他国家进口蜜蜂，以防蜜蜂传染病的侵入和传播。同时，各大州实施检疫制度，设有检查员对州内蜂场进行巡回检查，提供技术咨询，指导蜜蜂疾病的防治工作。20 世纪初期，美国发现欧洲幼虫腐臭病和美洲幼虫腐臭病，当时对患病蜂群采取连蜂箱烧毁的办法，1944 年开始采用磺胺噻唑防治幼虫腐臭病，之后对各种抗生素进行了防治试验，1951 年首次报道土霉素（氧四环素）防治幼虫腐臭病的效果，将其选定为普遍应用的药剂，但规定在主要流蜜期前 28 日停止用药，以免污染蜂蜜，并建议采用环氧乙烷消毒蜂具和巢脾。之后又发现了孢子虫病，采用烟曲霉素防治。1984 年，与墨西哥接壤的得克萨斯州发生武氏蜂盾螨（俗称壁虱病）并逐步蔓延全国，采用福尔别克斯（Folbex Va，主要成分为溴螨酯）给予治疗颇有成效。1987 年，美国发现雅氏瓦螨，采用氟胺氰菊酯（Fluvalinate）防治。此外，还发生了白垩病，用冰醋酸熏蒸巢脾 24h 可将病原子囊菌杀死。所有的措施都有一个共同的原则，即不允许污染蜂蜜，严重的蜜蜂疾病若无法控制则必须烧毁。

美国蜂业的第二产业是蜂蜜生产与营销。美国的蜂蜜生产遍及各州，北方各州更是以生产蜂蜜为主，蜂蜜单产以蒙大拿州和南达科他州较高，平均为 26kg，最高达 38kg；东南各州则以培育蜂王、繁殖蜂群和为农作物授粉为主，蜂蜜单产较低，一般为 15～20kg。

美国政府不仅扶持蜜蜂授粉，而且重视整个蜂业的发展，以保护养蜂者的利益。二战后，政府为了稳定蜂蜜价格，从 1950 年开始对蜂业实施按当年蜂蜜平均价格的 60%～90%实行抵押贷款的价格支持方案。这一方案以蜂蜜作为抵押品，从政府得到贷款，或提供给商品信贷公司收购，对保持较稳定的蜂蜜市场价格有很大帮助，对价格的猛烈下降起到抑制作用。

2. 德国模式及发展趋势

蜂业是德国一项古老而重要的饲养业。早在卡罗大帝（742～814 年）时代，就颁布了保护蜂业的命令，要求官吏了解蜂业的实际情况。《撒克逊法》规定，盗窃蜂群将处以价值 6 倍的罚款。卡罗九世（1316～1378 年）于 1350 年发布一项森林养蜂法，规定皇家园林的养蜂人免征商品税，而且可以砍伐生活所需的木柴，从而进一步促进了德国的蜂业发展。

德国的蜜蜂育王业比较发达，拥有许多训练有素的蜂王人工授精技术人员，并在波罗的海的岛屿上建立多个管理良好、控制严格的交尾站，专门培育纯种蜂王，供全国蜂业使用。

养蜂是德国人一项较普遍的业余爱好，许多家庭在庭院内饲养 6～8 群蜜蜂，为减少土地占用面积，习惯采用开后门的蜂箱，把蜂箱紧靠在一起，叠成两层，下面有底座，上面有房顶，构成房屋形状。副业养蜂者一般饲养 20～120 群蜂，以增加收入。专业养蜂者饲养的蜂群数量在 120～200 群，多数进行转地放蜂，转地时采用可移动的养蜂室，把蜂群固定在拖车上，有的拖车上设有采蜜车间、卧室。

德国对蜂蜜质量的要求很高，除了蜂蜜质量标准、养蜂规范 CAC 标准及欧盟标准之外，还有相关的蜂蜜法律，并严格执行欧洲共同体关于蜂蜜的指令和守则，如蜂蜜检测项目 96/23/EC 指令，蜂蜜 2001/110/EC 指令，药物有效成分残留守则 2377/90，食品安全守则 178/02，农药守则 396/05，卫生守则 852/04、853/04 和 854/04，第三国/代理决议列表 2006/208/ECTS 等。总之，欧盟委员会将越来越关注产品的质量控制，特别是包括在蜂蜜内在的动物源食品。

3. 阿根廷模式及发展趋势

阿根廷是南美洲蜂业最发达、年产蜂蜜量最高、蜂蜜出口量最多的国家。阿根廷可供查考的养蜂历史仅有 400 年左右，2016 年蜂群数量为 301.41 万群。全国有 3 万个家庭养蜂场，分为业余养蜂和专业养蜂两种，其中业余养蜂者数量较多，一般拥有 50～200 群蜜蜂；专业养蜂者通常雇用一定数量的雇员，使用较为先进的养蜂机具进行蜂蜜生产。全国有 500 群蜂的蜂场占 3%，有 350～500 群蜂的蜂场占 12%，有 20～350 群蜂的蜂场占 75%，有小于 20 群蜂的蜂场占 10%；最大规模蜂场为 30 000 群蜂，由 3 个人管理，位于潘帕斯（Pampas）地区；养蜂员平均年龄 30～40 岁。

阿根廷政府重视发展蜂业，制定了很多优惠政策和补贴，但也遭遇过"绿色壁垒"。例如，养蜂者曾经喂食氯霉素等药物，从而导致部分蜂蜜抗生素残留，出口受阻。为此，政府与农业生产者共同合作，采取一系列应对措施加以解决。1992 年，阿根廷政府推出生物技术促进政策，其中一项就是研发无公害农药，鼓励发展有机农业。针对蜂业，阿根廷研发了能为欧洲标准所接受的无害蜂药，从而解决了抗生素残留问题。此外，阿根廷还按照国际先进标准建立了一套自己的质量监控体系，每出口 200t 蜂蜜就进行一次内部抽样检查，不达标的不得出口，从而保证了出口产品的质量安全。短短的几年时间，阿根廷蜂蜜又被美国、欧洲所青睐。

阿根廷进口蜂蜜无须配额，出口蜂蜜还可获得 10%的补贴。2000 年，农业部与各蜂蜜生产省合作，制定了"2000 年蜂蜜计划"，目的是为蜂蜜生产者提供服务与帮助，内容包括出版"关于各蜂蜜产区信息的刊物"，发布"出口和内销蜂蜜质量监控计划"，促进国内蜂蜜消费增长。

阿根廷对其未来蜂蜜生产和出口持乐观态度。农业部秘书处和蜂蜜主产省制定的促进计划要求养蜂者组成合作社，有助于蜂场的管理和蜂蜜的销售，合作社还可获得省政府的"支持贷款"，贷款期为 1 年，分 3 个季度偿还。

为保护本国养蜂者的利益，避免本国产品在国际市场上同根相煎，阿根廷政府推动成立了一批"出口联合体"，把邻近区域、同一产品的数家或十几家生产者组织起来，在国际市场上以"联合体"出面，集体参与竞争。例如，国际市场上的许多展览会，单独一家小企业根本无能力去参展，如果十来家企业合作派出一个小组去参展，成本就很合算。这种"联合体"最主要的意义是避免了本国、本地区企业之间的恶性价格竞争，实现集体报价、利润共享，与我国一些企业在国际市场上各自为战、"自杀性"压价的局面形成鲜明对比。

4. 加拿大模式及发展趋势

加拿大拥有丰富的蜜粉源资源，是典型的资源型国家。国土面积 998.467 万 km^2，可利用陆地面积 597 万 km^2；蜂群数量 69 万群，约 $10km^2$ 就有 1 群蜂，密度极低，每群蜂的资源占有率极高。主要蜜源植物在农牧区有白车轴草、红车轴草、杂种车轴草、草木樨和紫苜蓿。

加拿大是世界上蜂蜜单产最高的国家。全国平均每群蜂每年的蜂蜜产量为 50kg 以上，通常是其他主要产蜜国如澳大利亚、墨西哥、阿根廷和美国等的 2 倍（个别年景除外）。2014~2016 年加拿大的蜂群数量分别为 694 217 群、698 429 群和 686 733 群（FAO 数据）。

加拿大养蜂者主要销售蜂蜜，蜂蜜品种主要有荞麦蜜、山花蜜等；蜂胶、花粉、王浆等产品极少，蜂胶主要销售给华人圈；还有蜂蜡、蜡烛、唇膏、护肤品、蜂蜜酒及与蜂有关的其他产品。

加拿大农业与农业食品部（Agriculture and Agri-Food Canada，AAFC）在每个省都设有专人负责蜂业管理。政府制定蜂业培训及科研项目，并提供经费支持用于开展培训。政府的主要作用是在研究者和蜂农间充当协调者。主管蜂业的人员经常去蜂场，以便掌握全省的养蜂员情况，一旦发现病害就会上报食品监督部门，并责令蜂农留在发病地区，严禁转地，防止病害传播。

加拿大实行养蜂注册制度，哪怕是业余养蜂，只要有 1 群蜂也要注册，且注册是免费的。为防止病虫害对蜂业造成严重影响，加拿大实行蜜蜂检疫，政府会以项目的形式安排科研机构或者管理人员进行病虫抽样检疫，一旦发现传染性病害，特别是幼虫腐臭病，立刻销毁。

加拿大饲养的蜂种是从欧洲引进的，主要是意大利蜂和高加索蜂。20 世纪美国大量生产笼蜂以后，加拿大每年都从美国进口 30 万笼以上笼蜂。加拿大养蜂多采用活动箱底、浅继箱；主要生产蜂蜜，蜂王浆等其他产品很少。加拿大西部油菜 1 年取 1 次蜜，时间在 7 月，每群采蜜 113kg；东部三叶草等 1 年取 2 次蜜，时间分别为 5 月和 10 月。11 月蜜蜂放在室外包装越冬，因为有冻雨，采用 1 个巢箱越冬，4 月开始春繁。

加拿大蜂业生产机械化程度高，基本上每个蜂场都有起运装备，如铲车和起吊设备，主要以封盖蜜在取蜜车间集中取蜜。取蜜车间面积较大，一般由 3 个人负责自动化取蜜操作，1 个负责将蜂箱中的巢框搬上取蜜线，1 人在摇蜜机的位置摇取巢框，1 个人在最后的蜂箱码放位置负责空蜂箱码放。摇蜜机可同时摇取 150 个巢框，摇出的蜜通过管道经蜜蜡分离后进入分装车间进行分装。

加拿大农业与农业食品部负责蜂业的管理。规模大的蜂场需要注册，在屋前院后养几群蜂的业余养蜂者同样需要注册。省内跨区转地放蜂或从其他省转地而来的蜂群需持有许可证和蜂群健康检测证明。蜂群、蜂场遭受损失时，政府会进行补偿。

5. 澳大利亚模式及发展趋势

澳大利亚是世界上人口密度最低、自然环境优美、自然资源丰富的国家。蜂业虽然只是澳大利亚畜牧业的一小部分，但其蜂蜜质量和风味居世界前列。大部分的养蜂者是业余养蜂，只有相对很少的一部分是专业养蜂。据澳大利亚官方统计（不完全统计），目前全国注册登记的蜜蜂数量约 60 万群蜜蜂，年蜂蜜产量约 3 万 t，通常 25%～30%用于出口。

澳大利亚具有得天独厚的自然养蜂环境和资源，拥有丰富的、大泌蜜量的蜜源植物，品种繁多的大面积桉树林是其最具特色的重要蜜源植物，也是其蜂蜜种类多及品质上乘的源泉，更是欧洲、日本等各发达国家对澳蜂蜜倍加青睐的主要原因。澳大利亚商业养蜂的第一产业就是令其非常自豪的、具有一流质量的蜂蜜，主要生产区从昆士兰州温带地区一直延伸到维多利亚州中部，包括澳大利亚的首都，南、北部地区也是主要的蜂蜜生产区，塔斯马尼亚州是最小的一个蜂蜜生产州。

多年来，澳大利亚蜂蜜的包装和销售一直保持着良好的规则，每年大部分的蜂蜜由大包装商收购。然而，近几年出现不稳定现象，蜂蜜价格因天气干旱和蜂蜜短缺而大幅度波动，造就了澳大利亚的第一次蜂蜜大进口。

蜜蜂育种也是澳大利亚商业养蜂的强项，具有强大的国内及国际市场。同时，逐年扩展的笼蜂生产与出口也不甘示弱。除此之外，蜜蜂有偿授粉也是一项相当重要的产业，不仅使农作物增产增质，增加果农收益，还大大增加养蜂者收入。

（三）国际鹿产业发展模式及发展趋势

1. 新西兰养鹿业

新西兰本土没有鹿，1851 年由英国移民从苏格兰、英格兰和德国引进欧洲赤鹿。早期移民喜欢将鹿放归野外狩猎，有一些赤鹿便逃到自然环境中，并在没有天敌、水草丰盛、森林资源丰富的条件下快速繁衍。仅经过 50 年的时间，野外赤鹿就呈现爆发式增长，遍布新西兰南阿尔卑斯山，破坏了大量的植被，打破了生态平衡。于是，政府开始鼓励人们猎取赤鹿，并逐步开始赤鹿商业化饲养的历史。由于赤鹿在新西兰经历了一个多世纪的风土驯化，因此和原产地品种相比发生了较大变化。

新西兰人工养鹿早期，引入我国养鹿经验，将成熟的管理技术应用到赤鹿饲养中，很快形成了完整的赤鹿放牧管理技术。20 世纪 70 年代，新西兰以生产鹿肉为目的的大规模赤鹿饲养业基本形成，也逐步形成了适合围栏放牧的家养赤鹿种群，90 年代开始学习收获鹿茸并出口我国。2018 年，新西兰存栏鹿只 100 头，其中 30%驯养在北岛，70%驯养在南岛；母鹿约 30 万只，公鹿约 70 万只，主要为赤鹿，占 85%，其次为北美马鹿、杂交鹿及少量的黇鹿等。

新西兰赤鹿体型中等，成年公鹿体高 114～127cm，体重 145～189kg；成年母鹿体高 100～117cm，体重 122～164kg；角冠多分枝，尖端呈杯状。目前已引种到澳大利亚、智利、阿根廷、韩国和我国等多个国家。

新西兰现有鹿场 1000 余个，从小型家庭养殖到大的规模养殖，差距较大，通常情况下，养鹿场是包括其他动物如牛羊在内的综合养殖场的一部分。新西兰所产鹿茸为赤鹿茸，是否可以入药，目前基础数据还不能完全证实。

新西兰鹿业产品 90%以上用于出口，除鹿皮外，鹿肉、鹿茸、鹿副产品（鹿鞭、筋、血产品）、鹿皮革制品等鹿产品出口量均成倍增长。鹿产品出口创汇总额 1999 年为 2.09 亿新元，2006 年为 2.69 亿新元。

新西兰鹿肉出口量占世界贸易量的 95%，销往 30 多个国家，但主要国际市场是欧洲，包括德国、比利时、瑞士、荷兰、瑞典、挪威、丹麦、冰岛等，占鹿肉出口总量的 80%以上。鹿肉是德国传统的秋冬季烹饪食品，因此德国是新西兰最大的鹿肉销售市场，占鹿肉销售创汇总额的 50%；而欧洲其他国家的鹿肉销售额占新西兰创汇总额的 30%左右。美国是新西兰的第二大鹿肉销售市场，占鹿肉销售创汇总额的 14%。新西兰的鹿茸生产主要是供应亚洲市场，90%出口到韩国和中国香港，新西兰同中国、俄罗斯一样是国际鹿茸市场的主要供应商。

新西兰不允许养鹿场开展鹿的屠宰和鹿肉加工，应交由专门的鹿肉加工厂。全国 9 个鹿肉加工厂设备先进、卫生条件好。鹿通常在 12～18 个月龄屠宰，用运鹿专车将活鹿运往鹿肉加工厂，厂内设有若干小圈，鹿在小圈内先进行清洗，然后赶入通道；在通道内将耳号、体重等数据输入电脑系统后，用射钉枪处死，再用电枪电击舌部，以使鹿肉变嫩；随后通过上部滑动装置将屠宰鹿运去剥皮和采鹿鞭、鹿尾、鹿筋及去内脏，经农牧渔业部专职人员检疫、称重、上标签后，入库低温放置 24h，最后进行分割、分类包装。

新西兰养鹿场也不加工鹿茸。全国有五六个专门的鹿茸加工厂，传统加工鹿茸采用汽蒸法和煮炸法，但目前绝大多加工厂采用低温冷冻干燥法，研究认为此方法加工出的鹿茸活性成分高。为了保持鲜茸质量，使茸内血液分布均匀，锯茸后将茸的锯口朝上，立即放到冰箱里冷冻保存。目前，新西兰已成为重要的鹿茸生产国，只是鹿茸销售一直在搭我国的"顺风车"。

新西兰养鹿采用电围栏、网围栏分区轮牧，围栏内设有自动储水槽，供鹿饮用新鲜水，且一年四季牧场的枯草期不明显；高产牧场每公顷载鹿量为 20～25 头成年鹿；实行公鹿、母鹿和幼鹿单独围栏放牧，一般不喂精料，只在驯化母鹿时使用一些精料（如大麦、玉米等），但养鹿场一般备有青贮草供冬季枯草期使用。新西兰草场面积广阔，牧草质量优良，大多数牧场为人工种植的牧草，同时新西兰皇家农业科学院茵沃梅农业研究中心和梅西大学鹿课题研究组等单位常年研究牧草的改良，并注重对动物福利问题进行研究。

新西兰鹿业是一个迅速发展的产业，在国民经济中占有一定的地位。以新西兰皇家农业科学院茵沃梅农业研究中心和梅西大学鹿课题研究组为代表的不少科研单位及大专院校都在开展鹿饲养、疾病防治和鹿产品方面的研究。同时鹿场主于 1975 年自发成立养鹿协会，各省也都设有养鹿协会分会。养鹿协会代表鹿场主的利益，负责协调各方面关系，并向全国各地推广养鹿经验，帮助政府抓南北岛养鹿工作。

新西兰养鹿的历史虽然较短，但发展很快，已经由起初的肉用生产转向现今的肉、茸生产并重，而且已经是世界鹿肉、鹿茸生产大国。富饶的草原，低廉的饲养成本，先进的技术，较高的效率，产品生产的安全性，加上善于综合利用和开拓国际市场，使新西兰鹿业发展速度惊人，有些方面很值得我国借鉴。其中，最值得借鉴的是其良好的政府管理政策、行业管理体制及其先进的市场和生产理念，但电围栏、网围栏分区轮牧的饲养模式并不适合我国国情。

2. 俄罗斯驯鹿饲养业

俄罗斯驯鹿主要分布于欧亚大陆的环北极地区，北部的几个自治共和国都有分布，但涅涅茨自治区最多。驯鹿耐寒而畏热，喜湿润而怕干燥、惧蚊虫，群居性强，行动敏捷，喜食地衣类植物，也食嫩桦树、椴树枝叶以及一些其他植物的茎、叶、花、果，对狼、熊等天敌的避害能力弱，特别是幼鹿经常遭受天敌危害而损失较大。家养驯鹿一般处于半野生状态，自由在林中采食活动，不予看管。俄罗斯家养驯鹿有 220 万只，每年利用 15%～20%。驯鹿是居住在北极圈附近的北方民族的肉食来源，也利用其毛皮、鹿乳或作为运输工具。近年来，非正常渠道进口到我国的驯鹿鹿茸对梅花鹿鹿茸、马鹿鹿茸有较大冲击。

（四）国际毛皮动物产业发展模式及发展趋势

毛皮动物养殖业发达国家主要位于北欧和北美洲，以丹麦、芬兰和美国为代表。而北欧模式和北美洲模式代表着先进的毛皮动物养殖业可持续发展模式。

1. 毛皮动物（貂、狐、貉）养殖业发展趋势

1860 年美国开始饲养毛皮动物，但现代毛皮动物养殖被认为始于 1895 年，当时有 3 个加拿大人在爱德华王子岛饲养银狐。1914 年，挪威从加拿大引进第一批狐狸后，系统的规模化饲养在北欧逐渐展开；两年后芬兰从挪威引进银狐，14 年后丹麦也引入银狐。今天，芬兰是世界狐狸养殖大国之一。20 世纪初期水貂饲养只集中在美国、加拿大和俄罗斯，30 年代水貂养殖跟随银狐进入北欧并迅速在芬兰、丹麦立足。二战后不久，北欧（丹麦、芬兰、挪威和瑞典）成为最重要的水貂生产地，但 4 个国家的发展各有不同，丹麦和芬兰产量增加，到 70 年代瑞典和挪威产量有明显下降趋势，这是由于丹麦和芬兰在饲料提供与成本控制方面有显著优势，瑞典和挪威则相对较弱。近几年，我国水貂饲养量大幅增加，已经成为水貂饲养大国之一。目前水貂皮产量排名前 5 位的分别为丹麦、中国、荷兰、波兰和美国。

一直以来国际毛皮动物饲养主要集中在美国、丹麦、芬兰、挪威和荷兰等国家。而在英国、瑞士等国家，毛皮动物饲养是被禁止的，而且相关管理非常严格。

美国的水貂养殖已有 200 多年的历史，2007 年有 283 个水貂养殖场，养殖水貂 300 万只。近些年，为了提高生产效率，美国的大养殖场兼并了一些小养殖场，实现了资源集中，虽然饲养数量逐渐降低，但毛皮质量逐步提高，成为水貂养殖历史最长、饲养技术最先进的国家。美国农业部报告的貂皮生产年度统计显示，水貂养殖在农业产业链中发挥了重要作用，毛皮是主要产品，副产品可以应用于其他产业，如水貂皮下脂肪即貂油可以用来保存皮革，也可以用来生产高级化妆品，水貂屠体可以卖给宠物饲料加工场作为宠物饲料的来源，或者作为农作物的有机肥料，既减少了养殖场废弃物的产生，又使毛皮之外的副产品得到充分利用（作为其他行业的原材料）。可见，毛皮动物养殖业对美国经济增长起到积极推动作用，也使一些受寒冷气候条件限制而不能从事其他农业

生产的边远地区的经济收入得到保证。在北美洲，每年要消耗 20 万 t 动物副产品饲喂毛皮动物，1999～2002 年毛皮动物养殖业共创造 50.25 亿美元的价值。美国有 100 多个毛皮制造商，每年能制造将近 1400 件精致完美的皮草用于出口，并能解决 10.1 万全职人员、15.4 万兼职人员的就业。

1928 年首批银狐运入丹麦，丹麦开始发展毛皮动物养殖业。头十年狐狸养殖占据领导地位，但在 30 年代末 40 年代初许多农民开始饲养水貂，水貂饲养数量增加，此后水貂养殖成为丹麦毛皮动物养殖业的主要产业。从 60 年代末开始，丹麦水貂皮生产急剧上升，2007 年有 1762 家水貂养殖场，生产水貂皮 1450 万张，90%通过拍卖出售，成为世界水貂养殖大国之一。1927 年丹麦毛皮动物养殖协会（DFBA）成立，并于 1930 年创立哥本哈根毛皮中心，后者于 1937 年成为丹麦 4 个区域毛皮养殖协会的全国性协会，1946 年创立丹麦毛皮拍卖行。哥本哈根毛皮中心是丹麦毛皮拍卖行和毛皮养殖协会的联合体，为丹麦毛皮养殖协会会员集体所有。日常工作中该协会密切关注丹麦裘皮行业的动态，并为行业的发展作出积极努力，主要为养殖场会员提供饲养、卫生防疫、市场等方面的信息咨询服务，在协会的不断努力下，丹麦毛皮动物养殖业迅猛发展。

芬兰于 1916 年从挪威引进银狐进行人工饲养，1924 年开始饲养蓝狐，1930 年后发展水貂生产，50 年代后狐皮生产逐年下降，同时水貂皮生产上升。在整个 60 年代，水貂生产明显增长，从年产 50 万张水貂皮迅速上升到 300 万张左右。80 年代，芬兰的毛皮动物养殖业迅速发展，主产水貂皮和狐皮。芬兰毛皮动物饲养者协会创立于 1928 年，现在已是一个拥有 7 个地方毛皮动物协会的中央组织，各地毛皮动物饲养场的场主都是地方协会会员。该协会除了为会员提供技术咨询、兽医和贸易服务，举办良种和毛皮展览，实行动物保险，开展试验研究外，还建立了饲料加工销售体系、生产资料供应体系、疫病防治体系及研究、推广和人才培育体系、产品销售体系共 5 个体系。芬兰政府对毛皮动物养殖业十分重视，采取各项优惠政策鼓励农民发展毛皮动物生产，在各方面给予大力支持，并通过宏观调控来平衡产销关系，因此成为世界毛皮生产大国之一。

俄罗斯也是毛皮动物饲养大国，中世纪毛皮是主要出口产品，20 世纪 90 年代中期毛皮动物饲养有所减少。但到二战以后，毛皮动物养殖业成为农业生产不可缺少的一部分，获得顺利发展，此时俄罗斯的毛皮动物饲养处在国际领先地位，数量达到 1500 万只，此后开始逐渐下降，2007 年为 230 万只，主要产地为西北、中部和偏东地区。

现在全世界都在倡导保护动物、尊重动物权利，尤其是西方国家。例如，毛皮动物养殖户十分关注养殖环境和饲养模式，在屠宰方式上采取人道主义做法。美国大多数毛皮动物养殖场为家族企业，往往由两个或三个世代的同一个大家庭来经营，养殖场是其生计来源，动物是其生活的重要部分，因此更加尊重动物的生长权利。美国在 1990 年对养殖场 95%的水貂进行认证，完全按照毛皮动物福利联盟遵守人道主义的标准饲养动物。动物养殖的标准和养殖场的管理主要依据养殖户的专业知识，但当涉及安乐死时，要严格遵守美国兽医医疗协会的建议。采取安乐死对动物实行人道主义是所有毛皮动物养殖户的义务和责任，因为其知道最健康的动物才能生产出最优质的毛皮。

2. 国际毛皮动物（貂、狐、貉）养殖业发展模式

（1）北欧和北美洲养殖模式

在北欧和北美洲，养殖业在发展初期都比较分散，由养殖场主自行决定生产计划。但是在养殖业发展 5～8 年以后，局部地区的养殖场主自动联合起来，开始组成养殖场主协会，共同决定生产事宜，使本地区形成一股力量与其他地区展开竞争。随着产业的发展，地方协会涉及的区域不断扩大，最终形成地区协会、省级协会和全国协会并存的局面，分别负责处理地区、省级和全国的养殖事务，从而把竞争重点放在国际水平，而不是地区内或地区间。

目前，北欧和北美洲的毛皮动物养殖模式都是行业协会领导下的合作社制度，即从事毛皮动物养殖的小业主自愿为合作社提供其所生产的毛皮，由合作社统一组织运作市场，然后社员按照其提供毛皮的多少来分配净收益。

合作社负责为社员提供相关设施及各项配套服务，包括建立种兽繁育场、饲料加工厂、饲养设备加工厂、毛皮拍卖行、研发中心，并与大专院校、科研单位有机结合，进行育种、营养、设备、疾病防治、市场开发等诸多方面的研发工作。作为社员的业主只需支付相关服务的成本费用，主要负责毛皮动物的饲养，种兽由指定的种兽场提供；饲料由专门的饲料加工厂统一配制加工、送货上门，棚舍、笼箱、饲养设备、取皮设备等用品由专门的饲养设备加工厂制作。

这种合作社制度使得北欧及北美洲的饲养场综合实力显著提高。机械化喂食、自动化饮水、半机械化取皮，加上现代化的计算机系统，大大提高了生产效率，一般饲养 1 万只水貂的貂场只有 1～2 人，饲养 10 万只水貂的貂场只有 10 余人从事日常管理工作。同时，由于种兽、饲料、技术、管理、经营模式统一，保证了各项管理工作的科学化和规范化，因此毛皮动物的生产水平、产品质量都处于较高的水平且相对稳定。

（2）北欧和北美洲管理及销售模式

在北欧及北美洲，主要毛皮动物饲养国如丹麦、美国都有自己的毛皮动物养殖协会，负责领导管理全国的养殖场，以保证毛皮动物养殖业健康持续发展。同时，各国养殖场参照由国际毛皮协会（International Fur Federation，IFF，成立于 1949 年）制定的标准进行养殖生产，管理工作非常规范有序。

在北欧及北美洲，各种各样的气候条件和饲喂模式使毛皮特性产生了重要变化。但为了生产统一的服装，毛皮服装制造商需要大量的相似毛皮。为了方便购买商，交易中心鼓励养殖户按毛皮的等级进行分类，然后通过毛皮中心以拍卖的方式出售。毛皮中心首先进行毛皮的取样、大货的分级与储存，随后参照统一的毛皮等级划分标准，将养殖户的产品卖到最理想的价格，真正体现了公平、公正、公开的交易原则。拍卖中心负责毛皮的包装、运输等，以保证裘皮拍卖顺利进行。丹麦的哥本哈根毛皮中心年裘皮拍卖额居国际四大拍卖行之首，该国 90%的水貂皮都在此拍卖出售。

（五）国际特种养殖业发展的经验借鉴

我国是世界蚕、蜂、鹿、毛皮动物等特种动物养殖大国，但还不是养殖强国。我国的特种养殖业和其他国家相比，在规模化、标准化、产品质量、技术水平、政府支持、

行业组织、环境保护、动物待遇等方面都存在一定的差距，甚至存在较大的差距。学习国际特种养殖业的先进模式，可以发现我国现行养殖模式存在的问题，并获得经验与吸取教训，从而选择有利于特种养殖业可持续发展的模式。

1. 强化产品质量安全和环境保护意识

发达国家的特种养殖业大多通过完善的产品安全管理体系来保证产品质量安全，在养殖过程中注重环境保护，避免环境污染和资源浪费。

德国对蜂蜜质量的要求很高，除了蜂蜜质量标准、养蜂规范 CAC 标准及欧盟标准之外，还有相关的蜂蜜法律，并严格执行欧洲共同体关于蜂蜜的指令和守则。阿根廷蜂蜜养蜂者从曾经喂食氯霉素等药物，导致部分蜂蜜抗生素残留，遭遇"绿色壁垒"的事件中吸取教训，研发了能为欧洲标准所接受的无害蜂药，解决了抗生素残留问题；并按照国际先进标准建立了一套自己的质量监控体系，每出口 200t 蜂蜜就进行一次内部抽样检查，不达标的不得出口，从而保证了出口产品的质量安全。与此相对应，2002 年初欧盟以蜂蜜抗生素残留超标为由对我国蜂蜜禁进，并迅速波及美国、日本、加拿大等我国蜂蜜出口主要市场，后美国又以反倾销"中止协议"为由限制我国蜂蜜进口，导致我国蜂蜜出口份额大跌，使阿根廷在国际市场上独占鳌头，取代我国的位置。

美国水貂养殖每年消耗大量的人类废弃食物，仅威斯康星州的一个养殖场，每年生产 10 万张貂皮就要消耗 200 万磅过期奶酪和 100 万磅损坏鸡蛋，所有的水貂养殖场合计消费废弃食物约 4 亿磅。这些废弃食物如果不卖到毛皮动物养殖场或宠物饲料制造商，就被作为垃圾处理掉，而毛皮动物养殖场利用废弃食物既降低了废弃物对环境的污染，又获得了一种可利用的资源，有效地降低了饲养成本。

2. 高度重视特种动物养殖技术的开发、应用与推广

先进技术的开发、应用与推广是一个产业发展的根本动力。特种养殖业的规模化、专业化生产使得先进技术得以在各养殖场广泛推广。纵观发达国家先进的特种养殖模式，都非常重视先进技术的应用与推广，如日本在蚕业兴盛时期十分重视对蚕业生产技术的研发与推广；目前的印度政府为促进蚕业发展也非常重视蚕业技术的推广、蚕业科技资金的投入和蚕业科技人才的培养；美国、德国、阿根廷、澳大利亚的蜂业，新西兰的鹿业，北欧与北美的毛皮动物养殖业，无论在品种改良、新产品开发，还是在养殖、运输、存储过程中，都十分重视先进实用技术的推广普及和高新技术的应用。

我国特种养殖业存在的规模小、生产方式落后、产品质量低、附加值不高、产业链不长及经常遭遇"绿色壁垒"等众多问题，其根本在于不重视先进实用技术的开发、应用、推广与普及。应以产学研结合增强特种养殖业的技术创新能力，加大实用技术研发资金投入，加强实用技术开发和推广队伍建设，以技术进步推动规模化、专业化和标准化生产，促进产品深加工和多元化综合利用，提高产业经济效益。

3. 大力推进规模化、工厂化饲养

在特种养殖模式上，发达国家都采用规模化、工厂化等低成本、高效益、生态、环

保的饲养方式。例如，世界鹿业养殖主要有三种模式：游牧式、圈养式和围栏轮牧式。游牧式就是像逐草而生放牧牛羊的一种养鹿方式，既传统又现代化，但只适合饲养量少的情况。圈养式是出自我国的全封闭带有普遍性的一种养鹿方式。有人把鹿称为"半家养半野生"动物，即鹿是现代野生动物中驯养最成功的一种，圈养条件下可繁殖若干代。但圈养鹿消耗高，成本有增无减。新、加、美、英、澳等国大多采用围栏轮牧式，方法是用铁丝网把牧场围起来，划分成若干格区，将鹿放入几个格区，当格区内的草被采食得差不多时，用越野车将鹿群赶入另几个格区，交替轮牧。这种形式既降低了成本，又模拟了可使动物处于较好生存状态的环境，实现了良性循环。

目前我国的蚕、蜂、毛皮动物仍为家庭养殖，规模小、资金少、观念保守，同时地区协会功能较弱，仅能发挥引导、交流、技术培训等作用，在这种条件下实行合作社养殖模式起点高、难度大，但是可以借鉴该模式，结合我国实际情况，推行统一规划小区式养殖模式，由政府出面建立养殖小区，供散户集中养殖，有助于实现统一培训、统一防疫及生产标准化等，从而促进我国特种养殖业的可持续发展。

4. 加快市场化进程和提升产业竞争力

从市场类型来看，长期以来我国的蚕茧市场是一个买方垄断市场，即只有丝绸公司一个买者，却有众多的蚕茧生产和销售农户，且政府管制蚕茧价格甚至管制蚕茧流通渠道，而随着蚕茧价格与流通的全面放开，部分区域的市场变成过度竞争，引发"蚕茧大战"。日本的蚕茧市场相当于一个双边垄断市场，卖方是代表蚕农利益的蚕农组织，买方是代表制丝行业利益的制丝协会，因而蚕茧价格由买卖双方讨价还价决定，并且主要依据是生丝价格；而印度的蚕茧市场近似于完全竞争市场，既有众多的卖家，又有众多的买家，而且交易几乎是连续的，蚕茧、生丝价格基本都由市场供求决定。因此，仅仅从市场效率来看，日本和印度的蚕茧市场效率都高于我国，并且在日本与印度的蚕茧市场上，蚕农从蚕业获得的相对利益高于我国蚕农。因此，随着市场经济体制的改革，我国应该在蚕茧市场化的基础上，以经济利益为纽带，由龙头加工企业采取订单、一体化等模式，推进蚕业产业化，提高产业竞争力。

目前我国毛皮销售仍较多采用"养殖户—皮货商—加工厂家/出口"模式，交易渠道混乱，压缩了养殖户的利益空间。通过研究北欧、北美洲毛皮动物养殖业的毛皮销售方式可以看出发达国家通过毛皮拍卖行销售毛皮带来的好处，首先真正实行按质论价，将引导毛皮动物饲养单位把质量放在首位，再追求数量上的发展，而质量问题正是当前我国毛皮动物养殖业最急需解决的。其次形成公平、公正、公开的竞价体系，使养殖户实现利益最大化。最后养殖户通过参加拍卖可以全程了解市场需求，以便及时调整下一年度的生产种类和数量，有助于毛皮动物养殖业健康有序发展。因此，建设毛皮拍卖行、加快市场化进程是我国毛皮动物养殖业提升产业竞争力、实现可持续发展的必经之路。

5. 充分发挥行业组织的作用

无论是日本的养蚕协会，美国、德国、阿根廷的养蜂协会，还是新西兰的养鹿协会，美国、丹麦的毛皮动物养殖协会，都在其特种养殖业的饲养、加工、流通、出口甚至定价等方面发挥着极其重要的作用。

日本农业协同工会（Japan Agricultural Co-operatives，JA）的力量是举世闻名的。日本的蚕农都加入了养蚕协会，由养蚕协会代表蚕农与代表制丝企业的行业协会根据丝价、茧本比例协商决定蚕茧价格等事宜，较好地解决了茧丝产品的工农利益分配问题，避免了交易过程中的盲目性和混乱现象。个体经营的蚕农不自行销售蚕茧，而是采取由蚕农协会共同出售的形式，增强了蚕农的市场谈判力，维护了蚕农在交易中的地位。

新西兰鹿业协会在促进行业发展、维护企业利益方面已经成为一个主导力量，深受企业和经营者的信赖与拥护。企业心甘情愿地付出资金和人力来协助协会有效运转，真心实意支持协会的各项工作。协会也以企业的利益为根本，竭尽全力地改进企业发展的外部环境，成为企业连接政府与市场的重要桥梁纽带。

在北美洲及北欧，主要饲养国如美国、丹麦都有自己的毛皮动物养殖协会，负责领导管理全国养殖场的生产、加工、研发、疾病防治等工作，保证毛皮动物养殖业健康持续发展。阿根廷的"出口联合体"将生产者组织起来集体报价、利润共享，大大提高了国际市场竞争力，也避免了本国、本地区企业之间的恶性价格竞争。

与发达国家相比，我国特种养殖业发展还处于初期阶段，仅在某些养殖主产区成立了地区养殖协会，主要同国内其他产区竞争，还不具备国际市场竞争力，由于缺少统一规范的管理，在国际市场上企业之间往往各自为战、"自杀性"压价。建设全国性的各类特种养殖行业协会，充分发挥协会的功能与作用，是促进我国特种养殖业发展并提高其国际竞争力的重要途径。

6. 理顺管理体制和进行政策性保护

在日本和印度，出于对茧丝生产和流通的重视，有关茧丝生产、流通、储备、外贸等所有事宜均由中央政府授权的专门机构（日本为蚕丝砂糖类价格稳定事业团，印度为中央蚕丝委员会）全权负责、统一协调，实行"一支笔体制"。这些专门的管理机构性质明确、职能明确、财务制度明确，专门从事茧丝的政策性调控、业务管理，并且不以营利为目的。而在我国，多个相关部门直接或间接地参与茧丝的国内生产、流通或对外贸易管理，造成政策协调成本过高、政出多门、效率较低，对产业发展不利。1996 年国务院成立国家茧丝绸协调小组，后调整为商务部下属的茧丝绸协调办公室（简称茧丝办）。茧丝办作为一个联系农工商贸的总协调部门，但并不能代表各部门在茧丝绸业的职能，部门之间仍然存在严重的职能交叉。

新西兰的鹿业由基础产业部负责管理。北欧和北美洲国家的毛皮动物饲养也有统一的管理部门或主要由协会管理。而我国的鹿、毛皮动物养殖业，一方面行业协会不发达，另一方面农业、畜牧、林业、卫生等部门多头管理，出现问题或产业服务上没有哪个部门过问，各个部门存在互相扯皮的现象。鹿、毛皮动物饲养是农业生产活动的重要组成部分，应同等对待鹿、毛皮动物饲养与传统畜禽养殖，并进行归口管理，不再人为地冠以野生动物的头衔加以限制，以便加大新品种选育和良种扩繁的推广力度。

针对特种养殖业的发展，各国都有相应的保护政策，但需要的政策性保护并不等于过度保护，过度保护反而可能导致产业衰退。例如，日本政府对国内蚕业的长期保护，最终导致国内价格大大高于国际市场价格，蚕茧、生丝的国际竞争力不断下降，日本由茧丝出口国转变为进口国，并最终导致茧业的衰退。相反，在由市场供求决定价格的前提下，印度政府进行价格干预的主要目的是稳定茧丝价格，相对来说，是公正客观的，没有站在国内丝绸企业一方，也没有站在蚕农一方。

7. 关注动物福利和尊重动物权利

西方国家倡导保护动物、尊重动物权利。毛皮动物养殖户十分重视养殖环境和饲养模式，尤其是在屠宰方式上采取人道主义做法。美国养殖场完全按照毛皮动物福利联盟遵守人道主义的标准饲养动物。当涉及水貂安乐死时，养殖场要严格遵守美国兽医医疗协会的建议。对动物实行人道主义被认为是所有毛皮动物养殖户应尽的义务和责任，因为其知道最健康的动物才能生产出最优质的毛皮。

为确保动物福利待遇，新西兰鹿场从不进行鹿屠宰及鹿肉加工，而由专门的鹿肉加工厂进行屠宰、分割、分类包装等，全国 9 个鹿肉加工厂设备先进、卫生条件好，同时农牧渔业部专职人员对鹿肉进行检疫、称重、上标签，不仅保证了鹿产品加工有条不紊，而且最大限度地提高了产品质量。

我国仍然是发展中国家，特种养殖业发展的目标仍然以获取经济利益为主。由于特种动物饲养规模小、生产方式落后，加上动物环保意识薄弱，饲养者为降低成本，往往不愿采取安乐死的方式来屠宰动物，为此我国毛皮等动物产品受到国际环保组织的干预和反对，从而影响产品的出口和产业的发展。

四、中国特种养殖业发展的资源环境要素、机遇与挑战

（一）特种养殖业发展的资源环境要素分析

特种养殖业总体属于具绿色环保特性的"低碳"产业或具局部低污染可控性的准环保产业。

蜂业就属于绿色环保的"低碳"产业。我国地域辽阔，蜜源植物种类多，分布广。据调查，我国绝大部分地区为季风气候区，昼夜温差大，植物品种众多，尤其是存在大量的野生植物（包括农作物）资源。据初步调查，现被蜜蜂采集利用的蜜粉源植物有 14 317 种，分属于 864 属 141 科，分别占全国被子植物的 58.77%、29.32% 和 48.45%。其中，能够生产大宗商品蜜的全国性和区域性主要蜜源植物 50 多种，主要辅助蜜源植物 466 种，主要粉源植物 24 种。我国蜜粉源基地分布广泛，拥有以椴树、向日葵为主的东北区，以枣树、荆条为主的华北区，以刺槐和枣树为主的黄河中下游区，以春油菜、牧草和荞麦为主的黄土高原区，以棉花和牧草为主的新疆区，以油菜、紫云英为主的长江中下游区，以荔枝、龙眼和油菜为主的华南区，以油菜为主的西南区，以山茶科柃属植物和山乌桕为主的长江以南丘陵区九大区域。通过发展养蜂生产，增加蜜蜂授粉频度，既可以增加作物产量，减少化学激素使用，改善作物品质，又能促进植被繁茂和生长，特别是一些野生植被，而在环境污染治理过程中，增加和保护植被、有效利用现有的土地和作物资源是一项重要措施。因此，发展蜂业不仅不会污染和破坏环境，反而会缓解

和改善我国正日趋遭受严重破坏的生态环境，增加农业可持续发展的后劲，蜂业属于应大力提倡发展的生态绿色环保的"低碳"产业。

特种养殖业的另一大产业——蚕业生产包括饲料桑树和柞树的栽培种植与桑蚕及柞蚕饲养两大环节。桑、柞树具有较强的适应性，栽桑种柞可以绿化环境、净化空气、固沙防风、涵养水源，栽桑养蚕与光、热、水、土、微生物及其他生物和非生物因素有着密切的联系，为创造人工生态系统提供了条件与可能。蚕业的发展不仅关系到主产地的农村发展、农业振兴、农民脱贫致富，也关系到主产地的生态环境改善，如浙江嘉兴、湖州地区的桑园是平原绿化的生力军，大规模的连片桑园成为提高森林覆盖率、改善大气水土环境的重要措施。而养蚕过程产生的残桑、蚕粪等废弃物，只要处理得当，不会构成污染，因为其是高蛋白、高碳水化合物有机体，是鱼、羊、牛等动物的饲料。我国蚕丝主产地的蚕农在长期的生产实践中创造了多种综合利用残桑、蚕粪的生态经营模式，如珠江三角洲农民创造的"桑基鱼塘"模式，以浙江海盐西塘乡和浙江桐乡青石乡为典型的"蚕桑—粮油—畜牧—蔬菜—工业"模式，以浙江湖州菱湖区为典型的将以蚕业生产为主体的农业与养鱼和工业进行有机结合的"蚕桑—粮油—蔬菜—水产—工业"模式，四川乐至的"桑—草—牧"模式，江苏海安的"蚕桑、猪、鱼循环利用"模式。

鹿和毛皮动物养殖对环境的污染较小且可控，仅体现为粪便等分泌物散发的不良气味影响养殖区周围的空气质量。小规模分散饲养鹿和毛皮动物并不会对环境造成污染；只有集中大规模饲养，加上排泄物处置不当才可能成为局部范围内的污染源。

鹿是草食动物，其人工驯养对我国农业生产产生的大量粗饲料资源如玉米秸秆、豆秸等的生态转化具有重要作用，可减少燃烧秸秆等引起的环境污染。毛皮动物在饲养中只要应用营养调控技术优化饲料配方，应用饲料添加剂如中草药、有益微生物或酶类等提高营养物质消化率，或在饲料中添加臭味吸附剂，就可以有效降低臭味排放。同时，毛皮动物养殖废弃物可以实现再利用：养殖废水回收处理后可用于灌溉；粪便可以堆肥、发酵生产沼气。目前国内很多养殖户通过"貂养殖业—沼气—果树种植业"的方式发展循环经济，在有效保护环境的同时帮助养殖户节约资源、降低用能成本、增加收益。毛皮动物屠体还可以为其他养殖业如渔业提供优质饲料，而海杂鱼又是毛皮动物的主要饲料，有助于实现综合立体化养殖；同时，屠体还可用于生产生物柴油，为新农村建设提供产业支撑，有效破解部分地区的"三农"难题。另外，鹿和毛皮动物饲养主要集中于我国东三省的传统林区，由于高强度采伐、管理粗放、火灾等，森林生物多样性遭到严重破坏，生态功能减弱，资源总量和质量明显下降，经济发展缺乏后劲，在此严峻形势下，基于生态保护和区域经济结构调整的需要，适度发展特种养殖业已成为林区生态经济发展的必然趋势，利远大于弊。

影响特种养殖业可持续发展的约束资源主要有土地与饲料资源、劳动力资源、水电资源和品种资源。

1. 土地与饲料资源

在本研究所涉及的特种养殖业中，蜂业主要利用自然植物和农作物作为蜜源，只要有效利用房前屋后或路边林下的空旷地作为场地，土地与饲料资源并不构成约束条件。

鹿类和毛皮动物养殖业可以充分利用高纬度、气候寒冷地区或荒山荒地等不适合发展其他畜牧养殖业的土地资源，不会与农业和其他养殖业的用地构成竞争关系。鹿是草食动物且食性广，梅花鹿采食的植物性饲料种类达 180 余种，马鹿则高达 300 余种，也就是说在人工养殖条件下，鹿的饲料具有明显的广泛性，可以因地制宜利用当地饲料资源，鹿业可适应的区域广。以全国产粮大省吉林为例，每年有大约 75 亿 kg 玉米可用作饲料，同时可产玉米秸秆 2000 万 t，丰富的秸秆资源为鹿业提供了充足的饲料。毛皮动物的饲料目前由养殖户自行配制，普遍为高成本的鲜饲料（主要由海鱼或淡水鱼、家畜禽肉及其副产品、膨化玉米、蔬菜和貂用预混料等组成）。随着毛皮动物养殖业的发展，利用商品化干饲料会成为必然趋势，饲料由专门的饲料公司生产销售且普遍为低价高效的干饲料（主要由鱼粉、肉粉、肉骨粉、羽毛粉、膨化玉米和貂用预混料组成），而干饲料具有用量小、成本低、效益高并能有效减少毛皮动物饲料占用人类食物的特点。因此，土地和饲料资源对鹿类与毛皮动物养殖发展并不会构成强约束。

虽然桑树适应性强，种植面广，可适应堤坡等次等地，但要使蚕业具有规模效益和竞争力，利用耕地资源不可避免。在我国耕地资源日趋紧张的背景下，今后蚕业的发展主要着眼于科技创新带来的单位土地桑园产出和效益的提高，或者利用人工饲料进行工厂化、智能化养蚕。除在西部地区挖掘利用部分荒地进行蚕桑生产外，全国蚕业生产的桑园利用面积将趋于稳定。柞树是重要的经济林木，柞树叶是柞蚕的主要饲料。我国柞林资源丰富，在全国 1314 万 hm^2 的柞林资源中，已开发建设为柞园的有 78.6 万 hm^2，占总面积的 5.98%，可开发利用空间巨大。柞蚕放养利用的是已批准为可放养柞蚕的天然柞林，不存在土地饲料资源对柞蚕业可持续发展构成约束，但如要扩大生产规模，需相关管理部门将适宜养蚕柞林批准为养蚕柞园。

2. 劳动力资源

2018 年我国有 14.05 亿人口，是世界上人口最多的国家，虽然长期的生育率下降、老龄化加剧已经导致劳动力人口有所减少，但是相比其他国家，我国劳动力资源依然丰富，劳动力总量仍然充足，特别是在科技进步、劳动生产率大幅提高的背景下。

但是随着工业化和城市化的推进，劳动力成本上升成为必然趋势。今后，浙江、江苏、广东等部分沿海发达地区的特种养殖业发展将进一步受到劳动力成本上升的制约，除非有革命性的技术突破，否则产地会继续向相对欠发达的中西部地区转移。其他地区由于区位和经济发展水平相对较低，劳动力资源暂时难以成为发展特种养殖业的制约因素。

从长远考虑，我国经济快速发展，第一产业及其从业人员比重不断下降，农村劳动力成本不断上升，劳动力日益短缺，并且老龄化程度持续加重，特种养殖业必须加快科技创新，变革生产方式和组织方式，快速推进区域化、专业化生产，提高规模化、集约化、产业化水平，以提高劳动生产效率和经济效益。

3. 水电资源

蚕业生产对水、电资源有一定的要求，尤其是缫丝生产过程的水、电消耗较大。种桑养蚕的地域适应性很强,自然生态条件能满足栽桑养蚕基本需要,即年降水量达500mm 以上、≥10℃有效积温达 3000℃以上、无霜期达 150 天以上,无重大灾害性天气和污水、废气、烟尘等污染源的地区适宜发展蚕业。而其他的特种养殖业对水、电资源使用较少,仅限于为动物提供饮用水与照明,虽然随着未来产业发展,机械化程度提高,电力消耗会相应增大,但不会构成强约束。

4. 种质资源

（1）蚕桑种质资源

我国系统地收集、整理、保存了近 3000 份桑品种资源,选育推广了'湖桑 32 号''湖桑 7 号''桐乡青''育 71-1''嘉陵 16 号'等优良桑树品种 40 余个,在国际上首次育成能实行播种直栽的桑树杂交组合'丰驰桑''沙 2×伦 109'并在生产上大面积应用,在全国范围内基本实现桑树品种的地域性良种化,并且编辑出版了《中国桑树品种志》。

我国建立和完善了蚕品种的选育、质检制度,先后收集、整理、保存了 1200 多份蚕品种资源,推广了新蚕品种杂交组合 70 余对,完成了 4 次蚕品种的更新换代,使我国的家蚕育种水平特别是夏秋蚕品种选育水平居于国际前列。中国农业科学院蚕业研究所育成的菁松×皓月、春蕾×镇珠、苏 3·秋 3×苏 4 等覆盖全国蚕品种市场的 50%以上,创造经济效益 100 亿元以上。全国保存柞蚕种质资源 150 余份,占世界资源总量的 80%以上,完成 2 次大规模的品种更新换代,'青 6 号''青黄 1 号''大三元''选大''抗大'等品种在不同时期发挥了较大的作用,促进了柞蚕产业的健康发展。

我国建立了原原种、原种、普通种（杂交种）三级繁育四级制种的蚕种繁育技术体系,研究改进和完善了即时浸酸、冷藏浸酸、越年种单复式冷藏、黑种冷藏等系列配套的人工孵化技术方法和蚕种供应调度技术手段,同时引进研制了电脑控制催青、蚕种自动化浸酸、自动磨蛾等机电设备,使蚕种生产技术装备水平得到较大提高。

（2）蜜蜂种质资源

我国蜜蜂种质资源十分丰富,在世界公认的蜜蜂属 9 种蜜蜂当中,我国境内就有 6 种,分别是大蜜蜂（*Apis dorsata* Fabr.）、小蜜蜂（*A. florea* Fabr.）、黑大蜜蜂（*A. laboriosa* Smith）、黑小蜜蜂（*A. andreniformis* Smith）、东方蜜蜂（*A. cerana* Fabr.）和西方蜜蜂（*A. mellifera* L.）。其中,最有经济价值、被广泛应用于蜂产品生产和为农作物授粉的蜂种主要是西方蜜蜂和东方蜜蜂。此外,还有蜜蜂科的熊蜂属、无刺蜂属,切叶蜂科的切叶蜂属和壁蜂属等珍贵的蜜蜂种质资源。

意大利蜂是 20 世纪初由日本和美国引入我国的,由于其适应于我国大部分地区的气候和蜜源特点,推广非常迅速,70 年代以前我国绝大部分地区饲养的西方蜜蜂都是意大利蜂。另外除新疆外,中华蜜蜂在我国各地均有分布。

在蜜蜂资源研究方面,我国制定了蜜蜂种质资源的共性描述标准和分类分级与编码体系,并按分类分级与标码体系完成了对 200 份蜜蜂、50 份熊蜂种质资源的标准化整理;提出了蜜蜂种质资源的描述和数字化表达标准,并对 20 种蜜蜂（*Apis*）与 10 种熊蜂（*Bombus*）种质资源进行了标准化描述和数字化表达;制定了蜜蜂种质资源采集技术规范,蜜蜂和熊蜂种质引进、保存与交换技术规范;将 150 份数据信息转载入 E 平台,完成了数据信息的转载、整合,建立了蜂种质资源数据库,启动了数据信息共享试点。改革开放以来，我国蜜蜂品种培育水平迅速提高，育成了"浙农一号"蜂蜜和蜂王浆双高产品种，在全国得到大面积推广应用。

（3）鹿类种质资源

我国是鹿类品种资源大国，具有明显的资源优势。世界现存鹿类 48 种，我国就有 20 种，占 42%。我国具有悠久的养鹿历史，人工驯养的鹿类有东北梅花鹿、东北马鹿、天山马鹿、阿尔泰马鹿、水鹿、白唇鹿、驯鹿、麋鹿、坡鹿、狍等，在主养区（如吉林双阳、辽宁清原等）已经成为增加农民收入、繁荣农村经济的重要支柱产业，也是许多地区农业结构战略性调整的重点，在农业和农村经济中的地位与作用越来越突出。我国茸鹿资源堪称世界一流，经过多年的人工选育，已经培育出产茸性能高、鹿茸品质优异的世界著名茸鹿品种，包括双阳梅花鹿、西丰梅花鹿、敖东梅花鹿、四平梅花鹿、兴凯湖梅花鹿、东丰梅花鹿、长白山梅花鹿、清原马鹿、塔河马鹿等，主要分布在东三省、内蒙古和新疆。

（4）毛皮动物种质资源

我国的毛皮动物养殖业经过几十年的发展，多次从国外引种，已经达到相当规模，储备了相当多的品种资源，如人工饲养的水貂来源于野生欧洲水貂和美洲水貂，经过育种，现在已经形成本黑、深咖啡、浅咖啡、银蓝、蓝宝石、红眼白、珍珠、黑十字等 100 余个颜色、毛被、性状各异的品种，同时育成我国的标准水貂品种"金州黑色标准水貂"，其具有优良的品种特征。近年来，我国还利用芬兰蓝狐改良本土蓝狐种群，种群质量显著提高。

由于我国的毛皮动物养殖业起步晚、基础薄弱，目前所养殖的动物遗传背景不是很好，加之传统养殖习惯难改，引入国内的毛皮动物还在按野生动物驯养对待，不仅仅增加养殖成本，更主要的是限制建设自己的种源繁育基地和良种推广体系。目前，我国毛皮动物饲养环节对国外优良品种依赖度极高，大型养殖企业每年都从国外引种改良，但种兽育种科技含量较国外低，虽然近年来从国外引进数批良种，但在实际育种过程中我国没有系统科学的毛皮动物育种方案，致使品种退化严重，生产力低下。尽管如此，我国多年来在毛皮动物品种选育方面还是做了大量的科研工作并取得一些成就，如培育了具有同行业先进水平的"金州黑水貂""明华黑色水貂"，填补了我国水貂品种没有自己品牌的空白。总体上看，国内优质种源还和国外存在一定差距，难以满足国内目前的养殖需求，行业良种繁育体系建设滞后，科学合理的资源开发利用体系还未形成，优良种业发展机制有待完善。

（二）特种养殖业发展的结构分析

1. 产业结构

从产业结构看，我国特种养殖业集中在产业链上游的养殖农户和初加工企业数目较多，而中下游的深加工企业和一体化大企业数目很少。因而，为提升产业结构，必须延伸产业链，提高产品附加值，实施品牌战略。

养鹿企业采用的饲养方式因地区、饲料条件、饲养目的、鹿种类等不同而有所差异。目前以圈养方式为主，也有部分养鹿企业采用半散放、人工放牧、围栏放牧等饲养方式。

圈养成本偏高，半散放、放牧往往会因载畜量过大而对林木草地生态造成严重破坏。在未来的饲养方式上，我国仍将以圈养为主，但将重点突出规模化、效益化养殖。

庭院式养殖是我国目前最主要的毛皮动物养殖方式，经营生产方式落后，不利于毛皮动物养殖业的可持续发展。应大力推广统一规划的小区式养殖模式，但不是简单地把饲养动物集中起来，而是指服务指导、科技应用、疫病防控、用药管理、质量控制等的系列化、专业化、标准化，有相应的配套设施、设备和管理制度。这种模式有利于集中资金，做到人尽其才、物尽其用，发挥最大效益，同时有利于抵抗风险，提高行业的整体素质。因此，小区式毛皮动物养殖模式是最符合我国目前毛皮动物养殖业现实的饲养模式。

2. 产品结构

整体来看，我国蚕、蜂、鹿、毛皮动物产品多为原料性产品，在市场上尤其是出口国际市场的多为原料性产品和半成品。今后应适应市场需求增长和多样化的特点，依托技术进步，提高产品质量和深加工程度，不断开发新产品，提高产品附加值和市场竞争力。

传统的丝绸产品以丝绸服装、被面、头巾、领带为主。近几年，不断开发的蚕丝被、丝绸家纺类产品丰富了丝绸产品种类，开拓了丝绸产品消费市场，成为丝绸产业发展的一个新亮点。与此同时，随着科学技术和现代农业领域拓展，桑果饮料、蚕沙叶绿素、丝棉丝绒被服、桑枝食用菌、桑枝地板、蚕蛹蚕蛾功能食品、沙地桑和饲料桑业等领域均取得突破性进展，并实现产业化开发。蚕丝在生物医药和美容保健方面的价值也逐渐得到认可，未来随着科技创新和产品研发，市场潜力巨大。

目前鹿产品加工处于低水平，加工方式和工艺落后，技术水平不高，产品质量不稳定。例如，东三省各自都有具一定规模的所谓鹿产品深加工企业，但只有很少一部分鹿产品进入制药企业，而大部分鹿产品以初加工产品的形式出售，产品包装粗糙，包装形式基本一样，无品牌、无产地、无批号，说起医疗、保健、食用价值和效果都如出一辙。同时，鹿产品市场管理不规范，甚至可以说混乱，目前国内较大的两个鹿产品市场在辽宁西丰和吉林长春双阳鹿乡镇，虽然市场上流通的鹿产品非常多，应有尽有，但产品质量五花八门，鱼目混珠，驯鹿、新西兰赤鹿等产品占大多数，梅花鹿和马鹿产品很少。鹿产品企业在产品深加工和开发中所遇到的最难解决的问题是国家在鹿产品管理上的一些政策性限制。因此，未来为实现鹿业可持续发展，不仅仅要在政策上有所放开，更重要的是要提高产品的科技含量，使鹿产品生产和市场规范化，使鹿产品生产和市场真正起到拉动产业发展、延伸产业链条的作用。提升群体品质、优化品种结构，重视鹿茸和副产品生产的同时，大幅提高鹿肉生产所占的比例。我国未来鹿产品（无论是鹿茸、鹿肉还是其他副产品）深加工开发应突出药用和保健食用两个方向，时刻把握以现代中医理论和技术为核心的开发理念，在药用产品开发上研制以鹿产品为主要配伍原料、针对不同病症的一系列专门化中药制剂（如丸、片、膏、口服液等）；在保健食用产品开发上研制系列创新保健食用品（如菜肴、饮品）。同时，应在研究各类鹿产品生理生化功能的基础上，重点优化中药配伍和高效组合保健食用营养成分。

毛皮应用领域近年来不断拓展，在服装制作方面，不仅应用于传统女装，而且开始向男装延伸，同时作为主要材料大量应用于羽绒服、棉服、披肩、围巾、靴子等保暖衣物的毛边、毛领；在作为饰品点缀方面，应用范围也在不断增加与拓展，如制作室内挂毯、汽车内饰等多种周边产品，并且延伸至高档家具装饰、玩具、体育领域等许多方面，点缀着人们的生活，提升着审美的品位。由于裘皮作为高贵身份地位象征的观念在消费者心里根深蒂固，因此采用裘皮或是作为点缀制作的服饰会使产品价值陡升，利润丰厚。因此，毛皮动物养殖户应密切关注市场动态，适时调整产品结构，同时在产品开发上注重深加工，提升产品附加值。

3. 区域结构

特种养殖业受地理、气候、自然条件、资源和传统等因素的限制，往往具有鲜明的地域特色。我国的蚕、蜂、鹿和毛皮动物养殖都具有明确的主产区，今后应在稳定和拓展现有主产区的基础上，根据产业转移的自然规律，开发新兴养殖区域，扩大养殖范围和养殖规模，以创造更多的经济和社会效益，带动地区经济发展。

进入 21 世纪以来，随着"东桑西移"的持续推进，我国西部成为全国及全世界最大的蚕桑生产基地。具体来讲，西部的广西自 2005 年以来一直是全国最大的蚕茧生产区，2018 年蚕茧产量达 36.89 万 t，占全国蚕茧总产量的 52.03%。近几年，云南蚕茧产量有较大增长，2018 年达到 7.24 万 t，占全国的 10.21%。2018 年中西部蚕茧产量已占全国的 83.67%。"东桑西移"带动了"东丝西进"，中西部的蚕丝产量占全国的比例也不断上升，2010 年开始西部蚕丝产量超过东部，广西成为全国最大的蚕丝生产省份，2018年广西蚕丝产量占全国的 36.81%，西部占比为 66.17%。

但是受科技、人才、消费市场等诸多因素的影响，我国丝绸产业链中下游的精深加工主要集中于东部的江苏、浙江、广东、山东和西部的四川、重庆等传统蚕桑主产区。由此，全国形成了以中西部茧丝原料生产为主，东部地区发展丝绸深加工、精加工、高附加值产品，通过东、中西部之间蚕桑生产转移和产业间互动升级来实现茧丝绸业可持续发展甚至区域经济发展的格局。

目前我国东三省、内蒙古、新疆的养鹿企业和个体较多，几乎每个地区都有分布，主要饲养梅花鹿和马鹿。鹿群体品质在不同养殖企业和区域间仍存在较大的差异，但经过人工驯养和逐年选育生产性能有了明显的提高，特别是群体中良种比例有了明显的提升。东三省是我国重要的养殖区域，且人工驯养技术比较成熟，特别是新技术如人工授精等有良好的推广应用效果，三省间的差异主要表现为：吉林在数量规模上最多，且以梅花鹿为主；辽宁在数量规模上次之，以马鹿为主；黑龙江 2000 年以后在数量规模上有明显增加，但鹿群品质普遍欠佳。而新疆和内蒙古主要饲养马鹿。受传统养殖习惯等因素的影响，未来我国鹿养殖仍将集中在这些区域。

目前，我国毛皮动物养殖主要分布在山东、河北、辽宁、吉林、黑龙江等 14 个省份，加工主要集中在浙江、福建、河北、辽宁、黑龙江等地，全国范围内已有尚村、留史等 9 个较大的毛皮交易市场，基本形成"养殖在东北、大连湾、山东半岛，毛皮交易市场在中原，裘皮加工企业在沿海"的格局。从国内毛皮行业发展趋势看，毛皮深加工业已由南向北推移，即由珠江三角洲向长江中下游及京津环渤海经济特区推移，无疑会给北方地区带来巨大的商机。同时，高档服装等对高档特种动物毛皮的需求日

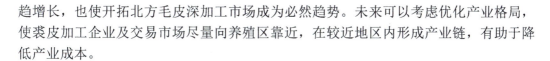

趋增长，也使开拓北方毛皮深加工市场成为必然趋势。未来可以考虑优化产业格局，使裘皮加工企业及交易市场尽量向养殖区靠近，在较近地区内形成产业链，有助于降低产业成本。

（三）特种养殖业发展的科技分析

技术创新是与商业运用有关的一系列技术性活动，不管是产品创新还是工艺创新，都与市场需求有着复杂的关系。许多经济学者对创新和需求的关系进行了探讨，代表性的有熊彼特（Schumpeter）的"创新诱导需求"理论、施穆克勒（Schmookle）的"需求引致创新"理论、莫威里（D. Mowery）和罗森堡（N. Rosenberg）的"技术创新与需求互动"理论，其中最被广泛接受的是"技术创新与需求互动"理论。该理论强调"创新和市场需求以一种互动的方式在技术发展中起着重要的作用"，且技术创新与市场需求的互动还能推动产业不断升级。因此，技术创新和市场需求是我国特种养殖业实现可持续发展的两大关键。一方面，技术创新推动产品结构由单一产品向多元化发展；另一方面，市场需求的多样性和需求层次的提高要求特种养殖业不断进行技术创新。

1. 蚕业科技

随着日本逐渐退出蚕丝生产，蚕桑行业创新性研究任务落到我国肩上，经过 10 个五年计划的发展，我国蚕业科研取得一系列重大进展，逐步形成具有我国特色的蚕业科技体系。目前，我国蚕业科技研发水平在国际上居于领先水平。

从"十五"以来，国家加大了蚕桑基础和应用基础研究的投入（如"973"计划、"863"计划、"948"项目、国家自然科学基金重点项目、国家重大科技专项、"国家科技支撑计划"等），取得了一大批原创性的成果，为现代蚕桑产业技术体系建立提供了坚实的成果支撑。"十一五"以来是蚕桑科技研发成果辈出的重要历史时期，也将是成果应用推广从而推动产业技术变革、创新发展的重要历史时期。

美国《科学》杂志于 2004 年和 2009 年先后两次发表了以向仲怀院士为首的中国蚕业科学家的家蚕基因组研究成果，标志着我国蚕业科学研究不再是紧随日本的证明性研究，而是进入一个完全崭新的、自主创新的发展阶段。对于这一创新性研究，我国中央政府予以高度重视，"家蚕主要经济性状功能基因组与分子改良研究"等"973"计划、"863"计划先后立项，蚕桑科研事业进入一个新的发展时期。家蚕功能基因组研究除了对基础科学发展具有重大意义外，还必将为蚕桑产业发展带来新的契机，特别是在创造新型育种素材，培育高产量、高质量新型蚕品种，开发无须烘茧的"永续蛹"技术，培育强健性蚕品种和雄蚕品种等方面有可能获得重大进展。

在蚕业技术应用与推广研究方面，以提高单位面积产量、茧丝品质、劳动工效和经济效益为目标，以改良蚕桑品种为中心，着力进行实用栽桑（柞）养蚕技术的研究，采用自主创新与引进消化吸收相结合的策略，根据我国蚕业发展与社会经济发展的特点，在桑（柞）树品种、桑（柞）树栽培技术、桑（柞）树病虫害防治技术、蚕种技术、养蚕技术、蚕病防控技术、茧后加工和蚕桑资源综合利用方面开发出许多适合我国特色的蚕业生产技术，尤其是资源综合利用方面的开发为拓展市场需求、促进产业多元化发展奠定了基础。

蚕桑生产的主产品是蚕茧，目的产物是生丝，但蚕茧和生丝只是蚕桑生产很少的一部分产物，尚有大量的产物有待开发利用。据推算，生产 1t 蚕茧产出 3.3t 蚕沙、0.67t 蚕蛹、16t 桑枝，栽种果叶两用的桑树品种，桑果产量可达 15 000～22 500kg/hm²。我国现有桑园面积 80 万 hm²，每年蚕茧产量约 70 万 t，资源十分丰富且是可短期大量扩充的再生资源。随着科技的进步和对蚕业资源的研究不断深入，蚕业资源的用途将越来越广，经济价值不断提高，主要是在食品、保健品、医药和生物技术等方面展示了广阔的前景。

目前采用现代高新科技在蚕业资源中提取分离出多种功能成分，并开发出能调节免疫力、抗疲劳、降血糖、降血脂等新产品。例如，采用农产品精深加工技术，开发出桑果饮料、桑葚酒、桑叶降糖茶、全蚕粉、蚕蛹复合氨基酸、蚕蛾胶囊、丝蛋白多肽等新产品；应用生物技术，以蚕核型多角体病毒（NPV）为载体表达人工干扰素、流感疫苗、乙肝疫苗以及猪生长素、鱼类生长素等外源基因，利用外源因素（包括注射感染病原微生物、理化因子、机械创伤等）诱导家蚕产生抗菌肽、溶菌酶、凝集素等抗菌物质应用于食品、医药，以柞蚕蛹培养蛹虫草、以家蚕蛹培养巴西虫草，利用桑枝培养灵芝；利用病毒、真菌、苏云金杆菌、微孢子虫研制生物农药等。蚕业资源综合利用领域已开发出几百种技术、超过 1000 种产品，创造了蚕业资源综合利用产业，丰富和发展了蚕业科技，拓展了产业领域，显著提高了蚕业资源的经济价值。

2. 蜂业科技

按照自主创新、加速转化、提升产业的指导方针，实施科教兴蜂计划，大力推进技术、工艺、产品、品牌、机制、制度、管理创新。

各级政府要明确蜂业科技在生态平衡、农业增产、农民致富方面的作用，加大对蜂业科技的扶持和投入。建议国家在设置课题时考虑蜂业在农业增产以及生态平衡维持方面的特殊作用，对关键技术和基础研究予以资助；建立健全产学研合作创新发展机制，鼓励建立长期稳定的合作机制，营造良好的外部合作环境，采取灵活多样的联合攻关方式，如科研单位、大学+企业+推广机构，支持以企业为主体的产业技术联盟等对束缚蜂业发展的关键技术和问题开展协作。

加强科研及技术推广工作。各级政府要把蜂业科技推广纳入畜牧业科技助农增收计划，把蜂业作为农民增收致富的一项重要产业来抓，明确牵头单位和承担单位，抓好养蜂科技示范县的工作，把现有的先进技术在示范区内组装配套，通过养蜂示范县的示范和带头作用逐步推广并带动蜂业的科技推广工作。四川的科技助农增收计划自实施以来，取得了十分明显的成效。

国家要采取措施稳定蜂业科研队伍和人才，保证其从事的公益性和共性关键技术研发不会中断。

科研机构要加大学科建设力度，在继续扩大应用性研究的同时，加强基础性研究，重点加强抗病虫害蜂种选育、无公害蜂药研制及新蜂具开发。

由于养蜂的流动性很强，因此先进养蜂技术的推广成本较高，政府面对分散全国各地追花夺蜜的蜂农，在有效普及适用养蜂技术时往往力不从心。首先要制定并推广科学实用的养蜂生产技术规程。其次要积极开展技术培训，逐步实行蜂农职业资格认证制度。

最后要推广养蜂技术，提高产品质量。

目前由于蜂产品加工投资小，起点普遍较低。蜂业企业以作坊式生产为主，现代化技术、工艺及设备所占比例较低，研发及创新能力不足，产品升级换代缓慢，长期以来一直在劳动密集型水平徘徊，生产经营仅仅停留在购销原料或者进行简单的初级加工后投放市场，产品附加值低，未实现剂型多样、品种齐全的规模化生产。由于大多数企业为私营，不愿意也无能力投入资金研发深加工技术和产品，因此高科技产品可持续发展潜力不足。针对目前蜂产品加工企业的现状，只有通过科研机构或大学开展深加工关键技术以及蜂产品基础理论研究，才能促进蜂产品加工业的快速发展，提升产品的附加值，促进产业的可持续发展。

以自主创新为重点，加快蜂业发展方式转变，加速企业科技进步。发挥蜂业骨干企业在研发和创新中的中坚作用，促进企业加强研发中心建设；努力研发、生产科技含量高、加工程度深、产业链条长、增值能力强、营养保健功效明显、符合资源节约和高效利用要求的新产品，并对经专家论证可行的新工艺、新技术进行重点推广；加强国际质量体系、环境保护体系等认证，不断提高蜂业科学管理水平；在蜂产品行业培育发展壮大一批人才素质较高、拥有自主知识产权和知名品牌以及著名与驰名商标、国际和国内市场竞争力较强的优势企业，通过行业龙头企业、优秀企业的带动，逐步实现蜂业由数量扩张向质量效益提高转变，走蜂业新型工业化发展路子，切实提高我国蜂业自主创新能力和核心竞争力。

3. 鹿业科技

我国鹿业经过多年的努力，科技支撑体系正在逐步形成，鹿品种资源保护与利用、茸鹿新品种培育、产业关键技术研究等方面不断取得突破，科技创新的引领和支撑作用日益显著。近年来，全国特别是东北和新疆等地的一些典型产业创新基地建设取得一定成就，实施了一些重大科技项目。据不完全统计，目前鹿业在研主要科技项目约 20 项，总投资近 4500 万元，其中各类科技经费资助总额达到 400 万元以上。

依靠科技进步与创新，鹿产品开发获得自主知识产权的新产品数量逐年增加。在生产实践中推广应用新技术（如人工授精、同期发情、饲养新技术、新品种推广），并以产学研相结合的产业研发和示范推广、共建和共享成果转化模式以及龙头企业+科研单位+经济合作组织科技服务模式等，加快科技成果转化应用。

鹿业人才队伍培养与建设在科技支撑体系中的作用得以体现。相关高校和科研机构不仅开设了相应专业课程、建立了相关专业来培养本科生、硕士和博士研究生，而且开展了产业重大理论与专业技术研究。另外，还举办了不同形式、不同类型、不同专业水平的培训班，培养了一支研发、管理、应用、服务相配套的专业人才队伍。

但是在未来的可持续发展中，仍需要以下科技支撑：实行科学管理，提高鹿场科学管理水平，建立适合我国自己的鹿业生产、营销体系及饲养方式；以市场需求为导向，提高鹿茸生产质量，开发鹿茸深加工系列产品，促进科学技术转变为生产力；建设龙头企业，实行规模化经营，走品牌加规模经营的路子，以科学的经营模式来增强鹿业竞争力；加大科技支持力度，增加科技力量和资金投入，充分发挥我国在鹿营养和疫病防治、鹿茸及鹿产品加工、药理和药化、茸鹿育种等方面的先进成果和科技优势，重点扶持因资金不能深入研究的领域或一直不能产业化生产的科技成果；制定和完善鹿业标准，逐步形成以技术标准为主体的包括种质、饲料、饲养、防疫、产品收获加工、产品质量监测、包装贮运、营销及售后服务等环节的系列标准化体系。

重视鹿产品的应用开发研究与综合利用。特别是随着鹿产品有效成分不断阐明及分离提取、鉴定检测与临床应用等方面不断进步，生物技术与生物工程的蓬勃发展将更有力地推动鹿产品的深度开发，使其向更新、更广阔的领域拓展。在进行鹿产品的应用开发研究与综合利用以及弘扬祖国传统医学优势的同时，要着眼于鹿产品的生化制药和生物技术制药这一重要新兴门类，主要内容包括：基因工程技术与基因工程制药，酶工程技术与酶工程制药，细胞工程技术与细胞工程制药，核酸、糖类与脂类生物药物的研究开发等，以及组合化学、药物基因组学、蛋白质工程、基因治疗、糖类治疗剂、前导物综合鉴定技术、核糖酶、抗体酶、药物设计与人工智能技术、功能抗原十大关键技术。同时，加大鹿群品质改良，力争在鹿产品生产上取得大幅度提高；利用现代繁育技术，研发茸鹿的同期发情、人工输精、胚胎移植技术，快速形成优质种鹿基地并带动鹿业发展；继续加强科技普及教育与技术推广，全面提升鹿业广大从业人员的科技素质。

提升科技对鹿业的贡献率，形成国家、企业在科研经费上予以支持而科技成果又能有效转化的长效机制和行业科技创新体系。

4. 毛皮动物业科技

我国毛皮动物业的繁荣发展在很大程度上得益于科学技术的支持，饲料、疫苗、设备及增产新技术等在实践中的推广。我国是毛皮动物养殖大国，却不是强国，与国外比较差距主要表现为：养殖数量多、毛皮质量差、标准化率低、价格差距大。究其原因有养殖管理方式方面的问题，但根本还是科技对毛皮动物养殖的支撑力度不够，科技进步贡献率低，因此科学技术取得发展才是我国毛皮动物养殖业实现可持续发展的根本保证。

为了适应日益激烈的国际国内竞争，缩小与国际先进水平的差距，我国毛皮动物养殖业的科技需求空间很大，迫切需要建立和完善有关的管理理论，应用配套的饲养管理技术与标准，普及疫病防治知识，建立相应的管理体制，以使毛皮动物养殖业在科学管理和法制管理上得到加强，从而提高生产水平。

毛皮动物饲养环节的科技研究还需要不断完善毛皮动物育种技术、毛皮动物饲料加工配制技术、毛皮动物科学饲养管理技术、毛皮动物疫病防治技术。针对大部分的庭院养殖户为农民且受教育程度较低，对养殖技术的掌握基本靠经验摸索或依靠当地龙头企业技术力量的现状，规模以上的毛皮动物养殖企业可通过委托培养或招聘毕业生负责场内技术工作。针对毛皮动物养殖业科技进步贡献率低的现状，需要建立新型的"基础+高技术+实用技术+示范推广"科技推广体系。

（四）特种养殖业发展的机遇与挑战

未来我国特种养殖业发展虽然存在国家经济从高速增长转向高质量发展、生态文明建设、乡村振兴、"一带一路"、5G 及人工智能与物联网应用等一系列发展机遇，但也面临着产业间竞争、国际竞争、替代品竞争、科技瓶颈等一系列严峻挑战。

1. 机遇

（1）高质量发展促进产业转型升级

改革开放 40 年，我国经济年均增长率达 9.6%，但是自 2012 年起，经济增长率从高速转向中高速，结构优化升级、增长方式转变、供给侧结构性改革、高质量发展成为未来经济发展的主旋律。未来将是我国特种养殖业由传统向现代加快转变的关键期，优化结构、提高效益、降低成本、保护环境为主方向。通过技术创新实现有效供给和形成新的增长动力，推动蚕、蜂、鹿、毛皮动物等特种养殖由数量增长型向质量效益型转变，由资源高耗型向资源节约型转变，是我国特种养殖业实现持续健康发展的必由之路。

（2）"一带一路"倡议拓展产业发展空间

2013 年，习近平总书记访问中亚和南亚时提出建立"丝绸之路经济带"和"21 世纪海上丝绸之路"（简称"一带一路"倡议）。之后，"一带一路"先后写入《中共中央关于全面深化改革若干重大问题的决定》和国务院《政府工作报告》，上升为国家发展战略，并逐步推进中。"一带一路"的灵感源于古代陆上丝绸之路和海上丝绸之路，无论从历史还是现状看，无论从文化还是产业层面分析，"一带一路"倡议与蚕业发展具有极其重要的内在联系，因而对我国蚕业发展具有重要的战略意义。一方面，蚕丝文化和丝路精神切合"一带一路"倡议所需的开放、包容、合作、共赢共识，是推进"一带一路"倡议的历史和文化基础，不仅能够在"一带一路"倡议推进中担当重任，还将大大提升我国文化"软实力"；另一方面，在"一带一路"倡议中，我国蚕业加快实施"走出去"和"引进来"战略，既可以努力开拓国际市场，又能够充分利用国际资源，必将拓展蚕业发展空间。"一带一路"倡议对于蜂、鹿、毛皮动物等其他特种养殖业的"引进来"和"走出去"也具有积极而重要的战略意义。

（3）生态文明建设和绿色革命助推产业增长

生态文明建设早已上升为国家战略，发展蚕、蜂等特种养殖业不仅符合民生要求，也符合党的十八大提出的大力推进生态文明建设、努力建设美丽中国的要求。大力发展生态桑，不仅可以发挥桑树绿化、美化环境的功能，提高绿化覆盖率，还可以利用桑树耐寒、耐旱、耐贫瘠、耐盐碱的特性，发挥其涵养水源、防风固沙、净化空气等生态治理功能，从而对石漠化、荒漠化、矿产开采等生态破坏严重的地区进行生态治理和生态修复。蚕桑茧丝资源的多元利用能够推动绿色、循环、低碳发展战略的深入实施。同时，围绕桑（柞）树开展的养蚕、养畜、养禽、水产养殖等多种产业有利于我国粮食及食物安全，围绕桑树的桑葚、桑叶、桑枝、桑皮等开发的一系列产品不仅绿色安全，而且具有药食双重功效，符合我国居民收入水平上升和消费结构升级后的消费要求。蚕丝因含有对人体极具营养价值的 18 种氨基酸被誉为"人体第二皮肤"和"纤维皇后"。桑（柞）叶可以利用阳光、土地不断地循环生产，进而源源不断地为人类提供蚕丝。随着石油能源的消耗、人口的增加、消费意识的改变和生活水平的提高，集雍容华贵、良好透气保健性能于一体的丝绸作为天然纤维，顺应绿色、循环、低碳、环保的发展理念，消费需求必将稳中有升。蜜蜂是自然界最主要的授粉昆虫，蜜蜂授粉在植物多样性保护及生态系统平衡维护方面发挥着极为重要的作用。

（4）乡村振兴与扶贫增收大有可为

蚕业、蜂业都是具有明显生态效益、经济效益和社会效益的产业。种桑养蚕、放养蜜蜂的适宜地域范围很广，并具有投资少、见效快、效益好等特点。蚕业、蜂业不争农时、不争耕地，可以在有限的土地中得到更多创造收入的机会。对于一些地区尤其是以农业为主经济落后的山区农民来说，养蚕、养蜂不仅能够脱贫，而且能够致富。广义的蚕业是包括栽桑（柞）养蚕、鲜茧收烘、干茧流通、茧丝加工、织绸印染、成品加工、外贸出口及多元利用的长而完整的产业链，能够带动一个地区农工商贸、一二三产的共同发展。由此，蚕业经济也称为山区经济、扶贫经济和小康经济，对于提高农民收入、增加地区就业、促进地区经济发展、带动欠发达地区工业化都具有较强的现实意义。在全球现代农业系统中，油料作物、牧草作物、瓜果类、蔬菜类和果树类等主要依赖蜜蜂授粉，其在农业生产中的经济价值和社会效益十分显著。在乡村振兴与扶贫增收中，特种养殖业可以充分发挥自身优势，既为经济社会作出贡献，又能促进各自产业发展。

（5）5G、人工智能和物联网助力产业发展

随着 5G、人工智能和物联网的发展和普及，充分应用现代信息技术成果，集成应用计算机与网络技术、物联网技术、音视频技术、3S 技术、无线通信技术及专家智慧与知识的智慧农业将是农业现代化的一个重要体现。智慧农业集新兴的互联网、云计算和物联网技术为一体，依托部署在农业生产现场的各种传感节点和无线通信网络实现农业生产环境的智能感知、智能预警、智能决策、智能分析、专家在线指导，为农业生产提供精准化种植、可视化管理、智能化决策。特种养殖业若能依托现代信息技术，建立物联网进行精准养殖，不仅可大大节约劳动力等要素投入，还能预防病虫害，大幅提高生产效率和产品质量，甚至能使特种养殖产品变成工厂车间和流水线上的工业品。

2. 挑战

（1）要素成本上升，产业间竞争加剧

随着工业化和城市化的推进，为了获得更稳定、更持久和更高的收入，大量劳动力从农业转移到非农产业，农业劳动力紧缺、老龄化倾向愈加严重。同时随着现代农业的不断推进，各产业围绕土地产出率和劳动生产率的提升，不断探索转变发展方式，农业产业间对土地和劳动力的竞争加剧，最终只有那些劳动力投入较少、劳动强度较低、收益相对高而稳定的农业产业才能在要素竞争中胜出。特种养殖业作为传统产业，生产经营方式落后，生产效率低；生产风险较大，经济收益不稳定；省力化机械与技术进步缓慢，劳动力和土地成本快速上升，导致比较效益下降。在与其他农业和非农产业的竞争中，一些地区特种养殖业的比较优势正逐渐丧失，生产区域不断转移。依靠空间转移虽然在一定时期内能够实现产业的可持续发展，但如果不能从根本上改变传统生产方式，提高劳动生产效率和产业比较效益，保持现有生产区域的比较优势，那么随着工业化和城市化的推进及地区经济的发展，产业发展将面临比较效益下降、比较优势减弱、生产区域继续转移的问题。

（2）贸易摩擦增多，国际竞争更加激烈

在迄今蚕桑生产依然具有劳动和土地密集型特征的前提下，我国周边的印度、越南、

泰国、缅甸、老挝及非洲的卢旺达、埃塞俄比亚等国家因经济发展水平较低、劳动力廉价和土地相对丰裕，发展蚕业更具比较优势，同时其正通过加大对蚕业的投入力度和吸引国际扶持来快速发展蚕桑产业，从而使我国面临的国际竞争压力渐增。我国蜂业发展也面临来自美国、德国、加拿大、阿根廷、澳大利亚等国的竞争，尤其是产品质量安全方面的竞争。我国鹿业发展的主要竞争者是新西兰，目前与新西兰在诸多方面存在差距。毛皮动物业是养殖业中利润最高的部分，也是养殖业国际竞争最为激烈的领域。目前以芬兰、美国、丹麦为代表的毛皮动物养殖强国已经在育种科技、人才队伍、核心产品、销售网络、资本实力、管理经验等方面取得明显的优势，培育的毛皮动物品种凭借优越的生产性能快速推广到世界各地并占据主导地位，对我国毛皮动物业乃至养殖业健康发展提出严峻挑战。

（3）替代品层出不穷，产业竞争加剧

蚕丝业仅是纺织业的一个分支，蚕丝纤维有很多替代品，如化学纤维、棉纤维、麻纤维、竹纤维等。随着世界纺织科技的迅速发展，一方面，丝绸行业科技水平与棉、麻、化纤行业的差距越来越大；另一方面，化纤仿真技术不断突破，仿丝、仿毛、仿麻等正以更新、更快的速度发展。尽管与毛、麻、棉、化纤及仿制品相比，蚕丝具有许多优良特性，但蚕丝纤维产品有易皱、易缩的弱点，而且真丝产品需要花时间保养，相对价格也较高，与现代人快消费、快时尚的趋势不符。如果不能克服丝绸产品的弱点，创新丝绸种类，那么增加丝绸制品出口需求和开拓国内市场都会比较困难。在环保理念越来越深入、动物福利越来越受关注的背景下，以动物毛皮为原料的制成品必将遭到更多环保人士的抵制和出口贸易壁垒。蜂、鹿类产品都是与大健康产业要求相符合的医药、保健类产品，理论上随着人们生活质量的提高和老龄化的加剧，潜在需求巨大，但实际中面临诸多国内外植物、动物产品的替代竞争。

（4）专业人才紧缺，实用技术瓶颈难以突破

无论是产业竞争、替代品竞争，还是国际竞争，表面上是劳动力、土地等要素的竞争，实质却是专业人才和技术的竞争。没有落后的产业，只有落后的技术。如果人才充足、技术进步，传统产业照样可以成为欣欣向荣的朝阳产业。然而，我国蚕、蜂、鹿、毛皮动物等特种养殖业都存在专业人才紧缺，研发能力弱，实用技术瓶颈难以突破的问题。蚕业方面，栽桑（柞）养蚕环节，省力化栽桑（柞）养蚕技术、规模化生产机械设备与微粒子病防治技术需求紧迫，为实现蚕桑多元化发展，迫切需要研究和开发适合不同区域、不同用途的蚕、桑品种及各种综合利用技术；丝绸加工环节，后染整技术、产品设计、品牌营销落后，难以提升丝绸产品附加值。同时，蚕、桑的基因研究有待从发现基因序列向研究基因功能并进一步向功能基因应用迈进，将研究成果应用于丝绸产业、材料科学、生物制药和害虫防治，以推动蚕桑产业转型升级和可持续发展。毛皮动物养殖方面，每年都从国外引进优良品种，对外依存度高，自主繁育、推广能力弱，核心技术受制于人。

五、中国特种养殖业的战略定位、发展目标与区域布局

未来 30 年是我国经济实力进一步提升、居民收入快速上升、消费结构持续升级、

工业化和城市化终将完成并最终实现现代化的关键时期。随着我国农业结构进行重大战略性调整，特种养殖业必将成为具有中国特色的现代化养殖业的重要组成部分。

（一）我国特种养殖业发展的战略定位

特种养殖业所生产的蚕茧、蜂蜜、鹿肉与鹿茸、毛皮等产品都是人们收入水平上升和消费结构提升后为提高生活品质所需产品的基本原料，这就决定了特种养殖业具有不断扩大的市场需求和良好的产业发展前景。而我国的经济发展水平、区域差异趋势和农业农村现状，以及特种动物养殖所具有的经济价值高、产业链长、外向型程度高等特点，决定了特种养殖业具有巨大的发展潜力。

从我国特种养殖业的实际情况出发，借鉴国际发展经验，以满足国内外市场需求为目标，加快发展方式转变，推动特种养殖业进入"高产、优质、高效、生态、安全"的可持续发展轨道，使其成为我国养殖业的一个新兴的重要组成部分，从而在地区经济发展、农业效益提升、乡村振兴、农村就业和农民增收等方面发挥应有的作用，为我国养殖业现代化、由养殖大国向养殖强国迈进作出积极的贡献。

1. 特种养殖业是国际地位显著的传统优势产业

我国蚕、蜂、鹿、毛皮动物等特种养殖业的国内市场地位不高，但国际市场地位显著。我国是世界第一大茧丝生产国和出口国，桑蚕茧、丝产量均占世界总产量的 75% 左右，柞蚕茧产量占世界总产量的 90%，蚕丝类、绸类出口量排世界第一，丝绸制成品出口量排世界第二。我国也是世界第一养蜂大国，蜂蜜和蜂王浆产量分别占世界总产量的 20% 和 95%，蜂王浆出口量占世界贸易量的 90%。我国是世界第二养鹿大国，鹿类饲养量仅次于新西兰。我国是世界第一毛皮动物饲养大国和进出口国，毛皮动物养殖量占世界总量的 50%。基于收入上升、消费升级、城市化、老龄化等因素的特种动物养殖产品市场需求分析，基于资源环境和劳动力、土地等要素的特种动物养殖产品供给分析，均表明我国蚕、蜂、鹿、毛皮动物等特种养殖业具有广阔的市场空间和良好的发展前景，因而未来仍然是国际市场地位显著的传统优势产业。

2. 特种养殖业是我国低碳绿色可持续发展的特色民生产业

蚕、蜂等特种养殖业本身具有很强的生态功能，发展蚕业、蜂业，可以兼顾经济效益、社会效益和生态效益。在特种动物养殖过程中，倡导生态、环保的养殖方式，将特种动物养殖生产发展和环境保护、环境治理同步，逐步增加生态养殖场，绿色生产无污染产品，提高特种动物养殖规模化水平，达到"生产标准化、产品绿色化、管理专业化"，在特种养殖业健康发展的同时保证其与生态环境保护协调统一，能使特种养殖业成为我国低碳绿色可持续发展的特色民生产业。

3. 特种养殖业是能够实现一二三产融合发展的地区性支柱产业

特种养殖具有"小动物，大市场""扎根一方，稳定一地，繁荣一片"、经济价值高、多为工业提供原料等特点，其终端产品市场需求随着居民收入水平和消费水平提高而不断扩大。同时，特种养殖业具有周期短、资金周转快、价格相对稳定、供货渠道单一、后加工产业链长的优点。因而，在特定的区域发展特种养殖业，不仅能够增加农民收入，帮助贫困人口脱贫，提高农业效益，而且能通过延伸产业链和拓展产业分支发展加工工业，推动地区工业化，更进一步，随着生产规模扩大和产业集聚，可以发展与第一、二产业配套的服务业，从而实现一二三产融合发展。在产业集聚的乡村、城镇，还可以依托"一村一品""一乡一业""一业兴百业旺"，实现产村融合、产城融合发展。

4. 特种养殖业是 21 世纪美化生活、提升品质的时尚创意产业

蚕丝以其透气保湿、防霉护肤性能被誉为"人体第二肌肤"，随着人们消费观念的转变，回归自然成为消费趋向，蚕丝纤维必将成为人们消费的追求目标。蜂产品能为人类提供较为全面的营养，对患者有一定的辅助治疗作用，可改善亚健康人群的身体状况，提高人们的免疫调节能力，同时可抗疲劳、延缓机体衰老、延长寿命，是大自然赐予人类的天然营养保健佳品。鹿茸是我国传统的珍贵大宗中药材，是中成药重要原料和中药配方，有很高的生物活性，对延缓衰老、增强机体抵抗力、病后恢复有很好的作用。特种养殖业可为相关工业提供优质安全的工业原料，能够满足收入水平提高和消费结构变化后国内外市场对丝绸服装、裘皮大衣、鹿茸、蜂蜜等高档服饰与医药保健产品的需求，不断提高人们的生活品质。随着生物医药研发、服装服饰设计的不断创新，以蚕、蜂、鹿、毛皮为原料的新产品更加丰富多彩，可不断满足人们日益增长的对美好生活的需要。

（二）我国特种养殖业发展的战略目标

未来我国特种养殖业应以习近平新时代中国特色社会主义思想为指导，深入贯彻党的十九大和十九届二中、三中全会精神，牢固树立新发展理念，落实高质量发展要求，以满足国内外市场需求为目标，以科技创新为支撑，以区域专业化为推手，加快建立健全支持保护特种养殖业体系；加强良种繁育体系、产品安全管理体系、健康高效养殖体系、现代物流加工体系建设，推进养殖方式、经营方式、组织方式、服务方式和调控方式转变；加快科技创新、体制创新和机制创新，优化产业结构和区域布局，引导特种养殖业由粗放型向集约型转变，外贸依赖型向内需驱动型转变，单一产业链向多元辐射增长方式转变，实现我国由特种动物养殖生产大国和出口大国向生产强国和消费大国转变。

1. 总体目标

到 2025 年，我国特种养殖业初步形成可持续发展的良好格局，初步达到"供求平衡、结构优化、效益提高、质量安全、资源节约、布局合理、生产标准、服务健全和生态良好"，初步完成特种养殖业由粗放型向集约型转变，外贸依赖型向内需驱动型转变，单一产业链向多元辐射增长方式转变，初步实现我国由特种动物养殖生产大国和出口大国向生产强国和消费大国转变。

到 2035 年，我国特种养殖业基本形成可持续发展的良好格局，基本达到"供求平衡、结构优化、效益提高、质量安全、资源节约、布局合理、生产标准、服务健全和生态良好"，基本完成特种养殖业由粗放型向集约型转变，外贸依赖型向内需驱动型转变，

单一产业链向多元辐射增长方式转变，基本实现我国由特种养殖生产大国和出口大国向生产强国和消费大国转变。

到 2050 年，我国特种养殖业形成可持续发展的良好格局，达到"供求平衡、结构优化、效益提高、质量安全、资源节约、布局合理、生产标准、服务健全和生态良好"，完成特种养殖业由粗放型向集约型转变，外贸依赖型向内需驱动型转变，单一产业链向多元辐射增长方式转变，实现我国由特种养殖生产大国和出口大国向生产强国和消费大国转变。

2. 具体目标

（1）产量发展目标

到 2025 年，我国的桑蚕茧产量稳定在 75 万 t 左右，柞蚕茧产量达到 9 万 t 左右；蜂群数量稳定在 1100 万群；鹿类存栏达到 250 万头，其中梅花鹿存栏 200 万头，马鹿存栏 15 万头；毛皮动物饲养量达到 9000 万只。到 2035 年，我国的桑蚕茧产量稳定在 80 万 t，柞蚕茧产量达到 10 万 t 左右；蜂群数量稳定在 1200 万群；鹿类存栏达到 550 万头，其中梅花鹿存栏 400 万头，马鹿存栏 120 万头；毛皮动物饲养量达到 1.4 亿只。到 2050 年，我国的桑蚕茧产量增长至 100 万 t，柞蚕茧产量达到 12 万 t 左右；蜂群数量稳定在 1400 万群；鹿类存栏达到 1100 万头，其中梅花鹿存栏 800 万头，马鹿存栏 220 万头；毛皮动物饲养量达到 2 亿只。

（2）质量发展目标

到 2025 年，我国特种养殖业初步实现规模化、专业化和标准化经营；健康、生态的养殖模式得到推广；产品质量有一定幅度提高；绿色产品比例达到 90%以上。到 2035 年，我国特种养殖业基本实现规模化、专业化和标准化经营；健康、生态的养殖模式得到推广；产品质量有较大幅度提高；绿色产品比例达到 95%以上。到 2050 年，我国特种养殖业规模化、专业化和标准化水平显著提高，加工工业比较发达，产品质量安全达到世界先进水平，产前、产中、产后各环节实现一体化发展，步入资源节约、环境友好、良性循环的现代化发展轨道。

（3）产业化目标

到 2025 年，我国特种养殖业初步形成相对稳定的蚕、蜂、鹿、毛皮动物优势主产区，扶持、培育销售额超过亿元的产业化蚕业龙头企业 50 家、蜂业龙头企业 10 家、鹿业龙头企业 20 家、毛皮动物加工企业 50 家；建设 1 个国际级裘皮拍卖行（中心）和多个茧丝、蜂产品、鹿产品和毛皮交易市场；60%的专业养殖户和家庭农场参加各类特种养殖业协会或特种养殖业合作社，构建与产业化龙头企业紧密连接的利益机制。到 2035 年，我国特种养殖业基本形成相对稳定的蚕、蜂、鹿、毛皮动物优势主产区，扶持、培育销售额超过亿元的产业化蚕业龙头企业 100 家、蜂业龙头企业 20 家、鹿业龙头企业 50 家、毛皮动物加工企业 100 家；拥有 1 个国际级裘皮拍卖行（中心）和多个茧丝、蜂产品、鹿产品和毛皮交易市场；80%的专业养殖户和家庭农场参加各类特种养殖业协会或特种养殖业合作社，完善与产业化龙头企业紧密连接的利益机制。到 2050 年，我国特种养殖业形成稳定的蚕、蜂、鹿、毛皮动物优势主产区，扶持、培育销售额超过 3 亿元的产业化蚕业龙头企业 100 家、蜂业龙头企业 20 家、鹿业龙头企业 50 家、毛皮动物加工企业 100 家，各产业的市场集中度较高；拥有 1 个国际知名的国家级裘皮拍卖行（中心）和多个国内外知名的茧丝、蜂产品、鹿产品和毛皮交易市场；100% 的专业养殖户和家庭农场参加各类特种养殖业协会或特种养殖业合作社，与产业化龙头企业紧密连接的利益机制更加完善。

（4）科技发展目标

到 2025 年，我国特种养殖业初步形成一支高水平的技术研究团队，初步建立起良种繁育、疾病防控、质量检测、产品研发、饲养管理五大技术体系，基础研究和应用基础研究继续深入，先进适用技术应用率显著提高，科技创新与应用体系得到完善，科技进步贡献率达到 50% 以上。到 2035 年，我国特种养殖业形成一支高水平的技术研究团队，基本建立起良种繁育、疾病防控、质量检测、产品研发、饲养管理五大技术体系，基础研究和应用基础研究继续深入，先进适用技术应用率显著提高，科技创新与应用体系得到完善，科技进步贡献率达到 60% 以上。到 2050 年，我国特种养殖业继续完善良种繁育、疾病防控、质量检测、产品研发、饲养管理五大技术体系，在品种培育、疫病防控和产品加工等重大关键技术领域取得突破，科技支撑作用显著增强，科技进步贡献率提高到 70% 左右。

（三）我国特种养殖业发展的区域布局

我国根据不同区域的资源禀赋、产业基础、养殖传统和市场供求能力，发挥各地比较优势，因地制宜发展特种养殖业，形成华东、华南、西南三大优势桑蚕茧生产区，以辽宁、吉林和黑龙江三省为主的柞蚕生产区，以四川、浙江、湖北、山东、云南、山西、甘肃、黑龙江等省份为主的蜂产品主产区，以吉林、黑龙江、新疆、青海、内蒙古、甘肃、宁夏 7 省份为主的鹿类饲养区，以及以吉林、辽宁、黑龙江、山东、河北 5 省份为主的毛皮动物养殖优势区。各特种养殖业的具体布局分蚕、蜂、鹿、毛皮动物进行阐述。

1. 蚕业区域布局

我国蚕业发展和产业转移中，中部在蚕桑生产、丝绸加工、出口贸易等环节的产品占比较小，产业地位较弱，而茧丝生产主要表现为由东部往西部转移，此外中部经济发展水平与西部相近，因此将蚕业发展区域划分为东部与中西部来分别明确其区域布局与发展重点（专题表 1-7）。

专题表 1-7 我国茧丝绸产业区域定位与发展重点

区域	东部	中西部
产业定位	21 世纪美化生活、提升品质的时尚创意产业；具有深厚传统文化底蕴的历史经典产业	绿色低碳可持续发展的特色民生产业；能够实现一二三产融合发展的地区性支柱产业
发展重点	优质茧和高档丝生产基地；绸缎及丝绸制品加工重心；丝绸科技时尚创意中心；丝绸消费目的地和出口贸易基地	全国及世界最大的茧丝生产基地；巩固蚕茧生产基地；适时延伸产业链；拓展产业发展空间；提高生产技术水平
重点省份	浙江、江苏、广东、山东、辽宁	广西、四川、云南、重庆、陕西、贵州、安徽

（1）东部地区

东部地区是我国茧丝绸产业的传统区域，改革开放后地区经济率先发展，人均 GDP、收入水平和消费水平均高于全国平均水平。随着经济转型升级和中产消费阶层兴起，东部地区发展茧丝绸业的主要意义在于提升终端产品价值，提高人们生活品质，传承丝绸历史文化，引领我国茧丝绸业转型升级。对于东部地区来讲，茧丝绸业是 21 世纪美化生活、提升品质的时尚创意产业，是具有深厚传统文化底蕴的历史经典产业。因此，东部地区产业发展的核心是以杭州、苏州为两端，构筑东部丝绸经济带，引领全国茧丝绸业发展新格局；重点是建设优质茧和高档丝生产基地、绸缎及丝绸制品加工重心、丝绸科技时尚创意中心、丝绸消费目的地和出口贸易基地。

优质茧和高档丝生产基地：正视东部地区经济发展后蚕桑生产萎缩和产业转移现实，着力在江苏、浙江、山东 3 省份的现存蚕桑主产区建设优质茧丝生产基地。加快家庭农场养蚕、工厂化养蚕、一体化养蚕模式探索；保持蚕种生产和技术优势，保障全国蚕种供给稳定；进一步压缩产能，选择中西部蚕茧原料基地、劳动力成本低的省份转移普通丝生产，利用本地紧缺的熟练工人侧重高档生丝加工；加快缫丝自动化、智能化进程，降低劳动强度，提高劳动生产效率；利用资本和加工优势，与本地或外地优质茧产区建立"公司+基地+农户""公司+合作社+农户"等产业化经营模式。

绸缎及丝绸制品加工重心：发挥浙江、江苏、山东在绸缎及丝绸制品生产方面的显著比较优势，进一步提升其全国绸缎及丝绸制品加工重心地位。发挥绸缎设计、人才、设备、印染等方面的比较优势，提升真丝面料质量和档次；通过"走出去"与"引进来"等方式，加强与世界先进绸缎企业的交流与合作，提升绸缎设计能力和水平；通过重开高校丝绸专业和强化在职培训，加紧设计人才、熟悉工人培养和传承。发挥服装服饰、家纺、工艺品等终端产品制造方面的技术、人才、资金、市场等优势，迎合国内外消费需求变化，创新丝绸产品设计，拓展丝绸产品品种，提升丝绸产品品质，创建丝绸自主品牌，引领丝绸"三品"建设。

丝绸科技时尚创意中心：以 GDP 规模过万亿元、人口和丝绸终端产品生产企业集聚的浙江杭州和江苏苏州为中心，整合周边区域资源，聚合国内外人才，打造我国的丝绸科技时尚创意中心。加快高档真丝绸产品和含丝纺织产品开发，改善丝绸产品结构，推动丝绸产品更新换代；加强丝绸产品时尚创意设计，继承丝绸传统工艺和技法，设计开发具有民族特色和时尚风格的功能性服用、家用、装饰用高档丝绸产品，积极拓宽市场领域；加快丝绸行业关键共性技术攻关和产业化，尤其是丝绸智能装备、印染后整理技术装备等的攻关研发；推进茧丝绸综合资源开发，加强以茧丝绸为原料的食品、化妆品、医疗用品、丝绸混纺交织品等新产品及旅游商品的开发；快速推进丝绸制造智能化步伐，加快采用高新技术和先进适用技术改造提升丝绸产业；推进信息技术与丝绸制造的融合，建立网络化、智能化制造体系，创新小批量、多样化定制式生产模式；加强丝绸文化和产业宣传，保护和挖掘丝绸文化，推进丝绸特色小镇和丝绸文化时尚产业园建设；加强丝绸品牌和丝绸文化建设，不仅使东部地区成为我国丝绸品牌和文化建设的先行区，而且成为我国茧丝绸产业转型升级的领军者。

丝绸消费目的地和出口贸易基地：以浙江杭州、江苏苏州及北上广一线城市为核心，打造一批国内丝绸消费目的地。根据国内消费需求新趋势和消费群体新特点，按照"品种、品质、品牌"的金字塔消费架构，开发适销对路的丝绸产品，满足正在兴起的不同层次的丝绸消费需求；推进企业营销模式创新，积极探索线上线下、众筹营销、个性化定制等新兴营销模式；推动丝绸公共服务平台发展，打造一批集丝绸信息咨询、信息发布、产品交易、品牌展示等内容于一体的综合性网上专业服务平台和旅游购物丝绸营销创新平台；根据国外消费需求特点和潮流，针对传统欧美市场和新兴中东市场，拓展丝绸终端产品款式和种类，在稳定我国茧丝绸出口规模的同时，进一步优化丝绸产品出口结构，提升丝绸出口产品附加值和丝绸终端产品定价话语权。

（2）中西部地区

中西部地区既有茧丝绸业的传统区域四川、重庆，又有茧丝绸业的新发展区域广西、云南等。相对而言，中西部地区地处内陆，多丘陵、山区，经济发展滞后，许多省份人均 GDP、收入水平和消费水平均低于全国平均水平，甚至还有许多贫困县、连片特困区。种桑养蚕、缫丝织绸对于中西部地区多个省份的众多县（市、区）来讲，依然在增加农民收入、优化农业结构、促进社会主义新农村建设、保护生态环境、促进地区经济发展等方面具有积极而重要的现实意义。因而，对于中西部地区来讲，茧丝绸业是绿色低碳可持续发展的特色民生产业，是能够实现一二三产融合发展的地区性支柱产业。未来中西部地区仍将是我国及世界最大的茧丝生产基地，发展重点是巩固蚕茧生产基地，适时延伸产业链，拓展产业发展空间，提高生产技术水平，而产业链延伸的速度与产业空间拓展的程度取决于行业各环节技术进步的速度与程度。

巩固蚕茧生产基地：抓紧东部蚕桑转移、中西部地区经济发展、精准扶贫、生态文明建设等战略机遇，充分利用土地和劳动力成本优势，以广西、云南、贵州、陕西、安徽、辽宁为重点，继续推进蚕桑生产发展，巩固和扩大蚕桑生产规模；高起点、高标准、专业化、规模化发展蚕桑生产基地，着力建设新的优质茧生产基地；加快蚕桑新品种选育、病虫害防治及蚕种催青、小蚕共育、大蚕饲养等环节的实用技术创新，进一步提高张种产茧量、亩桑产茧量和蚕茧品质，从而提高蚕桑生产比较效益；开放蚕茧市场的同时，构建以龙头企业为主体的产业化经营模式，利用宏观调控手段通过稳定丝价来稳定茧价，降低农民养蚕风险，稳定农民养蚕收益。

适时延伸产业链：加强供给侧结构性改革，适时适地淘汰落后产能，加快更新缫丝织绸设备，提高设备利用率和劳动生产效率；强化技术支撑和完善体制机制，提升茧丝质量，多产优质茧和高档丝，加强品牌建设和生产经营管理，应对茧丝价格大幅波动；在稳固茧丝生产规模的基础上，广西、云南、陕西依据技术、资金、市场等条件，抓住时机引入织绸及后道加工企业，实现茧丝绸产业链的延伸；四川、重庆、安徽应侧重于提升绸缎及后加道工生产能力和生产水平，同时加强丝绸品牌和丝绸文化建设；各省份应加强与东部丝绸加工主产省的互补互动发展，促进二者的产业合作，合力推进我国茧丝绸产业优化升级。

拓展产业发展空间：中西部地区蚕桑生产规模大，蚕桑茧丝资源丰富，各地应该因地制宜，选择最具竞争力的多元利用方向，规模化、专业化和产业化开展资源综合开发和多元利用；大幅度提高资源利用效率，着力培育新的经济增长点，提高全产业链综合经济效益；着力开发环境生态友好型产品和项目，形成多种类型的蚕桑茧丝循环经济发展模式，实现与其他产业互动、共融发展；结合生态桑发展，发挥其在西部石漠化、荒漠化及矿山等生态破坏地区的生态修复和治理功能，实现蚕丝业的经济、社会、生态综合效益；结合蚕桑生产、丝绸加工、生态文化，推动一二三产融合发展、产村融合发展、产城融合发展，推进新农村建设和新型城镇化；大力开发桑（柞）、蚕、茧、丝资源新用途，建立食品工业、医疗保健、新型化工、建筑材料、生态环保、文化旅游等新型产业链，构建多元化现代产业体系。

提高生产技术水平：传统的蚕桑生产方式、缫丝设备及缫丝加工方式，是制约我国蚕桑、缫丝生产效率提升的两大因素，也是导致我国"东桑西移""东丝西进"的根源所在，因此避免中西部地区茧丝绸业继续转移的有效措施是改变传统蚕桑生产方式和现行缫丝设备及缫丝加工方式。应培育和扶持养蚕专业大户、家庭农场、专业合作社和龙头企业，促进规模化生产，探索工厂化种桑养蚕模式，改变传统落后的家庭手工生产方式；组建团队，加大资金投入力度，着重对高效省力栽桑养蚕技术、规模化生产机械设备、微粒子病防治技术、缫丝加工技术等关键技术进行集中攻关，突破制约产业发展、导致产业转移的技术因素；加快多元化的蚕、桑新品种培育和蚕桑茧丝资源高效利用技术的研发，加强对资源多元利用技术的集成、应用和推广，通过在不同省份建设形式多样的科技成果转化和产业化示范基地，加速研发成果的市场化进程；吸引工商业资本和企业的介入，尤其是有实力的大型企业介入蚕桑产业各分支及产业链各环节，加强企业与相关科研院所的协作，构建产、学、研相结合的科技创新体制和机制。

2. 蜂业区域布局

基于各地养蜂生产发展水平、蜜源植物利用现状、蜂产品加工水平等实际情况，将我国蜂业发展的区域布局划分为华北、东北及内蒙古、华东、中南、西南、西北 6 个区域，分各区域确定主攻方向和发展目标。

（1）华北地区

本区域包括北京、天津、河北、山西和山东 5 省份，蜜蜂饲养技术水平总体较高。蜜源植物主要有荆条、洋槐、枣树等，是我国优质蜂蜜的重要产区之一。区域蜂产品消费市场大，加工能力强，拥有多家大型蜂产品加工企业以及国家级蜂业科研机构、蜂产品检测机构和蜜蜂育种、保种中心。

本区域重点建设优质荆条蜜、洋槐蜜、枣花蜜生产基地，发展西方蜜蜂标准化规模饲养，建立和完善产品安全与标准化生产管理体系；加大设施农业蜜蜂授粉技术的推广力度；选育和推广优质蜂种；加强对蜜蜂饲养技术、蜂产品检测技术和蜂产品质量可追溯技术的研究推广。

（2）东北及内蒙古地区

本区域包括辽宁、吉林、黑龙江和内蒙古 4 省份。蜜源植物主要有椴树、洋槐、胡枝子、向日葵、牧草等，是我国主要的优质椴树蜜生产和出口基地，也是我国蜜蜂种质资源保护和利用的重要基地。

本区域重点建设优质蜂产品生产基地；发挥种质优势，保护和利用东北黑蜂资源，加强优良蜂种的繁育和推广，实现蜜蜂饲养良种化；加大设施农业蜜蜂授粉技术的推广力度。

（3）华东地区

本区域包括上海、江苏、浙江、安徽、江西、福建 6 省份，以饲养西方蜜蜂为主，转地放蜂量较高，是我国主要的蜂王浆生产和出口地区。主要蜜源有油菜、紫云英、荔枝、龙眼、柑橘等。区域蜜蜂饲养技术水平较高,科研和加工力量较雄厚,蜂产品生产种类较齐全。

本区域重点建设优质蜂产品生产和加工出口基地;加强蜂产品深度开发研究和产业化开发;加强对浙江浆蜂及本地中华蜜蜂资源的保护和利用;加大设施农业蜜蜂授粉技术的推广力度。

（4）中南地区

本区域包括河南、湖北、湖南、广东、广西、海南 6 省份,是中华蜜蜂的主要饲养区之一,是我国蜂蜜的重要加工和出口基地,蜂产品消费能力较强,其中河南是我国最大的蜂胶、蜂蜡和蜂机具集散地。区域蜜源植物丰富,河南、湖北、湖南主要有油菜、枣树、刺槐、柑橘、紫云英等;广东、广西、海南以荔枝、龙眼、山乌桕、八叶五加为主。广东、广西和海南以发展中蜂为主;河南、湖南、湖北以发展西方蜜蜂为主。

本区域重点建立优质油菜蜜生产基地和野桂花蜜生产基地,加强优质蜂产品的生产和加工出口基地建设;加大对蜜源植物资源和中华蜜蜂资源的保护利用力度;发展特色蜂蜜生产,提高蜂产品质量。

（5）西南地区

本区域包括重庆、四川、贵州、云南和西藏 5 省份。除西藏之外,区域蜜源植物和蜜蜂品种资源丰富,四季蜜源不断,发展中华蜜蜂、西方蜜蜂饲养都有一定的优势和条件,是我国主要的蜜蜂繁育基地和蜂蜜生产基地之一。

本区域中华蜜蜂与西方蜜蜂并举,坝区和丘陵区以发展西方蜜蜂饲养为主,重点推广蜜蜂规模化、标准化饲养技术,完善和建立产品安全与标准化生产管理体系;山区和深山区以发展中华蜜蜂饲养为主,利用山区蜜源优势,提高蜂蜜产量,增加养殖效益;全区利用蜜源优势生产具有地方特色的优质蜂产品;加强对本地中华蜜蜂及其他野生蜜蜂资源的保护和利用。

（6）西北地区

本区域包括陕西、甘肃、宁夏、青海和新疆 5 省份。夏秋蜜源植物种植面积大,特色与草地蜜源资源丰富,青海、甘肃是夏秋季转地放蜂比较集中的区域,青海生产的蜂王浆品质优良。

本区域内,新疆应保护和发展新疆黑蜂,扩大养蜂规模,产品以成熟蜂蜜、特色蜂蜜为主;青海应建设优质蜂王浆、花粉生产基地;陕甘宁应在发展西方蜜蜂饲养的基础上,充分利用资源优势,在山区发展中华蜜蜂,提高养蜂生产水平和养殖效益;全区加大中华蜜蜂资源的保护和利用力度。

3. 鹿业区域布局

我国各地区饲养的主要鹿类为梅花鹿和马鹿,从适宜区域和重点区域分别确定梅花鹿和马鹿的区域布局。

（1）梅花鹿

适宜区域:梅花鹿适宜在低山丘陵,山间谷地,海拔 100～300m 地带,湿润的森林气候地带,湿润、冷凉、秋温高于春温的气候带养殖。区域以次生阔叶林、林牧交错带、林农交错带为主。吉林、辽宁、黑龙江、河北、山西、河南、山东等地的此类环境可作为发展区。

重点区域：以吉林辽源、吉林、通化、四平、长春、白山、延边等地，辽宁铁岭、抚顺、本溪、丹东、沈阳、阜新、朝阳等地，黑龙江牡丹江、鸡西、佳木斯、鹤岗、伊春、哈尔滨等地为重点区域。梅花鹿可采食多种植物，喜食柞树、柳树嫩枝叶。夏季饲料充盈、气候温和是梅花鹿的最适饲养环境。在圈养条件下，玉米秸秆（干玉米秸秆和青贮）是主要粗饲料，补饲新鲜或干柞树叶。

（2）马鹿

适宜区域：马鹿对新疆、甘肃、青海、内蒙古、宁夏等地的干燥少雨环境相对适应，西北及内蒙古可作为适宜发展区。

重点区域：以新疆伊宁、昌吉、乌鲁木齐、巴音郭楞等地，青海海北，甘肃武威、张掖、临泽等地，内蒙古阿拉善、赤峰等地，宁夏银川为重点区域。天山马鹿引种到辽宁抚顺非常成功，经多年选育育成新品种"清原马鹿"，对东北地区马鹿品种改良起到重要作用。

4. 毛皮动物业区域布局

综合我国不同区域的资源禀赋、产业基础、养殖传统和市场供求能力，本着发挥各地比较优势因地制宜发展毛皮动物业的原则，研究表明，吉林、辽宁、黑龙江、山东、河北 5 省份为最适合发展毛皮动物养殖的地区，其在综合生产能力方面优势明显。在自然资源方面，吉林、辽宁和黑龙江 3 省份无论是在人均土地面积，还是在水资源方面，均领先全国，且气候寒冷，十分利于发展毛皮动物养殖；在饲料供给方面，5 省份均是农业大省，谷物产量、蔬菜产量居全国前列；在渔业资源方面，5 省份由于地处渤海，资源十分丰富；在毛皮动物养殖现状方面，5 省份不仅养殖毛皮动物的历史悠久，而且目前均是毛皮动物养殖的主要区域；在农业基础和成本效益方面，5 省份处于 17 个养殖省份的前列；在科技支撑水平方面，除山东、河北 2 省份居前列外，黑龙江、吉林和辽宁均处于中游水平，需要进一步提高。因此综合来看，5 省份适宜重点发展毛皮动物业。同时，山西、北京、天津、内蒙古、甘肃、陕西、宁夏、新疆、安徽、青海等省份比较适合发展水貂养殖。

纵观我国毛皮动物业发展历史，整体规模呈上升趋势，但地区间发展速度差距较大，随着多年发展，优势养殖区逐步形成，近几年受用地成本、资源环境、环保压力、规模化养殖趋势等因素影响，国内毛皮动物养殖重心总体上向东三省尤其是哈尔滨地区转移。基于科学研究、实践经验和产业基础综合分析，未来需巩固和提升吉林、辽宁、黑龙江、山东、河北五大毛皮动物养殖优势省的地位；同时基于冷资源优势和毛皮动物养殖最优化条件考虑，逐步引领饲养环节向吉林、辽宁、黑龙江地区转移，支持当地建设现代化、规模化养殖示范场，打造我国毛皮动物优质种源基地。

六、中国特种养殖业发展的重大科技需求及战略性工程

基于 2050 年我国特种养殖业发展的战略定位，为实现发展目标，需要在品种选育、营养精准、饲料生产、饲养技术、设施设备、疫病防控及智能化、信息化传播与预警等

方面实现重大科技突破，为此应实施一系列战略性工程。

（一）支撑特种养殖业发展的重大科技需求

1. 蚕业发展重大科技需求

（1）蚕桑高科技

蚕桑高科技是指蚕桑遗传、生理生化和病理等领域的基础科学与应用基础科学方面的科学技术。蚕桑基础研究和应用基础研究领域的关键技术包括蚕桑基因组研究、蚕桑生理机能研究、蚕桑遗传资源研究、蚕桑分子育种技术、蚕桑病原与病理研究、桑（柘）树组织培养与转基因技术、蚕生物反应器技术。未来需要在基因工程计划的基础上，研发蚕桑定向基因育种平台，把蚕桑生理生化及病理研究向纵深推进。依靠蚕定向基因育种平台，开展蚕的定向基因育种，提高蚕的抗逆能力，包括抗病毒病、抗微粒子病、抗不良气候、抗化学农药污染、耐高温多湿和耐低温多湿品种，提高蚕丝品质，包括丝棉用品种、细旦和粗旦品种、高强力品种等。依靠桑定向基因育种平台，开展桑的定向基因育种，提高桑的抗逆能力，包括抗病毒性病害、抗细菌性病害、抗真菌性病害、抗盐碱、抗贫瘠、抗寒等品种。依靠蚕桑生理生化及病理研究成果，解析丝蛋白生物合成机制，探索蚕丝新用途；确立蚕全龄人工饲料育技术，探索蚕生物医药工厂化生产；开展蚕病原生物学和致病机理、抗病品种评价及其指标研究，构建蚕微粒子病、蚕血液型脓病的防控体系。集成现代生物技术，综合治理难治性桑病和蚕病，包括家蚕微粒子病、白僵病以及桑疫病、青枯病等采用传统方法难以控制的病害；通过桑树无机成分诊断树体营养，通过水培了解桑树各种成分的营养指标，通过研究光合作用速率了解桑树对光能的利用等，为桑园密植和合理施肥等高产技术研发提供理论基础。

（2）蚕桑（柘）种苗技术

改革开放以来，我国应用传统的育种技术已培育出大量优质高产的蚕桑品种，并在生产上推广应用，为产业发展起到了重要作用。但是，只依靠传统育种技术难以使品种选育达到产业发展的更高要求，特别是难以解决品种选育中的重大问题，如蚕体健康性与丝质的矛盾，桑树的高产优质与耐旱、耐瘠薄问题等。从 1980 年我国实行蚕品种审定制度以来，通过全国或省级审定（认定）的家蚕品种有 177 对，促进了家蚕品种的第四和五次更新换代，家蚕综合经济性状已达到较高的水平，春用品种性状水平接近日本，夏秋用品种已达到国际先进水平。但是进入 21 世纪以来，受到种质资源和育种技术的限制，我国育成的家蚕品种性状类同，很难再取得突破，蚕桑新品种选育近 20 年没有重大突破就是由于育种技术没有取得突破。因此，加强育种新技术的研发与应用，使之与传统育种技术很好地结合是短期解决蚕桑新品种问题的关键。

（3）省力高效栽（柘）桑养蚕技术

我国蚕业的生产方式落后，机械化程度低，以手工操作为主，生产力水平较低，导致蚕桑生产传统的劳动密集型、家庭小规模经营模式未发生根本变化，与农业其他行业相比差距越来越大，与飞速的社会经济发展步伐极不协调。蚕桑生产集合了种植业和养殖业两个环节，养蚕依然需要依靠天然饲料桑（柘）叶的生产、蚕生长发育快、养蚕技术复杂的特点，给蚕桑省力化技术和机械化生产装备的开发增加了困难。目前，我国蚕桑生产技术整体上还比较落后，设施差，劳动强度大，劳动效率低，规模化程度低，养蚕劳动力紧缺，集约化、规模化、标准化的蚕桑生产经营模式尚未建立，远不能适应现代产业发展的要求。应通过科技攻关，集成研究省力化、机械化、自动化、智能化高产技术和机械，降低生产成本，提高装备水平，优化组合栽桑养蚕技术，提高蚕业生产效率和整体经济效益。

（4）病虫害防控技术

在蚕桑生产过程中，蚕和桑（柞）常受到各种病虫害侵害，造成蚕茧减产，蚕茧质量降低。养蚕中发生的主要蚕病有病毒病、细菌病、真菌病和原虫病，其中病毒病和原虫病的危害更为严重；还有环境污染等灾害性化学因子的中毒危害。就全国水平来讲，每年因蚕病和化学物质中毒危害造成的蚕茧损失为 12% 左右，蚕种损失为 10% 左右，在一些养蚕新区，由于发展速度快，养蚕技术水平低，蚕病防治措施与方法贯彻不到位，蚕病造成的损失甚至达到 20% 以上。特别是被世界各养蚕国列为唯一口岸检疫对象的蚕微粒子病的危害在我国依然未得到有效控制，血液型脓病近几年又在全国呈扩大流行态势。另外，一些主要养蚕区同时是粮食作物和经济作物主产区，秋季常发生农药污染桑（柞）园而使家蚕中毒，造成重大经济损失。同时，桑（柞）树害虫发生日益频繁，局部病害潜伏待发，亟待解决的问题是提高预测预报与预警准确性、保障防治药剂供给和研究重大病害发生规律三个方面。

（5）全龄人工饲料工厂化养蚕技术

全龄人工饲料工厂化养蚕是蚕业的梦想，也被认为是蚕桑生产方式变革和产业实现可持续发展的希望所在，为此自 20 世纪 60 年代以来，国内外一批又一批蚕业科研工作者不断投入人工饲料养蚕的研发之中。全龄人工饲料工厂化养蚕是指依托人工饲料、信息技术和人工智能，探索全龄人工饲料工厂化、智能化养蚕收茧，可摆脱养蚕对季节、气候、土地的依赖，在种（桑）养（蚕）分离、养蚕不再需要新鲜桑叶的基础上，实现蚕茧的规模化、标准化、集约化常年滚动生产，把经传统种桑养蚕生产出来的农产品——蚕茧转变为可从工厂车间里生产出来的工业品。未来仍需在适合人工饲料喂育的蚕品种选育、人工饲料配方改进、蚕沙利用、人工饲料工厂化生产的蚕茧新用途开拓、人工饲料工厂化养蚕的成本收益核算等方面加以改进和完善。

（6）茧丝加工技术

传统的蚕茧加工手段——烘干的主要目的是杀死蚕蛹、防止其羽化出壳破坏蚕茧，但往往造成蚕丝蛋白的损坏，影响缫丝质量。因此，烘干工艺的优化仍是需要进一步研究解决的问题。同时，随着蚕业向我国西南亚热带地区的转移及年养蚕时间和养蚕批次的增加，鲜茧缫丝在广西等地盛行，因此鲜茧缫丝及后道加工等相关技术有待探索。

（7）蚕桑茧丝资源多元利用技术

随着蚕业转型发展，蚕桑茧丝资源多元利用在全国各地初见成效，但由于多元利用技术研发滞后，多元利用的各产业分支难以规模化、产业化发展。因此，为实现蚕业多元化发展，迫切需要取得蚕桑茧丝资源多元利用技术的突破，具体包括：桑（柞）叶利用技术、桑果开发技术、桑（柞）枝利用技术、蚕沙利用技术、蚕丝蛋白开发与利用技术等，尤其是蚕丝蛋白在生物医药材料、化妆品、保健品等领域的技术研发、推广应用和产业化发展。

2. 蜂业发展重大科技需求

（1）品种选育

优良的品种是行业发展的基础，品种选育是改良已有品种、获得优良新品种的重要途径。针对现有品种开展遗传改良工作，能够提高其性状表现，同时可选育获得优良新品种、新品系。针对性状优异的品种开展分子机制研究，可获得性状标记基因，进而开展分子标记辅助育种，从而能够加快遗传进展，更快获得优良新品种、新品系。因此在未来的工作中，开展遗传改良和重要性状分子机制研究是品种选育的重要工作。同时，以市场为导向，以畜牧业结构调整为主线，以提高蜜蜂生产能力、质量水平为重点，培育、推广、利用良种，促进品种选育工作。

（2）营养精准

蜜蜂的精准营养就是按照蜜蜂的营养需要饲养蜜蜂，既能减少蛋白质、碳水化合物等使用量，还能提高蜜蜂健康水平。为实现精准营养，需要精准评定饲料原料营养价值、探明蜜蜂营养需要、设计精准配方、开展精准饲喂。蜜蜂营养需要是指其维持正常生理活动、生长繁殖以及保持最佳生产水平时所需要的营养物质最低限额。蜜蜂营养需要可分为繁殖阶段、蜂产品生产阶段和断子阶段营养需要等，各阶段营养需要又可分为碳水化合物、蛋白质、脂类、矿物质及维生素等营养需要。繁殖阶段营养需要是指蜂群内蜜蜂数量由少到多、群势由弱到强阶段蜜蜂需要的营养物质定额，主要包括春繁阶段营养需要和秋繁阶段营养需要等；蜂产品生产阶段营养需要是指蜂产品生产时期蜜蜂需要的营养物质定额，如蜂王浆生产阶段蛋白质营养需要等；断子阶段营养需要是指在蜂群断子条件下蜜蜂需要的营养物质定额，如我国北方蜂群越冬阶段碳水化合物营养需要等（王颖等，2011）。山东农业大学胥保华团队全面开展了意大利蜜蜂（*Apis mellifera ligustica* Spinola）在春繁阶段、产浆阶段、越冬阶段和发育阶段对蛋白质、氨基酸、糖、脂类、矿物质等多种营养物质需要的研究和生产验证，在 2014 年提出了意大利蜜蜂不同阶段的营养需要建议标准（董文滨等，2014），但其他蜜蜂如中华蜜蜂（*Apis cerana* Fabr.）的营养需要还要继续探索。探明蜜蜂的营养需要是制定蜜蜂饲养标准的前提，更是配制蜜蜂饲料的理论依据，对蜜蜂的健康养殖有重要作用。

蜜蜂营养是蜜蜂摄取、消化、吸收及利用饲料中营养物质的全过程，是一系列物理、化学及生理变化过程的总称。未来，蜜蜂精准营养的科技需求：一是探索营养对蜜蜂发育、繁殖、健康与寿命的影响；二是探索营养物质种类及其水平对蜂王浆品质和产量的影响；三是探索营养对蜜蜂肠道微生态和免疫机能的影响；四是制定更加精准的蜜蜂饲养标准，不但有利于蜜蜂的生长发育、增强蜜蜂的抗病能力以及提高养蜂的生产效益，而且有利于维持蜂群最佳生产状态，保证蜂产品产量和品质。根据蜜蜂营养标准，利用现有的碳水化合物、蛋白质等饲料资源，配制适口性好、营养全价的配合饲料，不但扩大了蜜蜂饲料的来源，而且降低了饲养成本。通过开展蜜蜂的精准营养，可实现蜜蜂营养物质定额供给，从而减少饲料资源浪费，提高投入产出效率。

（3）饲料生产

蜜蜂为了维持正常的生长、发育和生产必须不断从外界获取食物，蜜蜂的食物称为饲料。自然条件下，蜜蜂的天然饲料主要是蜂蜜和花粉，但是蜂群贮备的蜂蜜和花粉并不总是充足，这就需要配制人工饲料来满足蜜蜂营养需要。由于我国蜜蜂饲料企业的生产水平、经济效益较低，产品质量参差不齐，蜜蜂饲料需要向标准化生产转变，向产业化经营转变。目前世界上比较知名的蜜蜂饲料企业有近 20 家，我国仅有一二家，因此尽快形成一批规模大、实力和市场竞争力强的蜜蜂优势骨干企业，打造名优蜜蜂饲料产品品牌十分必要。蜜蜂饲料生产的科技需求：一是保障蜜蜂饲料质量安全，只有保障蜜蜂饲料质量安全，才能保障蜂群健康和蜂产品质量安全；二是筛选优质廉价的蜜蜂饲料原料，包括蛋白质饲料原料、天然维生素饲料原料和微生态制剂；三是配制满足蜜蜂营养需求、适合蜜蜂消化吸收生理特点的饲料产品，包括代花粉饲料和饲料添加剂；四是探索蜜蜂饲料加工、贮存、饲喂技术，制定蜜蜂饲料生产与使用安全规范；五是探索适用于普通蜂场制作蜜蜂发酵饲料的菌种和工艺，使蜂农利用发酵蜂粮喂蜂更加方便。

（4）设施机械

围绕高品质蜂产品高效生产技术能支撑蜂业持续发展，我国在蜂产品生产设施设备方面的重大科技需求主要体现在蜂场设施、饲养机械、产品生产机械和蜂群运输装卸机械等方面。蜂场设施需求主要有养蜂建筑、操作车间、产品生产车间、半成品和成品贮存库房。蜜蜂在饲养管理过程中需要巢础框制作和蜜蜂饲料配制，巢础框制作需要实现巢框组装、拉线、上础、埋础等工序的机械化，蜜蜂饲料配制需要搅拌机械和分装机械。蜂蜜、蜂王浆和蜂花粉等不同蜂产品的生产需要特定的系列设备，蜂蜜生产机械包括脱蜂机，全自动割盖、分离、过滤一体化设备等；蜂王浆生产机械包括移虫机、割台机、刮浆机等设备；蜂花粉生产机械包括筛选和干燥设备。蜜蜂装卸所需要的机械主要有两类：叉车和吊车，市场上的叉车和吊车种类很多，但都需要研发改造以适用于养蜂，以提高经济性和效率。

（5）疫病防控

蜜蜂疫病防控当前存在的主要技术问题：一是缺少病虫害快速精准诊断技术，导致无法准确诊断并及时采取有效措施。主要原因：病原的致病机制未解析；蜜蜂病原专一性的特征性标志物未确定；不同病原间的基因型未完全解析。二是缺乏蜜蜂病虫害流行监控网络，难以在当地集中进行病虫害诊断、监测及防治指导。主要技术问题：未从行政上规范病害监测与防控体系；全国性的监测体系需要全国蜂业或畜牧主管部门参与执行、监管各区域的蜂群。三是病害防治手段单一，以化学药物防治为主，绿色药物研发滞后；同时大量滥用药物造成蜂产品残留污染，直接影响质量安全。

（6）智能化、信息化传播与预警等

蜂业生产在智能化、信息化传播与预警方面的重大科技需求包括养蜂操作智能化、蜂场和蜂群动态信息实时监控、蜂场和蜂群非正常状态预警。

养蜂生产实现智能化操作需要研发专业的机器人，重点解决生产中蜂群管理操作和蜂产品生产操作的智能化问题。其中，蜂群管理操作智能化重点解决蜂群饲喂、新脾修造和分蜂热控制三个问题，机器人可根据蜂群内部信息动态，把握时机自动完成备料、制作、蜂群处理等系列工作；蜂产品生产操作智能化则需研发蜂蜜、蜂王浆、蜂花粉等蜂产品生产专业机器人，可完成生产蜂群管理、产品采收、采收后处理、灌装、贮存等系列操作。

对蜂场和蜂群动态信息实时监控，旨在将养蜂生产者从蜂场中解放出来，出现问题前能够及时处理。尤其是养蜂规模化程度提高后一个养蜂人需要管理 10 个以上放蜂场地的蜂群时，更需要远程实时掌握蜂场和蜂群动态，通过在蜂场恰当的位置安装影像监控装置，并将影像信息实时传递，养蜂人就能够对全场蜂群的安全和状态进行监控。这项设备和技术现已成熟，只要针对蜂场特点进行设计布局就能实现。蜂群动态信息实时监控是在蜂群中设置重量、温度、湿度、振动、声音、光照、二氧化碳等感应器，并在巢前和巢内设影像与声音监控装置，这些设备收集的信息经计算机处理后显示的蜂群状态、饲料贮存量、子脾大小、群势发展、进蜜量、巢温变化、分蜂热、盗蜂等重要动态信息能够实时传递到养蜂人终端。

蜂场和蜂群非正常状态预警装置的设置建立在实时监控蜂场与蜂群动态信息的基础上。通过计算机软件程序设定蜂场动态信息实时监控的数据，当蜂场出现火灾、水灾、匪情、熊等大型动物破坏等，系统自动报警，提醒养蜂人注意。在实时监控蜂群动态信息的基础上，当发生蜂群饥饿、即将分蜂热或逃群、盗蜂等紧急情况时，系统及时报警，养蜂人能够终端及时掌握动态，以便尽快进行应急处理。

3. 鹿业发展重大科技需求

（1）鹿类遗传资源保护与利用

我国野生梅花鹿有东北梅花鹿、四川梅花鹿、华南梅花鹿和台湾梅花鹿 4 个亚种，目前人工饲养的梅花鹿均为野生东北梅花鹿的人工驯养种，四川梅花鹿、华南梅花鹿和台湾梅花鹿 3 个亚种目前没有人工驯化种；野生马鹿有东北马鹿、天山马鹿、塔里木马鹿、阿尔泰马鹿、西藏马鹿、甘肃马鹿、四川马鹿和贺兰山马鹿 8 个亚种，其中阿尔泰马鹿、西藏马鹿、甘肃马鹿、四川马鹿和贺兰山马鹿 5 个亚种目前没有人工驯化种。保护和利用野生鹿类遗传资源，对丰富家养梅花鹿、马鹿品种，扩大茸用鹿饲养区域，满足未来增长的国内鹿产品市场增长需求意义重大。另外，我国还有水鹿、驯鹿、坡鹿、豚鹿等非茸用鹿资源，保护这些珍贵鹿类资源，对增加鹿类人工饲养种，有效保护利用珍稀特种动物资源，造福人类意义长远。我国家养梅花鹿、马鹿品种共有 11 个，但由于对品种选育重视不足，一些地区鹿种退化严重；个别地区盲目追求高产，采用梅花鹿、马鹿杂交方式改良梅花鹿，致使鹿种基因杂交混乱，可能对药用、保健用鹿茸等鹿副产品存在潜在危害。此外，需建立梅花鹿、马鹿繁育体系，对现有品种提纯复壮，不断挖掘新的遗传资源，为鹿业发展提供优良种源支撑。

（2）鹿茸功能挖掘及产品精深加工技术

鹿茸主要功能组分的作用机制：我国利用鹿茸及其他鹿副产品已有 2000 多年的历史，作为名贵药材，鹿茸被中医药界列为动物入药之首。但是，鹿茸及其他鹿副产品的主要功能性成分是什么，鹿茸主要活性成分的作用机制是什么，梅花鹿鹿茸的独特功效是什么？等着人们去揭示。

基于基因组学的梅花鹿功能基因挖掘：梅花鹿已有数百年的驯养历史。长期以来，人们一直以鹿茸高产作为育种目标，但高强度选择区域基因与鹿茸质量（功效）有无互作，驯养环境变化与梅花鹿高度适应原生境基因的互作机制，鹿茸产量与质量（功效）的相关分子调控机制等仍然没有得到揭示。需要开展基于全基因组学的高产、优质、低耗、高抗功能基因挖掘，同时利用现代基因组编辑技术，通过设计梅花鹿良种的基因架构来培育新品种。

鹿茸活性组分高效提取关键技术：人们已知鹿茸含有大量的生物活性成分，但如何将这些活性物质进行高效、规模化提取并实现工厂化生产，需用什么提取设备，采取什么提取技术及工艺，建立什么标准对提取物进行评价？需要开展协同攻关。

（3）重大疫病防控

茸鹿饲养业疫病防控存在基础兽医学研究滞后、没有鹿专用疫苗及兽药、防疫体系不健全、重大疫病时有发生等问题，特别是一些养鹿场的人兽共患病（结核病、布鲁氏菌病）时有发生，不仅影响鹿业生产和饲养员健康，还影响鹿茸等鹿产品质量安全。鹿的普通病、寄生虫病在个别地区较为多见，对鹿业规模化发展造成较大影响，一些鹿场的鹿只死亡率高，产品质量差，企业处于亏损状态。为了有效解决茸鹿饲养业疫病防控中的问题，应加强基础兽医学研究，特别是对人兽共患病和寄生虫病的防控研究，研发鹿专用疫苗及兽药。同时，完善防疫体系，建立标准化的防疫措施和培训体系，提高饲养员的防疫能力。此外，加强鹿场环境管理、控制饲养密度、实施生物安全技术，推广信息化监控系统提升疫病防控效率。还可通过建立动物保险和疫病应急预案，提高风险应对能力。最后，注重鹿产品质量与安全，制定行业标准，推动鹿业的规范化发展。通过这些综合措施，能有效提升鹿群健康管理水平，促进鹿业可持续发展。

（4）机械设施设备研发

目前，茸鹿饲养场普遍存在机械化水平低，生产效率低，劳动强度大的问题。开发高效率、低成本、便于操作的机械装备来减轻劳动负担、提高劳动生产率是生产企业的迫切需求，也是大势所趋。需要开发行走式投料机械、自动饮水设施、粪污自动收集装置、鹿自动保定器、半自动收茸机、鹿茸自动干燥设备等机械，以全面提升鹿业机械化、自动化水平。

（5）专业技能人才培养

完善养鹿专业大中专教育体系建设，加快鹿业人才培养，提高生产一线专业技能人才水平，改善饲养场技术人员基础理论缺乏、操作能力不强等问题。

4. 毛皮动物业发展重大科技需求

（1）育种、保种技术

优良品种的遗传素质在水貂生产效率的诸多影响因素中占主导地位，直接影响毛皮质量和价格。经历近年的产业寒冬后，巨大的价格差异使得良种意识渐入人心。由于国外水貂种源品质高、优势明显，养殖企业每年都从国外引种，对外依存度很高，但在实际饲养过程中没有系统科学的水貂育种、保种方案，致使品种退化严重，产业整体上处于"引种—退化—再引种—再退化"的怪圈，"重复引种""改而不良"等问题突出，目前急需培育生产性能高、适合我国气候、符合我国国情的毛皮动物优质品种，并研究适合的选育、选配等方面的保种技术，从而指导养殖企业尽量避免品种退化，摆脱受制于人的局面。

（2）疫病防治技术

随着我国水貂养殖量的增加，流行疫病的种类日趋增多，成为当前水貂饲养业发展的一大障碍，也是其生产效益低的一个重要因素。毛皮动物流行病学调查结果表明，我国水貂主要传染病仍在继续流行,发病率居高不下,犬瘟热占主导地位,发病率为 10%～20%,是当前危害水貂饲养业的最主要传染病之一,细小病毒性肠炎呈地方性流行或散发,发病率为 10%～15%,水貂阿留申病感染率达 40%～50%,毛皮动物疾病防控任务依然十分艰巨。2007～2009 年,水貂出血性肺炎在辽宁和山东大范围发生,给饲养企业造成了巨大的经济损失,严重阻碍了产业的健康发展。

虽然我国毛皮动物疫病防控制剂研究起步较晚,但已开始重视此方面的研究,中国农业科学院特产研究所已成功研制出水貂犬瘟热活疫苗、水貂细小病毒性肠炎疫苗、狐狸脑炎活疫苗等多种疫苗,有效提高了养殖环节的保护率。但仍需及时针对疫病动态,完善毛皮动物防疫体系;继续开展毛皮动物主要疫病防控技术研究,不断努力研发新型疫苗和快速诊断技术,提高保护率,保障毛皮动物产业可持续健康发展。

（3）高效标准化饲养管理技术

当前我国毛皮动物业发展仍依靠粗放落后的增长方式,仍以小规模庭院式散户养殖为主,基础设施简陋、饲养管理粗放、技术水平低下,导致生产性能普遍低下,毛皮质量较差。科学的饲养管理可以提高繁殖率和生产效率,标准化生产可以提高毛皮质量,目前一定规模的养殖户已开始认识到"质大于量"的重要性,普遍对高效、新型养殖技术需求强烈。未来还需加强毛皮动物生产标准化、规模化高效养殖关键技术研究,包括饲养操作规程、生产管理技术规范、水貂皮初加工操作规程、水貂毛皮质量评价指标体系、毛皮储运技术等,提出适合珍贵毛皮动物规模化、标准化养殖的饲养和管理模式,为毛皮动物业的可持续发展提供科技支撑。

（4）饲料加工配制技术

我国毛皮动物业经历数十年的发展,至今还没有形成较成熟的干（鲜）饲料加工体系,相应的毛皮动物配合饲料及添加剂研究也远远落后毛皮动物业的发展需要,同时毛皮动物饲料业发展也远远落后家畜家禽饲料业。毛皮动物业发达国家都是由协会的饲料中心按照不同生物学时期的营养需要设计、筛选适宜的饲料配方,饲料营养能充分满足毛皮动物的生理需要,使其体型得到充分发育。我国大多数毛皮动物饲养场仍然采用自配鲜饲料、辅以添加剂的调配方式,饲料品种单一,质量不稳定,批次间差别较大,蛋白质、脂肪等含量低,营养极不平衡,不能满足毛皮动物生长、繁殖及换毛等需要,导致其型逐代缩小,背毛粗糙无光,机体免疫力下降,抗病力降低,疾病增多,死亡率增加。因营养问题出现的自咬、嗜毛、毛绒空疏、毛峰卷曲等次品率极高,大大削减了毛皮的价值,可以提高毛皮动物饲料加工配制的科技水平已成为毛皮动物业发展的关键。

（5）环境生态安全技术

我国毛皮动物业因养殖历史较短,污染防治相关研究相对滞后,相关技术还不过关,大规模生产过程中的粪、尿、尸体等废弃物对环境造成一定污染,特别是毛皮动物粪便等分泌物散发的强烈不良气味污染。目前国家对环境治理、污染防治愈发重视,毛皮动物业申请用地已经开始受限,加工环节已出台专门的《制革、毛皮工业污染防治技术政策》等部门规章、规范性文件,可以预见,未来环境准入门槛很高将成为毛皮动物业的必然要求,需加强营养调控、臭味排放降低、粪尿无害化处理等污染防治相关技术研究,以提高产业资源利用率,实现长久、健康发展。

（二）我国特种养殖业发展的战略性工程

基于我国特种养殖业可持续发展的战略定位、总体思路与基本原则，为实现可持续发展的目标，应实施一系列支撑特种养殖业发展的战略性科技工程。

1. 良种选育工程

以市场为导向，以结构调整为主线，以提高生产能力、质量水平为重点，建立健全蚕、蜂、鹿、毛皮动物良种繁育体系，培育、推广、利用良种，提高良种化程度。加快运行机制和管理体制的转变，形成与市场经济相适应的运行模式，推动良种产业化进程，实现新时期特种养殖业良种繁育建设的新突破。

围绕提高健康和产品质量水平，开展遗传改良工作，不断提高特种养殖业的整体生产水平；完善产业支撑、服务体系，重点加快国家核心种场建设，使各特种养殖业繁育体系的结构、布局和规模更加合理。

利用分子生物学新技术，加快良种繁育推广速度。开展重要性状的分子机制研究，把常规选育技术和现代选育技术相结合，应用先进的仪器设备、遗传评估方法和现代分子生物学技术，加快遗传进展。成立和完善育种协作组织，开展全国联合育种，培育具有自主知识产权的新品种和配套系。充分利用现代信息网络技术，加大良种的宣传和推广力度。做到优质优价，推动种业企业公平竞争，建立适合市场经济的购销和价格机制，加快良种推广应用步伐。

2. 健康养殖工程

健康养殖才能保证蚕、蜂、鹿、毛皮动物的健康和产品安全。针对我国特种养殖业生产方式落后、生产水平低、药物残留和有害物质污染比较突出等问题，从品种改良、病虫害控制等方面入手，逐步建立适合我国国情的现代蚕、蜂、鹿、毛皮动物业规模化、高效健康养殖技术体系，提高安全优质产品生产能力，形成安全、优质、高效特种养殖业新的经济增长点。具体包括：规模化健康繁育关键技术研究与产业化示范、优质产品生产技术体系研究及产业化示范、健康饲养与病虫害控制管理体系研究及示范、安全关键控制点与产品质量可溯源性技术研究。

3. 饲料资源开发工程

针对蚕、蜂、鹿、毛皮动物研发适合的饲料，饲料资源开发工程主要包括两个方面：一是发酵饲料工程，二是微生态制剂工程。饲料发酵工程主要研究发酵过程中菌种的选择、活化与扩大培养，发酵工艺条件控制技术，发酵终止技术，发酵饲料贮存与利用技术；微生态制剂工程是在分析了解动物肠道微生物的基础上，利用正常微生物或促进微生物生长的物质制成活的微生物制剂的工程。

4. 资源综合利用工程

针对我国蚕、蜂、鹿、毛皮动物等特种动物养殖的基础研究和应用基础研究大多居于国际领先水平，而实用技术研发进展缓慢，技术应用与推广体系薄弱等特点，未来应增加实用技术研究与推广投入；加强实用技术研究与推广人才队伍建设；强化实用技术研究、应用与推广；建立科技成果转化为现实生产力的科技创新体系；解决特种养殖业规模经营和专业化、标准化生产难题。针对我国特种养殖业主产品以外的资源，提高资源综合高效利用水平，开发新技术和新产品，提高产业综合效益和市场竞争力。

七、面向 2050 年中国特种养殖业发展的战略重点与保障措施

基于我国特种养殖业发展的战略定位，为实现发展目标，不仅需要开展重大科技和战略性工程，而且应实施区域专业化、适度规模化、高效综合利用、产品质量安全提升、加快科技创新、市场需求拓展等战略，并配套相应的保障措施。

（一）特种养殖业发展的战略重点

1. 区域专业化战略

根据我国不同区域的资源禀赋、产业基础、养殖传统，分析不同养殖产品的市场定位和供求关系，按照"突出区域特色，发挥比较优势，促进产业集聚，提高竞争力"的原则，确立主导品种区域重点，因地制宜发展特种养殖业，以龙头企业为核心，集聚养殖者、加工者、销售者以及科研和服务机构，以专业化、规模化、特色化取得独特的竞争优势，形成各具特色的专业化特种动物养殖区，实现"扎根一方，稳定一地，繁荣一片"。

2. 适度规模化战略

针对蚕、蜂、鹿、毛皮动物等特种养殖业规模小、效率低等问题，制定土地、资金、技术、人才等扶持政策，研究和推广一批规模化先进养殖技术，推行统一规划的小区式养殖模式，对小区内的养殖户实行统一培训、统一防疫及生产标准化措施，加快推进特种养殖业的适度规模化经营；支持和鼓励龙头企业的规模化、产业化、集团化发展战略；发挥养殖协会的功能与作用，建立和完善龙头企业与养殖户之间的利益共享、风险分担机制。

3. 高效综合利用战略

针对特种动物养殖产品都为工业原料，后续加工产业链都很长，附加值高，资源利用率低的特点，完善特种养殖业产业链，提高出口产品附加值，改善出口产品结构；加强产品深加工和资源高效综合利用研究与开发，走精深加工和多元化道路，提高资源利用率，提高特种养殖业的竞争力。

4. 产品质量安全提升战略

针对我国特种动物养殖产品质量低及经常遭遇"绿色壁垒"等问题，建立完善从育种场到终端产品市场的产品质量安全监管体系，强化养殖户、生产企业的产品质量意识，提高政府部门的产品质量检测与监管、行业协会的产品质量自律、消费者的产品质量保护能力，促进种业质量和最终产品质量提升，

5. 加快科技创新战略

针对我国蚕、蜂、鹿、毛皮动物等特种养殖业实用技术研发进展缓慢，技术应用与推广体系薄弱的问题，增加实用技术研究与推广投入；加强实用技术研究与推广人才队伍建设；建立科技成果转化体系；强化实用技术研究、应用与推广；推进特种养殖业规模化经营和专业化、标准化生产。

6. 市场需求拓展战略

特种动物养殖产品多为需求价格弹性小、需求收入弹性大的服装服饰、医疗保健品等高档商品，主要用于提高人们的生产品质。虽然目前我国的特种动物养殖产品以出口为主，但随着收入水平的提高和消费需求的提升，国内市场对丝绸、蜂产品、鹿产品和裘皮服饰的需求将逐渐增加，呈现以国际市场为主向国际市场与国内市场并重转变的趋势，我国也将由蚕、蜂、鹿、毛皮动物产品出口大国逐渐转变为消费大国，因而要大力开发适合国内需求的丝绸产品、蜂及鹿营养保健品和裘皮制品，广泛宣传这类产品的优良性，鼓励大众多消费，进而拉动内需。同时，面对日益加剧的国际市场竞争，要在巩固特种动物养殖大国地位的同时，由数量优势转变为价格控制，以增强国际市场竞争力。

（二）特种养殖业发展的保障措施

从世界各国发展特种养殖业的实践看，政府的有力支持、法律法规的完善、行业组织的作用和宏观调控的到位是特种养殖业持续健康发展的基本保障。我国应强化对特种动物养殖的财政补贴力度，加大对科技研发与推广的扶持，在充分发挥市场机制作用的前提下，建立和完善相应的法律法规，发挥养殖协会的功能与作用，合理地进行政府干预，减缓养殖产品蛛网模型的价格波动效应，促进特种养殖业持续稳定健康发展。

1. 高度重视并巩固我国特种动物养殖大国地位

我国虽然目前是蚕桑、蜂蜜、鹿肉与鹿茸、毛皮生产大国与出口大国，但不是特种动物养殖强国和消费大国，且在国际市场存在强有力的竞争对手。随着收入水平上升和消费需求提升，为满足高品质生活所需产品提供原料的特种动物养殖具有巨大的潜在市场需求。我国特种养殖业正以其投资少、饲养周期短、见效快、效益高、易饲养等特点逐渐被人们所接受，显示出强劲的发展势头和广阔的市场前景，成为养殖业的新兴力量。特种动物养殖在调整农业产业结构，大力发展高效农业，解决农村就业和提高农民收入，促进农村地区经济发展等方面扮演着重要角色。因此，各级领导应从思想上充分认识到特种养殖业发展的重要意义，高度重视其他国家与我国之间的竞争，采取相应的措施巩固我国特种动物养殖大国的地位，努力由大国转变为强国。

2. 加快建立和完善支持保护体系

一是加大财政扶持力度。稳步推进"东桑西移"工程与毛皮动物"一十百"工程；继续加大对种桑养蚕、养蜂、养鹿、毛皮动物养殖的生产补贴；支持蚕桑与毛皮动物生产基地、规模养殖场标准化改造；推进特种动物养殖资源综合利用。二是加大金融支持力度。运用财政贴息、补助等方式，引导和鼓励各类金融机构增加对特种动物养殖生产、加工、流通的贷款；进一步完善农户小额信用贷款和农户联保贷款制度，探索建立龙头企业与养殖户联合贷款模式，解决养殖户融资难问题。三是推行政策性农业保险。基于特种养殖业可能遭遇的价格波动风险，既可以通过储备制度、期货市场来熨平价格波动风险，也可以按照"政府引导、政策支持、市场运作、投保自愿"原则，探索建立适合我国国情的特种养殖业保险体系。

3. 努力提升特种动物养殖的科技创新能力

激烈的竞争以及相对较小的经营规模，使得特种动物养殖者不可能进行农业研发（R&D）投入。特种动物养殖技术改进主要依靠政府资金投入，由大学、相关研究机构和实验室来完成。虽然我国的特种动物养殖在品种改良、技术推广、遗传育种、产品加工等方面取得很多研究成果，但科研成果转化率还比较低。应继续加大科学技术对特种养殖业发展的支持作用，促进产业结构和产品结构升级换代；构建产、学、研体系，共同开发企业需要的实用技术，使科技成果直接转化为生产力；在国家层面及主要养殖区建设梯级结构的重点实验室，创建行业创新体系，有步骤地加大对养殖产品深加工的研究开发力度；加大对相关院校研究单位的研究经费支持力度，在养殖、加工等领域的研发、技术创新、立项等环节引入长效机制，攻克一批制约产业发展的技术难题，并使研究成果尽快转化为生产力；完善科技推广服务体系，加强有针对性的中高等教育、职业教育和技术培训，多渠道提升从业人员科技水平。

4. 进一步改革和完善特种动物养殖的管理体制

我国目前的蚕桑管理体制存在诸多问题：一是分段管理，二是机构较乱，三是人员很少，四是经费紧缺，五是上下不成体系，致使难管、乱管、视而不管，管理上事倍功半，全国蚕桑技术推广也因此线断、网破、人散。应该借鉴印度的成功做法，将茧丝绸的宏观管理职能全部划归于国务院下设的一个部门管理，并在机构、编制、经费和投资等方面参考印度做法合理确定，并从上到下形成体系，确保我国蚕桑宏观管理和技术推广全面、高效、事半功倍。鹿和毛皮动物业集多重积极的社会功效于一身，但长期以来处于"副业"地位，表面看农业部管，国家林业局也管，实则又都不管，且没有国家级的与国际接轨的行业协会组织，一直是"自生自灭"、无序发展，致使错失许多发展机遇并低水平徘徊。在发展农村经济、建设社会主义新农村的历史机遇期，应从国家层面将鹿、毛皮动物养殖归口林业部门管理，统一规划，区别家养与野生，给予其与其他畜牧业同等的社会地位，认真加以研究和重视。

5. 加强行业标准及监管、监测和预警体系建设

结合社会主义新农村建设进程，废止传统的庭院式养殖模式，提倡绿色养殖、健康养殖、环保养殖理念，修订实用的各类特种动物养殖标准，切实督导特种养殖业朝专业化和标准化发展；出台相应的法律法规，加强技术监督，建立相应的公益性质量监督保证体系，依法加大对市场的整治和监管力度；建立动物疫病监测预警、预防控制、防疫监督、兽药质量与残留监控，以及防疫技术支撑和物资保障等系统；建立和完善特种养殖业生产、加工、销售等方面的统计监测预警分析系统；建立和完善市场营销网络，及

时发布特种动物养殖产品生产供应和最终产品市场信息，指导养殖场（户）合理安排生产，帮助其规避市场风险；构建一个以法律法规为基础，质量标准为依据，政策管理体系为主体，支持政策为保障的特种动物养殖产品质量安全管理体系。

6. 充分发挥行业组织的功能与作用

发达国家的特种养殖业都有强大的养殖协会，注重协会在特种动物养殖生产、流通、加工和出口各环节的职能与作用。针对我国特种动物养殖分布广、规模小而散的特点，借鉴国外行业协会的成功经验，遵照相关法律法规，按照自愿、自主、自治原则，成立区域性和全国性的各类特种动物养殖行业协会，实行行业自主管理。充分发挥协会在行业代表、行业自律、行业服务和行业协调方面的功能与作用，避免恶性价格竞争，规范市场，提供"产前、产中和产后"服务，协调政府部门和养殖者的关系，促进行业健康发展。行业协会不仅能够提高养殖户在国内产品交易和国际贸易中的市场地位与讨价还价能力，增强其抵御市场风险和价格波动的能力，而且有助于监管养殖户的生产行为，促进其安全生产和管理，保障养殖产品的质量安全。

7. 着力改善产业调控手段和提高调控水平

市场化运行的特种动物养殖产品市场往往供求和价格波动频繁，为降低养殖户面临的市场风险，政府应通过建立更完善的发布市场供求和价格信息的平台，完善期货交易，建立适量的国家储备制度等手段，科学预测市场供求与价格变化，在市场价格下降或上涨过多时，实施购进或卖出，以平抑价格。为提高我国特种养殖业的国际市场竞争力，一是要根据人民币升值和国际金融危机带来的不利影响，将产品出口退税率提高到17%，鼓励企业多出口；二是要根据成本核算制定出口最低限价，预测市场价格波动，及时调控和引导市场价格；三是要健全现货交易管理和服务体系，完善期货交易，减少扰乱市场、误导价格的因素；四是要组织有出口能力的企业到国外举办产品推介会；五是要建立特种动物养殖产品质量标准体系，完善产品安全管理体系，建立农产品出口行业协会，突破发达国家在特种动物养殖产品贸易中设置的技术性壁垒。

专题二 至 2050 年中国水产养殖业发展战略研究

一、2035 年和 2050 年中国动物性水产品的需求分析

（一）2035 年动物性水产品数量和质量需求分析

动物性水产品不仅富含优质蛋白，是人类优质蛋白的重要来源，还含有事关人类健康的二十碳五烯酸（EPA）和二十二碳六烯酸（DHA）等高不饱和脂肪酸，是人类 EPA 和 DHA 的最主要膳食来源，在保障国民食物安全和健康长寿方面发挥着无可替代的作用。

1. 人口增长导致动物性水产品刚性需求不断增加

随着人口数量的不断增加，我国对水产品的刚性需求将不断增加，我国人口将在 2029 年达到峰值（14.42 亿人）。2017 年 7 月 10 日 FAO 与经济合作与发展组织（OECD）联名发布的《2017—2026 年农业展望》（*Agriculture Outlook 2017–2026*）预测，2026 年我国的人均水产品占有量将达到 50kg，水产品总需求将达到 7250 万 t。动物性水产品原料的主要来源包括捕捞和养殖。我国《全国渔业发展第十三个五年规划（2016—2020 年）》明确提出，"十三五"期间，国内捕捞产量实现"负增长"，国内海洋捕捞产量控制在 1000 万 t 以内。我国海洋水产饲料专家麦康森院士曾经指出，目前我国每年的海产品合理捕捞量在 300 万～600 万 t，也就是说"十三五"以后，国内海洋水产品捕捞量极有可能继续保持"负增长"的发展态势。因此，应在积极开发新型食用水产品资源的同时，大力发展水产养殖业，构建以养殖资源为主、捕捞资源为辅、远洋渔业资源为补充的动物性水产品原料稳定供应体系，从而保障我国对动物性水产品的刚性需求。

2. 城镇化快速发展导致动物性水产品需求不断增加

我国城镇居民和农村居民日常摄入的蛋白质来源有显著差别，农村地区的蛋白质摄入以植物性蛋白质为主。1984～2014 年，农村居民的动物性蛋白质摄入量增加一倍多[由 6.21g/（人·d）增加到 15.62g/（人·d）]，与城镇居民有较大差距（2014 年比城镇居民低 33.53%），2014 年水产品蛋白质摄入量更是比城镇居民低 52.74%（专题表 2-1）。据预测，

专题表 2-1 1984～2014 年我国城镇和农村居民蛋白质摄入量比较 [单位: g/（人·d）]

年份	居民	粮食	蔬菜	水果	植物性蛋白质	肉类	禽蛋	奶类	水产品	动物性蛋白质
1984	城镇	38.67	4.68	0.45	43.80	9.16	2.72	0.40	3.71	15.99
	农村	72.66	4.40	0.05	77.11	4.66	0.66	0.06	0.83	6.21
1994	城镇	27.67	3.79	0.57	32.03	9.81	3.45	0.40	4.06	17.72
	农村	70.91	3.39	0.18	74.48	5.09	1.08	0.05	1.28	7.50
2004	城镇	20.91	3.87	0.79	25.57	12.81	3.71	1.51	5.82	23.85
	农村	58.34	3.37	0.24	61.95	9.02	1.65	0.60	2.09	13.36
2014	城镇	29.43	3.01	0.70	33.14	11.79	3.51	1.45	6.75	23.50
	农村	42.08	2.63	0.41	45.12	9.34	2.58	0.51	3.19	15.62

数据来源：罗洁霞和许世卫，2017

2030 年我国的城镇化率将达到 63%，到 2050 年将达到 75%。在快速城镇化的进程中，随着生活水平的提升，居民动植物性蛋白质摄入比例严重失衡的局面将逐步得到改善，其中动物性蛋白质特别是水产动物性蛋白质的刚性需求会快速增加，这就要求有充足的动物性水产品供应来满足快速发展的城镇化需求。

3. 人民对美好生活的向往需要更多的优质动物性水产品

健康长寿、幸福快乐是人们对美好生活的向往，也是全面建成小康社会、基本实现社会主义现代化的重要基础，还是全面提升中华民族健康素质、实现人民健康与经济社会协调发展的国家战略。平衡膳食、合理营养是健康饮食的基础，良好的营养和健康状况能反映一个国家或地区的经济与社会发展情况。2016 年，中国营养学会根据我国居民目前的健康状况和营养需求设计了中国居民平衡膳食宝塔，对动物性蛋白质摄入量给出了指导性建议，即每人每天摄入肉类（畜禽肉）40～75g、蛋类 40～50g、奶及奶制品 300g、水产品 40～75g，其中肉类和动物性水产品的摄入比例达到 1∶1。而 2015 年第十轮"中国健康与营养调查"（CHNS）结果显示，参与调查的 15 个省份的 18～59 岁成年居民，平均每天水产品类食物摄入量仅为 28.0g，为人体提供的蛋白质量仅为肉类的 48%（专题表 2-2），与中国营养学会推荐的标准仍有较大差距。若要实现每人每天至少摄入 40g 动物性水产品，需要供应更多的动物性水产品。

专题表 2-2　1984～2014 年我国居民蛋白质摄入量　　[单位：g/（人·d）]

年份	粮食	蔬菜	水果	肉类	禽蛋	奶类	水产品	总量
1984	64.84	4.47	0.14	5.69	1.13	0.14	1.49	77.90
1994	58.58	3.51	0.29	6.43	1.76	0.15	2.07	72.79
2004	42.72	3.58	0.47	9.76	2.51	0.72	3.65	63.40
2014	35.15	2.84	0.57	10.69	3.09	1.03	5.14	58.50

数据来源：罗洁霞和许世卫，2017

4. 增加动物性水产品比例是我国实现现代农业绿色发展的必然需求

动物性产品的原料大部分是用饲料养殖出来的，仅有少部分如捕捞水产品及一些野生动物不用饲料喂养。动物性产品的原料在养殖过程中需要大量的粮食作为饲料，我国消费的大部分肉蛋奶和水产品均由粮食转化而来，如果将每生产 1kg 动物性产品所消耗的粮食数量作为"粮食转化率"，则不同动物性产品的粮食转化率有较大差异。主要动物性产品猪肉、牛肉、羊肉、鸡肉、鸡蛋、牛奶和鱼类的粮食转化率分别为 2.9kg/kg、2.6kg/kg、3.1kg/kg、2.4kg/kg、1.7kg/kg、0.4kg/kg 和 1.0kg/kg，牛奶的粮食转化率虽然最低，但换算成与鱼类提供相同量的蛋白质计算[奶类蛋白质含量按 2.93%计、鱼类蛋白质含量按 17.11%计，参考罗洁霞和许世卫（2017）的数据]，则牛奶的粮食转化率为 2.3kg/kg，同样远高于动物性水产品。因此，在提供相同量的优质动物性蛋白质前提下，鱼类养殖所消耗的粮食是最少的，1kg 粮食可以生产 1kg 鱼类，而某些鱼类品种的粮食转化率甚至小于 1kg/kg。据预测，将所有产品折算成原粮后，2030 年我国居民人均粮食消费会达到 386.5kg，较 2012 年的 327.5kg 增长 59.0kg，而且粮食消费重心将随着饮食结构的变化转向饲料用粮，肉、蛋、奶及水产品的饲料用粮将达到 227.4kg（专题表 2-3）。

专题表 2-3　2030 年我国居民主要食品消费预测

分类	2001 年（kg）	2013 年（kg）	年增长比例（%）	2012 年订正值(kg)	增长比例（%）	2030 年（kg）	粮食当量（kg）
口粮	188.8	148.7	−1.8	140.3	−21.4	110.3	110.3
食用油	8.4	12.7	4.2	21.2	34.9	28.6	28.6
猪肉	16.4	19.8	1.7	25.5	25.5	32.0	91.5
牛羊肉	2.4	2.5	0.5	4.4	54.5	6.8	17.7
禽类	5.5	6.4	1.4	11.0	102.7	22.3	53.5
鲜蛋	8.2	8.2	0.0	11.3	48.7	16.8	28.4
水产品	8.7	10.4	1.6	14.8	98.6	29.4	23.5
牛奶	6.7	11.7	6.2	12.8	150.0	32.0	12.8
酒类	9.3	8.4	−0.8	39.1	15.1	45.0	20.2
合计							386.5

数据来源：辛良杰等，2015

（二）2050 年动物性水产品数量和质量需求分析

从发达国家的水产品消费历程来看，虽然不同国家在进入发达国家的进程中，动物性水产品摄入量不断增加，但因饮食习惯不同，动物性产品摄入比例并不相同。美国虽然肉类消费居世界第一，但水产品在动物性产品中的摄入比例并不高，随之带来很多健康问题。

日本渔业在二战后迅速发展，水产品消费呈现先增后减，消费品种与消费形态多样化，地域差异逐渐消失，年龄阶层与收入阶层差异凸显，水产品消费结构呈现复杂化的趋势。2006 年以前，日本摄入的动物性蛋白质中水产动物性蛋白质所占比例一直位居第一，最高时人均水产品摄入量是肉类的 1.23 倍。近年来，日本以大米和鱼类为主的饮食习惯在发生变化，乳制品和肉类消费在渐渐增加，但水产品仍然是饮食中重要的蛋白质来源，所以日本是世界上人口最长寿的国家之一。我国现阶段的水产品消费与日本 20 世纪六七十年代的情况相似，处于消费总量不断增加、消费水平总体不断提升的阶段。日本目前的水产品消费模式可能就是我国未来一段时间的水产品消费模式，应大力发展水产品加工业，提高产品质量和档次，完善流通渠道，以适应未来水产品消费需求的变化。

近年来，韩国的人均水产品消费上升较快，FAO 统计资料显示，韩国 2013～2015 年每年的人均水产品消费为 58kg，在主要国家中排第一位，而我国为 39.5kg（与国内有关统计资料给出的数据有较大差异，FAO 给出的数据为表观消费量，即水产品总量减去非食用水产品量后的人均值，而国内为调查数据，为家庭实际消费，仅指摄入的可食部分，不包括植物性水产品，利用该数据推算出的人均日水产动物性蛋白质摄入量比较可靠）。

据预测，到 2050 年我国人均 GDP 将达到美国的 70%以上，进入发达国家 10 强，同时总体城镇化率会超过 50%，人民生活水平会显著提高。根据日本、美国的食物消费模式，我国未来动物性水产品消费既不可能像日本，也不能走美国的路子，但随着城市化进程的加快，用于消费动物性蛋白质（如鱼类）的可支配收入更高，对动物性水产品质量的要求将进一步提高。2050 年，如果按人均水产品占有量为 60kg 计算，我国水产品总需求将达到 8400 万 t。从动物性水产品生产及消费所消耗的粮食、能源及水产资源方面来看，其与陆生动物性产品相比有着巨大的优势；同时，随着淡水资源的日益短缺，海洋来源的动物性水产品将成为我国动物性水产品的主要来源。

二、中国水产养殖业发展的资源环境要素、挑战与机遇

（一）资源环境要素

1. 水面承载力

我国多年平均地表水资源量约 2.74 万亿 m^3，其中南方地区（包括长江、珠江、东南诸河、西南诸河）为 2.3 万亿 m^3，占 84%，北方地区（包括松花江、辽河、淮河、西北诸河）为 4370 亿 m^3，占 16%；水资源分布严重不均，与人口、资源和生产力布局不匹配。目前，水产养殖空间受到其他行业的严重挤压。随着社会经济的进步与发展，水产养殖业和工业、城镇建设、旅游业及其他行业在土地、人力、水资源等方面的竞争日益激烈，发展空间将受到很大限制。同时，水域污染对水产养殖面积造成严重影响。随着工业发展，大量污水未经严格控制排放到水体中，造成不同程度的水体污染，严重影响水产养殖可用水资源。农业部渔业统计数据显示，环境污染已经给我国渔业经济造成严重损失。《2017 中国渔业统计年鉴》显示，2016 年水污染造成的水产品损失为 6.67 亿元，干旱造成的损失为 14.9 亿元。另外，环保要求也对水产养殖面积产生严重影响。随着生活水平的提高，国民对环境的要求越来越严格，《中共中央 国务院关于加快推进生态文明建设的意见》（中发〔2015〕12 号）规定，加强重点流域、区域、近岸海域水污染防治和良好湖泊生态环境保护，控制和规范淡水养殖，严格入河（湖、海）排污管理。最新的《中华人民共和国环境保护法》第四十九条规定："畜禽养殖场、养殖小区、定点屠宰企业等的选址、建设和管理应当符合有关法律法规规定。从事畜禽养殖和屠宰的单位和个人应当采取措施，对畜禽粪便、尸体和污水等废弃物进行科学处置，防止污染环境。"这既对养殖场、饲料厂的选址、建设和管理提出明确要求，又给养殖排污、饲料厂废气排放等再上一道"紧箍咒"。第二十九条规定，国家在重点生态功能区、生态环境敏感区和脆弱区等区域划定生态保护红线，实行严格保护。《中华人民共和国水污染防治法》第五十七条规定，从事水产养殖应当保护水域生态环境，科学确定养殖密度，合理投饵和使用药物，防止污染水环境。《水污染防治行动计划》规定，在重点河湖及近岸海域划定限制养殖区。众多的环境规定，对水产养殖的限制越来越大，水产可养殖面积逐渐缩小。

土地和水被认为是全世界水产养殖发展最重要的资源，确保有合适的土地和水资源来发展水产养殖成为当下面临的重大挑战（专题图 2-1～专题图 2-3）。从专题图 2-3 可以看出，我国海水养殖面积经过快速增长后，目前已经发展到稳定阶段并开始呈现下降趋势，很难再有大的增长空间。

我国水产养殖种类和模式众多，目前主要还是依赖土地资源的发展模式，水产养殖产量提升主要依赖扩大土地（水域）资源规模来实现。随着工业发展和城市扩张，很多地方的可养或已养水面被不断蚕食与占用，内陆和浅海滩涂的水产可养殖水面不断减少，陆基池塘和近岸网箱等主要养殖模式需要的土地（水域）资源日趋紧张，占淡水养殖产量约 1/4 的水库、湖泊养殖，因水源保护和质量安全等要求逐步退出，传统渔业水

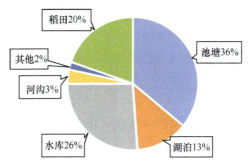

专题图 2-1　2016 年内陆养殖面积比例

数据来源：《2017 中国渔业统计年鉴》，专题图 2-2 和专题图 2-3 同

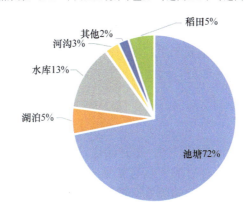

专题图 2-2　2016 年内陆养殖产量比例

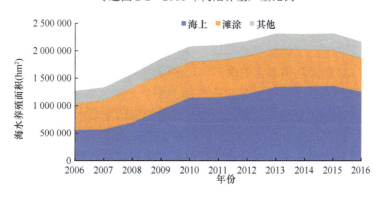

专题图 2-3　2006～2016 年海水养殖面积

域空间受到工业与种植业的双重挤压，土地（水域）资源短缺的困境日益加大，水产养殖规模稳定与发展受到限制。同时，由于资源环境约束趋紧，传统渔业水域不断减少，渔业发展空间受限。另外，水域环境污染依然严重，过度捕捞长期存在，涉水工程建设不断增加，主要鱼类产卵场退化，渔业资源日趋衰退，珍稀野生水生动物濒危程度加剧，实现渔业绿色发展和可持续发展的难度加大。

2. 水资源承载力

水资源是水产养殖业生产资料中最重要的资源。《取水许可和水资源费征收管理条例》（国务院令第 460 号）于 2006 年 1 月 24 日国务院第 123 次常务会议通过并发布实施，各省、自治区、直辖市和地方相继出台了相关规定。我国北方资源型缺水、南方水质型缺水都会导致用于水产养殖的水资源量下降，而水资源承载力限制和环保压力都将推进高强度集约化及工厂化养殖设施的发展。

据统计，2014 年我国主要海淡水养殖的主要污染物排放量为：总氮 68.34 万 t、氨氮 16.66 万 t、总磷 13.77 万 t、化学需氧量 164.15 万 t，其中淡水养殖各污染物排放量均占到 70% 以上，特别是总氮、总磷和氨氮达到 90% 以上。在淡水养殖中，东北区、北部区、中部区和南部区分别占全国淡水养殖污染物排放量的 3.9%、10.6%、50.9% 和 34.6%；在海水养殖中，黄渤海区、东海区和南海区分别占全国海水养殖污染物排放量的 14.3%、32.0% 和 53.7%。可见，淡水养殖污染物排放量远大于海水养殖，特别是氮和磷，淡水养殖基本贡献了所有的排放量。海水养殖以贝类为主，虽然贝类产量占海水养殖总产量的 73%，但贝类养殖主要利用环境中的营养物质，属于"自养型"养殖，转换水体中氮磷等营养物质的效果较好，因此海水养殖的外部投入较少，则污染物排放相对较少。

3. 水产动物遗传资源

在水产种业建设方面，我国从 1992 年开始建设全国水产原良种体系，目前已形成从水产遗传育种（遗传育种中心）、良种保存扩繁（水产原/良种场）到苗种生产供应（水产种苗繁育场）的三级种苗生产保障体系。截至 2017 年，全国共建有遗传育种中心 25 个（另有 7 个在建中）、水产原/良种场 83 家、水产种苗繁育场 1.5 万家；由科研院所、高校、企业科研机构等科研人员进行开拓性、探索性的新品种培育工作，由各个省份的水产渔业厅、水产推广站、授权的原种场等从事相对稳定的、保护性的保种扩繁工作，同时鼓励企业自主创新，灵活面对市场。

1991～2019 年，我国利用丰富的水产种质资源培育出的通过全国水产原种和良种审定委员会审定的品种总计 215 个，包括选育种 118 个、杂交种 61 个、引进种 30 个、其他 6 个，所培育的品种覆盖鱼、虾蟹、贝藻、参鳖等我国主要水产养殖对象，其中鱼类 90 个（淡水鱼类 79 个、海水鱼类 11 个）、贝类 35 个、虾类 21 个、藻类 21 个、蟹类 8 个、棘皮动物 7 个、鳖类 3 个。水产遗传育种技术快速发展为新品种培育提供了技术保障，缩短了新品种培育周期，国家水产良种与种业体系建设则有效推动了水产良种化、产业化的进程。近几年，每年科研院所和企业申报的水产新品种数量逐年递增，每年审批的水产新品种在 10 个以上，每年的更新速度达 5% 左右，说明我国水产新品种培育已经达到较高水平。水产养殖已成为我国农业和食品产业中增长率最高的产业，对优质种质的需求将扩大，未来的种质选育不仅要考虑生长和抗逆性状，资源高效利用和品质等也将成为选育目标。

（二）挑战与机遇

1. 挑战：成本效益、数量与质量矛盾

水产养殖发展面临的主要挑战是环境、品质和成本：国内环保压力愈来愈大，各种环境法规影响水资源利用、废物排放、饲料生产等；中美贸易摩擦导致豆粕来源受限，

价格上涨，饲料成本提高；市场对品质要求的提升，对水产养殖的环境调控、品质管理等提出新的挑战；养殖总量上升，一定程度上导致水产品价格波动，造成"减量增收"政策的出现。这些都严重限制水产养殖业的发展。

经过近 40 年的快速发展，我国渔业进入以"中高速、优结构、新动力、多挑战"为特征的新常态。在成本效益方面，大宗品种供给基本饱和，优质产品供给仍有不足，供给和需求不对称的矛盾加剧，部分产品价格长期低迷，一些产品价格出现剧烈波动，生产成本持续攀升，渔业比较效益下降。在数量与质量矛盾方面，随着高密度集约化养殖的兴起，水产养殖生产追求产量，难以顾及产品品质，对外源环境污染又难以控制，存在质量安全隐患，制约水产养殖业的进一步发展，挫伤了消费者对水产品的信心。当前，渔业主要矛盾已经转化为人民对优质安全水产品和优美水域生态环境的需求，与水产品供给结构性矛盾突出和渔业对资源环境过度利用之间的矛盾。面对新矛盾，需要加快渔业转型升级，走资源节约、环境友好、优质高效、有区域特色的现代化绿色发展道路，依靠高新技术推进渔业从"规模产量型"向"质量效益型"转变。而培育优质高效新品种，开发名特优养殖新对象，调整水产养殖业生产方式，是推进质量效益型渔业建设的根本途径。

2. 机遇：需求刚性增长、未来科技发展

水产品是重要的优质食物蛋白，《中国居民膳食指南 2016》建议优先选择鱼和禽。随着生活水平的提高，人们对高质量的动物性蛋白质的需求更为迫切，而其中 1/3 的优质蛋白来自水产品。FAO 于 2016 年发布的 *2016 The State of World Fisheries and Aquaculture—Contributing to Food Security and Nutrition for All* 分析了最近国际组织和民间权威专家的报告，揭示"海洋和内陆水体将为 2050 年预期的全球 97 亿人的粮食安全与营养充足作出重大贡献"。随着生活水平的提高，国民对水产品的需求逐渐提高，目前我国的水产品人均消费和世界平均水平相比仍有较大差距。据预测，到 2030 年我国的水产品总需求将达到 8523 万 t；到 2050 年，结合收入增长和城市化对人均畜产品和水产品需求的影响以及人口增长对总量的影响，我国的人均水产品消费将增加到 48kg（引自《中国至 2050 年农业科技发展路线图》），按此计算，需要超过 1.3 亿 t 的水产品。据麦康森院士预测，2020 年我国水产养殖产量可能稳定在 5000 万～5300 万 t，随着市场需求的提升，对水产品的需求将进一步提高（专题图 2-4）。

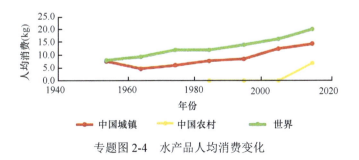

专题图 2-4 水产品人均消费变化

随着收入水平的提高，我国越来越多的居民开始把营养性需求作为食品消费的第一需要，水产品消费比例上升成为大势所趋。目前全球供人类消费的水产品仅 45% 源自水产养殖，随着全球人口的持续增加，如果人均消费维持不变的话，所需水产品也将持续增加。由于传统捕捞渔业已达到最大产量水平，发展水产养殖成为填补水产品供需缺口的唯一途径。

3. 我国水产养殖产品的比较优势与国际竞争力

（1）水产品比较优势

优势水产品在出口贸易中占比较大：我国水产养殖技术在世界范围内处于领先水平，大量养殖水产品出口世界各国，特别是许多名优特色养殖品种产量逐年增加，养殖面积不断扩大，不仅满足了国内市场需求，还提升了我国水产品的国际贸易地位。2019年上半年我国水产品产量 2770 万 t，同比增长 1.1%（专题图 2-5）。

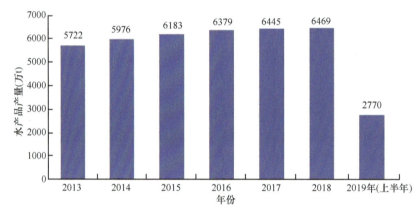

专题图 2-5　2013 年至 2019 年上半年我国水产品产量

资料来源：国家统计局，华经产业研究院整理

根据海关总署统计，2018 年我国水产品进出口总量 954.42 万 t，总额 371.88 亿美元，同比分别增加 3.33% 和 14.44%，进出口总量和总额均创历史新高；贸易顺差 74.65 亿美元，同比收窄 23.39 亿美元。其中，水产品出口量 432.20 万 t，同比减少 0.40%，出口额 223.26 亿美元，同比增加 5.56%。2018 年我国水产品一般贸易出口量 308.34 万 t，出口额 164.49 亿美元，同比分别增加 0.43% 和 5.16%，分别占水产品出口量和出口额的 71.34% 和 73.68%。其中，头足类、对虾、贝类、罗非鱼、鳗、藻类、大黄鱼是一般贸易主要出口品种。鳗表现抢眼，出口量、出口额同比分别增长 12.03% 和 31.21%，分别达 4.64 万 t 和 11.30 亿美元。大黄鱼强势扭转 2017 年出口量、出口额双降的形势，同比分别增长 24.39% 和 34.27%。罗非鱼出口企业成功开拓非洲、墨西哥等国际市场，出口量、出口额同比分别增长 9.31% 和 11.64%。淡水小龙虾面对供不应求的国内市场，出口量、出口额分别下降 42.45% 和 11.32%（专题表 2-4）。

丰富的劳动力资源成为水产养殖业进一步发展的关键因素：水养殖业是劳动密集型行业，与我国劳动力资源丰富相适应。同时，随着劳动力素质的不断提高并及时获得有关信息，进而改善水产品品质，优化出口商品结构，发展深加工水产品出口，开发自主知识产权产品，提高核心竞争力。

专题表 2-4 一般贸易主要出口品种的出口量、出口额

出口品种	出口额占比（%）	2018 年		同比增长	
		数量（万 t）	金额（亿美元）	数量（%）	金额（%）
头足类	22.00	52.38	36.19	5.04	9.43
对虾	11.86	16.08	19.51	−1.10	2.02
贝类	7.36	21.67	12.11	−7.69	−7.97
罗非鱼	8.40	44.60	13.82	9.31	11.64
鳗	6.87	4.64	11.30	12.03	31.21
蟹类	4.80	6.22	7.89	−3.75	−12.01
鲭	4.04	31.96	6.64	−15.26	−7.84
藻类	3.01	7.25	4.96	15.93	11.18
大黄鱼	1.75	3.90	2.87	24.39	34.27
淡水小龙虾	1.15	1.09	1.89	−42.45	−11.32

资料来源：中国农业监测预警

水产品出口区域布局基本稳定：福建、山东、广东、辽宁、浙江、海南等沿海省份仍是我国水产品主要出口地区，出口量、出口额之和分别占全国的 98.39% 和 96.86%。福建和山东分别继续位居主要省份水产品出口额与出口量排名首位。内陆省份中，江西、吉林和湖北依旧位列前三。受小龙虾出口下降影响，湖北 2018 年水产品出口量、出口额同比分别下降 59.29% 和 44.75%（专题表 2-5）。

专题表 2-5 我国主要省份的出口量、出口额

地区		数量（万 t）	同比增长（%）	占比（%）	金额（亿美元）	同比增长（%）	占比（%）
沿海省份	福建	91.96	−1.82	21.28	63.74	9.49	28.55
	山东	110.36	0.85	25.53	51.58	5.71	23.10
	广东	60.40	5.21	13.97	35.83	4.29	16.05
	辽宁	85.45	−0.16	19.77	31.14	5.11	13.95
	浙江	49.89	−0.31	11.54	20.32	9.41	9.10
	海南	14.50	−0.76	3.36	4.52	−4.95	2.03
	江苏	5.33	10.21	1.23	4.48	20.29	2.01
	河北	3.16	−15.60	0.73	2.60	1.21	1.16
	广西	4.23	−20.19	0.98	2.03	−31.70	0.91
内陆省份	江西	0.73	2.64	0.17	2.04	12.75	0.91
	吉林	2.94	−33.28	0.68	1.30	−20.63	0.58
	湖北	0.69	−59.29	0.16	0.95	−44.75	0.45

资料来源：中国农业监测预警

（2）水产养殖产品国际竞争力

目前，我国水产品进出口企业正面临着日益严峻的国内外贸易形势和竞争环境。一方面，水产品贸易的利润空间逐渐压缩。当前国际形势依然复杂多变，世界经济仍保持低速增长态势，主要发达国家和地区的市场需求尚未根本好转，加上国内劳动力、原材料、饲料、土地等生产要素价格不同程度上涨，导致水产品出口成本增加。另一方面，我国

水产养殖业抗风险能力较弱、组织化程度偏低。行业内部严重缺乏规范化管理，协调机制尚不健全，大规模的龙头企业缺乏，生产企业普遍规模小、经营分散，在处理国际贸易纠纷方面，尤其是应对国外反倾销、反补贴以及所谓的紧急限制进口措施的能力较弱。与此同时，越南、印度等国家的同构竞争，世界渔业资源日趋衰竭，国内养殖水域环境不断恶化等因素，都使得我国水产品进出口企业的竞争环境更加严酷，进一步制约水产品出口贸易的持续健康发展。

未来一段时间内，我国仍将作为最大水产品出口国在世界水产品贸易中占据重要地位，水产品出口贸易依然是我国农产品出口的龙头和推动渔民增收与就业的重要支撑。但预计未来几年我国水产品出口还将继续面临国际市场进口需求明显下降、国内生产成本大幅增加、部分国家同构竞争等不利因素，因此，一方面要加强质量安全管理，优化调整水产品养殖结构，加快水产品加工技术创新和转型升级，发展精深加工，提高出口水产品的竞争优势，实施品牌战略；另一方面要加大对新兴市场的开拓，推广和使用水产品国际标准，大力加强对渔业的组织管理和政策引导，最大限度地发挥行业协会的作用，促进水产品贸易健康发展。

三、改革开放 40 年来中国水产养殖业发展的历史演变与主要经验

1986 年《中华人民共和国渔业法》确定了"以养为主"的渔业发展方针。在短短几年间，一系列划时代的变革使我国水产养殖业建立了社会主义市场经济体制，形成全方位、多层次、高速度的经济发展格局，使近 30 多年来水产养殖产量以每年超过 10%速度增长。从 1990 年起，我国水产品产量跃居世界第一位，成为世界第一渔业大国。2018 年全国水产养殖产量超过 5000 万 t，占水产品总产量的 78%以上，人均水产品占有量达到 46kg。改革开放以来，我国渔业发展成果显著，水产品出口额突破 1380.9 亿元，连续 17 年位居世界第一，产地水产品质量安全监测合格率连续 11 年保持在 97%以上，水产品总产量连续 30 年居世界第一，占到世界产量的 40%以上。我国持续稳定发展的水产养殖业为保障城乡居民优质动物蛋白供给、降低天然水域水生生物资源利用强度、促进渔业产业兴旺和农民生活富裕等都作出突出贡献。

（一）历史演变及各阶段特征

改革开放前，我国水产养殖业发展跌宕起伏。伴随着 1978 年改革开放这场波澜壮阔、翻天覆地的历史性变革，我国渔业一步一个脚印走向世界水产养殖大（强）国前列，其过程大致分为三个阶段。

1. 打破产业发展停滞徘徊局面，以养为主，解决吃鱼难问题（1978～1999 年）

标志性进展：实施产业化管理措施，养殖面积和产量快速增长，年增长速度加快，大水面开发、集约化养殖。1978 年全国水产品产量 465 万 t，人均水产品占有量 4.8kg，渔业在大农业总产值中的比例仅为 1.6%。1978 年我国开始探索以池塘承包经营为特征的发展模式，渔业经济向市场驱动型经济转变。1982 年渔业经营体制改革后，随着水产品市场的全面开放，水产养殖池塘、人力、设备、技术、资金等资源得到有效整合，水

产养殖业的蓬勃发展激活了农村生产力,为乡村振兴注入生机与活力。1985 年中共中央、国务院颁布《关于放宽政策、加速发展水产业的指示》,明确"以养殖为主,养殖、捕捞、加工并举,因地制宜,各有侧重"的渔业发展方针,渔业结构从原来的"以捕为主"转变为"养捕并举"。1986 年颁布并实施《中华人民共和国渔业法》,确定"以养为主"的渔业发展方针,水产养殖业生产力得到空前的释放,渔民养殖生产积极性有了明显的提高,千家万户推广各类养殖水面的高产精养和综合开发模式,渔业生产进入以精养高产为主导的快速发展时期。20 世纪 90 年代,水产养殖户修建了"蟹楼""珍珠楼""鳖楼",成为农村首先进入小康阶段的标志。

2. 调整养殖结构,关注健康养殖(2000~2008 年)

标志性进展:1999 年开始制定养殖技术标准,建立全产业链水产品质量管理体系;大水面生态渔业管理技术取得突破,形成利用多层次营养级的基于陆基水产养殖的碳汇渔业;工程养殖技术体系与海水养殖产业高速发展。

3. 实施水产养殖绿色发展(2008 年以后)

标志性进展:全面推进水产养殖业综合管理,2016 年启动全国滩涂水产养殖规划。主要案例:①梁子湖群、千岛湖、三峡水库、南水北调东线湖泊群生态渔业;②黄河上游冷水鱼养殖产业;③北方盐碱地水产养殖业,温度上升推动北方盐碱地水产养殖业北移,可能带来节能效果,通过降低温控需求和减少能源消耗,优化资源利用。

(二)问题与经验总结

1. 体制问题

建立水面和水资源管理体制是迫切需要解决的问题。承包是把双刃剑,池塘和大水面的小农经济发展方式与湖泊水库短期承包对生物资源造成毁灭性破坏。

2. 环境问题

资源过度开发,污染严重,水质恶劣。水域污染不仅未得到遏制,反而有愈演愈烈之势。赤潮频繁发生,污染事故接连不断。养殖生产密度高,自身污染日趋严重。随着水域污染日益加重、水产养殖业迅速发展,水体环境和养殖业相互影响、相互制约的关系日益明显。全国每年发生污染死鱼事件近千起,直接造成渔业经济损失 10 亿元。1994 年沿海对虾养殖相继暴发大面积传染性疾病,病害面积约 168 万亩,减产 12 万 t,直接经济损失达 35 亿元,与养殖水体的二次污染有密切关系。

3. 科研投入和科研环境问题

不能持续的短期科研投入不符合水域可利用生物资源管理和产业发展的自然规律,"五龙治水"、部门分割、相互争利的产业管理格局也非常不利于水产养殖业的发展。例如,十多年来国家水环境专项的运行,完全撇开了在 300 万 hm² 以上内陆大水面劳作的渔民的生计问题,未从科技发展角度考虑水环境治理与产业发展的协调,产生了一些科研恶果,浪费了大量的人、财、物力。

4. 经验总结

注重改善养殖生态环境，发展健康养殖。确定合理的养殖容量、养殖结构，提出降低各地养殖生态环境负荷的立体利用水域的养殖技术以及养殖水域的环境优化和生物修复技术；建立以生态调控为主要手段的健康养殖技术和病害监测、预报技术，加强免疫防治技术、疫病检疫技术及安全用药技术研究。

优化养殖品种结构，加强优良品种开发。在加强种质评价和筛选、创新优质选育材料的基础上，大力开展优良、抗逆新品种（系）选育研究，以传统选育技术为基础，加快良种选育进程；结合生理生态学手段，找出抑制性腺发育和制约早期苗种成活率的关键性环境与内在因子，突破海水鱼虾和溯（降）河鱼类的人工繁殖技术，建立全面系统的水产苗种繁育体系。

加强水生生物营养与饲料研究，普及高效配合饲料。重点研究主要水产养殖对象在不同生长阶段对营养的需求，研究开发不同养殖条件下的配合饲料及综合养殖条件下的补充饲料，并研究配套的加工工艺，以提高饲料利用率，降低饲料对水质的污染。

积极开发设施养殖技术，发展高效养殖业。积极开发可控制程度高的集约化、高密度养鱼技术，重点研究海、淡水工厂化养殖技术，突破相关的养殖工艺及水质控制、净化处理、增温、自动控制等工艺与设备；开发 10m 等深线以外离岸海水养殖技术以及高密度养殖海区环境改造和水质改善技术，开发相关的养殖工程设施和自动控制技术，增加对养殖条件的人工控制能力，利用持续发展的方式开发利用水域资源和水生生物资源。

四、发达国家水产养殖业发展的最新趋势及经验借鉴

（一）淡水养殖业发展的最新趋势

国外发达国家对养殖全过程管理和环境保护的要求十分严格，在与集约化养殖相关的饲料、投喂、水质管理、养殖设施等方面有较高的要求和技术水平。例如，丹麦在20世纪 80 年代末就规定饲料系数不得超过 1，所有的养殖场均要监控饲料使用量、排放水质等；美国在斑点叉尾鲴的养殖中，对其生物学特征、营养饲料、环境需求、养殖工程、品质控制等方面均进行了系统研究，养殖可控制程度高，管理过程工业化，操作机械化。

在遗传育种方面，国外的良种覆盖率高（>80%），苗种质量稳定。由于养殖品种相对单一，因此研究投入大，各种性状评价均有较多的数据，为育种奠定了基础。20 世纪90 年代后期，美国政府推出第一个品种资源保护方案——国家动物种质计划（National Animal Germplasm Program，NAGP），21 世纪初，又开始构建种质资源信息网络（GRIN）、全国种质资源保护与利用中心（基因库）、国家动物种质资源数据库等一系列平台。英国、澳大利亚、日本等也启动了相关项目。

在病害防控方面，发达国家对水产生物病害病原学十分重视。分子生物学技术被逐渐应用到疫病诊断预警技术中，可提高灵敏度和检测速度。水产动物免疫机制与免疫防控技术在抗原分子结构、免疫应答机制、细胞免疫活性及疫苗制备方面取得了一系列的成果（Dadar et al.，2017）。在水生动物卫生领域，越来越重视生物安保的概念，严格立

法、产业区划、兽医体系、流行病学监测计划、疫病报告和监管、鱼类种苗场和养殖场检疫、养殖场及死鱼消毒、养殖场休养等措施可代表国家和企业的生物安保水平。

在水产动物营养与饲料方面，国际上更加关注养殖对象的精准营养需求，包括不同发育阶段鱼类的营养需求及环境需求，对主要饲料原料的利用及其无公害配方设计，繁殖性能和幼体质量、动物健康、动物行为、动物产量与安全、动物品质、养殖环境等与营养调控的关系；更加关注饲料加工工艺及养殖全过程高效饲料利用技术。在饲料原料开发方面，对单细胞蛋白、农产品加工副产物、蛋白浓缩物等有较多研究。在配方技术方面，理想氨基酸模式的引入可明显提高饲料利用效率；添加剂的研究多集中在营养素添加剂，以满足动物生长和健康需求，此外诱食剂、防腐剂、抗氧化剂等也有较多应用。

在养殖设施方面，国际上的池塘养殖更加注重装备化、智能化和生态化；工厂化养殖更加注重高效、节水、减排和可控。水产养殖物联网技术有较大进展，养殖技术和装备的自动化、信息化及智能化发展很快，在水质调控和科学投喂方面进展较大。此外，远程控制和大数据综合管理技术也为水产精准养殖提供了新的管理思路。

（二）海水养殖业发展的最新趋势

美国、德国、法国、荷兰、丹麦、挪威、日本、澳大利亚等发达国家的水产养殖业对渔业总产量的贡献率为17%～18%，远低于我国占比（60%）；欧美两大洲占全球水产养殖产量的比例也不高，连续多年维持在7%左右，主养品种和产业规模都较为稳定，欧洲养殖的海水鱼类主要为三文鱼，淡水鱼类主要有鲤、虹鳟、鲶、草鱼等。

随着一些传统养殖模式遭遇发展瓶颈，如挪威和智利网箱养殖三文鱼的寄生虫问题等，工厂化循环水养殖等新兴养殖方式正在欧美和澳大利亚等发达国家悄然兴起。挪威近年来正在大力发展三文鱼循环水苗种繁育和暂养系统，已建造多座循环水育苗场，未来可能兴建更多的三文鱼成鱼养殖系统（专题图2-6）。在美国，从迈阿密市到怀俄明州

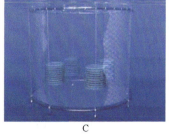

专题图2-6 挪威海水养殖网箱类型示意图
A. 深远海养殖网箱；B. 浮式网箱；C. 沉降式网箱

陆基循环水产养殖系统（RAS）设施已随处可见，缅因州则正在建设全球最大的三文鱼循环水养殖基地之一，年产能将超过 3 万 t，将在 2020 年投入运营。澳大利亚规模最大的三文鱼养殖企业 Tassal 养殖公司已经形成集繁育、养成、加工、销售于一体的全产业链，三文鱼育苗和养殖全部采用最先进的循环水养殖系统，实现了养殖全程质量控制和零排放。

（三）水产养殖业发展的经验借鉴

整体来说，我国水产养殖处于世界先进水平，尤其是养殖模式与技术、营养与饲料科技和工程达到国际先进水平，而在遗传育种与苗种培育工程技术、病害防控工程技术、陆基与离岸养殖方面跟国际先进水平相比差距较大。

世界水产养殖发达国家如美国、挪威、英国、日本和澳大利亚等，由于养殖种类相对稳定，对产品质量、品种、食用安全和环境安全的要求更高，促使相关研究更加系统和深入。这与我国水产养殖的现状很不一样，我国目前的水产养殖特点决定了研发特点为点多面广、应急性研究多而系统深入研究不够。

1. 以科技为手段支撑可持续渔业管理

在欧美和澳大利亚等发达国家，政府在养殖环境评估控制、养殖准入证审批、种质资源保护等方面设立了一系列精细的法规和管理措施，极大地保护了本国的渔业资源和水生生态环境。反观其所有管理政策和法规的背后，都是以多年系统性的生物资源调查和科学研究为依据与支撑的，其苗种繁育技术、循环水养殖装备等先进的技术装备也是基础研究和应用研究相结合的科研成果。

相比较，我国政府虽然在水产养殖区规划和养殖尾水排放管理等方面有着一系列的政策、法规和丰富的管理经验，但在面对养殖业发展和生态保护冲突时，往往缺乏有力的科技支撑，政策、法规和监管手段都亟待更新与提升。目前，我国渔业正处于升级转型的关键阶段，应当及时总结多年渔业科研工作的经验和成果，提出符合我国水域生态和社会现状的政策措施。同时，针对资源管理、产业发展的技术关键点和管理手段的技术短板，加大科研投入，并加强与发达国家的技术合作与交流。另外，进一步强化科技对管理工作的支撑作用，从而保证资源可持续利用，以数据支撑渔业管理，以新技术、新装备保证监督执法有序开展。

2. 加强水产养殖生物病害监测与防控

我国水产动物病害种类多、流行范围广、危害严重，但针对各种危害显著的疫病，缺乏系统性的水产养殖流行病学监测计划，未引入风险分析概念，缺少可实施的风险评估方案，产地检疫的实施方案、技术手段和落实程度均需大大加强，国家及省级原良种场和重点种苗场的生物安保水平需要大大提高，产业中以生物安保概念为指导的整体性疫病防控和净化工作尚未得到重视。面对水产疫病的科学防控要求，应加强系统性免疫学、病原种株流行病学、病原致病机制、环境胁迫和生理性疾病等方面的研究。改变疾病病原检测技术开发多、产业化应用少的局面，将更多疫苗应用于水产脊椎动物。

通过学习发达国家在水产动物安保和疫病防控技术方面的经验，我国现阶段在水产动物重要病原高灵敏度高通量检测生物芯片、简便快速的环介导等温扩增（LAMP）技术、胶体金快速检测试纸条等实用化产品开发方面取得一些原创性成果，并在养殖生产中得到初步推广应用。水产动物疫苗研究领域已经在研究条件、生产设施、人才队伍以及技术储备等方面取得显著的进步，并且已经针对近 20 种主要海淡水养殖动物的重大疫病开展疫苗研制工作，积累了较为丰富的技术资料。不过，水产疫苗研制目前迫切需要相关产业政策的支持，以推动新技术和新产品的产业化与商品化进程。

3. 促进精细精准渔用饲料开发与应用

基于水产养殖业对优质配合饲料的迫切需求，我国水产动物营养与饲料学研究无论在广度和深度上，还是在学术水平上，正在迅速向国际水平靠拢。我国水产饲料产量由 2010 年的 1500 万 t 上升到 2017 年的 2080 万 t，约占世界产量的一半；同期水产饲料进口量约为 9.5 万 t，出口量为 19.7 万 t，国内水产饲料表观消费量达到 2069.8 万 t。从水产饲料产业发展、科学研究和技术发展来看，我国水产动物营养与饲料学处于国际先进水平，但在精准营养、精细投喂、养殖水产品品质和质量安全提高、环境友好等方面与国际先进水平相比还有一定差距。

4. 大力推动水产养殖业节约高效发展

一直以来，我国的水产养殖高产量是以牺牲环境和自然资源为代价的，在解决人们吃鱼难和繁荣经济、增加就业的同时，也带来一系列的环境污染、资源浪费和食品安全问题。反观欧美发达国家的水产养殖企业，规模虽小，但技术水平远高于我国，已经实现零排放、全循环和无病害；企业自身也非常重视社会影响、环境责任和可持续发展。这都很值得我国水产养殖业借鉴，也为我国水产养殖科研提出更高的要求。在资源和环境的双重压力下，我国水产养殖的模式升级、技术升级、管理升级势在必行，而支撑这一过程的最主要基础是科技投入增加和科技创新。

五、中国水产养殖业的战略定位、发展目标与区域布局

（一）战略定位

全面贯彻党的十九大和十九届一中、二中、三中全会精神，以习近平新时代中国特色社会主义思想为指导，依据《农业部关于大力实施乡村振兴战略 加快推进农业转型升级的意见》（农发〔2018〕1 号）的总体工作部署，以创新、协调、绿色、开放、共享的发展理念为引领，按照高质量发展的要求，以实施乡村振兴战略为总抓手，以推进渔业供给侧结构性改革为主线，以优化渔业产能和增加渔民收入为目标，坚持质量兴渔、绿色兴渔、品牌强渔，加快转变渔业生产方式，拓展渔业发展空间，提高渔业发展质量，基本实现优质安全的水产动物蛋白供应依靠国内解决，重点打造渔业生产良性循环的战略型产业、渔民增收和脱贫的特色型产业和绿色、优质、高效、安全的示范型产业，将渔业建设成为实现乡村振兴战略的有机载体、建设美丽乡村的重要抓手和稳定边疆的重要手段，加快渔业科技进步和创新成果转化应用，全面提升我国水产养殖科技的整体素质和水平，努力构建环境友好、资源节约、质量安全和高效可持续的现代水产养殖业发

展体系,为推动我国水产养殖引领世界养殖业的发展奠定坚实基础。

（二）发展目标

1. 总体目标

充分发挥政策与科技两大驱动因素的作用和我国水产养殖的特色,实现"我国 2035 年进入水产养殖业科技创新型国家行列,2050 年由水产养殖大国向水产养殖强国转变"的战略目标,水产养殖业"绿色、安全、营养、环保、高效"可持续发展,养殖布局更趋科学合理,养殖生产制度和监管体系健全,养殖尾水全面达标排放,产品优质、产地优美、装备一流、技术先进的养殖生产现代化基本实现。确保水产品优质安全供给,确保渔民持续稳定增收,确保渔村建设和谐发展,积极应对全球气候变化,有效保障国家食物安全,为创造美好生活及健康中国建设、生态文明建设和农业现代化强国建设提供重要支撑。

2. 阶段目标

到 2035 年,我国水产品总量 8100 万 t,其中养殖产量 7000 万 t、捕捞产量 1100 万 t,养殖与捕捞产量比为 6.4∶1;养殖产量中,淡水养殖产量 4300 万 t、海水养殖产量 2700 万 t,淡水与海水养殖产量比为 1.7∶1;水产品进出口比达到 1∶1.5,水产品自给率达到 85%;水产科技进步贡献率达到 75% 以上,水产良种覆盖率达到 80%,水产动物产地检验率达到 90%,水产品质量安全产地抽检合格率达到 99%,从水域移出的碳达到 400 万 t/a,推动我国水产养殖业处于国际前列,支撑我国基本实现社会主义现代化。

根据联合国人口司预测,2050 年我国人口为 13.645 亿人,相比 2014 年减少 3.2%。按照人民生活水平显著提升,水产品总体需求不断增加的原则,到 2050 年,我国水产品总产量达 10 000 万 t,其中养殖产量 7800 万 t、捕捞产量 2200 万 t,养殖与捕捞产量比为 3.9∶1;养殖产量中,淡水养殖产量 4900 万 t、海水养殖产量 2700 万 t,淡水与海水养殖产量比为 1.8∶1;水产品进出口比达到 1∶2,水产品自给率达到 98%;水产科技贡献率达到 90% 以上,水产良种覆盖率达到 95%,水产动物产地检验率达到 100%,水产品质量安全产地抽检合格率达到 100%,从水域移出的碳达到 500 万 t/a,为我国实现由水产养殖大国向水产养殖强国转变、全面建成社会主义现代化强国提供支撑。

（三）区域布局

依据 2017 年印发的中共中央、国务院《关于完善主体功能区战略和制度的若干意见》,发挥主体功能区作为国土空间开发保护基础制度的作用,推动主体功能区战略格局在市县层面精准落地;统筹考虑生产生活,划定陆域农业空间;按照海域开发与保护的管控原则,划定海洋生物资源保护线和生物资源利用空间。按照《农业部关于印发〈养殖水域滩涂规划编制工作规范〉和〈养殖水域滩涂规划编制大纲〉的通知》要求,加强养殖水域滩涂统一规划,划定禁止养殖区、限制养殖区和养殖区。禁止养殖区主要为饮用水水源地一级保护区、自然保护区核心区和缓冲区等重点生态功能区;限制养殖区为饮用水水源地二级保护区、自然保护区实验区和外围保护地带等生态功能区,开展水产养殖应采取污染防治措施,污染物排放不得超过国家和地方规定的污染物排放标准;

养殖区是指以区域环境承载力为基础，原则上作为适宜开展水产养殖的区域，是未来水产养殖发展的重点所在。

六、中国水产养殖业持续发展的重大科技需求

（一）品种选育

良种是农业增产增效的基础和关键，对水产养殖业的可持续发展至关重要。我国在水产种质创新方面取得丰硕成果，已育成 182 个水产新品种，其中 150 多个是近十年培育的良种，主要水产养殖种类的良种覆盖率已达 50%以上，促进和支撑了水产养殖业的快速发展。据 FAO 预测，至 2026 年我国水产养殖产量将超过 7000 万 t。可见，培育高产、优质、抗逆水产良种，不断提升水产养殖生物的单产和品质，对产业持续提质增效至关重要。

目前世界主要水产养殖国家的育种模式以选择育种和杂交优势利用为主。我国水产育种科技发展水平处于国际先进地位，除传统的选择育种和杂交育种外，还在基于全基因组信息的良种选育、转基因育种、性控育种、细胞工程育种等方面取得一系列进展，建立了全基因组选择、多倍体和复合性状人工选择育种等技术，显著提高了育种效率。未来 30 年，我国水产育种方面的科技需求主要包括基础理论与前沿技术两方面。在基础理论领域，从个体、组织器官、细胞、分子等层面，系统深入地理解和认识水产生物生长、发育、生殖、免疫、生理代谢等过程的遗传基础和调控机制，将为种质改良提供坚实的理论依据。在前沿技术领域，随着组学技术和细胞技术的不断进步，水产良种培育将在基因组信息充分发掘和利用、干细胞和细胞工程育种、分子设计育种等领域取得关键技术突破并开展广泛应用，育种网络平台技术将助推科研机构与企业间的技术联结以及以企业为种质创新主体的种业工程体系构建。

（二）精准营养

在国家前期系列项目支持下，我国通过开展水产动物营养与饲料学研究已初步建成主要养殖品种基本营养需求数据库，为饲料配方设计提供了科学依据并支撑了水产饲料大发展。最近几年，我国水产营养学者对水产动物营养代谢调控机制开展了初步探索：发现了一些水产动物感受并调节营养状态的关键信号通路，初步验证了通过营养调控提高饲料利用率的可行性。但是，这些研究主要局限于个别营养物质和少数调控通路，并未系统考虑养殖环境、饲料原料、动物生长阶段等实际生产因素对营养调控机制的影响，更未深入研究营养代谢与动物健康及品质的关系，使得水产饲料仍无法实现精准营养调控和配方设计。我国的主要水产物种和养殖环境与欧美国家差异极大，并不能照搬国外已有成果和经验。因此，为促进水产饲料业转型升级，保障水产养殖业持续发展，需要独立自主地开展适合我国国情的水产动物精准营养研究。

（三）饲料生产

饲料生产方面的重大科技需求主要包括：饲料原料预消化和预处理工艺技术，饲料营养缓释和控释加工技术，加工工艺与饲料生物学效价评定及动态模型构建，饲料生产

过程控制和关键工序智能化技术，节能高效饲料加工装备制造，饲料产品加工质量指标体系及评价方法，生物发酵配合饲料技术规程及工程化技术研究与应用，饲料中典型危害因子复合毒性评价与风险评估，饲料中微量元素、抗生素等与生态环境互作与风险评价，饲料质量安全多靶标可定量速测新技术研究，饲料质量安全非定向筛查与确证关键技术研究，非常规饲料原料危害因子识别、鉴定与防控，饲料质量安全标准体系创新与提升，饲料质量安全监测互联网+集成与开发，饲料质量安全互联网+监管技术体系研究建立。

（四）设施设备

高效智能渔业装备技术代表着渔业先进的生产力，是改善生产条件、提高生产效率、降低生产成本的关键。现代信息技术的发展，推动了导航定位、地理信息系统、云计算、大数据、物联网、智能算法等现代信息技术与渔业装备深度融合，渔业装备发展迈向精准化、数字化和智能化的新阶段。构建集感知、传输、控制、反馈于一体的"渔机-水产养殖-信息化"精准作业体系能够有效突破资源和环境的双重约束，因此要研究高效精准作业与智能装备技术、先进养殖传感器技术、水产养殖智能机器人技术、无人机技术、渔业物联网技术与装备、水产养殖智能信息服务技术等关键技术，创制新型智能养殖装备，以提升渔业装备的智能化水平，进而不断提高劳动生产率、土地产出率和资源利用率。

（五）疫病防控

未来，在我国水产养殖业的绿色发展中，疫病防控要从原来的被动转变为主动，要从原来的发病治疗转变为无病防病。我国是水产养殖大国，规模化的水产养殖动物品种繁多，养殖规模、养殖模式和养殖环境差异较大，导致水产养殖动物病原种类多，发病流行规律复杂。针对上述问题，为实现持续发展，我国水产养殖业在疫病防控方面的重大科技需求如下。

1. "以防为主"，加强水产养殖动物疫病检测技术及防控产品的开发应用

尽快建立健全水产动物防疫监测体系，开发一批快速检测技术与产品；建立水产动物疫病风险评估和预警机制；建立水产养殖动物疫病风险评估和预警机制，增强水产养殖动物疫病控制和预警能力；为有效控制水产养殖动物疫病，构建和整合社会资源平台。重点开展病害与环境因子的关联研究，研究病害与微生物动态变化的关联，找出环境因子、养殖密度、菌相及机体免疫力等预警病害发生的关联性，初步建立水产动物疫病风险评估和预警体系。

2. 立足基础研究，强化高新技术应用及交叉学科融合

重点开展主要水产养殖动物的重要病害病原生物学、病原分子流行病学、病原感染致病机制、病原微生物耐药性、病原敏感宿主谱、病害发生的养殖生态状况等方面的基础研究，构建全国范围的水产养殖动物流行病学数据库和病害相关微生物及寄生虫资源数据库。注重交叉学科在水产养殖动物病害防控基础研究中的作用，包括医学、营养学、

化学、物理学、微生态学和工程学等。进一步强化高新技术和新方法在病原感染致病机制及疫苗研制中的应用；加强水产养殖动物病害科技基础条件平台和科技成果共享机制建设。另外，重视水产养殖动物病害教育和宣传，加快水产养殖动物病害防控专业技术人才和创新团队的培养与素质提高。

3. 注重强化水产品质量监督与管理

对水产品生产加工企业实施信用管理及分类管理制度；加强水产样品产品的过程管理，全面推广和实施水产品质量追溯制度与体系；确定合理的追溯单元，明确追溯的责任主体，确保追溯信息的顺利传递与管理；建立水产品安全事故应急处理与防范体系，积极构建水产品质量安全监督目标责任体系。

（六）智能生产与管理

我国水产养殖业目前面临资源利用率低、环境污染、生态恶化、食品安全隐患严峻等突出问题，急需走一条资源节约、产出高效、环境安全、生态优美的现代渔业道路。到 2050 年，渔业资源约束更加强劲，生态环境要求更加苛刻，劳动力数量下降更加迅速，渔业对科技的依赖将更加突出。因此，我国水产养殖业在智能生产与管理方面的重大科技需求包括：全面攻克海洋和陆地养殖水域空间信息获取的一体化与智能化技术，深入研究养殖环境空间信息处理的自动化、定量化、实时化技术，全力研发水产养殖资源环境生态监测、预警、决策信息发布与应用的网络化技术，全面攻克陆基循环水工厂化养殖无人化技术，研发鱼类生长、摄食、环境胁迫响应、争斗等行为的快速识别技术，探索水体环境-营养-饲喂的内在关系和规律，构建鱼类生长优化调控模型和基于环境-行为的精准饲喂模型，研发适用于不同场景的变量智能投饵机及相关智能终端，确保养殖场精准饲喂，构建基于大数据的鱼类水质-营养-病害关系模型和渔场智能管理知识库系统，研发用于循环水养殖工厂巡检与日常管理的机器人，实现养殖场无人值守，突破循环水工厂化池塘养殖无人化技术，研发池塘群管理技术以及基于大数据和物联网的池塘群优化管理与决策平台，实现池塘养殖远程管理。

（七）水产养殖业标准研究

加强养殖标准化战略和体系研究：对水产养殖标准化进行系统研究，重点开展水产养殖标准化战略和体系研究，尤其是水产养殖新兴产业标准体系研究，改善我国虽然是水产养殖大国，但在水产养殖标准研究方面却远远落后的现状，在新兴领域努力争取弯道超车。

建立养殖产品市场准入制度，推动养殖生产标准化：为规范养殖生产，保证养殖水产品的质量安全，国际上形成了不少相对成熟的相关认证体系，如从欧洲到全球的"良好农业规范"（good agricultural practice，GAP），由全球水产养殖联盟（the Global Aquaculture Alliance，GAA）制定、水产养殖认证委员会（Aquaculture Certification Council，ACC）认证的"最佳水产养殖规范"（best aquaculture practices certification，BAP），FAO 推行的《负责任渔业行为守则》（*Code of Conduct for Responsible Fisheries*，CCRF），世界自然基金会（World Wildlife Fund，WWF）与合作伙伴发起的"水产养殖管理委员会（ASC）认证"以及世界自然基金会的"Aquaculture Dialogue"系列标准等。但我国除了个别以国外市场为重点的大型企业外，大部分企业并不关注相关认证体系。究其原因，正是目前国内缺乏市场准入制度和有效的市场监督，导致企业缺乏实施标准化生产的积极性。

开展养殖企业标准体系研究，提升企业标准化管理水平：为提高企业的标准化管理水平，我国于 1995 年发布了《企业标准体系》系列标准。近年来为适应新的国际形势，我国对上述标准进行了多次修订，并在此基础上开展了"标准化良好行为企业"的评定。但是现行《企业标准体系》系列标准的制定，主要是以集约化工业企业的生产情况为基础的，与水产养殖企业的生产情况差距较大，因此有必要对水产养殖企业的生产过程和特点进行深入研究，在充分考虑水产养殖业特点的基础上，制定适合水产养殖业的《水产养殖企业标准体系》系列标准，指导养殖企业开展标准化建设，为提高养殖企业的标准化生产水平奠定基础。

七、面向 2050 年中国水产养殖业发展的战略措施

（一）有效利用两种资源、两个市场

水产养殖作为农业的重要组成部分，在世界各国粮食安全和生态安全中起着日益重要的保障作用，为我国和"一带一路"共建国家的社会经济发展作出重要贡献。我国水产养殖产量占全球 70% 以上，为保障 14 亿多人的粮食安全和蛋白质供应起到了至关重要的作用，并形成了独具特色的水产养殖产业和全产业链配套技术。随着工业化和城镇化的推进，我国渔业发展空间受到严重挤压，资源和环境已经成为限制渔业发展的主要因素，渔业升级的技术需求日益迫切。同样，"一带一路"共建国家的渔业资源和技术水平也显著不平衡。很多发展中国家自然环境优越，渔业资源丰富，但渔业投入普遍不足，装备技术进步缓慢，渔业资源利用率不高，渔业产业链不完整，渔产品竞争力低。加强水产养殖科技研发创新和能力建设，分享推广我国成功经验，将显著提升"一带一路"共建国家整体的粮食安全水平，并有助于将政治互信、地缘毗邻、经济互补等优势转化为务实合作，从而提高我国的国际地位。

（二）做好区域布局

以市场需求为导向，以资源禀赋为基础，按照"突出重点、有序推进、优化结构、因地制宜、协调发展"的总体要求，逐步优化渔业产业区域布局，建立协同发展的产业格局。围绕海上丝绸之路以及服务国家战略和外交需求，布局渔业科技国际合作新平台，引领和推动渔业"走出去"。构建东亚、东南亚、西亚、北非、南亚、中亚、中东欧和丝绸之路经济带、21 世纪海上丝绸之路两个大的组群，根据地缘政治和与我国的伙伴关系，具体分为五大类型：中南半岛及南太平洋为渔业科技合作核心区，中亚及中东欧为遗传资源、地缘优势区，俄罗斯（远东地区）为遗传资源、贸易优势区，非洲、地中海沿岸为遗传资源、区位优势区，拉丁美洲、加勒比海地区为遗传资源、气候条件与区位优势区。

（三）发展战略性工程

1. 良种选育工程

（1）水产种业工程建设

水产生物遗传育种一直是水产领域的重点工作之一。我国高度重视水产种业发展，在一系列政策支持下，农业部按照"保护区-原种场-良种场-苗种场""遗传育种中心-引种中心-良种场-苗种场"等思路开展了全国水产原良种体系的布局，成立了全国水产原种和良种审定委员会，实现了水产养殖业良种体系从无到有的跨越，育出了系列水产良种，促进了水产养殖业的发展。据不完全统计，我国目前开展养殖的水产生物种类超过300 种，但大多数没有经过系统的遗传改良，部分大宗养殖品种的种源完全依赖进口，水产生物种业工程体系尚不能支撑产业发展需求。目前，我国水产遗传育种多由高等院校、科研院所等主导新品种开发，以各级水产技术推广站为主进行推广应用，真正以企业为主体的商业化育种体系尚未形成。进一步加大水产生物育种基础理论研究和关键技术研发的支持力度，建立适合我国国情的水产种业模式，构建新型水产种业创新体系，打造企业创新平台，提高水产养殖良种覆盖率以及良种对水产养殖增产的贡献率，将是今后水产种业发展的主要方向。

（2）加强种质资源保护和创新

种质资源是种质创新的基础，我国拥有丰富的水生生物资源，水产种质资源开发潜力巨大。应开展水产种质资源的收集、保护、鉴定和发掘，鼓励引进国际优势种质资源，对重要的水产养殖种类以及有经济价值和养殖开发潜力的水产生物开展基因组、转录物组、蛋白质组、表观组、代谢组、表型组等数据库构建，评估种质资源遗传多样性，根据物种自身特性和育种目标，建立包括形态学、细胞学、生理生化、分子生物学信息在内的一整套种质鉴定体系以及经济性状定义和评价规范，构建信息资源完备的种质资源库；进一步加强原种场、水产种质资源保护区建设，挖掘具有商业潜力的性状和基因，开展育种材料改良和创新等基础性、前沿性、公益性研究，创制新的种质资源；建立重要水产养殖动物配子超低温冷冻保存、复苏技术以及质量评价体系，开展濒危和珍稀水产生物种质资源的抢救性保护。

（3）建立水产生物生产性能测定系统

良种工程是一个系统工程，而性状的准确测定是精准育种的基石。在制约育种技术和种业发展的重要因素中，性状测定是我国与国外以及水产养殖业与其他行业相比差距最大的环节。育种的目标主要是改进生产性状，而性状测定的不连续、不长期、不标准是制约水产育种效率提升的重要因素。从生长、品质、繁育、抗病、抗逆等性状的准确定义，到生理指标、代谢指标、免疫力、活力、健康指标等的确定，再到性状测定时间、发育过程特征性状测定时期、个体标识方法等的选择，都需要根据不同的物种进行系统研究。因此，水产生物生产性能测定系统的建设工作应得到重视和加强。

（4）建立商业化水产种业创新体系

我国水产生物种业起步较晚，规模小，整体自主创新能力不足，以企业为主体的商业化育种体系尚未形成，国际竞争力不强。水产养殖业的发展趋势和未来水产品需求的快速增长,对构建新型的水产种业创新体系提出了更高的要求。我国水产生物种业要想在国际竞争中占有一席之地,就必须走规模化、产业化的发展道路。因此,培育水产生物种业企业,打造以核心企业为主导的种业体系,建立市场化种业运作模式,推动建立产学研、育繁推、科工贸一体化的体制与机制势在必行。为适应商业化育种,需要建立标准化的性状测定、育种技术工艺、设备设施等技术体系。通过开展集成技术、标准化育种技术和工艺等水产生物种业关键技术与设施设备的研发,为种业的标准化育种提供技术支撑。

2. 健康养殖工程

发展海水养殖工程的定位和指导思想是"四保障,三融合"。其中,保障食物安全是海水养殖工程的核心,海水养殖产品关乎我国居民膳食营养、优质蛋白的有效供给和水产养殖业的绿色发展;保障质量安全是海水养殖工程的关键,优质的海水养殖产品关乎消费者健康、产业提质增效和产业发展动力;保障环境安全是海水养殖工程的基石,良好的养殖生态环境关乎产业可持续发展和人与自然生命共同体;保障产业兴旺是乡村振兴的根本,而水产养殖一直是农业中收入最高的产业,是实现"绿水青山就是金山银山"的有效产业之一,是实现生态环境保护、美丽乡村建设与和谐发展的有效途径之一。水产养殖业要与其他产业融合发展,产业效益要与工业和服务业等同步;水产养殖业要与生态环境融合,发展海水养殖工程的前提条件是不破坏生态环境或有利于生态环境;水产养殖业发展要与资源保护融合,发展海水养殖工程要以不破坏自然生物资源和减少对自然资源的依赖为基础。至 2050 年期间,我国应以水产养殖标准和养殖管理制度为基础,以水产养殖业与其他产业融合为主要特征,以环保、效益、产出、质量安全和精准为核心,发展比较完备的健康生态养殖工程、自动化养殖工程和智能型养殖工程技术体系;促进海水养殖产业融合发展模式成为主流,使产业内、产业间、技术与产业、资金与产业、产业与生态环境、产业与资源等融合大量呈现,独立的产业形态地位明显下降。

3. 精准营养工程

从水产养殖品种、养殖现状出发,实施针对我国主要水产养殖动物的"精准营养"工程,可有效解决饲料原料短缺、养殖环境压力加大、动物健康与品质下降等水产养殖业发展关键问题。精准营养工程将分别选取不同类群的水产养殖动物代表种,解析其在不同生长阶段、养殖环境、饲料原料条件下对蛋白质、糖和脂肪、微量营养素的消化、吸收、转运和代谢特点,构建精准营养需求数据库,在此基础上进一步构建水产动物营养性状调控模型,解析系统营养调控网络,同时分别揭示营养代谢与免疫应答及品质形成的关系,提出增强水产养殖动物免疫力、提高水产品品质的营养调控策略,从而形成系统全面的水产动物精准营养研究理论与技术体系。

4. 饲料资源开发工程

尽管我国在解决饲料资源严重短缺方面开展了大量研发工作,但缺口仍然很大,技术水平还很低,主要表现为:①非粮饲料资源利用率和附加值仍然很低。棉籽饼粕、菜籽饼粕等大宗蛋白质原料的消化利用率只有 50%～70%，米糠、麦麸等农副产品的利用率不到 50%，醋渣、酒糟等食品工业副产物的利用率不足 10%。我国每年产生秸秆近 4 亿 t，但利用率不足 20%。②现有饲料原料体系过度依赖进口的优质蛋白原料。2017 年我国进口大豆 8900 万 t、鱼粉 145 万 t，分别占国内大豆和鱼粉消费的 90% 和 50% 以上。饲料资源开发工程应重点放在新型植物和动物性蛋白源的开发、新型饲料资源（微型藻类资源、单细胞蛋白饲料）的开发和新型添加剂的筛选上。

5. 标准化推进工程

（1）重视人才培养，加强水产养殖标准化研究

建立自上而下的水产养殖标准化研究机构，加强水产养殖标准化战略和体系研究。在大学的水产学院设立相关专业，加强人才培养，通过"走出去"和"引进来"两条渠道，拓宽从事水产标准化研究人员的提升和培训渠道，培养国际型的水产养殖标准化人才。

（2）建立有效机制，促进科技成果向标准转化

采取双向互动机制，促进科技成果向标准转化。一方面，在科研项目申报立项阶段进行标准形成可行性论证，对有可能形成标准的研究内容，吸收标准化专门人才参与，在科研工作推进过程中充分考虑标准需求，提高标准获得立项的可能性，保证标准质量。另一方面，在研究规划阶段由标准化管理部门提出科研需求，促进急需但研究基础不足的相关标准制定。

（3）适应新形势的标准制修订

目前国家标准已经采取开放的申报模式，但是行业标准还是采取指南的申报形式，虽然近几年指南外项目成功立项的概率有所提高，但还远远不能满足行业发展对标准的需要。建议采取开放申报和指南申报相结合的方式，指南申报项目重点支持行业急需而研究基础不足或企业参与积极性低的项目，而开放申报项目充分发挥市场调节作用，由申报单位自行负担标准制修订过程产生的费用，从而加快标准制修订进程。

（4）加强立法和法规建设

建立养殖水产品市场准入制度，提高养殖企业的标准化生产水平，以法规或部门规章制度的形式，明确水产养殖过程中环保、安全的法律责任，建立有效的奖惩制度，确保水产养殖的可持续发展和养殖水产品的质量安全。

（5）建立中国特色认证体系，促进水产养殖集约化

根据我国水产养殖业的发展现状和国情，建立自己的认证体系。以政府规划为依据，通过认证认可逐步实现水产养殖的合理布局，强化对养殖企业的监管力度。大力发展养殖园区、养殖合作社等规模化养殖模式，促进水产养殖的提质增效、减量增收，提高水产养殖的集约化程度和管理水平。

（6）标准宣贯工程和普及教育

加大政府投入，借助目前较完善的水产技术推广系统，深化标准宣贯和职业教育。每年安排专门经费，由基层水产技术推广站根据当地养殖品种和特点，通过建立水产标准、水产养殖技术资料室，成立职校、夜校，举办讲座和培训班等形式，加强水产标准和科学养殖的宣贯，提高水产养殖从业人员的职业素养。

6. 品牌培育工程

根据国家中长期发展目标,2050 年我国将建成为"富强、民主、文明、和谐、美丽的社会主义现代化强国"。展望 2050 年,我国的水产养殖业将具有卓越的国际美誉度、品牌竞争力和影响力。为此,需要从现在开始推进水产养殖业品牌培育工程,未雨绸缪,科学设计,循序渐进,同时需要加强知识产权保护,推进品牌形象国际化、经济管理科学化、生产模式智慧化、创新研发前沿化、航运物流全球化等一系列战略举措。

7. 渔文化发展工程

自人类进入知识经济时代以来,文化与经济相互融合的趋势日益凸显。在这一背景下,渔文化随着文化经济的兴起而日益受到重视。渔文化作为我国优秀传统文化中的一朵奇葩,在历史长河中有着深厚根基,在群众中有着广泛影响。渔文化的融合与应用,不仅立足于悠久丰富的渔文化资源,而且新生于渔文化与产业融合互动的新时代。我国是一个渔业大国,从 1989 年至今水产品产量一直位居世界第一;我国也是一个人口大国,14 亿多人口有着广泛的物质与精神文化需求。在经济全球化时代,文化与经济融合互动、互惠互利已成为趋势。渔文化作为世界各国普遍存在的文化形态,在经贸往来中容易引发共同兴趣。因地理区隔所形成的各地异质性,为渔文化交流与互鉴提供了广阔空间。例如,美国旧金山的渔人码头、小龙虾节等,成为世界不少渔港争相效仿的对象。我国渔文化灿烂而辉煌,在学习借鉴他国渔文化的同时,也需要跟随"一带一路"倡议"走出去",使我国的文化和产品通过渔文化走向世界,使世界各地的朋友通过渔文化走进我国、了解我国。为做好渔文化的国际推广,需要以渔文化交集为基础,尊重当地文化风俗,在形式和内容上妥善处理跨文化交流当中的禁区。对此,可以通过渔文化活动、渔文化产品交流、渔文化人才交流等方式,促进渔文化的往来互鉴与国际推广。渔文化发展工程是中国梦的一部分。通过繁荣渔文化来提升水产养殖业能级、增加水产品文化附加值、促进渔村社会转型、丰富人们精神文化生活等,是"建设海洋强国"的一部分,是"一带一路"倡议的一部分,也是渔文化突破传统走向未来、提升自身文化影响力的时代使命。有理由相信,2050 年的渔文化将会成为我国社会的独特景观,不仅会更加精彩纷呈,而且会更加形式多样、内容丰富,受到世界人民喜闻乐见。

8. 渔业智能化工程

渔业智能化技术正在推动渔业生产的工作范式转变。世界渔业设施装备已开始融合微电子技术、仪器与控制技术、信息技术,从而形成融合渔业物联网、渔业大数据、渔业人工智能、渔业机器人的核心技术体系,并加速向数字化、智能化、机电一体化快速发展。然而,我国在渔业智能化核心技术研发上尚有诸多困难需要克服:首先,渔业生命-环境信息传感技术仍停留在基本感知机理的集成水平,且普及率极低,缺乏先进感知机理研究,严重制约智慧农业发展;所应用的主要感知技术不能实时、动态、连续感知信息,有害污染物的动态实时感知、关键环境因子和生物-环境互作动力学模型的研究不够深入,先进感知技术严重依赖国外;核心技术和机制仍被牢牢掌握在原创技术国家，如传感技术掌握在 Hach、Omega 等国外公司手中，导致进口农业传感技术应用受限，进口传感器成本高、在国内水产养殖场景中故障率高的缺点限制了国内农业物联网的应用；其次，由于模型精度低、物联网异构性强，渔业信息模型的核心机制与建模技术尚待突破，渔业生产优化调控技术智能化水平仍需提高；最后，限于材料与工艺水平，渔业智能装备在性能可靠性、作业精度方面仍需改进。综上，我国尚未形成渔业智能化核心技术体系架构，亟待全面开展核心技术研究以支撑渔业智能化升级。

专题三 至 2050 年中国畜禽养殖业发展战略研究

养殖业作为农业乃至国民经济的重要组成部分，是保障国家食物安全的重要抓手，是推进区域经济社会发展、提高农牧民增产增收能力的重要保障，是实现人民群众对美好生活向往目标的重要基础。长期以来，养殖业一直是我国农业农村发展的主要短板，存在诸多突出问题，导致生产者和消费者福利降低，资源环境成本增加，不利于养殖业持续稳定健康发展，因此对养殖业发展战略进行系统研究，具有重要的理论和现实意义。基于此，本研究在展望动物产品未来需求的基础上，系统梳理了改革开放 40 年我国养殖业发展的历史阶段及主要特征，并总结了成就与经验；剖析了发达国家养殖业发展的新趋势，并归纳了成功经验；发掘了我国养殖业发展的资源环境要素，并阐明了现存机遇与挑战；明确了我国养殖业的战略定位、发展目标与区域布局；提出了我国养殖业持续发展的重大科技需求及战略性工程，以及面向 2050 年的战略措施。

一、中国动物产品的需求分析

（一）动物产品消费需求呈增长态势

根据中国农业产业模型预测，2035 年我国肉类总需求为 10 217.6 万 t，较 2017 年的 8027.3 万 t 增长 2190.3 万 t，年均增长 1.52%；鸡蛋总需求为 3150.3 万 t，较 2017 年的 2631.8 万 t 增长 518.5 万 t，年均增长 1.09%；奶类总需求为 7003.2 万 t，较 2017 年的 5084.2 万 t 增长 1919 万 t，年均增长 2.10%；水产品总需求为 7441.6 万 t，较 2017 年的 6501.1 万 t 增长 940.5 万 t，年均增长 0.80%。特种养殖业方面，2035 年国内外总需求分别为蚕丝 12 万 t、蜂蜜 55 万 t、鹿茸 14 800t、毛皮 15 000 万张，比 2017 年分别增长 2 万 t、5 万 t、12 590t、7000 万张，年均增长率分别为 1.11%、0.56%、31.65%、4.86%。由此可见，2017～2035 年我国动物产品需求稳定增长，其中特种养殖业年均增长率最高，市场潜力巨大。2035～2050 年，我国城乡居民动物产品需求趋稳略增，2050 年肉类、鸡蛋、奶类、水产品需求分别为 12 054.71 万 t、2731.8 万 t、9551 万 t、8120 万 t。

（二）绿色生态有机动物产品需求明显增加

随着经济社会发展、消费结构升级，城乡居民对动物产品的需求日益增加，并逐渐从追求数量型和质量型向主要追求质量型转变。长期以来，我国养殖业将关注重点主要放在数量增长方面，即追求动物产品产量的持续快速增长，忽视了动物产品质量安全，在满足人们对动物产品数量层面的需求时，也产生了严重的食品安全隐患。在城乡居民收入水平提高及膳食结构改善的宏观背景下，绿色、生态、营养的健康消费方式成为一个必然趋势。可见，未来我国的绿色生态有机等优质动物产品需求将保持稳定增长。

二、改革开放40年中国畜禽养殖业发展的历史演变与主要经验

（一）养殖业发展的历史演变

回顾改革开放以来40多年，我国养殖业发展大致经历了如下四个阶段。

1. 改革发展时期（1978～1984年）

1978年开始，全国范围内快速实施的家庭联产承包责任制，使养殖业生产释放出巨大活力，专业户、重点户不断涌现，独立自主的多元市场主体开始形成；80年代初期，全国第一个牧工商联合企业诞生，到80年代中期，全国牧工商联合企业已经达到600多个；1984年7月，我国开始改革畜产品的流通体制和价格体制，取消统派购制度，放开畜产品市场，绝大多数畜产品可以随行就市，打破了国有企业独家经营的格局。一系列的改革措施和政策出台，有效释放了养殖业发展的活力，推动了养殖业的大发展。例如，党的十一届四中全会通过的《中共中央关于加快农业发展若干问题的决定》提出，要"大力发展畜牧业，提高畜牧业在农业中的比重""继续鼓励社员家庭养猪养牛养羊，积极发展集体养猪养牛养羊"；1980年《国务院批转农业部关于加速发展畜牧业的报告》强调，"要把一切行之有效的鼓励畜牧业发展的政策落实到各家各户""取消禁宰耕牛的政策"。这些政策快速释放了生产经营的自主权，极大地调动了生产发展的积极性，短期内养殖业即得到快速发展。1984年，我国肉类总产量达到1540.6万t，比1978年增长79.9%；禽蛋、牛奶产量分别达到431.6万t和218.6万t（专题图3-1）；生猪出栏达到2.2亿头，比1978年增长36.85%；其他大牲畜的存栏量、出栏量以及人均肉类占有量均有大幅上升。

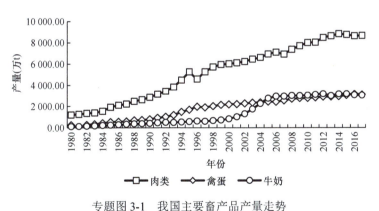

专题图3-1 我国主要畜产品产量走势
数据来源：历年《中国畜牧业年鉴》

2. 全面快速增长时期（1985～1996年）

该阶段我国养殖业经营体制实现了根本转变，产品市场和价格逐步放开；主要动物产品生产快速增长，长期严重短缺的局面得到根本扭转，实现了供需基本平衡。1985年1月，中共中央、国务院发布了《关于进一步活跃农村经济的十项政策》，其中的重要内容就是取消了生猪派养派购，实行自由上市，随行就市，按质论价；同时取消了多

数畜产品的统一定价，从而使畜牧业成为农业中最早引入市场机制的行业部门。1988年，农业部组织实施了"菜篮子工程"，建立了一大批中央和地方级别的肉蛋奶生产基地及良种繁育、饲料加工等服务体系，有效促进了畜牧业向商品化、专业化和社会化发展。1992 年，国务院颁布了《我国中长期食物发展战略与对策》，明确提出了"要将传统的粮食和经济作物的二元结构，逐步转变为粮食作物、经济作物和饲料作物的三元结构"。随着 1992 年农村改革全面向市场经济转轨，加上后续各项改革的不断深入，我国逐步形成了有利于养殖业发展的社会环境和开放的市场条件，养殖业生产得到了快速的发展，实现了主要动物产品供需基本平衡的历史性跨越，夯实其在农业中的支柱产业地位。1996 年，我国肉类总产量达到 4584 万 t，比 1985 年增长 1.4 倍，年均增长率达8.2%；禽蛋产量 1965.2 万 t，比 1985 年提高 267.5%；牛奶产量 629.4 万 t，比 1985 年提高 151.9%（专题图 3-1）；畜牧业产值占同期农业总产值的比例为 26.9%，比 1985 年提高 4.9 个百分点；渔业总产值占同期农业总产值的比例为 9.0%，比 1985 年提高 4.9个百分点。（专题图 3-2 和专题图 3-3）。

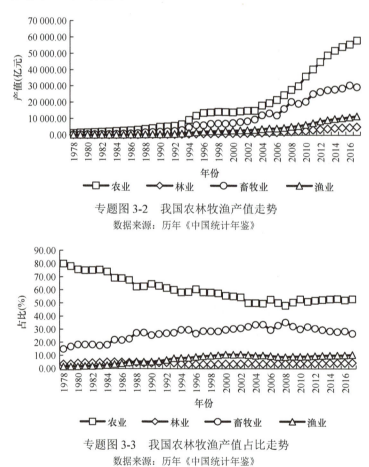

专题图 3-2　我国农林牧渔产值走势

数据来源：历年《中国统计年鉴》

专题图 3-3　我国农林牧渔产值占比走势

数据来源：历年《中国统计年鉴》

3. 提质增效发展时期（1997～2014 年）

随着行业的快速发展，到 20 世纪 90 年代后期养殖业出现了阶段性、结构性产品过剩；随着经济发展，人们对优质的动物产品、花色多样的动物产品日渐青睐；随着市场逐步开放，国际市场竞争压力越来越大。因此，养殖业迫切需要调整产品结构、提升产品质量和安全性、提高生产效率和产业效益。在此背景下，国家适时制定和出台了一系列促进养殖业发展的政策措施。例如，1998 年党的十五届三中全会通过的《中共中央关于农业和农村工作若干重大问题的决定》提出，"菜篮子"产品生产要推广优新品种，降低成本，提高效益；1999 年国务院转发农业部《关于加快畜牧业发展的意见》提出，要稳定发展生猪和禽蛋，加快发展牛羊肉和禽肉生产，突出发展奶类和羊毛生产，同时加快转变养殖方式，大力调整、优化畜牧业结构和布局，提高生产效率、经济效益和畜产品质量安全水平；1999 年后国家启动实施农业行业标准专项制修订计划，以加快畜牧业标准化生产；2004 年国家设立首席兽医官制度；之后几年又陆续发布和实施《国务院关于促进畜牧业持续健康发展的意见》、《国务院关于促进奶业持续健康发展的意见》、"振兴奶业苜蓿发展行动"和《全国牛羊肉生产发展规划（2013—2020 年）》等。经过这一阶段的发展，我国主要养殖业规模化、标准化程度显著提升。2014 年，我国生猪出栏 500 头以上规模比例达到 41.9%、肉牛出栏 100 头以上规模比例为 17.3%、肉羊出栏 500 只以上规模比例为 12.9%、肉鸡出栏 50 000 只以上规模比例为 43.7%、蛋鸡存栏 10 000 只以上规模比例为 35.8%[①]；生猪、肉牛、肉羊和家禽出栏率分别达到 157.0%、46.3%、94.8%和 204.3%；牛羊肉占肉类比例达到 13.2%；奶类产量比 1997 年增长 524.6%，是增幅最快的畜产品；畜牧业科技进步贡献率从"六五"时期的 34%增加到 54%左右；动物产品生产进入追求质量安全的阶段，并逐步向区域集中、产业整合发展，"龙头企业+家庭农场（或养殖大户）"模式成为畜牧业发展的主导力量，如温氏模式、德康模式、正大模式、襄大模式等。

4. 以环保为重点的全面转型升级时期（2015 年至今）

2015 年以来，国家密集出台了若干政策方案，以促进养殖业提质增效，实现绿色发展。第一，"粮改饲"和草牧业发展，有效支撑了畜产品的质量安全和生产效率的提升。2015 年，中央一号文件提出"加快发展草牧业，支持青贮玉米和苜蓿等饲草料种植，开展粮改饲和种养结合模式试点，促进粮食、经济作物、饲草料三元种植结构协调发展"，第一次在农业结构调整中突出优质饲草的重要地位，突出种养结合和农牧循环有效模式，当年农业部就在"镰刀弯"地区的 10 个省份进行"粮改饲"试点，随后拓展为 17 个省份；同年在河北等 12 个省份组织开展草牧业发展试验试点。2016 年，农业部发布《关于促进草牧业发展的指导意见》，具体确定了重点实施区域、各地区草牧业发展重点和经营模式。第二，围绕畜牧业环保和粪污资源化利用，规范和扶持政策不断发力，有效提升了畜牧业环境保护和粪污资源化利用水平。各项环保政策的落实，有效规范和扶持了畜禽粪污的资源化利用和养殖场的达标排放。2015 年国家发布"水十条"，要求现有规模化畜禽养殖场（小区）根据污染防治需要，配套建设粪便污水贮存、处理、利用设施，而散养密集区要实行畜禽粪便污水分户收集、集中处理利用；2016 年国家发布"土十条"，要求严格规范兽药、饲料添加剂的生产和使用，促进源头减量，加强畜禽粪便综合利用，鼓励支持畜禽粪便处理利用设施建设；2015 年，

---

① 2015 年前我国各畜种的规模化标准普遍较低，2015 年农业部对各畜种规模化标准作了调整，标准大幅度提升，这是调整后的标准，下同。

农业部发布《关于促进南方水网地区生猪养殖布局调整优化的指导意见》，要求这些区域的生猪主产县以资源禀赋和环境承载力为基础，制定养殖规划，合理划定适宜养殖区域和禁养区，改进生猪养殖和粪便处理工艺，促进粪便综合利用；2016 年国家发布《中华人民共和国环境保护税法实施条例》，明确从 2018 年 1 月 1 日开始实施，要求达到省级人民政府确定的规模标准并且有污染物排放口的畜禽养殖场，应当依法缴纳环境保护税。

（二）养殖业发展取得的成就

1. 主要动物产品生产有效保障国内需求

经过 40 年的快速发展，我国主要动物产品人均占有量快速提高。1980 年我国人均肉类、禽蛋、牛奶占有量分别只有 12.3kg、2.6kg 和 1.2kg，分别为美国人均占有量的 12.9%、15.7%和 1.1%，与世界平均水平相比，分别只占 44.8%、45.8%和 2.8%。2016 年我国人均肉类、禽蛋、牛奶占有量分别达到 61.9kg、22.4kg 和 26.1kg，年均分别增长 4.59%、6.16%和 8.93%（专题图 3-4），分别为美国人均占有量的 44.2%、121.7%和 9.9%，分别是世界平均水平的 140.2%、213.2%和 28.0%。可见，我国的人均肉类、禽蛋占有量已超过世界平均水平，只有牛奶与世界平均水平相比还有差距，但差距正在逐步缩小（专题图 3-5 和专题图 3-6）。

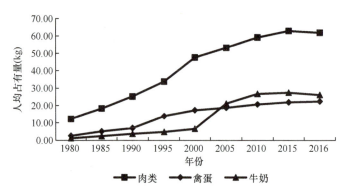

专题图 3-4　我国肉蛋奶人均占有量走势

数据来源：历年《中国畜牧业年鉴》

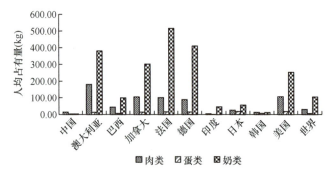

专题图 3-5　1980 年主要国家肉蛋奶人均占有量对比

数据来源：FAO 数据库（http://www.fao.org/faostat/en/#home）

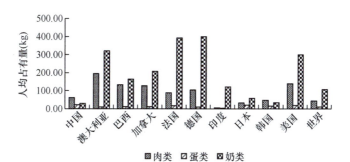

专题图 3-6　2016 年主要国家及世界肉蛋奶人均占有量对比
数据来源：FAO 数据库（http://www.fao.org/faostat/en/#home）

2. 动物产品供给结构逐步趋于合理

1985 年[①]，我国肉类生产中猪肉占 85.9%，牛羊肉只占 5.5%，禽肉占 8.3%；到 2016 年，我国肉类生产中猪肉占比下降到 62.1%，下降 23.8 个百分点；而牛羊肉占比提高到 13.8%，提升 8.3 个百分点；禽肉占比更是提高到 22.1%，大幅提升 13.8 个百分点（专题图 3-7）。尤其需要说明的是，牛奶生产经过 20 世纪 90 年代以来的超常速发展，已经成为我国畜牧业生产中重要的突出力量，在改善居民膳食结构方面起到重要作用，人均奶类占有量翻了约 10 倍（专题图 3-8）。

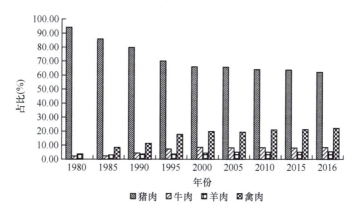

专题图 3-7　我国肉类结构走势
数据来源：历年《中国畜牧业年鉴》

3. 规模化程度稳步提升，生产效率不断提高

改革开放之初，我国的养殖业以集体饲养和农户饲养为主，只有极少量的国营大牧场；自 80 年代中期开始，养殖领域出现专业户和重点户；到 90 年代中期，专业户和重点户发展已相当普遍，养殖业规模化程度快速提高；90 年代中后期以后，随着国家对养殖业的规范力度进一步加大和对规模化、标准化养殖的政策推动，养殖业规模化程度显著提高。由于国家统计局从 2007 年才开始统计不同规模的生产情况，因此本研究只能从 2007 年开始比较，即使这样，变化也非常显著。2007 年，我国生猪规模化比例为 20.8%、

---

① 由于 1985 年前国家统计局未专门统计禽肉，这里为了具有可比性，从 1985 年开始分析肉类结构。

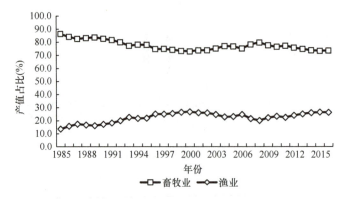

专题图 3-8　我国畜牧业及渔业产值占养殖业总产值比例走势

数据来源：历年《中国统计年鉴》；养殖业总产值为畜牧业及渔业产值之和

肉牛规模化比例为 8.2%、肉羊规模化比例为 4.7%、奶牛规模化比例为 16.4%、肉鸡规模化比例为 22.0%、蛋鸡规模化比例为 14.9%；2016 年，各畜种相应的规模化比例分别达到 44.4%、17.6%、18.9%、49.9%、65.4% 和 40.2%。

　　随着养殖规模化、标准化程度的提升，我国主要畜禽养殖的生产效率得到有效提升。1980 年，我国生猪出栏率只有 65.0%，胴体重只有 57.1kg；2016 年，我国生猪出栏率达到 157.5%，胴体重达到 77.4kg（专题图 3-9）。每头能繁母猪每年提供育肥猪头数（MSY）1980 年只有 10 头左右，到 2016 年达到 16 头。全群奶牛单产 1980 年只有 1780.03kg/头，2016 年达到 2527.33kg/头（泌乳牛单产平均 6000kg 左右）（专题图 3-10）。蛋鸡产蛋量 1980 年只有 4.2kg/只，到 2016 年达到 8.9kg/只。

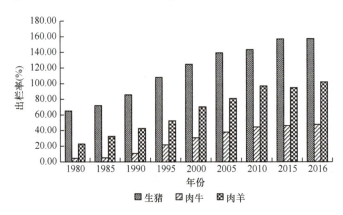

专题图 3-9　我国主要畜禽出栏率变化趋势

数据来源：历年《中国畜牧业年鉴》

4. 优质饲草的重要性得到认可，种养结合、农牧循环养殖模式开始推广

　　我国的农耕文化思想，导致决策者和生产者长期忽略优质牧草的作用，直到 2008 年奶业发生"三聚氰胺"事件以后，优质牧草的重要性才逐步得到重视。2008 年国家启动建立现代农业产业技术体系，第一次将牧草作为一个产业进行研发支持。在市场需求拉动与行业科技支撑下，牧草产业在国内开始逐步发展，2012 年国家正式启动实施"振兴奶业苜蓿发展行动"；2015 年中央一号文件提出实施"粮改饲"试点，推动发展草

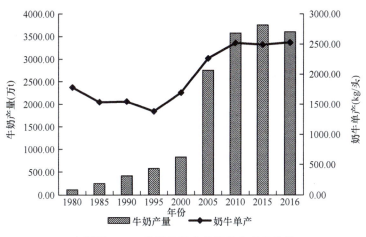

专题图3-10　我国牛奶产量及单产变化趋势
数据来源：历年《中国畜牧业年鉴》

牧业。牧草产业的快速发展，有效支撑了国内奶业的转型升级，泌乳奶牛平均单产水平由2008年的不足3t快速提高到2017年的6t左右，不到十年时间翻了一番。随着行业对牧草重要性认识的不断深入和环保压力的加大，种养结合、农牧循环正在成为新趋势。

5. 有效壮大农业农村经济，提升农民收入

经过40年的快速发展，养殖业已经成为我国农业农村经济发展的重要支柱产业，还是农民收入的主要来源，更是广大中西部地区脱贫致富的首选产业。2016年我国畜牧业产值达到3.17万亿元，占农业总产值的比例达到28.3%，带动上下游产业（屠宰加工、乳品加工、蛋品加工、饲料、兽药等）产值约3万亿元（辛国昌，2017）。畜产品加工业在我国农产品加工业中更是独树一帜，国内农产品加工有影响力的品牌企业大多在畜牧行业，如内蒙古伊利实业集团股份有限公司、内蒙古蒙牛乳业（集团）股份有限公司、北京三元食品股份有限公司、河南双汇投资发展股份有限公司、温氏食品集团股份有限公司、新希望集团有限公司、内蒙古科尔沁牛业股份有限公司等在国内甚至国际都是很有影响力的品牌企业。2016年，农牧民从畜牧业获得的收入为573.7元，对牧民来说，畜牧业收入更是其几乎唯一的收入来源；全国牧区县人均纯收入为8462.6元，其中畜牧业收入为5615.9元，占比高达66.4%。对全国1万户渔民家庭收支情况调研得知，全国渔民人均纯收入达到16 904.2元，较上年增加1309.4元，增长8.4%。

（三）养殖业发展的经验总结

1. 必须根据不同区域的资源条件实施适度规模养殖

养殖业发展必须走规模化道路，这是实现专业化、标准化和现代化的基础。但养殖的规模化必须是适度规模养殖，不能不考虑当地自然经济条件，不切实际地大规模养殖。在我国奶牛、肉牛和生猪的规模化养殖中，都曾出现过不切实际的贪大求洋，导致当地自然条件难以容纳那样的单体大规模，造成环境污染治理难度加大，养殖成本提高，最终因很难持续下去而不得不停产的窘境。相反，根据区域自然条件，选择种养结合、生

态循环的适度规模养殖，走"龙头企业+家庭农牧场"的群体大规模道路，是很有生命力的发展模式，如温氏食品集团股份有限公司、湖北襄大实业集团有限公司、福建正大集团有限公司等，既通过少量投资（轻资产发展模式）短期实现了大规模扩张，又带动了农民致富。

2. 必须实施猪牛羊禽等全面发展的多元化结构

我国是农业大国，又是人口大国，主要动物产品的供应必须主要依靠国内。另外，为实现新时代"两步走"的战略目标，我国必须满足居民消费动物产品在花色品种多样化方面的要求。更为重要的是，我国农业体量全球第一，主要农作物副产品以及农产品加工品副产品总量都很大。据估算，我国每年产生酒糟 1500 万 t、醋糟 200 万 t、马铃薯渣 150 万 t、果渣 150 万 t、番茄渣 30 万 t，还有大量有营养价值的各类秸秆。尽管我国每年牛肉产量超过 700 万 t，羊肉产量超过 400 万 t，但两者相加也只有肉类总产量的 13%左右，单从经济角度考虑，可以依靠从国际市场进口来满足。但是，从整个农业生产系统来看，只有肉牛、肉羊产业才能把农作物副产品及农产品加工副产品消纳掉，若无肉牛肉羊产业，则这些副产物将成为环境的一大公害。所以，肉牛肉羊产业是整个农业生产系统的重要中枢，是农业生产系统良性循环的必备产业。对于我国如此大的农业体量，猪、牛、羊、禽等产业都应发展，且要相互协调、不可偏废。

3. 健康养殖是保障生产优质高效和安全的基础

健康养殖是通过一系列工程、技术措施，实现圈舍环境良好、饲料营养充足、粪污资源化利用、疫病防治及时有效，从而达到动物本身健康、产品安全和环境友好的目的的（王明利等，2007）。动物本身的健康是保障生产效率提升的关键，也是保障产品优质安全的基础。就畜禽养殖而言，只有圈舍及周边环境良好，饲料营养供应及时充足，疫病防控及时有效，才能保证畜禽本身的健康。若这些基本条件不能满足，畜禽就会产生各种应激反应，体内产生毒素，既影响畜禽生产效率的提升，也影响畜禽产品的质量安全。保障畜禽健康，并不是圈舍建设得越高档豪华越好，也不是给动物提供的饲料越精细越好，而是应根据不同畜禽的自然生产和生活习性去提供起居环境与安排饲草料给养，该精细的一定要精细，该粗放的一定要粗放。例如，畜禽需感受阳光雨露、风吹日晒，所以要提供这样的场所，有围栏和挡风墙足矣，不一定需要高档圈舍，既可节约固定资产投资，又能保障畜禽圈舍舒适；草食动物以草为主食，精饲料是补充料，所以应提供充足的优质饲草，精饲料作为营养补充适量供给，既可节约饲料成本，又能提高生产效率；在冬季为牛羊提供饮用温水，替代传统的冷水，可显著提升生产效率；为牛羊母畜提供放牧场条件，替代圈舍，既可节约人力投资，又能显著提升母畜繁殖率和仔畜成活率，还可保障母畜体质健康，最终提升生产效率和经济效益。这些均是我国过去在饲养管理中忽略或未足够重视的方面，也是我国与发达国家相比生产效率和产品竞争力差距大的主要原因。

4. 优质饲草有效利用是提升生产效率的重要途径

优质饲草是草食家畜的"主食"，而我国长期的农耕文化更多的是追求作物的"子实",忽视了作物的全株利用;同时草食动物大都采用"秸秆+精料"的饲喂模式,一方面导致精料消耗很大,另一方面草食家畜的营养健康得不到保障,进而导致畜产品生产效率不高、质量安全水平较低。根据相关专家的测算,同样一亩耕地,适时收获植物地上部分营养体所获得的营养物质一般是子实的 3~5 倍。例如,在同样条件的耕地上,按照粗蛋白计算农田当量,苜蓿为 4.93,黑麦草为 3.08,即 1 亩苜蓿相当于 4.9 亩水稻、7.0 亩小麦或 6.4 亩玉米;1 亩黑麦草相当于 3.08 亩水稻、4.4 亩小麦或 4.0 亩玉米。若按照代谢能计算农田当量,1 亩苜蓿相当于 1.61 亩水稻、3.6 亩小麦或 2.3 亩玉米;1 亩黑麦草相当于 1.34 亩水稻、3.0 亩小麦或 1.9 亩玉米(专题表 3-1)。地上部分全株利用,营养吸收后过腹还田,不会留下污染公害;若只利用子实,单位面积耕地产生的营养大量减少,而秸秆被废弃或燃烧,成为一大污染公害,且为此付出的监管成本增加很多。

专题表 3-1　粮食作物与饲草的干物质、粗蛋白、代谢能产出及农田当量折算

作物种类	干物质产量 (kg/hm²)	利用系数	干物质可利用量 (kg/hm²)	粗蛋白含量 (%)	粗蛋白产量 (kg/hm²)	按粗蛋白计算的农田当量	代谢能含量 (MJ/kg)	代谢能产量 (MJ/hm²)	按代谢能计算的农田当量
水稻	5 500	1.0	5 500	8.5	467.5	1.00	13	71 500	1.00
小麦	2 500	1.0	2 500	13.0	325.0	0.70	13	32 500	0.45
玉米	3 800	1.0	3 800	9.5	361.0	0.77	13	49 400	0.69
苜蓿	14 400	0.8	11 520	20.0	2 304.0	4.93	10	115 200	1.61
黑麦草	12 000	0.8	9 600	15.0	1 440.0	3.08	10	96 000	1.34

资料来源:根据任继周和林慧龙(2009)、任继周(2013)的研究结果进行整理

过去将饲草和饲料混为一谈,统一称作"饲草料",其实两者不管是在种植制度、收获方式、贮存条件、利用方式,还是在产品功能、性质等方面,都是完全不同的两类作物,必须将饲料和饲草产业并分开分别施策才能促进牧草产业尽快发展起来,同时突出牧草的地位和作用。

5. 产业化是拉动养殖业提质增效的重要抓手

受资源条件限制,总体来看,我国的养殖业不能走单体大规模的"美国式"规模化道路,但面对国际大市场的竞争,又必须将分散的中小规模养殖组织起来,集中统一地在市场上讨价还价,同时为有效实现产品的标准化和全产业的利润留在产业内部,必须实现全产业链的一体化经营。畜牧业产业化在我国整个农业中一直处于领先地位,从 20 世纪 80 年代出现的牧工商联合企业,到目前以奶产品加工、肉类加工、饲料加工等为龙头的"龙头企业+合作社+养殖场(户)""龙头企业+家庭农牧场"等产业化经营模式,都在提升畜牧业组织化、规模化、标准化水平,提高产品质量和安全性,以及强化先进实用技术推广和品牌经营、抵御市场风险等方面起到了积极的推动作用。不过目前来看,畜牧业产业化在利益联结机制等方面还很不规范,特别是在奶业方面,由于原奶不耐贮存,容易出现受到龙头企业压级压价等"卡脖子"现象,主要由国内市场监管不到位、标准不科学等问题引起,但不能否定

产业化的整体优势。目前在生猪养殖行业，产业化势头很好，迎合了国内资源禀赋和环保约束的生猪养殖模式，前景广阔，如温氏模式、襄大模式、正大模式等，今后随着龙头企业一体化经营的深入推进，预期生猪养殖产业化将会提升到更高程度。此外，肉牛、肉羊养殖产业化程度普遍较低，今后必须在规范市场和强化法治的基础上提升其产业化水平。

三、发达国家养殖业发展的最新趋势及经验借鉴

（一）代表性发达国家的最新发展特点与趋势

1. 动物产品结构不断优化

发达国家畜产品中，奶类产品的占比近年来虽呈下降趋势，但仍占绝对优势，如日本当前奶类产品占肉蛋奶总量的近 90%。肉类产品在发达国家畜产品中的占比呈上升趋势，但不同国家存在一定的差异，如日本相对较低，当前约为 10%，德国约为 20%，澳大利亚约为 30%，而美国达到近 60% 的水平。蛋类产品在发达国家畜产品中的占比均在 1%～3% 的水平，相对于奶类产品和肉类产品而言极小。发达国家肉类产品结构中，牛、羊肉占比普遍下降，禽肉占比呈上升趋势且速度较快。

2. 动物产品质量安全关注度越来越高

养殖业发达国家都有完善的产品安全管理体系来保证产品质量安全。以美国乳制品为例，其已建立了包括生产、加工、运输、贮存等环节在内的全程食品质量安全控制体系，严密的乳制品全程质量安全控制体系强化了生产源头控制和进出口检疫。欧洲主要发达国家也通过产品质量安全认证工作来保证质量安全，当前认证体系发展完善，已经成为保障动物产品安全、促进养殖业发展的重要手段。例如，荷兰的畜产品质量管理体系及德国的质量与安全体系等，通过对养殖、饲料、屠宰、包装、运输等涉及畜产品安全的各个环节进行全面控制来保证畜产品质量安全。

3. 高度重视养殖业科技进步

先进生产技术的研究与推广是促进养殖业发展的强大动力。就育种而言，美国、英国等发达国家和 FAO 预测，21 世纪全球商品化生产的畜禽品种都将通过分子育种技术进行选育，而品种对整个畜牧业的贡献率将超过 50%。目前，国外大型育种公司已经在使用分子标记辅助选择技术开展动物遗传改良，加大研究投入力度，研发具有独立知识产权的基因应用于育种实践，已成为当前发达国家动物育种工作的主流方向。

4. 高度关注环境保护和动物福利

环境保护方面，为防止环境污染，发达国家实行了严格的养殖污染控制措施。美国《清洁水法》规定，将工厂化养殖与工业和城市设施一样视为点源性污染，粪污排放必须达到国家污染减排系统许可要求，并鼓励通过农牧结合化解畜牧业环境污染，养殖场的动物粪便通过输送管道归还农田或直接干燥固化成有机肥归还农田。欧盟主要采取农

牧结合的方法解决污染问题，明确规定养殖场的养殖规模必须与养殖场所拥有的土地规模配套。国际社会特别是欧洲在动物福利方面有一套严格的规定，如规定生产者要在饲料和水的数量及质量方面满足动物需求，使动物免受饥渴之苦；为动物提供舒适的生活环境，消除动物的痛苦、伤害与疾病威胁等。

5. 养殖业发展呈现五大不可逆转趋势

养殖业发展呈现出五大不可逆转趋势。一是由于养殖业在农业中的地位不断提升，植物农业向动物农业发展的趋势不可逆转；二是由于科技水平提高和产业竞争加剧，标准化规模养殖发展趋势不可逆转；三是随着收入水平不断提高，人们对动物产品质量的要求越来越高，生态绿色产品市场需求不断增长的趋势不可逆转；四是受动物产品储存时间短、养殖业产业链长等因素影响，产业化一体化趋势不可逆转；五是随着全社会对低碳经济的重视程度逐步加强，低碳养殖业发展趋势不可逆转。

（二）代表性发达国家及地区养殖业发展的经验借鉴

1. 必须坚持因地制宜和分类指导方针

从世界各国养殖业发展历程来看，由于资源、技术、经济发展水平和发展阶段的不同，各国呈现出不同的发展模式。土地资源丰富、劳动力相对短缺的美国，采用了大规模机械化的发展道路；人多地少的日本和韩国，采用了资金和技术密集的集约化发展道路；经济发展水平较高、人口和资源相对稳定的欧洲国家，普遍采用了适度规模农牧结合的发展道路；草地资源丰富的澳大利亚和新西兰，采用了围栏放牧，资源、生产和生态协调的现代草原畜牧业发展道路。我国地域广阔，不同地区自然条件差异较大，就目前而言，国际养殖业的不同发展模式在我国均存在，其发展经验对我国不同地区养殖业发展均有借鉴意义。因此，我国养殖业尤其是畜牧业发展要采取因地制宜、分类指导的方针，要在充分依靠科技和政策扶持的基础上，尽快走出一条适合我国国情的现代养殖业可持续发展道路。

2. 必须高度重视产业化组织模式

产业化是养殖业发展的必然趋势。受经济、政治和历史等因素的影响，美国形成了"公司+规模化农场"，农场和企业间采取合同制进行利益联结的产业化模式；欧洲在经历几百年的发展后形成了"农户+专业合作社+企业"，农户和企业利益共享、风险共担的产业化模式；日本则采取了"农户+农协（综合性合作社）+公司"，重点通过农协保护农民利益的模式。这些产业化模式都对这些国家的养殖业可持续发展起到了巨大的推动作用。目前，我国养殖业的产业化模式以"公司+农户"为主，但利益联结机制仍然不协调，因此加快推进组织模式创新，进一步密切产加销环节的利益机制成为养殖业发展必须解决的问题。

3. 必须在结构调整中统筹考虑生产效率和消费习惯

从过去 40 年世界畜牧业发展历程来看，肉蛋奶产量中，肉类比例整体呈上升趋势，蛋类比例保持低位，奶类比例有所下降；肉类中，禽肉比例明显上升，猪肉比例相对稳定，牛肉比例有所减少。可见，肉料比相对较高的产品在畜牧业中的比例不断提升，畜牧业生产结构变化的过程本质上是畜牧业不断高效化的过程。从我国畜禽养殖业发展历程来看，肉蛋奶产量中，肉类比例整体呈下降趋势，蛋类比例基本稳定，奶类比例大幅上升；肉类中，禽肉比例明显上升，猪肉比例有所下降，牛羊肉比例相对较小。结合世界畜牧业结构变动的规律，综合考虑居民动物产品消费习惯和生产效率两方面的因素，我国养殖业结构调整要在稳定生猪、禽蛋的基础上，大力发展肉禽和奶牛业。

4. 必须完善养殖业政策支持和法律法规体系

政府的大力支持是推进发达国家养殖业发展的重要因素，也是其主要特征。美国、欧盟等发达国家的畜牧业财政支持政策包括基础性投入支持、收入支持、价格支持和促销投入支持 4 种方式。美国的基础性投入支持政策包括强化草场资源保护，推进畜牧科技发展，扶持农牧场主等；收入支持政策有牛奶收入损失合同项目、牲畜补偿项目及家畜援助项目等；价格支持政策主要体现在农业法案，通过政府购买来保障生产者最低价格；而促销投入支持政策主要涉及畜产品进出口贸易，包括市场准入计划、外国市场发展计划、奶制品出口激励计划等。欧盟各国根据资源现状，实施粗放式经营补贴，通过降低草场载畜量来保护生态环境，支持科技和技术推广也是重要的基础性投入措施；收入支持政策表现为对奶制品的直接支付和对畜禽的补贴等；价格支持政策的主要工具有干预价格、目标价格和门槛价格等；而出口促销计划相对较多，均为发达国家保障国内畜禽生产、提升产品国际竞争力的主要手段。当然，政府的财政支持政策离不开相关法律法规建设，如美国的《农业法案》，完善的法律法规建设是发达国家通过财政支持保障畜牧业发展的重要法律基础。因此，我国养殖业实现发展需要建立完善的政策支持和法律法规体系。

5. 必须依靠科技创新推进养殖业发展

创新是现代农业的主要特征，而依靠创新来发展养殖业是发达国家的主要特征，其中技术创新最为重要。科技是第一生产力，通过科技进步来发展养殖业，可提高产业规模化、机械化、自动化和信息化程度，有效提升产业生产效率和市场竞争力。通过建立完善的科研推广体系，可实现科研机构和推广部门的有机结合，形成农业知识产生和扩散网络，为生产者提供相关实用技术和信息。例如，新西兰和澳大利亚对畜牧相关研究非常重视，新西兰南、北岛有 4 个农业科学研究中心、6 个草原研究站和 3 个土壤化验中心；澳大利亚中央联邦科学与工业研究组织设有 35 个研究单位，其中与畜牧业相关的有 9 个，完全研究畜牧的有 5 个。美国畜牧生产等领域的科技发达，抗生素、血清和杀菌剂等新型产品为畜禽工业化和规模化生产提供了物质保障，人工授精、胚胎移植、计算机检测等技术的推广为产业快速发展提供了技术保障，提升了畜禽繁殖率和生产率。此外，创新不仅仅局限于良种、养殖与设备、屠宰加工与运输储藏、无害化处理等技术的研发和应用方面，还包括信息、市场主体、社会化服务等方面。总体而言，创新对发达国家养殖业的快速发展产生了积极影响，成为其领先于其他国家的重要支撑。因此，我国养殖业的持续快速发展必须依靠科技创新来推进。

6. 必须健全社会化服务体系保障养殖业发展

完善的社会化服务体系建立在以市场为导向的经济条件下，为产前、产中和产后各环节提供全面服务，以保障养殖业稳健可持续发展。行业协会、专业组织等属于重要的社会化服务主体，可代表分散的生产者，作为养殖者的利益代表，可为政策出台提供建议或争取政策支持；通过建立交流平台，提供技术推广、咨询服务、农资供应服务、生产服务、购销服务、管理咨询、市场信息服务等；通过举办教育和培训活动，提高农户等小规模生产者的生产技能；通过聚合作用，保障分散生产者的利益，提升其市场话语权。另外，银行和保险部门等社会化服务主体，可为生产者提供相应的信贷支持和保险业务。粗略统计数据显示，美国有 500 万个以上农牧业行业协会和专业组织；日本仅九州地区便有 50 多个与畜牧业相关的协会，如畜产会、家畜登记协会、家畜改良协会、养猪（牛、鸡等）协会、兽医协会、生乳检查协会等。总体而言，发达国家具备较为完善的推进养殖业发展的社会化服务体系，提升了产业生产效率和市场竞争力，推进了产业可持续发展。可见，我国养殖业实现稳健发展，也需要完善的社会化服务体系来支撑，亟待进一步完善社会化服务体系。

四、中国养殖业发展的资源环境要素、机遇、潜力与挑战

（一）资源环境条件分析

1. 土地资源承载力

（1）饲料饲草供给

未来随着畜禽养殖量的增加，饲料粮需求仍将呈持续增长态势，各类饲料原料供给压力将继续加大。

1）蛋白质饲料供应紧张。我国畜禽养殖业饲料供给偏紧的状况将较长时期存在，尤其是蛋白质饲料原料缺口较大，自给率不足 50%。目前用于加工饲料豆粕的大豆 70%以上需要进口，大豆行情受国际市场变化影响显著，国际饲料原料市场发生微弱变化都会引起我国市场的敏感反应。据海关总署统计，2010 年国内进口大豆总量为 5480 万 t，比 2009 年增长 28.79%，再创历史新高。同时，我国菜籽粕、棉籽粕及其他杂粕等植物性蛋白质资源开发力度不足，还不能成为完全替代豆粕的蛋白质资源。另外，我国动物性蛋白质原料资源也相对匮乏，近年来总体呈下降趋势。2010 年国产鱼粉产量为 58.2 万 t，比上年下降 1.2%，进口鱼粉 103.8 万 t，比上年下降 20.6%。据统计，我国鱼粉进口量占世界进口总量的 37%左右。

2）能量饲料需求压力增大。玉米是用于饲料生产的主要能量原料。1998 年至今，我国饲用玉米占玉米总消费量的 70%左右，且玉米市场需求仍在继续增长；2010 年国内玉米产量为 1.77 亿 t，较 5 年前增长 27%。另外，虽然近年来玉米深加工的快速发展使得饲料消费占玉米总消费量的比例有所下滑。随着我国居民畜产品消费的增长，玉米饲料消费的绝对量将呈现刚性增长的态势，玉米供需可能维持紧平衡状态。

基于畜禽产品总需求刚性增长和规模养殖比例继续提升等，预计未来饲料粮需求仍

将稳步增长。预计到 2020 年，畜禽养殖业饲料粮总需求将接近 3.0 亿 t；2030 年继续增加，预计将超过 3.3 亿 t。未来畜禽养殖业饲料粮供需仍将处于紧平衡状态，主要是蛋白质饲料的部分缺口需要通过从国外进口或充分利用国际市场调节国内原料供给来解决。可以说，未来我国的粮食问题，实际上是养殖业所面临的饲料粮问题。

（2）粪污消纳容量

2015 年我国畜禽粪便排放量为 15.68 亿 t，尿液排放量为 6.91 亿 t（专题表 3-2）。畜禽粪污处理后作为农家肥还田，会对土地形成刚性需求。虽然沼气发电技术的应用和推广大幅度降低了养殖业粪污消纳对土地的依赖程度，但在应用推广过程中存在过度依赖政府补贴的问题，运营成本很高，经济上并不划算，而且生产沼气产生的沼渣处理也需要土地，如果沼渣处理不当又会形成新的污染。因此，土地保障依然是畜禽养殖的硬性约束。

专题表 3-2 2015 年主要畜种的废弃物排放情况 （单位：万 t）

项目	猪废弃物排放量	牛废弃物排放量	羊废弃物排放量	家禽废弃物排放量
粪	17 954.78	78 966.07	29 544.71	30 354.59
尿	29 625.38	39 483.04	—	—
BOD_5	1 172.02	2 095.31	83.969 16	1 171.48
COD_{Cr}	1 200.44	2 684.85	136.839	1 344.61
NH_3^--N	93.38	272.05	17.73	144.27
TN	203.46	660.94	70.91	317.40
TP	76.69	108.93	13.99	132.73
合计	50 326.15	124 271.20	29 868.14	33 465.08

注：猪牛羊按年末存栏量计算，家禽按当年出栏量计算，家禽的系数为鸡、鸭平均值，采用环境保护部（现生态环境部）的排泄系数计算得到。"—"表示无数据

2. 水资源承载力

畜禽养殖用水包括两大方面，一是畜禽自身饮用水，二是畜禽养殖过程中的冲洗用水。根据 FAO 公布的畜禽饮用水指标（专题表 3-3）及 2016 年我国的畜禽养殖规模数据进行核算，猪饮用水量为 4.50km³，牛饮用水量为 2.84km³，羊饮用水量为 1.20km³，家禽饮用水量为 0.35km³。我国畜禽养殖规模大，未来还具有增长空间，水资源将会成为影响畜禽养殖的重要因素之一。

专题表 3-3 主要养殖动物的饮用水用量

类别	饮用水用量[L/(只·d)]	备注
猪	28.3	
牛	73.0	育肥牛与乳牛加权获得
羊	10.9	山羊与绵羊加权获得
家禽	0.31	肉鸡与蛋鸡加权获得
肉鸡	0.33	

注：根据 FAO《畜牧业的巨大阴影》数据计算获得

3. 动物遗传资源

改革开放以来，我国畜禽品种选育工作取得长足发展，初步形成育种、扩繁、推广、应用相配套的良种繁育体系，遗传改良工作有效推进，法律法规不断完善，监测能力不断提升，种畜禽质量明显提高，为畜禽养殖业健康发展奠定了基础。但长期以来，由于单纯追求数量增长，忽视了畜禽品种资源独特的资源特性和生态意义，缺乏对其的足够认识，我国畜禽养殖普遍存在"重引进、轻培育，重改良、轻保护"的现象，加上投入不足，基础设施和技术条件落后，畜禽遗传资源的保护和可持续利用面临严峻挑战。

（1）对国外优良品种依赖度高

当前，国外畜禽良种在我国种畜禽生产中处于支配地位，畜禽规模化生产使用的良种大部分依赖从国外引进。2006～2010年我国累计进口种猪2.4万头、种牛23.1万头、种禽859.8万只、精液212.6万剂、种蛋18万枚、胚胎2.7万枚。我国瘦肉型猪的核心种源主要依赖进口，每年从北美洲、欧洲进口种猪3000头左右；白羽肉鸡品种完全依赖进口，蛋鸡主导品种以进口为主；优秀种公牛自主培育体系尚不健全，90%以上的优秀种公牛依赖从国外引进；细毛羊育种和生产使用的种羊也严重依赖进口。未来我国良种对外依存度高的现状短期难以转变。

（2）地方畜禽品种资源数量下降

为满足肉、蛋、奶等畜产品需求，我国相继引进大量外来高产品种来杂交改良国内地方品种。受外来高产品种冲击，我国许多地方畜禽品种数量逐渐减少或消失，且这种趋势随着近年大量引种和集约化程度提高而进一步加剧。农业部2004～2008年对全国畜禽遗传资源调查发现，我国现有畜禽品种、配套系901个，其中地方品种554个，15个之前有记录的地方品种资源未发现，59个地方品种处于濒危状态或濒临灭绝，超过一半的地方品种群体数量呈下降趋势。

（3）良种繁育体系建设滞后

我国畜禽良种繁育体系建设还很薄弱，"原种场—扩繁场—商品场"繁育结构层次不清晰，未形成纯种选育、良种扩繁和商品畜禽生产三者有机结合的良种繁育体系。由于投入不足，畜禽生产性能测定、后裔测定、遗传评估、品种登记、选种选配等基础育种工作无法有效开展，严重影响本地品种选育、品系专门化、杂交配套和新品种培育。

（4）科学合理的资源开发利用体系尚未形成

对地方品种的优良特性认识不足，且挖掘、评估、选育和开发利用不够；以现有畜禽资源为素材，利用现代育种技术培育新品种的工作未受到足够关注；保护与开发利用脱节，选育方向不适应市场需求，地方品种的优良种质特性未充分发挥应有作用；缺乏创新机制，资源优势尚未转化成经济优势。以细毛羊为例，虽然我国培育了中国'美利奴'等一批优秀细毛羊，但羊毛细度以21～25μm为主，与当前毛纺工业对20μm以下细毛的需求不相符，目前我国毛纺工业需要的优质细羊毛60%以上需要进口。

（5）种畜禽业发展机制有待完善

种畜禽业的发展是一项系统工程，具有长期性、连续性和公益性。根据欧美国家的成功经验，我国种畜禽业实现发展需政府和相关机构、育种企业协力运作。虽然《中华人民共和国畜牧法》对种畜禽生产经营和质量安全做了明确规定，但执法队伍不健全，执法力度不够,种畜禽质量水平参差不齐,无证和违反生产经营许可证生产经营的现象依然存在。同时,全国畜禽良种信息的采集、分析、发布机制尚未形成,信息网络建设滞后。

（二）机遇、潜力与挑战

1. 发展机遇

（1）"四化"同步的新要求为养殖业现代化发展提供舞台

党的十八大提出"坚持走中国特色新型工业化、信息化、城镇化、农业现代化道路""促进工业化、信息化、城镇化、农业现代化同步发展",为新时期经济社会发展和"三农"工作指明了方向。"四化"同步发展战略再次突出"三农"的重中之重地位,强调加快农业现代化是"四化"同步发展的重要基础和必然要求,这符合国家经济社会发展实际,对加快推动养殖业现代化发展具有深远意义。为加快养殖业发展,实现真正意义上的"四化"同步,国家必将在财政扶持、金融支持等领域向养殖业倾斜,为养殖业的转型升级提供广阔的舞台。

（2）社会需求总体增长为养殖业稳步发展创造空间

尽管宏观经济发展速度有所下调,但从长期趋势来看,我国城乡居民动物产品消费仍处在增长阶段,社会需求仍有增加空间。主要原因在于,一是居民人均动物性蛋白质在蛋白质摄入总量中的占比与世界发达国家相比仍有明显差距,随着经济发展,居民肉蛋奶消费势必继续增长;二是城乡居民动物产品消费水平的差距还很大,农村居民人均肉蛋奶消费与城镇居民相比差距仍然不小,随着农村经济发展和农民收入不断提高,占总人口60%的农村居民动物产品消费必将进一步增加;三是随着我国工业化和城市化进程的加快,新增城市居民的动物产品消费需求将呈现快速上升的趋势。因此,短期内我国动物产品消费仍有一定的增长潜力。

（3）产业持续改革发展为养殖业提质增效奠定基础

一方面,养殖业法律法规体系逐步完善。《中华人民共和国草原法》《中华人民共和国动物防疫法》《饲料和饲料添加剂管理条例》《中华人民共和国畜牧法》《乳品质量安全监督管理条例》《畜禽规模养殖污染防治条例》等陆续发布。到2014年,农业部陆续制定了18个配套规章。另一方面,养殖业扶持政策框架体系基本建立。从2007年开始,中央财政在全国范围内支持标准化规模养殖场建设,资金主要用于粪污处理、畜禽舍标准化改造以及水、电、路、防疫等配套设施建设,扶持资金逐年增加。1998年,中央财政开始支持畜禽良种工程项目建设,目前每年约2亿元。2005年,国家启动良种补贴项目,2013年约12亿元。另外,我国还设有生猪调出大县奖励。

2. 发展潜力

（1）畜禽个体生产能力显著提升的潜力

当前我国主要畜禽个体生产能力与发达国家相比普遍不高,还有很大的提升空间。究其原因,除资源禀赋差距外,更主要的是科技水平和养殖理念存在差距。例如,美国、德国等发达国家每头能繁母猪每年能提供22～26头仔猪,而我国只能提供13～15头,2016年我国能繁母猪超过4600万头,出栏肥猪6.8亿头（1头提供14.8头）,若能达到欧美水平,则只需2600万头以上母猪,少养母猪2000万头以上,按每头每年养殖成本

3200 元计，可节约 700 亿元，也可节约 1965.98 万 t（2.5kg/d）左右的饲料粮。受长期的传统农耕文化思想影响，我国对耕地种草、种草养畜没有足够重视。根据课题组测算，若国内 750 万头产奶牛的日粮都能增加 3kg 苜蓿干草，增加的产奶量相当于每养 10 头就可少养 1 头，则达到目前的产奶量可少养 75 万头产奶牛，节约饲料粮 200 万 t 以上。

（2）畜禽产品有效产量提升的潜力

国内长期只关注畜禽产品数量，忽视了通过提升质量安全性、增加花色品种等来提高产品价值从而不断满足居民对优质畜禽产品的强劲需求，每年因不合格原奶、质量安全性不高而被倒掉、销毁的畜产品很多。可见，不但能满足居民多样化需求，而且能满足居民对特色产品和优质安全畜产品需求的"有效畜禽产品"，在我国潜力还很大。

（3）优质饲草资源增加的潜力

尽管我国水土资源总体偏紧，但通过有效实施"粮草轮作""果草间作""林下种草"等农艺或模式，既可增加优质饲草供给，又可提升粮食生产能力，从而提升林果生产水平；通过充分利用冬闲田、秋闲田、春闲田种草，既可保障作物轮作倒茬，又可有效利用耕地，从而提高种植者的收入水平。

（4）土地对畜禽粪污消纳的潜力

种养结合、农牧循环是被发达国家证明了的行之有效的解决畜禽粪污治理难题的有效途径。通过为一定量畜禽养殖配套一定量土地，发展适度规模养殖是我国有效消纳畜禽粪污的基础和前提。通过法律法规的形式强制实施土地养分管理计划和畜禽粪污资源化利用计划，推动"种养结合、农牧循环"切实有效实施，将有效提升土地的粪污消纳能力。

3. 挑战

（1）资源条件约束趋紧

我国人多地少，水土资源短缺将长期存在，直接影响养殖业发展所需饲草料的充足供应。预计到 2020 年和 2030 年，我国饲料粮占粮食的比例将分别达到 50% 和 55%，可见粮食安全问题本质上是饲料粮安全问题。2017 年，我国进口大豆 9541 万 t，大麦 886 万 t，高粱 502 万 t，玉米 274 万 t，还进口乙醇副产物 38 万 t[①]。除进口大量饲料原料外，饲草进口也快速增加。2008 年以前，我国基本不仅不进口草产品，还大量出口，之后草产品进口大幅提升，2017 年达到 185.6 万 t，比 2008 年增长 92.7 倍（专题图 3-11）。土地资源短缺还直接影响养殖场用地的科学选择，从而直接影响标准化规模养殖的顺利推进。一方面，养殖场用地审批困难；另一方面，即使审批通过，流转成本高企，大多地区每亩每年流转成本得五六百元，部分地区已经达到千元以上，使许多养殖场望而止步，不少地区的畜禽养殖不得不向大山深沟发展，楼上养猪、地下养鸡等模式屡见不鲜。此外，劳动力资源短缺也影响养殖业的持续发展。自 2004 年发端于沿海地区并向全国蔓延的劳动力短缺现象，预示着我国经济发展的"刘易斯拐点"正逐步呈现。近年来我国城市经济的快速发展，吸收大量农村劳动力进入二三产业，从事养殖业的劳动力越来越少，素质越来越低，而养殖业本来是个劳动密集型产业，并且劳动强度很高，许多方面

---

① 2010 年以来我国每年进口 DDGS 达到几百万吨，2016 年后快速下降。

机械难以代替，最终导致养殖业生产的劳动力成本居高不下。

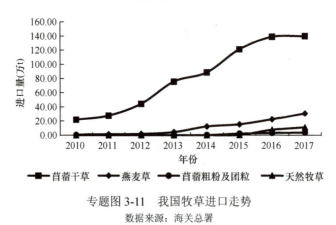

专题图 3-11　我国牧草进口走势

数据来源：海关总署

（2）环保约束趋严

2015 年国家出台"水十条"，要求严格划定畜禽养殖禁养区，并在 2017 年底前依法关闭或搬迁禁养区内的畜禽养殖场（小区）和养殖专业户，京津冀、长江三角洲、珠江三角洲等区域提前一年完成；现有规模化畜禽养殖场（小区）必须配套建设粪便污水贮存、处理、利用设施；在散养密集区必须实行畜禽粪便污水分户收集、集中处理利用；自 2016 年起，新建、改建、扩建规模化畜禽养殖场（小区）要实施雨污分流、粪便污水资源化利用。2015 年发布的《农业部关于促进南方水网地区生猪养殖布局调整优化的指导意见》，根据珠江三角洲、长江三角洲、长江中下游、淮河下游、丹江口 5 个重点水网区域的水环境保护要求和土地承载能力，科学确定禁养区和限养区，使得该地区的许多养殖场停养或搬迁。据调查，珠江三角洲某县已关掉 2774 个养殖场（户），减少生猪养殖 10 万头以上。2016 年国家发布"土十条"，要求加强畜禽粪便综合利用，到 2020 年规模化养殖场、养殖小区配套建设废弃物处理设施比例达到 75%以上。

（3）疫病防控形势仍较严峻

近年来，各类重大动物疾病在我国时有发生，每年带来的直接经济损失近 1000 亿元，特别是 2004 年暴发的高致病性禽流感，给家禽业养殖户造成严重损失。2005 年发生在四川的猪链球菌病和 2006 年蔓延到全国的高致病性猪蓝耳病，导致生猪生产下降和价格剧烈波动，严重影响生猪产业的健康发展，成为拉动 2008 年全国 CPI 快速上升的重要因素，也引起国家领导人的多次关注。2012 年秋冬季节发生的 H7N9 禽流感，截至 2013 年 4 月 21 日，初步测算使家禽业损失超过 230 亿元。2014 年 H7N9 禽流感又给国内的家禽业带来 400 亿元的损失。前些年全国范围内发生的仔猪流行性腹泻，一直困扰着国内生猪生产效率的提升，基本上每一次猪价大幅波动（专题图 3-12）的背后都有疫病流行的影子。2014 年发生的家畜小反刍兽疫，成为其后几年国内肉羊价格大跌和养殖户亏损的直接原因。2018 年以来暴发的非洲猪瘟，给生猪产业乃至畜牧业持续稳定发展带来巨大负面影响，生猪产能持续下滑，推动畜产品市场价格持续上涨（专题图 3-12 和专题图 3-13、专题表 3-4 和专题表 3-5）。近年来随着疫病防控体系的进一步健全和防控力度的不断加大，尽管疫情总体稳定，但局部地区出现的一些人兽共患病仍不可小觑，特别是从种畜开始的疫病源头净化工作长期而艰巨。

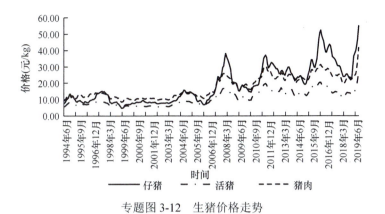

专题图 3-12 生猪价格走势

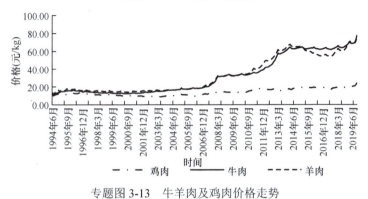

专题图 3-13 牛羊肉及鸡肉价格走势

专题表 3-4 生猪生产趋势一览表

时间		生猪存栏定点监测变化率（%）		能繁母猪存栏定点监测变化率（%）	
		环比	同比	环比	同比
2018 年	1 月	2.7	0.5	3.7	−0.3
	2 月	−0.9	−0.3	0.2	0.2
	3 月	1.4	0.2	0.0	0.1
	4 月	−0.6	−0.7	−0.9	−0.9
	5 月	−1.6	−1.0	−2.1	−2.3
	6 月	−1.3	−1.9	−1.3	−2.9
	7 月	−0.8	−2.0	−1.9	−4.0
	8 月	−0.3	−2.4	−1.1	−4.8
	9 月	0.8	−1.8	−0.3	−4.8
	10 月	0.1	−1.8	−1.2	−5.9
	11 月	−0.7	−2.9	−1.3	−6.9
	12 月	−3.7	−4.8	−2.3	−8.3
2019 年	1 月	−5.7	−12.6	−3.6	−14.8
	2 月	−5.4	−16.6	−5.0	−19.1
	3 月	−1.2	−18.8	−2.3	−21.0
	4 月	−2.9	−20.8	−2.5	−22.3
	5 月	−4.2	−22.9	−4.1	−23.9
	6 月	−5.1	−25.8	−5.0	−26.7
	7 月	−9.4	−32.2	−8.9	−31.9
	8 月	−9.8	−38.7	−9.1	−37.4

数据来源：中国农业监测预警

专题表 3-5　2019 年 9 月第 3 周畜产品集市价格一览表

项目	本周（元/kg）	去年同期（元/kg）	前一周（元/kg）	同比（%）	环比（%）
仔猪	56.81	25.54	55.21	122.4	2.9
活猪	27.15	14.19	26.68	91.3	1.8
猪肉	42.57	23.43	41.9	81.7	1.6
活鸡	23.41	19.14	23.11	22.3	1.3
白条鸡	24.28	19.56	24.02	24.1	1.1
牛肉	77.93	65.33	77.34	19.3	0.8
羊肉	75.04	62.17	74.49	20.7	0.7

数据来源：农业农村部

（4）核心科技对外依存度高

我国养殖业生产的一些关键环节科技创新任务艰巨，对外依存度高。首先，畜禽及牧草种质资源对外依存度高。国内种猪市场中'洋三元'已成主流，市场份额占 80% 以上，国内地方品种市场份额不到 20%；白羽肉鸡种源全部依赖进口，肉鸭品种中进口的'樱桃谷'国内市场占有率超过 80%，禽蛋产量 50% 左右由国外蛋鸡品种提供；肉牛中'西门塔尔''利木赞''夏洛来''和牛''安格斯'等优质品种都源自国外，'黑白花''娟珊'等主要高产奶牛品种都是从国外引进；'波尔''杜泊''无角陶赛特''萨福克'等肉羊品种都来自国外；2017 年苜蓿、三叶草、羊茅及黑麦草种子进口量分别达到 1237t、2932t、15 202t 和 31 279t，分别是 2010 年进口量的 3.4 倍、1.5 倍、1.2 倍和 2.1 倍。其次，养殖业生产各环节的机械设备许多都依赖进口。近年来，尽管我国动物养殖及饲草料生产机械设备制造取得一定成效，但与国外机械相比还存在很大差距，对外存度依旧较高。从奶业生产机械进口来看，1994 年进口额就突破千万美元，2014 年达到历史最高，为 5403 万美元，到 2016 年有所下降，但也达到 2956 万美元。2010~2016 年，我国动物饲料配制机械累计进口 8914 台套，家禽孵化器及育雏器累计进口 21 619 台套，家禽饲养机械累计进口 36 735 台套，干草制作机械、牧草打包机累计分别进口 7410 台套和 40 630 台套。

（5）国际竞争力不强

首先，我国主要动物养殖的生产效率仍不高，比欧美、日韩等发达国家普遍要低。从出栏率看，2016 年我国生猪、肉牛、肉羊和肉鸡分别为 156.4%、58.3%、88.9% 和 182.2%，而美国为 165.5%、33.9%、29.5% 和 451.8%（专题图 3-14）①。从主要个体生产能力看，2016 年我国生猪、肉牛、肉羊和肉鸡胴体重分别为 76.7kg/头、142.3kg/头、16.3kg/只和 1.4kg/只，美国为 95.7kg/头、367.8kg/头、30.2kg/只和 2.1kg/只（专题图 3-15）；我国泌乳奶牛的单产为 2905.7kg/头，而美国为 10 330.1kg/头；我国蛋鸡的产蛋量为 8.9kg/只，美国为 16.5kg/只（专题图 3-16）；我国能繁母猪每年提供育肥猪头数（MSY）为 16 头，而美国等发达国家普遍在 20 头以上。其次，由于资源禀赋存在差异，特别是养殖技术、饲养管理和理念等多方面不同，我国主要畜禽生产成本

① 我国肉牛和肉羊出栏率高于美国，主要是由我国采用专业化短期强度育肥及出栏量重复计算所致。

普遍比主要主产国高，因此在国际市场上无成本优势，竞争力不强。最后，我国在育种科技、人才队伍、核心产品、销售网络、资本实力、管理经验等方面缺乏优势，导致养殖业缺乏国际竞争力。

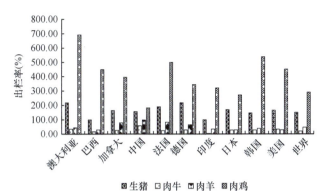

专题图 3-14　2016 年主要国家及世界畜禽出栏率对比

数据来源：FAO 数据库（http://www.fao.org/faostat/en/#home）

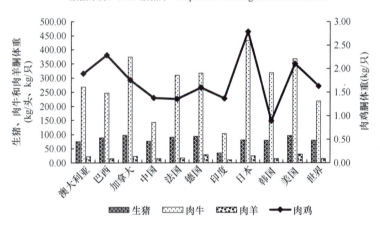

专题图 3-15　2016 年主要国家及世界畜禽胴体重对比

数据来源：FAO 数据库（http://www.fao.org/faostat/en/#home）

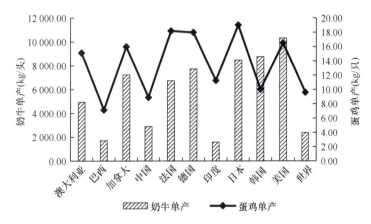

专题图 3-16　2016 年主要国家及世界奶牛和蛋鸡单产对比

数据来源：FAO 数据库（http://www.fao.org/faostat/en/#home）

五、中国养殖业的战略定位、发展目标与区域布局

（一）战略定位

按照"高产、优质、高效、生态、安全"的总体要求，以推进养殖业发展方式转变为核心，以科技创新、制度创新、体制机制创新为动力，稳步增加数量，加速提高质量，持续优化结构，加快建立健全现代养殖业产业体系、生产体系和经营体系，提升养殖业综合生产能力，推动养殖业持续健康发展，实现优质安全动物蛋白供应主要靠国内解决，使养殖业成为农业生产良性循环的战略性产业，成为农民增收和脱贫的重点产业，成为绿色、环保、高效、安全的示范产业，成为实现乡村振兴战略、建设美丽乡村的重要抓手。

（二）发展目标

1. 总体目标

养殖业生产结构和区域布局不断优化，综合生产能力显著提升，规模化、标准化、产业化程度明显提高，动物产品有效供给和质量安全得到有效保障，主要动物产品结构性矛盾持续改善；养殖业发展的质量安全体系、动物疫病防控体系和污染防治体系趋于完善，重大动物疫病与人兽共患病基本消灭或达到区域净化，规模养殖场养殖污染治理率和废弃物有效处理利用率提高；各具特色的养殖业循环经济模式形成，养殖业继续向资源节约型、技术密集型和环境友好型转变，草原、土地、水域等养殖环境生态得到有效改善；养殖科技创新体系和推广体系基本完善，科技进步成为养殖业发展和转型的最主要推动力，科技进步贡献率达到发达国家水平；养殖业在农业中率先实现现代化。

2. 具体目标

（1）产量目标

主要动物产品生产稳定增长。到 2035 年，猪肉、牛肉、羊肉、鸡肉产量分别达到 6226.48 万 t、828.10 万 t、626.37 万 t、2124.78 万 t，鸡蛋、奶产品、水产品产量分别达到 3150.32 万 t、5027.27 万 t、7274.50 万 t。到 2050 年，猪肉、牛肉、羊肉、鸡肉产量分别达到 7120.32 万 t、1125.41 万 t、810.57 万 t、2998.41 万 t，鸡蛋、奶产品、水产品产量分别达到 2731.81 万 t、6580.64 万 t、8120.00 万 t。

（2）质量目标

标准化水平显著提高，健康、生态养殖模式得到大面积推广，节地、节水、节能、节粮水平持续提升，加工业比较发达，优质动物产品市场份额稳步提高；养殖业发展可追溯体系、质量安全标准体系、监测体系得到进一步完善，动物防疫、疫病检测检疫体系持续健全；养殖业产前、产中、产后各环节基本实现一体化发展，步入资源节约、环境友好的可持续发展轨道。

（3）科技目标

养殖业良种培育力度不断加大，良种繁育和品种改良体系持续完善，动物生产性能

得到极大提高；疫病防控和产品加工等重大关键技术领域取得重要突破，科技支撑作用明显增强，养殖业科技进步贡献率显著提高，养殖业科技对外依存度明显下降。

（4）环保目标

养殖业废弃物资源化利用科技明显提升，农牧结合绿色循环发展模式得到广泛运用，养殖业粪污资源化利用率及病死动物无害化处理率显著提升，草原综合植被盖度持续提升，养殖业发展实现资源节约与环境友好，绿色养殖业发展成为主导。

（三）阶段性目标

1. 2025 年目标

1）猪肉自给率 96%，牛羊肉自给率 80% 以上，禽肉禽蛋基本自给，奶产品自给率70%，水产品自给率 98%；养殖业生产效率显著提升，产品质量和安全水平明显提高。

2）现代养殖业生产、经营、加工和疫病防控体系初步建立，养殖业向资源节约型和环境友好型转变。

2. 2035 年目标

1）猪肉自给率 97%，牛羊肉自给率 80% 以上，禽肉禽蛋基本自给，奶产品自给率 70% 以上；主要养殖业生产效率和主要产品质量与安全水平接近欧美等发达国家水平。

2）现代养殖业生产、经营、加工和疫病防控体系基本形成，养殖业继续向资源节约型和环境友好型转变。

3. 2050 年目标

猪肉自给率 95%，牛羊肉自给率 70% 以上，禽肉禽蛋基本自给，奶产品自给率 60%以上；养殖业生产效率和主要产品质量与安全水平达到欧美等发达国家水平，养殖业全面实现现代化和可持续发展。

（四）区域布局

1. 生猪产业

根据《全国生猪生产发展规划（2016—2020 年）》，生猪产业区域布局可划分为重点发展区、约束发展区、潜力增长区和适度发展区。未来，向具有比较优势的区域转移是生猪产业区域结构调整的重要方向。考虑到不同区域的比较优势存在差异，应积极推动生猪产业区域布局调整。首先，主产区应集中分布在玉米等粮食主产区附近。主要包括黄淮流域（主要为山东、河南、河北）、四川盆地（主要为四川）、长江中下游水稻主产区（湖南、湖北、江苏）和东北地区（辽宁、吉林、黑龙江）。其次，主产区向土地资源丰富的区域转移。包括四川、河南、山东、河北、云南等原生猪主产区及黑龙江、辽宁等土地资源充裕区域。最后，应进一步重视生猪产业发展基础良好的区域。除广东、浙江等原生猪主产区外，福建、贵州、辽宁、海南等地也具备一定条件，可承接周边发达地区生猪产业转移。

2. 奶业

奶业生产区域布局要与乳品企业生产基地布局相衔接，奶产品产量应与乳品加工企业规模相匹配，形成奶牛饲养与乳品加工紧密联系。按照市场需求和资源优化配置原则，进一步合理调整奶业生产区域布局，重点推动东北、华北、西北、南方、大城市五个奶业重点产区发展。根据企业类型，即基地型企业或加工型企业，设计产品结构和类型，减少运输成本。基地型企业应紧密联系奶业生产基地，产品结构以乳粉、干酪、奶油、炼乳、超高温灭菌乳等常温产品为主，奶业生产基地围绕东北、华北、西北奶源基地进行建设；加工型企业的产品结构应以巴氏杀菌乳、乳饮料、冰淇淋等低温产品为主，以进口原料为主要原料进行乳制品生产，紧密联系南方、大城市奶业生产基地。未来，大城市郊区奶业基地逐渐退出奶牛养殖优势区域，东北奶业生产基地是未来发展重点区域，华北奶业生产基地是重点和潜力地区，西北奶业生产基地生产成本低且后发优势大。

3. 肉鸡产业

综合考虑资源环境、疫病风险等诸多因素，肉鸡产业区域布局应统筹考虑如下三点。一是区域布局要集中有度。区域布局不能过于分散，要形成连片态势，同时要适度集中，各地区应保持适度养殖规模，通过相邻省区优化区域布局。例如，以山东为龙头，向河南、安徽、江苏辐射，并与广东、广西、湖南共同带动湖北、江西发展肉鸡产业，形成肉鸡产业带。二是从原料产地向终端市场转移。随着肉鸡产业发展，原料产地的区域优势对养殖业的影响力度逐渐减弱，企业等经营主体更加注重消费市场的开发潜力。由于公路运输成本较高，肉鸡产业布局应靠近终端市场，靠近最终消费者。三是肉鸡产业适于在经济中等发达地区发展。一方面，该类地区具备一定市场容量，且靠近经济发达地区，邻近大型消费市场，利于降低运输成本；另一方面，该类地区生产成本相对较低，人工、土地成本具备竞争优势，且更易获得满足产业发展所需的基础设施条件。未来，肉鸡产业发展应巩固东部发达地区的发展优势，强化中西部地区的肉鸡生产，兼顾其他地区的产业发展。

4. 蛋鸡产业

（1）传统优势区

山东、河南、河北、辽宁、江苏、湖北、四川、安徽、吉林、黑龙江等区域养殖总量大、调出量大，在满足本区域消费需求的同时，可大量供应周边省份和城市。但传统产销区间的界限正不断弱化，东三省、河北、山东、河南、江苏等传统主产区供应半径逐渐缩小，东部沿海地区蛋鸡产能扩大空间有限。未来，随着蛋鸡养殖集约化程度不断提高，大型集约化蛋鸡养殖场在主销区建立后，传统主产区的外调作用将下降，蛋鸡养殖规模和鸡蛋产量将下降。

（2）约束发展区

北京、天津、上海、东北沿海、南方水网等地区，受土地、环境等资源条件限制，将是蛋鸡养殖的重点约束地区。

（3）潜力增长区

西部环境承载力大的地区更具发展潜力，加上南方长距离调运鸡蛋的情况正逐步改善，蛋鸡养殖西扩南下以及本地化趋势愈加明显，如新疆、湖北、云南、重庆、广西、江西、陕西等地区充分利用本地环境承载能力、地方品种等资源优势发展蛋鸡产业，增长势头强劲。

5. 肉牛产业

经过长期发展，我国肉牛产业已形成东北、中原、西北、西南 4 个优势产区，并探索出"自繁自育""牧繁农育""山繁农育"等模式。从未来发展趋势看，肉牛产业仍向资源禀赋较好的农区转移，东北和中原地区作为我国粮食主产区，饲料资源较为丰富，可为肉牛产业发展提供充足的饲料来源，未来肉牛产业将继续向这两个区域集中。①东北肉牛区定位为满足北方地区居民牛肉消费需求，提供部分供港活牛，并开拓日本、韩国、俄罗斯等周边国家市场。②中原肉牛区定位为"京津冀""长江三角洲""环渤海"提供优质牛肉的最大生产基地。③西北肉牛区定位为满足西北地区牛肉消费需求，以清真牛肉生产为主，兼顾中亚和中东地区优质肉牛产品出口市场，同时为育肥区提供架子牛。④西南肉牛区定位为立足南方市场，建成西南地区优质牛肉生产供应基地。

6. 肉羊产业

肉羊产业发展要保护传统牧区，巩固优化北方农区，积极发展南方草山草坡地区。

（1）传统牧区

包括内蒙古、四川、西藏、甘肃、青海、宁夏、新疆 7 省份，是传统肉羊生产区域，但不宜继续扩大养殖规模，为保持和恢复草原生态环境，要实行禁牧、休牧、轮牧和草畜平衡等措施，减少肉羊饲养量，通过草原改良、品种优化、营养平衡、设施建设等措施，提高肉羊单体生产效率，提升羊肉市场自给率。

（2）北方农区

包括辽宁、吉林、黑龙江、河北、山东、河南 6 省份，粮食生产条件好，精饲料和秸秆资源丰富，利于肉羊精饲料补饲，发展规模化经营和标准化生产，推进农牧结合的肉羊产业潜力巨大。应以农牧结合为依托，为产业向高效、优质、安全和标准化发展提供技术支撑。

（3）南方草山草坡地区

安徽、湖北、湖南、云南、贵州、广西 6 省份大致涵盖了南方草山草坡地区，拥有较为丰富的农作物秸秆和草山草坡，肉羊以本地品种为主，主要满足南方市场对山羊肉的需求偏好。

六、中国未来养殖业发展的趋势判断

综合前面的机遇、潜力与挑战分析，本课题组认为，未来几十年我国养殖业发展的一些趋势性判断必然发生。

（一）畜牧业必须进一步做大做强

2016 年我国畜牧业产值占农业的比例为 28.3%，而目前主要发达国家畜牧业产值占农业的比例都在 40% 以上，我国畜牧业产值占比继续上升的趋势不可逆转。从国内经济发展及人民生活改善需求来看，总人口仍在增加，城镇化仍在加速推进，且目前人均肉蛋奶类占有量与发达国家相比差距还很大，人均肉蛋奶类消费和占有量都还有很大的增长空间。从生产和供给来看，尽管受到的资源、环境等约束越来越大，但通过畜牧业转型升级和科技进步，可不断提升资源利用效率和生产效率，从而通过提升畜禽的个体生产能力来提供更多的肉蛋奶类。目前我国与发达国家相比生产效率差距仍然很大，可见潜力很大。此外，应充分利用"两种资源和两个市场"，实施"走出去"战略，以满足国内消费者的需求。

（二）部分畜产品进口规模将继续扩大

近年来我国猪肉和牛羊肉进口越来越多，且增长比较迅速，且这种趋势预期将继续存在。主要基于如下判断：一是我国主要畜禽产品的比较优势及国际竞争力较低，且短期难以扭转。我国畜禽产品比较优势及国际竞争力低的原因主要是生产成本较高且短期难以缩短。目前，我国大多数畜禽产品的生产成本比国际上相应主产国要高40%以上，国内外成本的巨大差距直接导致我国进口增加。二是为满足消费者的更多花色品种需求以及调剂余缺而扩大进口。随着生活水平的提升，居民对国际上优质、差异化的丰富畜禽产品的需求快速增加。此外，为应对国内畜禽产品生产的波动，需要利用国际市场来调剂余缺。

（三）优质、环保、安全、高效将是未来畜牧业发展的基本方向

为适应新时代我国现代化分两步走的战略，畜牧业须不断向优质、环保、安全、高效发展，只有确保在 2035 年前完成全面转型升级，才能为城乡居民实现美好生活愿望提供充足、营养、安全的肉蛋奶类，才能为我国基本实现社会主义现代化和 2050 年全面实现现代化提供坚实的经济与物质基础，才能为我国建成富强民主文明和谐美丽的社会主义现代化强国提供现实可能。其中，环保是畜牧业发展的必备条件，优质和安全是畜牧业发展的基本前提，高效是畜牧业持续发展的最终保障。

（四）种养结合、农牧循环将是未来畜牧业的主要生产模式

欧美、日韩等发达国家畜牧业走过的道路，特别是作为世界沼气发电鼻祖的德国的实践经验，以及我国大规模、集约化养殖场所面临的问题反复证明，只有种养结合和农牧循环才是畜禽粪污消纳与环境污染治理的最有效方式。自 20 世纪 90 年代开始，德国就通过大规模实施沼气发电来实现畜禽粪污的资源化利用，但经过多年的实践最终抛弃了沼气发电，重新捡起了过去的"种养结合和农牧循环"。同时，我国已经发展起来的大型沼气发电项目，大多是"面子工程"，亏损严重，难以持续运行。我国不能再走被国内外实践反复证明最终会失败的老路，必须在科学测定和评价的基础上，根据不同区域的自然条件和生态特点，重新布局和统筹规划种养业，以实现良性循环。

（五）"龙头企业+家庭农场"的群体大规模将是未来畜牧业的主要经营模式

人多地少的基本国情决定了我国畜牧业生产不能走集约化单体大规模经营的道路，必须走"龙头企业+家庭农场"的群体大规模路子。当然，这并不能否定个别资源条件

丰富的地区可采取集约化单体大规模经营的道路。首先，适度规模的家庭农场既可有效实现种养结合和农牧循环，又可保障一定经营规模的农户通过直接从事农业生产获得稳定的收入，从而保障农村劳动力稳定和畜牧业稳定发展。其次，"龙头企业+家庭农场"的经营模式是提升组织化水平的有效形式。畜禽产品总体上是生活必需品，需求弹性小，"增产不增收的现象"经常会出现，这就要求生产必须组织起来，且具有一定的计划性，不能随意扩大规模，只有这样才能保障生产者能获得一定利润。

（六）不断夯实疫病防控基础仍将是未来畜牧业发展的重点

长期以来，我国畜牧业发展备受疫病的影响，特别是 2018 年 8 月暴发的非洲猪瘟已成为养猪业的"一号杀手"。放眼国际，非洲猪瘟 1921 年首次在肯尼亚发现，至今已在 60 多个国家暴发，已根除的 13 个国家中有 3 个于 2018 年重新暴发。可以预见，非洲猪瘟"歼灭战"是一场"持久战"，对我国生猪产业及市场的影响将长期存在。为打好非洲猪瘟"歼灭战"，2019 年我国中央一号文件明确提出要加大非洲猪瘟等动物疫情监测防控力度，国务院政府工作报告将其纳入 2019 年政府工作任务，近期更是在非洲猪瘟防控形势日趋严重下出台系列扶持生猪产业发展的政策措施。此外，禽流感、小反刍兽疫等畜禽养殖疫病风险难以根除。疫病暴发的一次次深刻教训提示，必须从基层的疫病防控体系建设做起，不断夯实基础，做到及时反应，根据不同疫情等级启动分级响应，每一级响应分别由哪一级防疫部门主体实施，其他相关部门及时配合，都应以法律形式固定下来。未来，不断夯实疫病防控体系建设的物质基础、法律法规基础与打好疫病防控攻坚战，将是新形势下畜牧业发展亟待关注和解决的重点难点问题。

七、中国养殖业持续发展的重大科技需求及战略性工程

（一）重大科技需求

1. 品种选育

我国动物品种繁多，但选育力度不够，致使国内良种对外存度高。长期以来，国内养殖龙头企业发展水平相对较低、技术投入力度不够，其他经营主体参与品种选育的能力有限，高等院校和科研院所仍是养殖业品种选育及技术研发的主要供给者，产学研有效结合及科技成果有效转化仍待加强。应完善我国养殖业品种选育政策与制度，加强国内地方品种选育，挖掘地方品种优良特性，依托先进生物技术，切实提升地方品种优良性状；积极推动国外先进优良品种引进，做好国内品种杂交改良与繁育工作；推进先进育种科学技术发展，加大育种科技攻关投入力度，实现精准化育种；做好先进品种推广和宣传，强化知识产权保护，积极开展优良品种与技术集成和示范。同时，品种选育应明确政府和市场的主体责任，注重建立健全商业化的种业创新体系，坚持以市场为导向、企业为主体、科技为支撑，强化产学研深度融合，积极推广市场化种业运作模式，推动产学研、育繁推、科工贸一体化的养殖业品种选育体制机制建立。

2. 精准营养

精准营养是提升养殖业生产效率、提高产品竞争力、实现安全高效绿色营养动物产

品生产的重要保障。当前，我国养殖业发展方式较为粗放，传统的中小规模经营主体仍占主导，养殖业从业人员素质亟待提升，精准营养技术研发与推广力度依旧不够。精准营养技术与生产技术的缺位，造成我国养殖业生产效率长期不高，动物产品国际市场竞争优势弱，迫切需要在养殖领域大力推进精准营养。应在搭建动物精准营养需求数据库、构建重要动物营养性状调控模型、解析营养代谢调控元件与信号网络等基础上，根据不同生理阶段动物对营养素，如蛋白质、能量、粗纤维、脂肪、钙、磷等需要的不同，制定科学合理可操作的动物饲养标准，积极宣传并推广养殖业饲养标准。同时，推进高效饲草料利用技术研发，结合物理、微生态等先进技术手段，提高营养物质利用效果，充分利用包括秸秆在内的各类饲草料资源。此外，推动新型饲料添加剂研发与技术示范，包括天然植物提取物、微生态制剂、氨基酸、维生素等，切实提高动物生产性能和产品质量安全水平。

3. 产品安全与品质提升

动物产品的安全生产与品质提升十分关键，关乎国家食物安全，是实现人民日益增长的美好生活需要的重要物质保障。近年来，频繁暴发的动物产品质量安全问题负面影响极大，严重制约养殖业持续发展及动物产品市场稳定运行。例如，2008 年"三聚氰胺"事件的发生，给我国奶业持续稳定发展造成了巨大冲击，城乡居民对国产奶产品的消费信心至今未得到提升。随着城乡居民收入水平提升及消费结构改变，居民对优质动物产品的需求持续增长，动物产品安全生产和品质提升问题备受关注。但是，动物产品安全生产是一个系统工程，涉及生产过程各环节，如生产环境、饲料、饮水、疾病控制、屠宰、加工、运输销售及监管体系等，只要一个环节存在问题，动物产品的安全生产及品质提升就会受到影响。当前，迫切需要从养殖业全产业链出发，加大科学技术对动物产品安全生产及品质提升的支撑力度，强化可追溯体系建设及可追溯技术研发；同时配备健全的法律法规体系，完善监管机制，强化监管力度；加大质量安全可追溯系统及相关支持政策的宣传，强化供应链资源信息共享平台的建设力度等。

4. 饲料饲草生产

饲料饲草生产是养殖业发展的重要基础保障，加快推进饲料饲草生产科技进步意义重大。我国粮食安全问题的本质是饲料粮安全问题，但国内饲料粮生产问题突出，国际竞争力不强，近年来玉米、大豆等进口持续增长，保障玉米等饲料粮的生产效率及国际竞争力十分重要。就饲草料资源而言，虽然我国拥有天然草原约 60 亿亩，但草地超载、过度放牧等问题突出，草地退化严重，草原生产能力明显下降，无法为草食畜牧业持续发展提供充足的饲草料基础。就人工种草而言，牧草产业现代化程度低，牧草生产技术不到位，商品化程度很低，缺乏优良品种和先进机械，保障草食畜牧业尤其是奶业持续发展的饲草料供给力度不够。当前，迫切需要健全饲料饲草生产科技发展的政策支持体系；依托财政力量，撬动社会资本积极投入饲料饲草生产技术研发，推进适合不同地区、不同地形、不同气候条件的优质高产高效饲料饲草栽培、收获、加工、贮藏等全产业链技术进步，攻关重点向饲草料良种和机械两个领域倾斜；同时推进适合不同类型草食动物的饲料饲草调配技术发展。

5. 设施设备

我国养殖业发展的设施设备配置要充分考虑动物生产的生物学特点和行为学特性，圈舍设计与建设要实现简洁化、装配化、标准化、定型化及现代化。应积极推动新型节能、环保建筑材料取代传统建筑材料，根据不同气候和生产环境特点，研究设计新型模块化、组合型圈舍，制定适合不同养殖条件的圈舍建设技术规范与标准。同时，推进先进生产工艺集成与示范，推广自动化饲喂、环境自动控制、性能（体重、体尺等）自动秤测设施设备，动物发情、人工授精、孕期检测等小型、便携式设施设备，以及饮水、清粪、消毒自动化、智能化等设施设备。

6. 疫病防控

长期以来，动物疫病是制约我国养殖业稳定健康发展的重要因素。2004年的高致病性禽流感、2005年的猪链球菌病、2006年的高致病性猪蓝耳病、2012年的H7N9禽流感、2014年的H7N9禽流感、2018年以来的非洲猪瘟等，一直困扰着养殖业的持续稳定发展，影响动物产品市场的平稳运行。做好动物疫病防控技术研发与应用，成为当前养殖业发展亟待解决的重点难点问题。应积极推进重要疫病风险监测与预警技术研究，包括重要疫病感染早期诊断、动物群体免疫效果评价、感染动物与免疫动物鉴别诊断、疫病风险监测与预警等技术。同时，积极推进疫苗研制与推广，加快研发药物防治新技术。此外，降低动物养殖对抗生素、抗菌药等的依赖，重视绿色高效制剂（如植物药、抗生素替代药物）和兽用保健品（如益生菌、蛋白类免疫增强剂）研制，强化替代性抗寄生虫药物及耐药性检测新技术等研发力度。

7. 养殖业标准

科学的标准对推进现代养殖业发展具有重要意义。但是，当前我国养殖业标准未得到及时修订和完善，多数技术方法落后，无实际指导意义，且标准多集中在产前、产中环节，缺乏产后标准体系。同时，养殖产品市场准入门槛较低，市场监管不到位，缺乏优质优价体系。另外，养殖业标准化宣传力度不够，现行养殖业标准和国际标准衔接不紧密。应紧紧围绕"保供给、保安全、保生态"的目标任务，以支撑现代养殖业发展为方向，以加快推进发展方式转变为主线，以质量安全和竞争力提升为核心，以过程管理、风险防控为重点，努力构建既适合我国国情又与国际接轨的开放有序、科学统一、运行高效的现代养殖业标准体系，使市场在资源配置中起决定性作用，并更好地发挥政府作用。具体来说，应围绕法律法规、资源高效利用、动物产品质量安全、现代种业建设、生态环境保护、现代市场体系等积极推进养殖业标准化。

8. 智能化、信息化传播与预警

智能化、信息化传播与预警等是现代养殖业发展的重要特征，推进养殖业向智能化发展，提高养殖业信息化传播与预警水平，对稳定养殖业发展及动物产品市场十分关键。当前，我国养殖业发展的智能化、信息化水平仍然较低，除大型龙头企业外，传统经营主体乃至多数中小企业的智能化、信息化水平不高，难以推动经营主体高效生产和科学决策。因此，有必要积极推进养殖业发展数据库建设，切实强化管理信息系统、生产决策信息系统、动物模拟模型系统、人工智能与畜牧专家系统、辅助决策支持系统及 3S、自动控制、多媒体等先进技术的研发与推广力度。同时，建立健全养殖业与动物产品市场监测预警体系，建立科学的数据采集系统，完善国内与国际市场风险预警和信息发布制度，编制详细、高频的价格与质量指数，定期发布价格、质量和交易等市场信息，科学引导养殖业发展，合理调控动物产品市场。

（二）战略性工程

1. 良种选育工程

重点支持动物原种场、种公畜站、扩繁场、精液配送站建设，扶持动物遗传资源保护场、保护区和基因库基础设施建设，加强养殖业新品种（系）选育，建设种畜禽生产性能测定中心和遗传评估中心，进一步增强良种供种能力，强化遗传资源保护利用，推进优良品种选育，保障养殖业良种数量和质量安全。通过项目实施，加快养殖业良种繁育推广，健全国家动物遗传资源保护体系，增强新品种选育培育能力，完善种质资源生产信息和质量监测体系。同时，良种选育要遵循"选育原种、扩繁良种、推广杂交种、培育新品种"的原则，高度重视国内种质资源，理性认识国外品种；完善良种选育政策支持体系，建立国家养殖业良种选育工程项目，加大财政扶持力度，积极引导社会资本投入养殖业良种选育工作，健全针对养殖业良种选育的金融保险支撑体系。

2. 健康养殖工程

高效健康养殖主要通过研发先进养殖技术、饲料配方技术等来解决动物养殖的资源不足和浪费并存问题，通过合理选择动物品种组合，实现饲养管理和饲料饲草有机结合，实现动物养殖系统内部废弃物资源化利用与无害化处理，从而建立可持续的动物健康养殖模式，有效提升动物养殖经济效益，满足养殖业绿色循环发展需求，提高动物产品质量安全和产品竞争力。应从源头出发，加大品种改良投入力度，创新科学饲养方法，研发先进设施设备，强化饲料、兽药等科学技术研发进度；引进并推广国外先进检测技术，实现先进性和实用性相结合，防止陷入"越引进先进技术越亏损"的怪圈；建立质量安全追溯体系，强化养殖业全产业链监管；提高基层监督检测机构科技水平，注重对技术人员的宣传和培训，加快基层检测设备更新；健全健康养殖财政支持政策，开展健康养殖工程项目，保障养殖业绿色发展。

3. 精准营养工程

精准营养技术是全球饲料工业的发展目标和方向，也是现代养殖业发展的重要技术支撑，其基于群体内动物年龄、体重和生产潜能等方面的不同，以个体不同的营养需求为事实依据，在恰当的时间为群体中每个个体提供成分适当、数量适宜的饲养技术。精准营养技术可在不影响动物生产性能的前提下，通过提高饲料利用率，降低饲养成本和减少养分排泄及其对环境的影响。精准营养工程是传统养殖业向现代养殖业转型升级的重要支撑，应加大精准营养技术研发力度，强化精准营养工程建设支持，推进现代养殖业发展实现精准营养与效率提升。需要说明的是，精准营养工程的建设要准确评定饲料原料中营养物质的可利用性，实现动物营养需要的精确评估，设计限制营养过量（数量）

的平衡日粮配方，并根据群体中每只动物的需要相应调整日粮营养素的供给浓度。

4. 饲料饲草资源开发工程

按照统一协调、突出重点、各有主攻、优势互补的原则，着力加强饲料质量安全保障能力建设，重点进行饲料安全评价、饲料安全检测和饲料安全监督执法等工程项目建设，建立安全评价、检验检测、监督执法三位一体、部省市县职能各有侧重的饲料安全保障体系，满足饲料管理部门依法履行饲料质量安全职责、保障动物性食品生产源头安全的需要。此外，按照统筹规划、分类指导、突出重点、分步实施的原则，继续落实草原生态保护补助奖励政策，以及退牧还草、退耕还林还草、京津风沙源治理、西南岩溶地区石漠化综合治理等系列工程项目，大力推进草原生态保护建设，恢复和改善草原生态环境。在保障草原生态环境的基础上，积极落实"粮改饲""振兴奶业苜蓿发展行动""南方现代草地畜牧业推进行动"等政策，创新补贴方式，加大扶持力度，切实发挥草业发展的生产功能，为草食畜牧业发展奠定饲草料基础。

5. 标准化养殖推进工程

继续实施生猪、奶牛、肉牛、肉羊标准化规模养殖场（小区）建设项目，力争扩大项目实施范围，对畜禽养殖优势区域和畜产品主产区的生猪、奶牛、肉牛、肉羊、蛋鸡与肉鸡规模养殖场（小区）基础设施进行标准化建设，重点抓好畜禽圈舍、水电路、畜禽标识和养殖档案管理、环境控制等生产设施设备建设。启动实施草原牧区畜牧业转型升级示范工程，提升草原畜牧业生产水平。此外，在制定科学养殖标准的基础上，加大养殖业标准化管理的宣传力度，积极做好养殖者培训，切实提高经营管理水平，推动国内养殖业标准和国际标准接轨。通过项目实施，加快提升养殖标准化规模化水平，促进养殖业发展方式转变，保障动物产品有效供给。

6. 粪污资源化高效利用工程

针对养殖业生产废弃物处理不当与废弃物浪费制约我国养殖业绿色健康发展的问题，重点研究分散养殖地区的动物养殖粪污综合利用，形成一批适合不同地区、不同经营主体的动物粪污综合利用技术，推广一批适合广大养殖场（户）的高效、简便、低成本的粪污综合利用技术，实现动物养殖粪污合理利用。同时，明确责任主体，确定养殖主体职责与义务；严格饲料营养标准，加强区域内动物饲料重金属检测，严格准入制度；加大相关法律法规和政策制度的宣传力度，丰富宣传形式，向干部群众广泛宣传污染治理和资源化利用的重要性，提高养殖主体和干部群众做好污染治理与资源化利用的自觉性及主动性。此外，强化政策扶持力度，对种养结合、农牧循环、综合利用等粪污资源化利用模式给予政策倾斜。

7. 金融保险服务工程

金融保险是保障养殖业持续稳定发展的重要基础，应整合各方力量，打好组合拳，探索服务养殖业发展的金融保险工程项目。依靠公共财政资金投入，积极撬动市场力量，引导社会资本投入养殖业，推动商业银行、保险公司等市场力量探索信贷担保、贴息等方式，强化养殖业发展的资本和信贷支持力度。加大养殖企业、合作社、家庭农场等新型经营主体参与金融保险服务的力度，加强动物保险在加速推进养殖健康发展中的重要作用，建立健全动物养殖金融保险制度，简化核定程序，合理缩短理赔时间，提高养殖场（户）参保积极性，更好地发挥市场在保障养殖业持续稳定发展中的基础性作用。

8. 品牌培育与文化创建工程

围绕农业供给侧结构性改革总体目标，以市场需求为导向，以提高养殖业质量效益和竞争力为中心，以各地特色动物资源、产业为依托，以现有传统优势品牌为基础，以科技创新为动力，以质量提升、培育扶持、营销推介为抓手，大力实施品牌提升战略。着力强化养殖业品牌顶层设计和制度创设，大力推行标准化生产、产业化经营、市场化运作、全产业链管理，遵循品牌发展的客观规律，着力构建"企业自主、市场主导、政府推动、行业促进、社会参与"的品牌提升战略，通过开展丰富多彩的品牌创建活动，加快培育一批具有较高知名度、美誉度和较强市场竞争力的养殖业品牌。具体来说，应充分挖掘宣传一批老字号品牌，做大做强一批产业优势品牌，培育壮大一批企业自主品牌，整合扶强一批区域公用品牌。此外，持续推进养殖业文化创建与发展工程，积极探索和挖掘养殖业优秀传统文化，鼓励龙头企业等新型经营主体承担文化发展工程，做好养殖业文化传承与发展。

八、面向 2050 年中国养殖业发展的战略措施

（一）重构养殖业发展支持保护体系

一是推动养殖业支持保护政策措施的精准化。主要包括政策制定的精准化、政策实施的精准化和部门权责的精准化。二是区分养殖业支持保护政策措施的市场化与公益性。充分利用市场化机制推进养殖业支持保护体系建设，强化基础设施、环保及防灾减灾等公益性政策扶持。三是推进养殖业支持保护政策措施实施的制度化。具体包括推进支持保护政策措施的制度化建设，实现支持保护制度的层次化，推动制度建设的系统化。四是推进养殖业支持保护政策措施实施的法治化。应及时启动制定养殖业支持保护相关法律或法规，推动支持保护方式方法、政策工具、补贴标准、监督管理等方面的明确化和常态化，提高支持保护政策措施的稳定性和连续性。此外，应加快养殖业投资立法，明确各级政府在养殖业投资中扮演的角色，明确各级政府权力范围，规范各级政府权力行使和各自行为，促进养殖业投资规模不断扩大、投资结构更加完善合理、投资质量和效益持续提高。

（二）利用两个市场两种资源发展养殖业

深入开展动物产品国际市场调研分析，鼓励和支持科研机构开展动物品种资源、良种繁育、疫病诊断、饲料生产、产品加工与质量安全等领域的国际科学研究及技术交流。在确保质量安全并满足国内检疫规定的前提下，加强进口动物产品分类指导，做好产品进出口调控工作，有效调剂国内市场供应，满足消费需求。加强动物产品进口监测预警，制定产品国际贸易调控策略和预案，推动建立产品进口贸易损害补偿制度，维护国内生

产者利益。加强对养殖业"走出去"的引导，推动企业间投资合作，积极为企业搭建合作平台，支持并推动国内企业与国外企业建立直接稳定的贸易关系。支持企业到境外建设饲草料基地、动物产品生产加工基地，推动与周边重点国家合作建设无规定疫病区。鼓励和支持企业加强动物养殖、动物疫苗与兽药研发生产、饲料生产、动物产品加工与贸易等领域的投资合作，鼓励企业在重点区域建设科技示范园。

（三）推广种养结合生态循环发展模式

在资源约束和环保压力日益趋紧的宏观背景下，积极推动种养结合、生态循环绿色养殖业发展模式十分重要。应加快推进养殖业废弃物综合处理和资源化利用，坚持"资源化、生态化、无害化、减量化"原则，持续加大养殖业绿色发展政策支持力度，探索多种形式的养殖业废弃物综合利用模式；从宣传政策法规、加强技术指导服务、推广生态养殖模式、促进土地流转和项目建设等方面，鼓励引导养殖场（户）探索种养结合、生态循环绿色发展方式。重点支持企业、合作社、家庭农场等新型经营主体通过应用先进生产技术，发挥种养结合、生态循环模式的示范引领作用，在发展理念、运营模式、利益联结等方面，推进新型经营主体与传统经营主体的有效衔接，形成一批可借鉴、可推广的种养结合、生态循环绿色发展模式。同时，建立健全种养结合、生态循环发展政策支持体系，完善养殖业绿色发展的金融保险制度，为传统养殖业向现代绿色养殖业转型升级保驾护航。

（四）推进重要动物良种培育与机械研发

良种和机械是我国养殖业发展面临的短板与瓶颈，必须下大力气持之以恒地推进以种业和机械为核心的科技创新。这些方面的全面创新和自主研发不是单靠一两个项目或一两个五年计划就能实现的，应单独针对这些方面组建国家级、省级和地区级的创新研发团队，各层级的创新研发团队实行分工负责、紧密协作。在财政资金支持上，实行定向、长期、稳定支持。在科技推广上，坚持实施政府推广部门为主导，龙头企业、合作组织、科研院校等共同推进的多元科技推广体系。在推广技术选择上，政府推广部门深入分析和严格审核不同区域、不同养殖行业发展的关键技术，在人员培训和技术示范等方面集中发力，并定期测算和评估推广广度与农民掌握程度，扎实推进、持续推广；龙头企业、合作组织等根据市场所需产品标准，选择一整套先进适用的技术体系全面推广；科研院校针对某一产业全产业链的技术需求进行重点攻克和集成示范，重点聚焦在服务地方政府部门、龙头企业和合作组织上。

（五）转变理念全面推广健康养殖

改革开放以来我国养殖业发展的实践证明，很多情况下转变观念、创新理念比科技进步还重要。目前国内应用的许多科技成果，也是当今世界正在应用的科技成果，但我国的养殖业与国际先进水平相比仍然差距较大。仔细分析，还是观念、理念和思路的问题。今后的养殖业发展，必须树立根据不同品种的自然习性来进行科学饲养管理的理念。国外先进的养殖理念是"该精细的必须精细，该粗放的一定粗放"。例如，国外圈舍建设不一定豪华，许多圈舍只有围栏和挡风墙，没有顶棚，大幅节约了固定资产投资，但在饲草料供给上要绝对优质；而国内大多数大中型养殖场建设得都比较豪华，但在饲草料供应方面普遍比较吝啬。另外，国外许多养殖场在冬季给牛羊供应温水，而国内大多数养殖场是做不到这一点的。此外，国外对于牛羊母畜，必然采取放牧养殖，没有天然草场的地区也要建设人工放牧场，既保障了母畜的健康，提升了生产效率（提高了母畜的繁殖率和仔畜的成活率），又节约了人工、机械等成本，从长期算，总账效益是提高的，而我国大多养殖场为舍饲养殖。可见，为推进养殖业持续健康发展，必须转变观念、创新理念，切实推广动物健康养殖，逐步推行动物福利。

（六）推动养殖业标准化生产体系建设

1. 构筑严格的产品质量标准体系

按照全程监管原则，突出制度建设和设施建设，变被动、随机、随意监管为主动化、制度化和法治化监管。建立动物产品养殖业投入品的禁用、限用制度，培训和指导养殖户科学用料、用药。在完善动物产品和饲料产品质量安全卫生标准的基础上，建立饲料、饲料添加剂及兽药等投入品和食品质量监测及监管体系，提高动物产品质量安全水平。推行动物产品质量可追溯制度，建立产品信息档案，严把市场准入关。

2. 继续大力推进标准化规模养殖

进一步加大标准化规模养殖扶持力度，通过政策扶持和引导，加强标准化规模养殖场建设，加快推进标准化、规模化养殖，通过高科技投入降低养殖风险，稳定动物产品生产供给。此外，建立规模养殖用地管理制度，为养殖业标准化规模养殖提供基础保障。在坚持耕地保护制度的基础上，贯彻落实国家关于规模化养殖的有关用地政策，将规模养殖用地纳入当地土地利用总体规划。合理安排畜禽养殖设施用地，坚持农地农用和集约节约原则，加强设施农用地用途管制。合理开发利用土地资源，鼓励养殖场（户）在符合土地规划的前提下，积极利用荒山、荒地、丘陵、滩涂发展养殖业。

（七）着力构建完善的畜禽疫病防控体系

高效的疫病防控体系对于推动畜牧业健康发展、保障畜产品稳定供给具有重要的现实意义。2018 年以来，席卷全国的非洲猪瘟反映出我国畜禽疫病防控体系还不够完善，迫切需要构建完善的疫病防控体系。一是做好疫情实时报告与处置。在以法律法规形式明确畜禽疫病防控问题、建立健全畜禽疫病防控体系的基础上，出台系统科学的疫病防控方案，做好疫病监测检查，严格落实扑杀、消毒、无害化处理等措施，实现科学监测、实时报告、及时处理。二是强化畜禽疫病防控能力。落实各级责任，明确主体权利，强化基层畜牧兽医体系建设，提升政府部门及企业、养殖场（户）等经营主体的疫病防控能力；总结疫病防控经验，宣传科学有效的防控策略；严格畜禽养殖清洗消毒等防控措施，改善防疫条件，加强防疫管理。三是做好畜禽疫病防控基础研究工作。统筹科研院所、高等院校、政府、企业等部门和组织，结合国内外科技力量，组织优势科研队伍，加快疫苗、诊断试剂等研发进程，强化疫苗推广使用力度，从基础研究出发，切实做好畜禽疫病防控体系建设，为畜牧业持续健康发展保驾护航。

（八）完善养殖业监测预警与调控体系

加大财政资金投入力度，完善信息发布服务和预警机制，引导养殖场（户）合理安排生产，防范市场风险。建立国家级养殖公共信息监测预警平台和中央数据库系统，实时监测国内国际动物产品生产、消费、价格、质量等高频市场信息。定期实施监测点数据采集终端更新升级。以重要动物为切入口，探索运用基于物联网等先进技术的自动化监测方式。扩大监测预警范围，探索建立有效顺畅的面向生产单位的信息交流机制和服务方式。同时，强化对监测人员的技术培训力度，有效提高监测人员对监测结果的判断和使用技能，提升监测水平和效果。通过对基层人员培训，畅通基层统计监测渠道，上下联动，形成整体合力，助推养殖业监测工作顺利开展。此外，基于养殖业统计监测预警信息，建立完善的养殖业及动物产品市场调控体系，必要时准确采取政策干预措施来应对市场的不确定性冲击，以更好地稳定养殖业及动物产品市场。

（九）加大金融保险支持养殖业发展力度

加强政策引导，拓宽养殖业融资渠道。利用财政贴息、政府担保等多种方式，引导各类金融机构增加对养殖业生产、加工、流通的贷款规模和授信额度，鼓励有条件的地方和机构创新金融担保机制，为养殖和加工龙头企业、养殖场（户）融资提供服务。优化发展环境，鼓励民间资本以多种形式进入养殖业。强化部门协作，深化政策耦合互补。积极加强养殖业保险部门与财政、金融等部门的沟通协调，落实金融保险支持养殖业发展的各项政策，将金融保险支持与现有产业扶持政策紧密结合，全面推进现代养殖业发展与金融保险产业相辅相成、相互促进。稳步扩大政策性保险的试点范围，探索建立适合我国国情的养殖业政策性保险体系，提高产业抗风险能力和市场竞争力。不断健全保险金融支持养殖业发展机制，有效提升养殖业风险防控能力，提高养殖业综合生产水平和动物产品供应能力，实现养殖业稳定可持续发展。

参 考 文 献

包振民. 2018. 创新驱动发展, 扇贝产业六十年//《中国水产》创刊 60 年回顾暨 2018 中国水产年度大会报告. 北京: 《中国水产》创刊 60 年回顾暨 2018 中国水产年度大会.

曹谨玲, 陈剑杰, 王俊东, 等. 2009. 建国 60 年水产养殖业的发展回顾. 山西农业大学学报(社会科学版), 8(4): 435-438.

曹志宏, 郝晋珉. 2018. 中国家庭居民饮食行为碳消费时空演变及其集聚特征分析. 干旱区资源与环境, 32(12): 20-24.

邓泽元, 周潇奇, 黄玉华, 等. 2008. 中国居民 20 年间食物脂肪酸摄入量调查分析. 食品与生物技术学报, 27(1): 7-19.

刁青云, 吴杰, 姜秋玲, 等. 2008. 中国蜂业现状及存在问题. 世界农业, 354(10): 59-61.

董双林, 李德尚, 潘克厚. 1998. 论海水养殖的养殖容量. 中国海洋大学学报(自然科学版), 28(2): 86-91.

董文滨, 马兰婷, 王颖, 等. 2014. 意大利蜜蜂春繁、产浆、越冬和发育阶段营养需要建议指标. 动物营养学报, 26(2): 342-347.

方建光, 李钟杰, 蒋增杰, 等. 2016. 水产生态养殖与新养殖模式发展战略研究. 中国工程科学, 18(3): 7.

戈阳, 周应恒, 胡浩. 2017. 日本水产品冷链物流发展及对中国的启示. 世界农业, (6): 181-190.

巩沐歌, 孟菲良, 黄一心, 等. 2018. 中国智能水产养殖发展现状与对策研究. 渔业现代化, 45(6): 60-66.

顾国达. 2001. 世界蚕丝业经济与丝绸贸易. 北京: 中国农业科学技术出版社: 206.

顾国达, 张纯. 2005. 世界蜂业经济与蜂产品贸易. 北京: 中国农业科学技术出版社: 93.

桂建芳. 2018. 中国水产养殖绿色发展战略取向//《中国水产》创刊 60 年回顾暨 2018 中国水产年度大会报告. 北京: 《中国水产》创刊 60 年回顾暨 2018 中国水产年度大会.

国合会课题组. 2013. 中国海洋可持续发展的生态环境问题与政策研究. 北京: 中国环境出版社: 493.

国家海洋局. 2018a. 2017 年中国海洋经济统计公报. https://gc.mnr.gov.cn/201806/t20180619_1798495.html[2019-1-15]

国家海洋局. 2018b. 国家海洋督察组向江苏反馈围填海专项督察情况. https://www.gov.cn/hudong/2018-01/14/content_5256565.htm[2019-1-15]

黄一心, 徐皓, 丁建乐. 2016. 我国离岸水产养殖设施装备发展研究. 渔业现代化, 43(2): 76-81.

姜德富. 2009. 发展柞蚕产业促进农民增收致富. 新农业, (5): 49-50.

李道亮. 2018. 敢问水产养殖路在何方? 智慧渔场是发展方向. 中国农村科技, 272(1): 43-46.

李道亮, 杨昊. 2018. 农业物联网技术研究进展与发展趋势分析. 农业机械学报, 49(1): 1-20.

卢全晟, 张晓莉. 2018. 美英澳新四国肉羊产业发展经验与启示. 黑龙江畜牧兽医, (6): 35-38.

罗洁霞, 许世卫. 2017. 中国居民蛋白质摄入量状况分析. 农业展望, (10): 71-76.

马从国, 赵德安, 王建国, 等. 2015. 基于无线传感器网络的水产养殖池塘溶解氧智能监控系统. 农业工程学报, 31(7): 193-200.

麦康森, 徐皓, 薛长湖, 等. 2016. 开拓我国深远海养殖新空间的战略研究. 中国工程科学, 18(3): 90-95.

明晶. 2018. 物联网技术在水产养殖中应用的必要性分析. 南方农业, 12(11): 179-183.

农业部. 2018. 2017 年我国水产品进出口贸易再创新高 预计 2018 全年贸易顺差将收窄. https://www.moa.gov.cn/xw/bmdt/201803/t20180314_6138388.htm[2019-1-15]

农业部渔业局. 2017. 2017 中国渔业统计年鉴. 北京: 农业出版社.

农业农村部. 2019. 关于加快推进水产养殖业绿色发展的若干意见. https://www.moa.gov.cn/govpublic/YYJ/201902/t20190215_6171447.htm[2025-1-15]

任继周. 2013. 我国传统农业结构不改变不行了——粮食九连增后的隐忧. 草业学报, 22(3): 1-5.

任继周, 林慧龙. 2009. 农区种草是改进农业系统、保证粮食安全的重大步骤. 草业学报, 18(5): 1-9.

史兵, 赵德安, 刘星桥, 等. 2011. 基于无线传感网络的规模化水产养殖智能监控系统. 农业工程学报, 27(9): 136-140.

宋大利, 习向银, 黄绍敏, 等. 2017. 秸秆生物炭配施氮肥对潮土土壤碳氮含量及作物产量的影响. 植物营养与肥料学报, 23(2): 369-379.

孙文远. 2005. 中国水产品产业从比较优势转化为竞争优势的路径选择. 世界经济研究, (9): 55-59.

谭圣杰, 王美辰, 张健, 等. 2018. 中国 9 省 3～17 岁儿童青少年 ALA/EPA/DHA/DPA 摄入量及来源分析. 营养学报, 40(5): 434-438.

檀学文. 1999. 关于日本蚕业经济所研究(上). 中国蚕业, (3): 43-45.

唐启升. 2017. 环境友好型水产养殖发展战略: 新思路、新任务、新途径. 北京: 科学出版社: 268-310.

唐启升. 2018. 中国渔业发展成就与绿色未来//《中国水产》创刊 60 年回顾暨 2018 中国水产年度大会报告. 北京: 《中国水产》创刊 60 年回顾暨 2018 中国水产年度大会.

唐启升, 丁晓明, 刘世禄, 等. 2014. 我国水产养殖业绿色、可持续发展战略与任务. 中国渔业经济, 32(1): 6-14.

王明利, 王济民, 申秋红. 2007. 畜牧业增长方式转变: 现状评价与实现对策. 农业经济问题, (8): 49-54, 111.

王颖, 马兰婷, 胥保华. 2011. 蜜蜂营养需要研究的必要性及策略. 动物营养学报, 23(8): 1269-1272.

吴万夫. 2008. 改革开放三十年来我国渔业的发展与思考. 中国渔业经济研究, 26(5): 28-33.

辛国昌. 2017. 畜牧业供给侧结构性改革: 改什么?怎么改? 兽医导刊, (11): 7-9

辛良杰, 王佳月, 王立新. 2015. 基于居民膳食结构演变的中国粮食需求量研究. 资源科学, 37(7): 1347-1356.

徐安英, 李龙, 任永莉. 2002. 印度的蚕丝业. 世界农业, (12): 32-33.

徐皓, 谌志新, 蔡计强, 等. 2016. 我国深远海养殖工程装备发展研究. 渔业现代化, 43(3): 1-6.

许菲, 白军飞, 张彩萍. 2018. 中国城市居民肉类消费及其对水资源的影响——基于一致的 Two-step QUAIDS 模型研究. 农业技术经济, (8): 4-15.

杨帆. 2018. 你负责养鱼, 其他问题我全包! 通威在华东打造 30 万亩养鱼 "车间", 开启渔业 4.0 新时代. 当代水产, 43(12): 3.

杨红生. 2017. 海洋牧场构建原理与实践. 北京: 科学出版社.

张福绥. 2003. 近现代中国水产养殖业发展回顾与展望. 世界科技研究与发展, 25(3): 5-13.

中国养殖业可持续发展战略研究项目组. 2013. 中国养殖业可持续发展战略研究(综合卷). 北京: 中国农业出版社.

Dadar M, Dhama K, Vakharia V N, et al. 2017. Advances in aquaculture vaccines against fish pathogens: global status and current trends. Reviews in Fisheries Science & Aquaculture, 25(3): 184-217.

FAO. 2018. The State of World Fisheries and Aquaculture 2018: Meeting the Sustainable Development Goals. Rome: FAO.

GSI (Global Salmon Initiative). 2017. Sustainability Report. https://globalsalmoninitiative.org/en/our- progress/sustainability-report/[2018-1-5].

Hasan M R. 2017b. Keynote presentation: Status of world aquaculture and global aquafeed requirement with special notes on Artemia//Report of the FAO Expert Workshop on Sustainable Use and Management of Artemia Resources in Asia. FAO Fisheries and Aquaculture Report No. 1198. Rome: FAO: 16-17.

Hua M, Zhao D A, Wu X, et al. 2010. The Design of Intelligent Monitor and Control System of Aquaculture Based on Wireless Sensor Networks. Chengdu: IEEE International Conference on Computer Science & Information Technology: 9-12.

Lauzon H L, Merrifield D L, Ringø E, et al. 2014. Probiotic Applications in Cold Water Fish Species. New York: John Wiley & Sons, Ltd: 223-252.

OECD/FAO. 2017. Agriculture Outlook 2017-2026. Paris: OECD Publishing.

Perdikaris C, Chrysafi A, Ganias K. 2016. Environmentally friendly practices and perceptions in aquaculture: a sectoral case-study from a mediterranean-based industry. Reviews in Fisheries Science, 24(2): 113-125.

Tacon A G J, Hasan M R, Metian M. 2011. Demand and Supply of Feed Ingredients for Farmed Fish and Crustaceans: Trends and Prospects. FAO Fisheries and Aquaculture Technical Paper No. 564. Rome: FAO.

Ytrestøyl T, Aas S, Åsgård T. 2015. Utilisation of feed resources in production of Atlantic salmon (*Salmo salar*) in Norway. Aquaculture, 448: 365-374.